Iwanow – Von Kaliningrad nach Königsberg

Juri Iwanow

Von Kaliningrad nach Königsberg

Auf der Suche nach verschollenen Schätzen

Mit einem Vorwort von Jochen D. Range

Aus dem Russischen
von Imke Menzl und Jochen D. Range

VERLAG GERHARD RAUTENBERG

Dem Andenken an Georg Stein

CIP-Kurztitelaufnahme der Deutschen Bibliothek:

Iwanow, Juri N.:
Von Kaliningrad nach Königsberg/Juri Nikolajewitsch Iwanow. –
Leer: Rautenberg 1991

ISBN 3-7921-0477-6

Titel des russischen Manuskriptes:
Kenigsbergskaja Versija

Textbearbeitung und Lektorat: Jochen D. Range.
Die Bilder in diesem Buch entstammen dem Archiv des Verlages Gerhard Rautenberg.
1. Auflage 1991
Gesamtherstellung: Druckerei Gerhard Rautenberg, 2950 Leer
ISBN 3-7921-0477-6

Inhalt

„Achtes Weltwunder“ angeblich wiederentdeckt

Moskau (AP) – Mit einer sensationellen Nachricht wartete am Dienstag eine Zeitung in der UdSSR auf: Danach ist das seit dem Zweiten Weltkrieg spurlos verschwundene, legendäre Bernsteinzimmer aus einem Zarenpalast in einem sowjetischen Militärstützpunkt in Ostdeutschland entdeckt worden. Das Blatt machte allerdings keine Angaben über den Ort des Fundes. Wenn die Meldung zutrifft, wäre eins der großen Rätsel des Zweiten Weltkriegs gelöst.

Bisher war nur bekannt, daß das als „achtes Weltwunder“ bezeichnete Kunstwerk von deutschen Soldaten im Katharinen-Palais in Puschkin bei Leningrad ausgebaut und nach Deutschland abtransportiert wurde. Zuletzt wurden die 27 Stahlkisten mit dem kostbaren Inhalt angeblich im Januar 1945 im Schloßhof von Königsberg gesehen. Seitdem gilt das Bernsteinzimmer als verschollen.

Die *Rabotschaja Tribuna* berichtete jetzt, vor Monaten habe der sowjetische Geheimdienst erfahren, daß das Kunstwerk in einem Stützpunkt der Streitkräfte der UdSSR in Ostdeutschland gelagert sei. In diesem Stützpunkt seien auch mehrere goldene Ikonenrahmen gefunden worden, die einst aus der Stadt Nowgorod geraubt worden seien. Weiter hieß es, Schriftstücke mit der Nachricht über den Fund seien verlorengegangen oder unterdrückt worden, ehe sie den sowjetischen Präsidenten Michail Gorbatschow oder den russischen Präsidenten Boris Jelzin hätten erreichen können. Es gebe Vermutungen, daß Mitarbeiter des damaligen Chefs der Geheimpolizei KGB, des nach dem gescheiterten Putsch vom August verhafteten Wladimir Krjutschkow, die Papiere mit der Absicht an sich genommen hätten, „daraus eigenes politisches Kapital zu schlagen“. Als möglich gelte auch, daß die Schriftstücke im Archiv des Zentralkomitees der Kommunistischen Partei verschwunden seien.

In dem Zeitungsbericht wurde der Schätzwert des Bernsteinzimmers mit mehr als 250 Millionen D-Mark angegeben und erklärt, es sei sicher möglich, das Kunstwerk anhand von Photos und Zeichnungen originalgetreu wiederherzustellen. Vorher seien aber sicher „schwierige Verhandlungen mit der deutschen Seite“ zu erwarten, „die vermutlich im Austausch die Rückgabe einiger militärischer Trophäen fordern wird, die den Faschisten weggenommen wurden“. In der vergangenen Woche hatte der sowjetische Kulturminister Nikolai Gubenko mitgeteilt, er setze eine Kommission ein, die Vorschläge für die Rückgabe deutscher Kunstwerke ausarbeiten solle, die nach 1945 in die UdSSR gebracht wurden.

Nach Angaben der sowjetischen Streitkräfte befindet sich das Bernsteinzimmer allerdings nicht in einer Militäreinrichtung in Ostdeutschland. „Es gibt kein solches Zimmer in einer sowjetischen Einrichtung“, sagte der Sprecher der Westgruppe der Streitkräfte, Major Jewgenij Kriwotschejew auf Anfrage in Berlin.

Aus: Süddeutsche Zeitung, Donnerstag, 21. November 1991

Von Kaliningrad nach Königsberg – Ein Vorwort

Auf Juri Nikolajewitsch Iwanow bin ich in einer Zeit gestoßen, als Perestroika und Glasnost erst wenige Monate alt waren, eine Öffnung des litauischen Memelgebietes für den West-Tourismus zwar angekündigt, aber noch kaum für möglich gehalten wurde, das Kaliningrader Gebiet und seine Hauptstadt Sperrgebiet waren, das nur von wenigen mit mehr oder weniger Herzklopfen heimlich besucht wurde. Von Juri Iwanow wußte man damals bei uns noch sehr wenig. Ich hatte in einer litauischen Literaturzeitschrift einen Aufsatz von ihm gelesen, in dem er sich zu den ökologischen Problemen des Kurischen Haffs und der Kurischen Nehrung sehr dezidiert geäußert hatte. Schriftsteller aus Litauen, Weißrußland und dem Kaliningrader Gebiet protestierten gemeinsam gegen die unglaubliche Verschmutzung der Memel und des Haffs.

Als ich im August 1987 meinen Urlaub in Palanga an der Ostsee verbrachte, ließ ich Iwanow mitteilen, ich würde mich gerne einmal mit ihm treffen, um mehr über die Situation im russischen Teil der Kurischen Nehrung von ihm zu erfahren. An einem Nachmittag, ich kam gerade vom Strand, stand er vor mir: nicht sehr groß, weißhaarig, sportlich, die kleinen Augen immer in Bewegung, von einem unglaublichen Mitteilungsbedürfnis. Wer ist dieser Juri Iwanow? Iwanow wurde am 8. Juni 1928 in Leningrad geboren, der Vater war Ingenieur, während des Krieges Oberst der Roten Armee, die Mutter Fabrikarbeiterin. Er besuchte die Schule in Leningrad bis zu den schrecklichen Jahren der Blockade, Ende 1942 wird er mit der Mutter in den Ural evakuiert. Ende 1944 geht er zunächst nach Litauen, Januar 1945 überschreitet er als Angehöriger eines Musik-Bestattungs-Kommandos mit der Roten Armee die Grenze zu Ostpreußen und kommt in das zerstörte Königsberg. Er besucht dort die 1. Königsberger Oberschule, die ehemalige Burgschule. 1950 beendet er die Sporthochschule in Leningrad, ist dann Sportinstrukteur in Kamtschatka. Hier beginnt er seine ersten Erzählungen zu schreiben. Anschließend fährt Iwanow 14 Jahre lang zur See, arbeitet sich vom einfachen Matrosen zum Schiffsoffizier hoch. Dann wird er Vorsitzender der Kaliningrader Abteilung des Schriftstellerverbandes der UdSSR (natürlich war Iwanow Mitglied der Partei, und ebenso natürlich ist er aus ihr inzwischen wieder ausgetreten). Schließlich wird Iwanow Vorsitzender der Kaliningrader Abteilung des Kulturfonds der UdSSR, deren »Deutsches Programm« er unermüdlich vorantreibt. Juri Iwanow hat 30 Bücher geschrieben, von denen 12 im Ausland erschienen sind, so zum Beispiel in Bulgarien, der DDR und – mit sehr großem Erfolg – in Japan.

Bislang hatte ich mich mit Ostpreußen vorwiegend in Zusammenhang mit den deutsch-litauischen Beziehungen dort beschäftigt, mit dem Beitrag Ostpreußens zur litauischen Kulturgeschichte. Aber ich kannte dieses Land nicht wirklich, bin dort nicht geboren. Juri Iwanow ist dort auch nicht geboren, doch er kennt durchaus die Geschichte dieses ehemals deutschen Landes, erzählt und erzählt von seinem »Kenigsberg«, vom zerstörten Dom, den man wiederaufbauen möchte, von der Kirche Juditten, die restauriert wurde, vom Kanthäuschen in Moditten und vom verschollenen Bernsteinzimmer, nach dem man suche. Er habe ein Buch darüber geschrieben, über Königsberg 1945, Ostpreußen nach dem Kriege, ob ich es nicht übersetzen und einen Verlag dafür interessieren könne. Ein Russe schreibt über Königsberg! Nicht über Kaliningrad, über Königsberg! Das schien mir doch interessant zu sein. Da gab es plötzlich Menschen in »gehobener« Position, die in der steingewordenen Geschichte Preußens nicht (nur) ein »Symbol des Faschismus und des preußischen

Militarismus« sahen, sondern sich des bedeutenden Beitrages Königsbergs und Ostpreußens zur deutschen und europäischen Kultur bewußt wurden! War man auf der Suche nach der Vergangenheit des Kaliningrader Gebietes (»unser Landsmann Kant«!)? Iwanow kannte offenbar keine Berührungsängste: »Verlierer sind wir doch alle. Die Ostpreußen, die durch den Krieg ihre Heimat verloren haben genauso wie wir, die wir – freiwillig oder gezwungen – in den Nachkriegsjahren in dieses für uns fremde Land gekommen sind. Auch wir mußten unsere Heimat verlassen.« Ich sah Iwanows Verdienst darin, seinen Landsleuten von der Geschichte dieses einst blühenden Landes erzählen zu wollen. Das Buch war ja ursprünglich für Russen geschrieben, die davon nichts wußten, nichts wissen durften und – zum großen Teil – nichts wissen wollten.

Ich erinnerte mich an die Zeilen, die Agnes Miegel am 8. August 1946 im Flüchtlingslager Oksböl an Ina Seidel schrieb: »Nein Ina, bedaure mich nicht. Ein Teil meines Herzens starb, als ich von Ostpreußen ging. Nur manchmal erwacht etwas. Und als ich neulich hörte (ach, vielleicht wars auch bloß ein Gerücht), daß viele hundert russische Jungbauern hin sollen, habe ich zum erstenmal vor Freude geweint – dann geht doch wieder ein Pflug über die wüsten Felder, in den leeren Dörfern werden Menschen wohnen, Kinder geboren werden, zwischen den Wiesen und Äckern spielen, Vieh wird brüllen, Hähne werden krähn – und die Erde wird leben.« Sollte nun – nach vierzig Jahren – die Erde wirklich zu leben beginnen? Geistig, wirtschaftlich, kulturell? Bislang gab es keinen Grund, »vor Freude« zu weinen! Für keinen! Für die ehemaligen Bewohner dieser ostpreußischen Erde ebensowenig wie für die, die hier ein neues Zuhause gefunden haben.

Ein Verlag war bald gefunden, das Manuskript von fast 500 Seiten ließ auch nicht lange auf sich warten. Es begann das Abenteuer Übersetzung. Sämtliche Namen waren natürlich in russischer Umschrift geschrieben, also mußte recherchiert werden. Hunderte von Namen, Daten und Ereignissen mußten überprüft werden. Nur von wenigen, ins Russische übersetzten Dokumenten verfügten wir über das deutsche Original, auch hier mußte oft

Quellenstudium betrieben werden. Dann merkten wir, daß Juri Iwanow zwar eine Menge wußte, vieles aber eben doch nur ungenau. Es fanden sich verschiedentlich grobe Verdrehungen und Entstellungen. Offenbar hatte Iwanow nur ungenügende Hilfsmittel zur Verfügung gehabt, ungenaue Informationen und nicht immer die besten Übersetzungen der deutschen Texte. In der Sowjetunion waren bis vor kurzer Zeit große Teile der Bibliotheksbestände in »Sonderfonds« ein- und abgeschlossen, die auch für einen Schriftsteller nur schwer zu erreichen waren.

Das Buch Juri Iwanows mußte also bearbeitet werden. Wie weit sollte man gehen? Wir glaubten, einen Weg einschlagen zu sollen, der noch erkennen läßt, wie schwierig die Situation für die war, die sich im Kaliningrader Gebiet mit der deutschen Vergangenheit dort beschäftigen wollten. Man wußte nur wenig, mußte faktisch von Null anfangen, die Informationen waren spärlich. Sympathie für oder gar Bewunderung der Kulturlandschaft »Ostpreußen« war zunächst verboten, dann nicht erwünscht. Nur 700 Kilometer weiter westlich wußte man dagegen (fast) alles: es gab und gibt Augenzeugen, Ostpreußen und Königsberger, es gibt Berichte, Untersuchungen, Forschungen, Speziallexika, Landkarten und Stadtpläne. Dort wühlte man auf der Suche nach verschollenen Kunstschätzen mehr oder weniger planlos die Erde um, hier in Deutschland wird mancher gewußt haben oder sogar wissen, wo gesucht werden muß. Das Buch macht deutlich, wie nötig gerade auf kulturellem Gebiet ein Miteinander heute ist.

Juri Iwanow beschreibt in seinem Buch die bislang weitgehend erfolglose Suche nach den im Zweiten Weltkrieg geraubten Kunstschätzen, die Suche nach dem verschollenen Bernsteinzimmer. Zwei Personen, zwei Schicksale stehen im Zentrum: Dr. Alfred Rohde, der Direktor der Königsberger Kunstsammlungen, der sich von den ihm anvertrauten Kunstwerken nicht trennen wollte und im Winter 1945 in Königsberg an Hungertyphus gestorben ist, dann der in Königsberg geborene Georg Stein, nach dem Krieg Obstbauer in Stelle bei Hamburg, der unermüdlich nach den verschollenen Kunstschätzen gesucht hat. Er schonte dabei weder seine Gesundheit noch seine finanziellen Mittel.

Hoch verschuldet und gesundheitlich ruiniert beging er vor wenigen Jahren Selbstmord. Rohde wollte etwas bewahren, Stein etwas bewirken: beide haben dafür mit dem höchsten Gut bezahlt, mit ihrem Leben. Viele andere Schicksale werden einfühlsam angedeutet, immer wieder wird der Opfer des Krieges gedacht: in Leningrad, in Puschkin, in Warschau und in Königsberg. Wer kann alle ihre Namen nennen?

Iwanow hat aber noch ein anderes, vielleicht sogar wichtigeres Anliegen, als die Suche nach diesen Kunstschätzen. Es ist die Suche der neuen Bewohner dieses Landes nach einer eigenen Identität, der Versuch, mit diesem Land auch geistig zu verwachsen, die Aufforderung, sich doch endlich der kulturellen Schätze, die in der Tiefe einer 700jährigen Geschichte verborgen liegen, bewußt zu werden, endlich aufzuhören, zu zerstören, und anzufangen, zu bewahren und aufzubauen. Und mir scheint, daß Iwanow die über die Jahrhunderte in Ostpreußen geschaffenen Werte durchaus als beispielhaft ansieht, ohne dabei den Blick für die dunklen Seiten der Geschichte verloren zu haben. Iwanow weiß auch, welcher politischer und ökonomischer Rahmenbedingungen es bedarf, damit eine entsprechende Leistung von der Bevölkerung erbracht werden kann. Juri Iwanows Buch ist eine interessante Mischung aus Dichtung und Wahrheit. Es ist ein eindringlicher Appell an die Vernunft und gleichzeitig die Darstellung einer Vision. Die Grenzen sind fließend.

In Europa hat eine neue Zeit begonnen. Eine Zeit der Hoffnung und – das sollte nicht übersehen werden – auch der Ängste. Was wird aus dem Kaliningrader Gebiet? Alte Ostpreußen kommen zu Besuch, schauen sich ihre Häuser an und werden freundlich empfangen. Die Sowjetunion zerfällt, das Kaliningrader Gebiet, das sicher nicht lange mehr so heißen wird, ist von souveränen Staaten – Polen und Litauen – umgeben, von Rußland geographisch getrennt. Inzwischen ist Juri Iwanow rastlos darum bemüht, gemeinsam mit allen, die hier zu Hause waren oder zu Hause sind, die Grundlagen für eine bessere Zukunft dieses alten Stückchens Erde zu schaffen.

München, im September 1991 Jochen D. Range

1. Das Archiv

Das Bernsteinmuseum der Stadt Ribnitz-Damgarten im Norden der DDR hat mehrere anonyme Briefe erhalten, in denen ein Bürger der DDR mitteilt, er wisse, wo sich das berühmte Bernsteinzimmer befinde, das auf Befehl der in Panik geratenen Nazis 1945 zusammen mit anderen in der UdSSR geraubten Kunstschätzen noch eiligst fortgeschafft werden sollte und seitdem verschollen ist.

Berlin, S. Sjubanow – Sonderkorrespondent der »Prawda«

In den Jahren 1957 bis 1959 habe ich zusammen mit drei anderen Bürgern auf Beschluß des Vorsitzenden des Exekutivkomitees der Stadt, des Genossen Chorkow, Grabungen in Zusammenhang mit der Suche nach dem Geheimbunker, in dem sich das Bernsteinzimmer befinden soll, durchgeführt. 1959 hatten wir den Eingang zu einem Bunker freigelegt. Nun sollte er geöffnet werden. Am nächsten Morgen kam es jedoch an der Grabungsstelle zu einem Erdrutsch und große Mauerstücke eines zerstörten Gebäudes stürzten auf den Bunker. Ohne schweres Gerät war da nichts mehr zu machen. Wir baten den Genossen Chorkow um Hilfe. Er sah sich alles an Ort und Stelle an, dann verlangte er den Erlaubnisschein für die Grabungen und Nachforschungen von uns, zerriß ihn vor unseren Augen und sagte: »Ihr hättet alle verschüttet werden können, und mich hätte man ins Gefängnis gesteckt! Daß ich euch hier nicht mehr sehe!« Und nun? Wir waren doch dem Ziel so nahe! Es war der Bernsteinbunker!

Aus einem Leserbrief an die »Kaliningradskaja Prawda«

Sehr geehrter Herr Botschafter!

Das Bernsteinzimmer bleibt eins der größten Rätsel des 20. Jahrhunderts. Es ist seit April 1945 verschollen, doch tauchen vermeintliche Spuren von ihm bald in diesem, bald in jenem Land auf, so auch bei uns in der UdSSR. Mit der Lösung des Rätsels haben sich bereits mehrere Expeditionen beschäftigt: zunächst eine Gruppe von Historikern unter der Leitung von Professor A. Ja. Brjussow, der bereits 1945 nach Königsberg gekommen war, dann die Staatliche Sonderkommission »Bernsteinzimmer« unter Leitung des Sekretärs des Kaliningrader Obkom der KPdSU, W. D. Krolewski, und drittens eine archäologische Expedition unter Leitung von Frau Jelena Storoschenko. Ferner haben verschiedene Organisationen in der UdSSR und im Ausland sowie eine große Zahl von Enthusiasten nach dem Bernsteinzimmer geforscht. Zu ihnen gehört auch Georg Stein aus der Bundesrepublik Deutschland, der am hartnäckigsten an der Auffindung des Bernsteinzimmers und anderer Kunstschätze, die von den Nazis in Rußland, der Ukraine, Weißrußland, Litauen und Lettland geraubt worden sind, arbeitet. Wie Sie, sehr geehrter Herr Botschafter, sicher bemerkt haben, ist es, nachdem es eine Zeitlang ruhiger war, in den letzten Jahren zu einer richtigen »Bernstein-Welle« gekommen. Die Zahl der Menschen, die sich der Suche nach dem Bernsteinzimmer angeschlossen haben, wird immer größer. Auch in Kaliningrad wurde eine spezielle Fahndungsgruppe gebildet, die nach den im letzten Weltkrieg verschwundenen Kulturschätzen forschen soll. Daß gerade in Kaliningrad eine ständige Fahndungsgruppe gebildet wurde, verwundert nicht, ging doch durch Königsberg und Ostpreußen die Mehrzahl der Kulturgüter, die von den Nazis aus der UdSSR fortgeschafft wurden. Wir möchten nun Kontakt zu dem in ganz Europa bekannten Georg Stein aufnehmen und möchten Sie, sehr geehrter Herr Botschafter, bitten, uns behilflich zu sein, seine Anschrift zu bekommen.

Hochachtungsvoll…

Aus einem Brief aus Kaliningrad an die Botschaft der UdSSR in der BRD.

Ich, Georg Stein, wurde im Jahre 1924 im Haus meiner Eltern in Königsberg, Königsweg 11, geboren. Mein Vater, Robert Stein, war ein bedeutender Gelehrter und eine Persönlichkeit im öffentlichen Leben Ostpreußens, Vizepräsident der Industrie- und Handelskammer zu Königsberg, zuletzt wissenschaftlicher Mitarbeiter bei der Verwaltung der Museen. Zur Armee mußte ich 1942. Ich diente bei den Pionieren, war an der Ostfront, kämpfte im Kursker Bogen und in Ostpreußen. In russische Gefangenschaft kam ich 1945 im Heiligenbeiler Kessel. Vom Bernstein und dem Bernsteinzimmer hörte ich zum ersten Mal von meiner Schwester Dorothea-Luise, die als Assistentin bei Prof. Ziesemer und Dr. Rohde beschäftigt war. Mit eigenen Augen habe ich die Schätze aus Bernstein am eisigkalten Morgen des 28. Januar 1945 gesehen, als wir bei Pojerstieten auf einen Lkw-Konvoi stießen, dessen Fahrer sich aus dem Staub gemacht hatten. Uns wurde befohlen, die Lastwagen in den nächsten Ort zu bringen. Ich konnte dann in Erfahrung bringen, daß die Ladung nach Neukuhren unterwegs gewesen war, um von dort nach Saßnitz auf Rügen gebracht zu werden. Auf Anfrage bei der Marineabteilung in Königsberg, die ich persönlich auf Befehl des Bataillonskommandeurs vornahm, was mit der Ladung geschehen solle, hat man mir zu verstehen gegeben, daß »niemand nichts« von ihr wisse. Darauf haben wir die Kisten geöffnet, und wir stellten fest, daß sich in ihnen ganz außerordentlich wertvolle Bernsteinarbeiten und die Bernsteinpaneele aus der Umgebung von Leningrad befanden. Was sollte man mit ihnen machen? Man hätte sie in der Erde vergraben sollen, doch es war kalt – bis zu zwanzig Grad minus. Und so wurde der Beschluß gefaßt, die 80 Kisten in der Krypta der alten Ordenskirche des Ortes zu lagern. So kam das »Bernsteinzimmer« in mein Leben...

Georg Stein über sich selbst. Archiv G. Stein

Wie aus der Lokalpresse bekannt wurde, ist der bekannte Fahnder nach den historischen Kunstschätzen, die von den Nazis in der UdSSR geraubt und nach Deutschland gebracht wurden, Georg Stein, Obst- und Gemüsebauer in Stelle bei Hamburg, tot. Mehr als zwanzig Jahre hatte dieser große Freund unseres Landes versucht, das Geheimnis um das verschollene Bersteinzimmer zu lüften. Wie es heißt, soll er kurz vor seinem Tod die Wochenschrift DIE ZEIT angerufen haben und Marion Dönhoff, der Herausgeberin und Redakteurin dieser Zeitung, die Stein bei seinen Nachforschungen unterstützt hat, mitgeteilt haben: »Ich habe das Rätsel des Jahrhunderts gelöst! Ich werde in den nächsten Tagen zu Ihnen kommen und alles mit Ihnen besprechen.« Ob dies den Tatsachen entspricht oder nicht, DIE ZEIT hat dieses Ereignis bis jetzt mit keinem Wort kommentiert. Eins ist aber klar: das Geheimnis des Bernsteinzimmers, das Georg Stein möglicherweise wirklich entdeckt hatte, ist mit ihm untergegangen. Das umfangreiche Archiv Georg Steins ist verschwunden.

Aus einer Zeitungsmeldung der TASS

Auf der Uhr über dem Eingang des Hauptbahnhofs sah ich, daß es bis zur Ankunft des Zuges Nr. 29 »Jantar«* noch eine halbe Stunde war. Es war einer jener trüben und nassen Tage, wie es sie oft in unserer, von salzigen Ostseewinden durchwehten Stadt gibt. Ich schlug den Kragen hoch und schlenderte an der roten Fassade des alten Königsberger Haupt- oder Südbahnhofs, wie man ihn früher zum Unterschied zum Nordbahnhof oder »Strandbahnhof« nannte, entlang. Von hier gingen die Züge nach Berlin, Warschau, Elbing, Wilna und Moskau ab, vom Nordbahnhof fuhr man ins Samland, in die Ostseebäder Rauschen, Cranz, Neukuhren und nach Palmnicken.

In einem Brief an unsere Fahndungsgruppe beim Kulturfonds hat uns ein gewisser Fjodorow geschrieben, daß er als Kriegsgefangener zu »Hilfsarbeiten« in das Lazarett in Maraunenhof geschickt worden sei, dessen riesige rote Hauptfassade auf die ehemalige Großkomturstraße ging. Seine Beschäftigung dort bestand darin, die amputierten Arme und Beine in dem Krematorium an der ehemaligen Cranzer Allee zu verbrennen und beim Transport der Verwundeten vom Lazarett zum Südbahnhof zu helfen. Einmal, es soll Mitte Januar 1945 gewesen sein, will er beim Umladen der Verwundeten aus den Lastwagen in die Eisenbahnwaggons

---

* russ. Bernstein

mit eigenen Augen gesehen haben, wie in die letzten zwei Wagen des Zuges, Lazarettwagen mit dem Roten Kreuz auf dem Dach, große, lange Kisten eingeladen wurden. Wachposten waren aufgestellt und ein Offizier in schwarzem Ledermantel rief den vorübergehenden Menschen zu: »Bitte weitergehen, gehen Sie weiter!« Doch kaum einer achtete auf diese Kisten und die Wagen, in die sie eingeladen wurden. Der ganze Bahnhof war vollgestopft mit Frauen, Greisen und verwundeten Soldaten. Sie belagerten die Waggons und versuchten in den Zug zu kommen: »Nehmen Sie uns mit! Lassen Sie uns doch rein! Laßt uns hier nicht zurück! Nehmen Sie doch wenigstens die Kinder…« »Zurück! Zurück!« wurden sie von großschnäuzigen Soldaten der Geheimpolizei, die ihre Helme bis auf die Augen runtergezogen hatten, ohne jedes »Bitte«! angeschrieen. Aber natürlich hatte nicht dies die Aufmerksamkeit des Verfassers des Briefes erregt. Auf dem Bahnhofsplatz sah er neben den Wagen mit den Verwundeten noch einige andere Lastwagen stehen, aus denen Rotarmisten, die ebenso wie er in Gefangenschaft geraten waren, bewußte Kisten zu dem Zug schleppten. »Brüderchen, hast du vielleicht was zu rauchen?« wurde er von einem mageren Burschen in einem abgetragenen Soldatenmantel und einem schmutzigen Tuch um den Hals angesprochen. Fjodorow hatte etwas zu rauchen. Er steckte sich eine Zigarette an, machte ein paar Züge und gab sie dem »Brüderchen«. Dann fragte er: »Was ladet ihr denn da ein, Kamerad?« »Bernstein aus dem Schloß«, konnte der gerade noch antworten, dann kam der Soldat, der den Lastwagen bewachte, und schrie: »Iwan, arbeiten!«

Es ist nicht ausgeschlossen, daß in den Kisten Bernstein war, aber das Bernsteinzimmer? Es gab in Königsberg auch noch die Bernsteinsammlung der Universität, die – wie ein Reiseführer behauptet – »aus der ganzen Welt« zusammengetragen worden war. Vielleicht haben sie diese Sammlung aus Königsberg fortgebracht?

Von unserer Botschaft in Bonn haben wir nie eine Antwort erhalten, und dann las ich in der »Iswestija« die kurze Nachricht vom tragischen Tod Georg Steins. Hatte Stein wirklich das Rätsel des Jahrhunderts gelöst? Konnte er Marion Gräfin Dönhoff noch irgend etwas darüber mitteilen? Oder findet sich vielleicht die Lösung des Rätsels um das verschollene Bernsteinzimmer in dem umfangreichen Archiv Steins? Gleich wird der Schnellzug »Jantar« im Bahnhof einlaufen und dann... Wie spät ist es? Noch zwanzig Minuten! Was mußte ich nur so früh hier sein? Ich ging wieder auf dem Bahnsteig des großen Bahnhofs auf und ab, den ich das erste Mal zwischen dem 15. und 18. April, genau erinnere ich mich nicht mehr, 1945 betreten hatte.

Ich war mit meinem Vater, Oberst im Stab der 11. Garde-Armee, hierhergekommen. Auf Befehl Moskaus, der Politischen Hauptverwaltung der Roten Armee, waren beim Stab verschiedene Sonderfahndungsgruppen eingerichtet worden, von denen mein Vater eine leitete. Er hatte mir erzählt, daß er das Archiv des Fromborker Kapitels in Ostpreußen ausfindig machen sollte. Dieser Wunsch sei von Vertretern der polnischen Regierung geäußert worden. Was war das für ein Archiv? Was ist das, ein »Kapitel«? Wo liegt dieses »Frombork«? Mich interessierte das damals alles wenig. Ich wollte nur eins: daß mich mein Vater aus dem Musik-Bestattungs-Kommando, zu dem ich als Divisionskadett abkommandiert war, wegholt. Wir machten in diesem Kommando wenig Musik und gruben dafür um so mehr, genauer gesagt: wir gruben ein: »Und nun, Jungens, schärft die Spaten! Die Division greift an!« höre ich noch den heiseren Baß unseres wohlbeleibten Kommandeurs, Unteroffizier Semjonow. »Und nun, Jungens, haaabt acht! Die zweite kleine Trommel! Achtung! Scharf geschlagen: ta-trata-ta-ta... Verstanden?« Die »zweite kleine Trommel«, das war ich. Auf verschlungenen Wegen war ich nach der Blockade Leningrads in diese idiotische, nach Tod und feuchter Erde riechende »Minidivision« der Roten Armee geraten.

... Lärm, Krach, dann eine metallische Stimme aus dem Lautsprecher: »Der Schnellzug Moskau–Kaliningrad ›Jantar‹ hat zehn Minuten Verspätung!« Was? Das hat gerade noch gefehlt!

Der Vater hatte meiner Bitte entsprochen und mich zu sich in seine »Sonderfahndungsgruppe« genommen. Zur Bewachung, mit einer Maschinenpistole in der Hand. Und unsere erste Fahrt, die wir in Sachen Fromborker Archiv unternahmen, führte uns hierher, auf den Südbahnhof. Unter den wenigen, noch ungeprüften Informationen, über die wir verfügten, befand sich auch eine, die der Version des ehemaligen Kriegsgefangenen Wladimir Semjonowitsch Fjodorow ähnelte: einige mit Kisten beladene Waggons seien auf den Gleisen des Bahnhofs steckengeblieben. Wir, d. h. mein Vater, seine Ordonnanz Fedja Rybin, die Sanitätsinstrukteurin Ljuda Schilowa und ich, ließen unseren amerikanischen Jeep, unseren »Willys«, vor dem Bahnhof stehen und gingen in die total überfüllte Haupthalle. Die Kämpfe in der Stadt hatten sich etwas vom Bahnhof weg verlagert, und obwohl sein Glasdach zerstört war, war er selbst intakt. Was sich hier alles abgespielt hat! Unmengen deutscher Soldaten, Kriegsgefangene, denen man befohlen hatte, sich gruppenweise aufzustellen, um die Kolonnen für den langen Marsch in die Gefangenschaft zu formieren, Verwundete, die auf den breiten Holzbänken und auf dem Steinfußboden lagen, Frauen, Kinder, Greise, Sanitäter und Ordensschwestern im schwarzen Gewand und großen, weißen Kopfhauben, ehemalige französische, polnische und belgische Kriegsgefangene, in Gruppen dicht gedrängt, – die einen noch in der gestreiften Lagerkleidung, die anderen hatten sich bereits zivile Kleidung besorgt: Mäntel, Umhänge, Pelze. Überall sah man Fähnchen und Pappschilder: »Hier sammeln sich die Polen!« Laute, befehlende Kommandos: »Achtung, Achtung! Die Soldaten und Unteroffiziere der 33. Artillerie-Division...« Dann die heiseren, gereizten Stimmen unserer Offiziere: »Polkownik, zum Teufel... Herr Oberst, wo wollen Sie hin? Ich habe Ihnen doch befohlen, Ihre Leute auf den Bahnhofsplatz zu führen!« »Achtung! Kommandeure und Offiziere des 2. Grenadier-Regiments! Alle nach Bahnsteig drei! Al - le – nach – Bahn – steig – drei!« Hier und da qualmten kleine Feuer auf dem Steinfußboden. Ein schwerer, einem den Atem nehmender Geruch, ein entsetzlicher Gestank von den Aborten. Die Toiletten waren mit den Leichen derer vollgestopft, die hier auf dem Bahnhof ihren Verwundungen erlegen waren. Chlorgeruch. Hysterisch schreiende Frauen ... Kinder weinen. Kurz und dumpf bellt ein riesiger zotteliger

Bernhardiner, den ein Oberst der Infanterie an der Leine hält, wou! wouuu! Neben dem Oberst steht sein Adjutant mit einem schweren gelben Lederkoffer. Mit Hund, Koffer und Adjutant in die Kriegsgefangenschaft!?...

Wir gingen durch all das Gedränge, Geschiebe und Geschreie, stiegen über schlafende Menschen hinweg und kamen durch eine Unterführung hier auf diesen Bahnsteig 4. Auf dem dritten Bahnsteig brüllte ein Hauptmann mit heiserer Stimme: »Kameraden Grenadiere! Alles hört auf mein Kommando! – Du Idiot, wo hast du den Zettel hin? Kameraden, alles zu viert aufstellen!...«

In jenen fernen Apriltagen stand hier eine große Anzahl von Zügen, einzelne und aneinandergekoppelte Wagen, einfache für das »Volk« und luxuriöse Schlafwagen mit gemütlichen Abteilen für die »besseren Leute«. Bis zum Einbruch der Dunkelheit gingen wir von Zug zu Zug, von Wagen zu Wagen. In einem von ein paar Rotarmisten bewachten Zug lagen in grüne Kisten verpackt Geschosse für die sechsrohrigen deutschen Minenwerfer, die »Wanjuschkas«. Zehn oder zwanzig von ihnen hatte man aus den Kisten genommen, und lagen nun ungeschützt wie Brennholz auf der Erde rum. Ein anderer Zug aus langen D-Zugwagen war mit Möbeln vollgestopft. Woher das alles? Wohin? Schwere Kommoden aus Ebenholz und Mahagoni, Schränke und Tische mit gebogenen Löwenkopfbeinen, Spiegel in dunklen, geschnitzten Rahmen, leichte elegante Stühle aus Mahagoni oder Nußbaum, Diwane, Sofas und Puffs, zusammengerollte Teppiche und Gobelins, Kristallüster in Sperrholzkisten oder Kartons verpackt und sorgfältig mit Stroh ausgestopft, das alles lag hier rum, unbewacht und im Moment niemandem nötig, unnütz, wie es uns damals in der zerstörten, brennenden Stadt schien. Sicher, dieses riesige Möbellager hatte natürlich nichts mit dem verschollenen Kapitelarchiv aus Frombork, das irgendwo in Polen liegen soll, zu tun. Trotzdem: wo kam das alles her?

»Sehen Sie, Genosse Oberst!« sagte Fedja Rybin. Er zog eine Schublade eines Schreibtisches auf und holte ein ganzes Paket Zeitschriften mit grellen, bunten Bildern hervor: »Polnische Zeitschriften! Da, sehen Sie? ›Czasopismo‹, ›Żurnal mód, Warszawa‹. Vielleicht stammt das alles aus Polen?« Dreißig Jahre später erfuhr ich bei einem Aufenthalt in Warschau, daß Erich Koch nach der Niederschlagung des Warschauer Aufstandes 1944 den »Bezwinger der Polen«, SS-Obergruppenführer Erich von dem Bach-Zelewski, gebeten haben soll, die Möbel der Warschauer Häuser, die niedergebrannt werden sollten, ihm nach Königsberg zu schicken. Koch raffte alles, was er bekommen konnte, an sich und schleppte es in seine Höhle nach Ostpreußen: aus der Ukraine, aus Litauen, aus Lettland und aus den Palästen in der Umgebung Leningrads. Vielleicht war das dort wirklich einer der vielen Züge mit polnischen Sachen gewesen?…

So gingen wir den ganzen Tag zwischen den Gleisen rum: mein Vater, stark, untersetzt – in seiner Jugend war er mal Gewichtheber gewesen, der leichte und bewegliche Fedja Rybin und Ljudka Schilowa, die mal wie ein Zicklein von Schwelle zu Schwelle sprang, dann auf den Schienen balancierte, ihre schmalen Hüften drehte und mit den Armen wie ein Vogel in der Luft ruderte, als wolle sie sich gleich in die Lüfte schwingen. Manchmal trat sie auch daneben, dann rief sie scheinbar erschrocken »Ach!« und sofort war Fedja bei ihr, griff nach ihrer Hand und fing sie auf.

Einer dieser Züge war ein einziges riesiges Leichenhaus, an die zwanzig Wagen. Die Toten lagen einer über dem anderen: Volkssturm, Artilleristen, Hitlerjungen, Polizisten. Aus den Wagen kam ein entsetzlicher Gestank. Frauen, Burschen, Mädchen, Kinder kletterten in den Wagen herum, drehten die Toten um und sahen ihnen suchend in die aufgedunsenen Gesichter… In dem nächsten Zug aus acht Wagen war ein deutsches Lazarett eingerichtet. Die Verwundeten, die schon wieder gehen konnten, hatten den Zug in Scharen verlassen und saßen nun auf den Schienen und Schwellen oder auf Sofas, die sie sich wohl aus diesem Möbeltransport aus Polen geholt hatten, andere schauten aus den Fenstern, jemand spielte auf einer Mundharmonika. Etwas abseits standen zwischen den Schienen zwei Öfen aus alten Benzinfässern, deren Blech schon glühte. Ein bärtiger Koch in weißem Kittel probierte seine Suppe mit der Schöpfkelle. Als er uns sah, zuckte er zusammen, stand stramm und hielt, da er nicht wußte, wohin mit ihr, die Schöpfkelle meinem Vater hin. Fedja ergriff sie, kostete von der Suppe und sagte zum Koch: »Suppe gut! Vielleicht nehmen wir hier einen Imbiß, Genosse Oberst?« Wir aßen hier wirklich zu Mittag, sehr zum Erstaunen und einiger Verwirrung der Verwundeten und der drei anwesenden deutschen Militärärzte. Einer von ihnen nahm Haltung an und erstattete dem »Herrn Oberst« Bericht, daß sich in den Wagen zweihundertachtzig verwundete Soldaten und Unteroffiziere und fünf Offiziere befänden, daß er schon auf der russischen Militärkommandantur gewesen sei und dort über den Lazarettzug Bericht erstattet habe und auch gefragt habe, was mit ihnen geschehen solle, und der »Herr Oberst« dort habe gesagt, daß sie zunächst bleiben sollten.

Dann stießen wir auf einen »internationalen Zug« aus etwa neun Wagen. In drei Wagen wohnten Polen, in einem Franzosen, im nächsten Belgier und noch welche von denen, die von den Deutschen seit der »Bluttaufe«, dem Krieg gegen Polen, dem »Kampf um Frankreich« und dem »Sprung nach Belgien« gefangengenommen worden waren und sich für viele Jahre in Ostpreußen wiederfanden: in den unzähligen Stalags, Arbeitslagern oder auch nur in Lagern, in Fabriken und auf der Schichau-Werft. Sie hatten überlebt und warteten nun auf ihren Rücktransport in die Heimat. Nur gab es keine einzige funktionierende Lokomotive mehr, und Lokomotivführer waren auch nicht da. Außerdem waren irgendwo auf der Strecke die Gleise zerstört und dann mußten auch erst noch irgendwelche Papiere ausgefertigt werden. Das erklärte meinem Vater gestenreich ein polnischer Offizier, richtiger – ehemaliger Offizier, der sich den ganzen Krieg über als Knecht auf preußischen Gütern »abrackern« mußte. Entlang des Zuges liefen schreiend blondköpfige Kinder, polnische und französische Wortfetzen waren zu hören, offene Feuer rauchten, auf gespannten Leinen trockneten buntfarbige Lumpen. Frauen wuschen Wäsche, Männer schleppten in Eimern Wasser, Hunde bellten, ganz in der Nähe waren Schüsse zu hören. Von den Gleisen konnte man den Bahnhofsplatz sehen. Dort schleppte sich ein endloser, tausendfüßiger graugrüner Zug, der mal dichter mal dünner wurde, langsam vorwärts. Hier am Bahnhof begann der lange Marsch der deutschen Kriegsgefangenen, für viele bis nach Sibirien…

Bei den Polen hielten wir uns etwas länger auf. Ein Offizier brachte uns einen schmächtigen, bleichen Alten mit einer rosigen Glatze, der sehr genau wissen wollte, daß die Deutschen Ende vergangenen Jahres, das heißt im Oktober und November, einige Dutzend Kisten mit äußerst wertvollen Handschriften, Büchern und anderem alten Kulturgut aus dem kleinen polnischen Städtchen Frombork, in dem einst der große Astronom Nikolaus Kopernikus als Abt wirkte, fortgeschafft haben. Dann erzählte der Alte, nachdem er seine auf die kleine rosige Nase herabgerutschte Brille zurechtgerückt hatte, daß alle diese polnischen Kunstschätze eine Zeitlang in den Kellerräumen des Staatsarchivs am Hansaring gelagert waren. »Ja, also jetzt heißt er ›Adolf-Hitler-Platz‹,wissen Sie, Panowie, dort, wo die beiden ›Wisente‹ von August Gaul kämpfen. Sie waren doch dort, ja?«

Der Pole sprach ganz anständig Russisch, weil er in Lemberg geboren war und ein Gymnasium besucht hatte,wo Russisch unterrichtet wurde, wobei der Unterricht gut war, wo es doch in Lemberg so viele Russen gab…

»Pardon, Pan Offizier! Soweit ist das alles richtig. Nur wird sich das Archiv des Fromborker Domkapitels dort in dem deutschen Archivlager nicht mehr befinden, weil es von dort fortgeschafft wurde.«

Er wisse das ganz genau, weil er dort gearbeitet habe, – gezwungenermaßen, versteht sich, Pan Oberoffizier, gezwungenermaßen!, im Königsberger Magistrat, in der Abrechnungs- und Verteilungsstelle für ausländische Arbeitskräfte, und da habe er zufällig, rein zufällig, Pan Offizier, ein Gespräch zweier Offiziere des SD im Zimmer des Leiters der Abteilung mitgehört. Sie brauchten Leute, so an die vierzig bis fünfzig, um ein äußerst wertvolles Archiv auf- und abzuladen, zu begleiten und, durchaus möglich, in der Erde zu verstecken, in unterirdischen Gewölben…

»Doch doch, Pan Offizier! Verzeihung: Pan Oberoffizier! Natürlich hätte es sich um ein ganz anderes Archiv handeln können, doch in dem Gespräch war das Wort ›Frauenburg‹ gefallen.« Das habe er ganz genau gehört. Sein Schreibtisch stand nämlich genau neben der Tür zum Zimmer des Vorstehers, und die Tür war nicht ganz geschlossen, verstehen Sie? Und dann habe er ganz genau die Namen verschiedener anderer Ortschaften in West- und Ostpreußen gehört, die habe er sich für jeden Fall, wissen Sie – ohne besondere Absicht – gemerkt. Welche Ortschaften?

»Verzeihen Sie, Pan Oberoffizier. Könnten Sie vielleicht behilflich sein, daß man uns, Pan Oberoffizier, etwas früher nach Hause schickt? Nach Polen sind es schließlich nur ganze hundert Kilometer! Ja, Sie wollen uns helfen? Also dann, verehrter Herr Oberst, wurden folgende Ortschaften genannt: Preußisch Eylau, Darkehmen und Insterburg, und einer der Offiziere interessierte sich für das Schloß Georgenburg, Lochstädt und die Burg Balga. Daran erinnere ich mich mit größter Bestimmtheit...«

Der Vater hörte dem Alten aufmerksam zu, machte sich Notizen, fragte nach. Dann sahen sie zusammen in eine große, im Falz bereits durchgescheuerte Karte und kennzeichneten auf ihr mit Kreisen die erwähnten Burgen und Kirchen. Ljudka pflückte zwischen den Eisenbahnschwellen Sträußchen aus gelben »Mutter und Großmutter« und Fedja Rybin drückte sich bei ihr rum, beugte sich von Zeit zu Zeit zu ihr runter und flüsterte ihr etwas ins Ohr. Sie stößt ihn weg, sagt wohl: verschwinde!, doch Fedja verschwindet nicht, und an Ljudkas Gesicht konnte man erraten, daß ihr die zugeflüsterten Worte durchaus gefielen. Es widerstrebte mir, das alles zu sehen. Wahrscheinlich war ich jungenhaft in das schöne, rothaarige Mädchen mit dem Lederkoppel um die schmale Taille verliebt. Ich hatte sie zum ersten Mal im »Willys« meines Vaters gesehen, als wir noch an der Grenze zu Ostpreußen standen. Irgendwas hatten die beiden, Vater und sie, irgendwas war da... Und jetzt diese ständigen Beweise seiner besonderen Aufmerksamkeit von Fedja! Er läßt seine Auszeichnungen klimpern, beugt sich zu ihr nieder, sagt etwas, Ljudka beginnt zu lachen, hält sich die Hand vor den Mund und schaut zum Vater. Der reißt sich von der Landkarte los, wendet sich zu ihr um,

Ljudka stößt Fedja kräftig zurück und ruft: »Genosse Oberst, was muß er sich immerzu mit seinen blöden Soldatenanekdoten an mich ranmachen?...«

»Sicher, was waren das für Angaben?« sagte mein Vater zu mir, als wir nach vielen Jahren darüber sprachen. »Dieser ›Pan‹ hatte da etwas gehört, vielleicht sich aber auch nur ausgedacht, aber wir verfügten damals nur über ganz dürftige Hinweise, wo man suchen sollte. Es gab die Aussage eines Beamten aus dem Königsberger Magistrat, daß man zu Jahresbeginn auf Befehl Kochs eine geheime Liste zusammengestellt habe, in der alle Schlösser und Kirchen in Ostpreußen aufgeführt waren, die geräumige Kellergewölbe besaßen. Davon gab es sowohl im Samland als auch im übrigen Ostpreußen eine große Anzahl. Darunter waren natürlich auch das Schloß Georgenburg, die Kirche in Darkehmen, die unterirdischen Anlagen des Tannenberg-Denkmals, ebenso alleinstehende Burgen oder Burgruinen wie z. B. diese Burg Lochstädt oder die Burg Balga am Frischen Haff. Mein Auftrag lautete: ›Nimm dir Leute und fahre die Burgen und Kirchen ab!‹ Deshalb beschloß ich nach diesem unerwarteten Gespräch mit dem Alten aus dem Zug, der auf den Gleisen des Südbahnhofs festsaß, zunächst die Orte abzufahren, die in beiden Berichten vorkamen, dem des Beamten aus dem Magistrat und dem dieses Alten.«

... Stimmen, schlürfende Schritte, ein Lachen, Musik, Gesichter huschen vorüber, doch wo bleibt nur der Zug aus Moskau?

Das müde Stampfen unzähliger Füße in festen Armeestiefeln, die, wie die deutschen Intendanten vorher versichert hatten, selbst auf dem langen Marsch »von der Memel bis zum Ural« nicht kaputtgehen würden, das Geklapper der Feldflaschen und Eßgeschirre, Käppis, Schirmmützen, Helme. Graue, müde, niedergeschlagene Gesichter. Da, da ist ja auch der Oberst mit dem Bernhardiner und Adjutanten, der schon ganz schief den schweren, gelben Koffer schleppt. Rotbraune Rücken. Die Mehrzahl der Soldaten, die vom Bahnhof losmarschierten, hatten Tornister aus Pferdefell, in die schon allerhand reinpaßte. Dort, dieses runde, gutmütige Gesicht vom Pionierkorps »Herzog«, ist das nicht Georg Stein, der da in die Gefangenschaft zieht?... Schade, daß ich ihm nicht früher geschrieben habe, als er noch am Leben war und voller Energie nach dem Bernsteinzimmer suchte. Leben Sie wohl, Georg Stein, der Sie so viele Jahre, ja vielleicht das eigene Leben der Suche nach den verschollenen Kunstschätzen geopfert haben. Leben Sie wohl, der Sie vielleicht das Geheimnis des Jahrhunderts gelüftet haben. Aber ist das Bernsteinzimmer nun für alle Zeiten für die Menschen verloren? Heute sagen zwar viele, daß es, wenn es noch gefunden werden sollte, in keiner Weise mehr das berühmte Bernsteinzimmer sein würde, sondern nur ein Haufen sich von den Holzplatten gelöst habender Bernsteinstükke. Doch das stimmt überhaupt nicht…

…Ich schaue wieder auf die Uhr. Wenn ich mich richtig erinnere, hat es das überhaupt noch nicht gegeben: unser eigener Schnellzug »Jantar« hat noch nie auch nur eine Minute Verspätung gehabt, im Prinzip wenigstens nicht. Es wird doch nicht etwas mit der Fracht, auf die ich so warte, passiert sein? Heute am Dreizehnten soll sie im dreizehnten Wagen von Moskau hier in Kaliningrad ankommen. Mein Gott! Am Dreizehnten! Im 13. Wagen!

Nein, das ist überhaupt nicht so. Bernstein zerfällt nicht und blüht nicht aus. Man kann ihn wieder auf die Holzpaneele aufkleben, und dann gehörten ja zum Bernsteinzimmer auch herrliche Bernsteinschnitzereien, Figuren und Figürchen, Blumen- und Obstgirlanden, und eine Unzahl anderer Arbeiten aus Bernstein. Bernstein! Das Bernsteinzimmer! Aber ist denn nur das verschwunden? Beschäftigen wir uns nur mit ihm. Wo sind die anderen, nicht weniger wertvollen Kunstschätze, die von den Deutschen zunächst nach Ostpreußen und dann wohl in die Tiefe Deutschlands geschafft wurden: Tausende von Gemälden und Exponaten des Kiewer Geschichts- und Kunstmuseums, die bedeutendste Ikonensammlung Europas, Hunderte von Gemälden aus dem Rigaer Kunstmuseum, die nach verschiedenen Informationen wie die Kiewer Schätze in Königsberg untersucht und beschrieben wurden, und sogar noch in den Räumen des Königsberger Kunstmuseums ausgestellt waren? Oder die Hunderte von Gemälden aus Minsk? Der Schatz des Petschory-Klosters in

Pskow? Das Ritterarchiv aus Narva? Die Kunstschätze aus Grodno, unter denen sich auch der Säbel des polnischen Königs Stephan Batory befand? Dieser schöne Säbel in vergoldeter Scheide hing im Arbeitszimmer Erich Kochs, der, wie seine ehemalige Hausangestellte, Charlotte Weiß, in einem ihrer Briefe mitgeteilt hat, seinen Freunden gegenüber geprahlt haben soll: »Seht Ihr diesen Säbel des polnischen Königs? Ich habe mich entschlossen, eine Sammlung historisch bedeutender Waffen anzulegen. Zu ihr wird auch das polnische Schwert ›Szczerbiec‹ gehören, mit dem die polnischen Könige gekrönt wurden, obwohl es nicht ganz leicht sein wird, es zu bekommen. Hier, an dieser Wand, wird das Schwert Wytowts*, der Degen Suworows und der goldene Säbel des Barclay de Tolly, den er nach der Schlacht bei Preußisch Eylau erhielt, hängen. Unser Führer stattet das großartige ›Kunstmuseum‹ in Linz aus, ich werde mein eigenes Museum haben, ein ganz ungewöhnliches Museum werde ich haben. Wenn ich erst in Moskau bin, werde ich Waffen besitzen, wie sie sich in keinem Museum der Welt finden!«

Schade, daß ich mich nicht mit Georg Stein zusammentun konnte, um unsere Bemühungen zu vereinen: er besaß die Dokumente, das umfangreiche Archiv, wir das Gebiet, in dem man suchen muß, die notwendige Technik und die Menschen. Den Deutschen war schließlich keine Zeit geblieben, sie können einfach nicht alles weggebracht haben! Güterzüge mit wertvollen Kunstwerken trafen selbst dann noch in Königsberg ein, als bereits ganz Ostpreußen vom eigentlichen Deutschland abgeschnitten war. Die Autobahn Nr. 1, Königsberg–Elbing–Berlin, war wie die anderen Straßenverbindungen bereits unterbrochen, und für den Abtransport dieser Kunstschätze blieb nur noch die Straße von Königsberg zum Hafen Pillau, die jedoch auch schon von der russischen Artillerie ständig unter Beschuß genommen wurde. Außerdem war diese Straße völlig verstopft: Flüchtlinge, Verwundete, Panzer, Soldaten, Wagenkolonnen… Hätte man unter

* Vytautas (um 1350–1430) litauischer Großfürst. Heerführer in der Schlacht bei Tannenberg 1410.

diesen Bedingungen auch nur an eine halbwegs sichere Auslagerung der Kunstschätze denken können? Deshalb waren diese beiden SD-Offiziere auf dem Königsberger Magistrat erschienen: sie suchten nach Möglichkeiten, die im Osten geraubten Kunstwerke für kurze Zeit, vielleicht aber auch für sehr lange, sicher verstekken zu können...

...»Achtung! Der Schnellzug ›Jantar‹ fährt in wenigen Minuten auf Gleis 4 ein!«

Na endlich! Der letzte Zug »Königsberg–Berlin« jener Zeit, nicht unserer, sondern der deutschen Zeit, verließ die Hauptstadt Ostpreußens am 22. Januar 1945. Darüber hat mir W. S. Fjodorow geschrieben. Die letzten zwei Wagen mit verdunkelten Fenstern wurden von der SS bewacht. Doch in Berlin sind die beiden Wagen nicht angekommen. Wie uns ein ehemaliger Königsberger aus Kiel mitgeteilt hat, wurden sie unterwegs abgekoppelt, doch wo das war und was sich in den Wagen befand, das wußte er nicht. Irgend etwas wird ja wohl in ihnen gewesen sein, in den einigen Dutzend Kisten, die man in die Wagen eingeladen hatte. Wohin sind sie gekommen? Nach Posen, einen der wichtigsten Knotenpunkte, zu dem die in unserem Land geraubten Kunstschätze gebracht wurden? Die Waggons sind nicht mehr aufgetaucht!

Ach, da ist ja endlich der »Jantar«! Jetzt kann ich ganz beruhigt sein. Georg Stein träumte davon, auch nur ein einziges Mal Kaliningrad besuchen zu dürfen. Er wandte sich an die sowjetische Botschaft in Bonn, an Moskau, an alle möglichen Behörden, bat und bettelte, versprach, nicht nur das Bernsteinzimmer, sondern auch noch viele andere Kunstschätze aufzufinden. Er durfte das ehemalige Königsberg, die Stadt seiner Kindheit und Jugend, Kämpfe und Gefangennahme nicht besuchen. Doch die Arbeit seines ganzen Lebens, sein Archiv mit vielen hundert Dokumenten, kehrt in seine Heimat zurück!

Die blauen Wagen mit dem gelben Querstreifen huschen an mir vorbei, da ist meiner, der dreizehnte! Durch das Fenster sehe ich Nina Petrowna, meine Stellvertreterin im Kulturfonds. Sie lächelt, nickt mir zu: »Ich habe es! Ich habe es!« Das Archiv, das man, wie von einigen Zeitungen gemeldet wurde, versucht hatte zu stehlen, ist da! Die sechs großen Pappkartons nehmen ein ganzes Abteil ein. Auf jedem von ihnen steht mit sauberen, großen Buchstaben geschrieben: »GEORG STEIN«. Willkommen in Kaliningrad, Georg Stein!

Welche Geheimnisse werden nun in diesen Kartons verborgen sein, die jetzt in der Zimmerecke einer hübschen Villa stehen? Das Haus steht in einem der schönsten und bemerkenswert gut erhaltenen Stadtteile Kaliningrads, der im alten Königsberg »Amalienau« hieß. Hier wohnten einmal die wohlhabenden Bürger der Stadt. Als die Rote Armee näherrückte, verließen sie noch rechtzeitig dieses gemütliche, stille grüne Eckchen. Einige fuhren aus der »Provinz«, so nannte man hier Ostpreußen, in das eigentliche Deutschland, andere fuhren noch weiter, in die neutrale Schweiz oder nach Dänemark. Hier wurde nicht gekämpft und alles ist noch so, wie es gewesen war. Alle diese prächtigen, schon kleinen Palästen ähnlichen zwei- und dreistöckigen Villen, von denen übrigens viele einen Namen hatten: – dort sieht man auf der Fassade in schöner Zierschrift: »Villa Elsa«, dort »Villa Lotte« –, alles ist erhalten geblieben! Kaum waren die Kämpfe vorüber, da kamen auch schon die Generäle und Kommandeure der 3. Weißrussischen Front hier angefahren. In der Villa »Landhaus Ruft« wohnte der Königsberger Stadtkommandant. Mit seinem Sohn Schorka saß ich zusammen auf einer Schulbank in der 9. Klasse der 1. Königsberger Oberschule, so nannte sich bis 1946 die ehem. »Burgschule« in der Lehndorffstraße. Und in diesem kleinen Palast dort mit den Mosaiken hatte der Kommandeur der 11. Garde-Armee, Generaloberst K. N. Galizki, Quartier bezogen. Sein Sohn Jura kam mit einem Rennwagen zur Schule gefahren. Er war furchtbar hochnäsig, und wir Jungen der 9. Klasse verkehrten nicht mit ihm. Fünf Minuten von dem Haus entfernt, in dem wir uns jetzt befinden, in der ehemaligen Ottokar-Straße, steht unter uralten Bäumen die Villa, die einmal dem Liebling Adolf Hitlers, dem allmächtigen Herrscher über Ostpreußen, dem Oberpräsidenten und Gauleiter Erich Koch, gehört hat. Gleich nach dem Krieg wurde dort ein Offiziers-Casino eingerichtet und sonnabends, manchmal auch sonntags, veranstaltete man dort Tanzabende. Es spielte dort eine kleine Kapelle, drei Musiker, alle mit schwarzen Brillen: Blinde Musiker aus dem inzwischen geschlossenen Krematorium: Akkordeon, Geige, Schlagzeug. Die jungen Oberleutnants, Hauptleute und Majore – tanzten mit den dienstverpflichteten schönen deutschen Fräuleins nach der von der Front her bekannten »Rosamunde«, daß die Medaillen und Orden nur so klapperten, küßten dann den errötenden Mädchen elegant, »auf europäisch« die Hand und führten sie zu den Samtsesseln, auf denen vor kurzer Zeit noch die allmächtigen NS-Beamten der Gaus »Ostpreußen« gesessen hatten.

Auch jetzt erklingt hier Musik. Vom Morgen bis zum späten Abend. In der ehemaligen »Stadtresidenz« Erich Kochs (er besaß auch eine außerhalb der Stadt, das Gut Friedrichsberg) befindet sich die Städtische Kindermusikschule »Glier«*. Ist das nicht alles seltsam und kompliziert? In dem Haus, in dem wir uns jetzt befinden, in der ehem. Haarbrückerstraße, der heutigen Borodiner Straße (nur weiß keiner, ob sie nach der Schlacht bei Borodino oder nach dem Komponisten Borodin benannt ist), wohnte der General Swanezki, und wenn der bei seinem »Verein« war, dann weilte ich in seinem Haus. Sein schönes rothaariges Töchterchen Lita (ihr voller Name war Aelitta, was klar beweist, daß der Pulverrauch gewohnte Frontgeneral in seiner Jugend romantische Literatur gelesen hat) war nämlich meine zweite Jugendliebe (die erste war, wie bereits erwähnt, die Saninstrukteurin Ljuda Schilowa). Doch das nur nebenbei. Alles das liegt in weiter, nebliger Ferne: die Schule, die Herzensqualen, die Rendezvous – mal in den Schloßruinen, mal in einer stillen Ecke des Neuen lutherischen Friedhofs oder in einem zerstörten Bunker des Stabes des 1. Wehrbezirks. Lita war ein »Frontkind«, das mit seinem Vater den ganzen Krieg durchgemacht hatte, mit einer kleinen Macke, seltsamen Fantasien. Um meine Treue und meinen Mut zu prüfen, dachte sie sich zuweilen ziemlich gefährliche »Bewährungen«

* Glier, Reingold Morizewitsch, eigentl. Reinhold Glièr, *Kiew 1875, † Moskau 1956, sowj. Komponist belgischer Abstammung.

aus. Doch nicht darüber wollte ich sprechen, es kam mir nur so in den Sinn, als ich gerade die massive Haustür mit den Türgriffen aus Bronze und die Treppe mit den Figuren sah. Hier in dieser Villa hat man uns neben den Räumen der Gebiets-Kinderbibliothek einen Raum für die vorübergehende Lagerung des Georg-Stein-Archivs zugeteilt. Durch das Fenster sieht man die dunklen, runzligen Stämme der Kastanien und Linden im Garten, den grünen Rasen, Büsche und Flieder.

»Also, wenn wir alle versammelt sind, können wir anfangen, ja?« Oberst Awenir Petrowitsch Owsjanow, Heimatkundler und Publizist, Kriegsingenieur, Leiter der Gruppe »Poisk« unserer Kaliningrader Abteilung des Kulturfonds, schaut ernst auf die Uhr. Seine Zeit ist immer knapp bemessen. Wassili Mitrofanowitsch Tarabrin, Übersetzer und äußerst erfahrener Archivar, der viele Jahre auf weiten Dienstreisen in Europa unterwegs war, wo er, wie ich und der Oberst vermuten, irgendwelche Papiere und Akten in Archiven gesucht und wohl auch gefunden hat, schaut sich aufmerksam die Fenster und die Tür an.

»Wer waren die zwei, die sich für das Archiv interessiert haben?« fragt er.

»Der Aufsicht haben sie gesagt, daß sie vom Gebietsexekutivkomitee seien. Sie haben irgendeinen Ausweis vorgezeigt und verlangt, daß man ihnen zeigt, wo das Archiv ist. Angeblich, um sich zu vergewissern, daß es sicher aufgehoben ist. Die Aufsicht hat sie aber nicht reingelassen. Ich habe im Gebietsexekutivkomitee angerufen und da hat man mir gesagt, daß man niemanden zur Überprüfung zu uns geschickt habe. Seltsam, wie konnten die etwas von dem Archiv erfahren?«

»Sehr seltsam! Und wer war dieser Akademieprofessor, der Sie angerufen hat?«

»Mein Gott, woher soll ich das wissen?! Es klingelt, ich nehme den Hörer ab, eine Stimme: ›Hier spricht Akademiemitglied Wladimir Petrowitsch Possochow‹, obwohl, vielleicht hat er auch Pjotr Wladimirowitsch gesagt, möglich auch: Prossochow. Was weiß ich!«

»Und was wollte er?«

» ›Uns interessiert, in welchem Zustand das Stein-Archiv ist. Übrigens, wo ist es jetzt? Sagen Sie mir die Anschrift...‹ Und ich sage zu ihm: ›Was für ein Archiv? Sagen Sie mir den Namen noch einmal, ich werde es aufschreiben‹. Und: tuu-tuu-tuu...«

»Tuu-tuu-tuu!« äfft mich Tarabrin nach. »Ich habe Sie gewarnt. Das Archiv muß von hier weg!«

»Aber wir haben doch eine Alarmanlage und ein sicheres Schloß.«

»Die Alarmanlage habe ich Ihnen in einer Minute ausgeschaltet. Und das Schloß kann man mit einem Messer, einer Gabel oder mit einer Haarnadel aufbekommen! Aber fangen wir an! Wie sind wir eigentlich zu dem Archiv gekommen?«

»Was? Wie wir an das Archiv gekommen sind? Drei Monate nach dem Tod Steins bin ich nach Moskau gefahren, um mich nach meiner Wahl zum Vorsitzenden der Kaliningrader Abteilung des Sowjetischen Kulturfonds (SFK) mit dem 1. Stellvertreter des Vorsitzenden des Verbandes, Geworg Wassiljewitsch Mjasnikow, zu treffen. Ich erzählte ihm, daß wir in Kaliningrad eine Fahndungsgruppe gebildet haben: wenn der Staat es ablehnt, nach den nationalen Kulturschätzen, die im letzten Krieg verschwunden sind, zu suchen, dann müssen eben die öffentlichen Organisationen die Suche fortsetzen! Wir unterhielten uns über Georg Stein und seinen seltsamen Tod, und ich sagte: ›Schade, daß sein großes Archiv verschwunden ist. Es hätte uns vielleicht auf die Spur des Bernsteinzimmers gebracht.‹ Geworg Wassiljewitsch hörte mir zu, lächelte und sagte dann: ›Das Archiv ist nicht verschwunden! Das hat der in unserem Land gut bekannte Liechtensteiner Millionär und Mäzen russischer Abstammung, Eduard Alexandrowitsch Falz-Fein, der Familie Steins abgekauft und unserem Land geschenkt.‹ – ›Wie? Das Archiv ist in Moskau?‹ Mjasnikow lächelte geheimnisvoll, trommelte mit den Fingern auf dem Tisch, wahrscheinlich wollte er mich nur noch etwas auf die Folter spannen, dann sagte er: ›Nicht nur in Moskau, sondern hier in diesem Gebäude, im Tresorraum.‹ – ›Und was soll mit ihm geschehen?› – ›Was soll schon mit ihm geschehen?‹ Mjasnikow schwieg, dachte nach und zuckte mit den Schultern. ›Wir werden es wahrscheinlich dem Staatsarchiv übergeben, was sollen wir sonst mit ihm machen?‹ – ›Aber zwei Drittel des Archivs beziehen sich sicher auf unser Gebiet, auf Ostpreußen und Königsberg‹, sage ich. ›Wissen Sie was? Geben Sie das Archiv uns!‹

Als ich das sagte, dachte ich bei mir: ›Jetzt wird Geworg Wassiljewitsch wieder freundlich lächeln, mit den Fingern auf dem Tisch trommeln und dann sagen: ››Wir werden hier selbstverständlich darüber nachdenken. Wir werden uns beraten... Richten Sie inzwischen schon mal ein Gesuch an uns, mit einer ausführlichen Begründung... Ich denke...‹ Und Mjasnikow lächelte freundlich, trommelte mit den Fingern auf dem Tisch und sagte dann: ›Gut. Nehmen Sie das Archiv mit nach Kaliningrad! Vielleicht hilft es Ihnen bei der Suche nach dem Bernsteinzimmer.‹ «

»Gut gemacht! Aber kommen wir zur Sache!« Owsjanow schaut ungeduldig auf die Ordner, die Tarabrin auf dem Tisch ausgebreitet hat. »Und was ist das da?«

»Das sind neue Versionen, Mitteilungen, darunter hochinteressante. Während Wassili Mitrofanowitsch die Ordner weiter auslegt, lese ich vor, was in ihnen steht. Gut?«

Fort Quednau! Da müssen Sie suchen! Nachdem ich schon mit einer Menge Stalags in Weißrußland und im Baltikum Bekanntschaft gemacht hatte, kam ich im Juli 1944 nach Königsberg ins Fort Quednau. Wir russischen Kriegsgefangenen sollten dort die Wände des Verteidigungsgrabens befestigen. Am 28. August geschah der entsetzliche Nachtangriff der Engländer auf Königsberg. Die ganze Stadt stand in Flammen. Am nächsten Tag kamen vier Lastwagen mit abgedeckten Ladeflächen ins Fort. Mit Bewachung. Man trieb uns aus den Kasematten und wir mußten die Wagen entladen. Es waren riesige Kisten drauf. Wir schleppten alles in die Kasematte, die neben unseren Räumen lag. Am nächsten Tag holte uns keiner zur Arbeit. Auch am übernächsten Tag nicht. Wir saßen da ohne Essen und ohne Wasser. Wir begannen gegen die Tür zu hämmern. Dann merkten wir, daß eine nicht abgeschlossen war. Wir, also ich, Wassja Grigorjew aus Jaroslawl und Wanja Popow aus Brjansk, begannen nach etwas Eßbarem zu suchen. Wir gingen in die benachbarten Räume. Zu essen gab es da nichts, doch da standen die Kisten, die wir durch einen anderen Eingang dahin geschleppt hatten. Bei einigen Kisten waren die Deckel festgeschraubt, bei anderen nicht. Wir hoben einen hoch und sahen im Schein einer brennenden Zeitung: die Kiste ist vollgestopft mit … Ikonen. Jede Ikone war einzeln in Packpapier oder Zeitungen eingepackt. Innen war die Kiste offenbar mit Pech ausgeschmiert, von außen war sie ganz mit Zink beschlagen. Wie ein Zinksarg… Am nächsten Tag brachte man uns dann nach Preußisch Eylau, in das Stalag Nr. 8. Dort haben wir wieder Gräben ausgehoben. Bevor die Unsrigen dort hinkamen, wurden alle erschossen. Einige Tausend. Auch von uns alle. Auch die Franzosen, Belgier und Polen, die dort waren. Wanja Popow und mir war es drei Tage vor den Erschießungen gelungen zu fliehen. Nach den stalinistischen Säuberungsaktionen ratterten wir nach Sibirien, in unser eigenes, sowjetisches »Stalag« und Wanja starb dort an Entkräftung. Doch nicht darüber wollte ich berichten. Suchen Sie im Fort Quednau!

Nowosibirsk, W.P. Sokolow.

»Was halten Sie davon, Wassili Mitrofanowitsch?«

»Als ich unter der Fahne von Jelena Jewgenjewna Storoschenko diente, haben wir uns mit der Version »Quednau« befaßt, aber dort leider nichts gefunden.«

»Ein gewisser Strokow schreibt aus Kostroma, Rückadresse ›Postlagernd‹: ›Daunenkissen und Matratzen. Wozu?‹ Ziehen Sie nicht so verwundert die Augenbrauen hoch, Oberst, sondern hören Sie:«

Im Sommer des Jahres 1945 fuhr ich mit meinem Kommandeur, Major Skworzow, nach Heiligenbeil, wo die Unsrigen die Deutschen anständig zerlegt hatten. Es standen dort auf den Feldern viele verlassene Autos rum: deutsche, französische, tschechische. Bei uns im Fuhrpark gab es zehn tschechische Lastwagen »Skoda«, und wir suchten nun zerstörte Wagen des gleichen Typs, um dort Ersatzteile auszubauen: Lichtmaschinen, Vergaser und anderes. Der Major befahl mir, bestimmte Teile auszubauen und ging dann auf dem Feld umher. Plötzlich ruft er mich zu sich: »Schau her, ich bin hier rübergegangen und da hat die Erde nachgegeben. Geh du jetzt mal da rüber.« Ich machte das und die Erde gab wieder nach. »Hol' eine Schaufel!« Ich hole die Schaufel und wir beginnen zu graben. Die Erdschicht schien sehr dünn zu sein. Plötzlich stoßen wir auf eine Plane. Wir räumen sie weg, da kommen Kopfkissen und Federbetten zum Vorschein, gestreifte, deutsche! Wir ziehen eins weg, da sind da dicke, grüne Bretter. Und darunter – Kisten und irgendwelche Drähte. Der Major sagt: »Hier ist etwas vergraben. Unter Umständen auch vermint.« (Nein, zunächst waren da die Bretter und dann erst die Kopfkissen und Federbetten). »Man muß den Stab benachrichtigen!« Wir bauten dann verschiedene Ersatzteile aus: drei Vergaser, zwei Kühler, Lichtmaschinen und Zündkerzen. Dann suchten wir Batterien zusammen. Dann fuhren wir fort. Ich weiß nicht, ob der Major im Stab Bericht erstattet hat. Doch nun denke ich: warum waren dort Kopfkissen und Betten auf die Kisten gelegt? In den Kisten wird etwas sehr Zerbrechliches gewesen sein: Porzellan oder Kristall, oder sonst irgend etwas Wertvolles. Ich erinnere mich, daß das auf einem großen Feld rechts der Straße kurz vor Heiligenbeil war. Entschuldigen Sie, aber ich weiß nicht, wie das russisch heißt.

»Die beiden Besucher, die hier waren, gefallen mir ganz und gar nicht«, brummt Wassili Mitrofanowitsch. Er ist nicht gerade groß, dafür kräftig gebaut, graues Haar, eine knappe, genaue Ausdrucksweise, ein aufmerksamer, durchdringender Blick. »Ich habe inzwischen einige Dokumente rausgesucht, besonders die, die wahllos in diesen Karton reingestopft wurden. Klar, daß hier jemand etwas gesucht und in dem Karton rumgewühlt hat. Hier, sehen Sie, ein Brief Martin Bormanns. Die Löcher vom Schnellhefter sind ausgerissen, als habe jemand diese Seite rausgerissen. Doch aus irgendeinem Grund hat er den Brief dann nicht mitgenommen. War er in der Eile unbemerkt auf den Boden gefallen? Na trotzdem, womit wollen wir beginnen?«

»Wer war dieser Stein?« frage ich. »Und Marion Gräfin Dönhoff, was ist mit der?«

»Alfred Rohde, der Direktor der Königsberger Museen, in dessen Hände das Bernsteinzimmer kam, gibt es etwas über ihn?« fragt Owsjanow. »Wie haben sie das Bernsteinzimmer in Rußland bekommen? Wie haben sie es fortgeschafft?«

»Alles gibt es hier, alles«, antwortet Wassili Mitrofanowitsch, »doch zunächst möchte ich Sie sozusagen mit der Art der Dokumente, die sich in den verschiedenen Ordnern befinden, bekanntmachen. Hier steht zum Beispiel: ›Geschichte Königsbergs‹. Das ist doch interessant für uns, oder?«

1256, 29. Juni. Erste Urkunde: »castrum de Coningsbergk in Zambia«

1455, 15. Juni – 14. Juli. Bruderkrieg zwischen Altstadt-Löbenicht und dem aufständischen Kneiphof.

1525, 8. Juni. Friede zu Krakau: Albrecht von Brandenburg säkularisiert den Orden; Königsberg Hauptstadt des Herzogstaates.

1544, 17. August. Eröffnung der Königsberger Universität durch Herzog Albrecht.

»Und so geht es immer weiter: 1701 – Krönung Friedrich I., 1724 – Geburt des großen Philosophen Immanuel Kant. – Hört nur, die seltsame Benennung hier: 11. Juli 1758 bis 6. August 1762. Königsbergs erste Russenzeit. Warum ›erste Russenzeit‹?«

»Nach der Schlacht bei Großjägerndorf, in der die Russen die Preußen geschlagen hatten, wurde Ostpreußen eine russische Provinz, und einer der Gouverneure in Ostpreußen war der Vater Alexander Wassiljewitsch Suworows«, erklärt Owsjanow. »Erst nach dem Tod Elisabeth I. hat ihn Peter III. aus Königsberg nach Petersburg zurückgerufen, und danach wurden dann alle russischen Truppen aus Preußen abgezogen.«

1788. Immanuel Kants »Kritik der reinen Vernunft« erscheint.

1813 die »zweite Russenzeit«...

»Dies bezieht sich auf das russische Heer, das bei der Verfolgung der Truppen Napoleons nach Königsberg kam. Damals wurden nach dem Sieg über Napoleon im ›Moskowiter Saal‹ des Königsberger Schlosses prächtige ›Moskowitische Feste‹ gefeiert.«

1914, August – September. Sieg Paul von Hindenburgs über die Russen in der Schlacht bei Tannenberg und an den Masurischen

Seen. Königsberg bleibt zunächst von einer weiteren »Russenzeit« verschont.

1944, 26./27. und 29./30. August. Völlige Vernichtung der Innenstadt mit allen Kunstschätzen bei englischen Luftangriffen. Tausende von Toten.

1945, 9. April. Kapitulation durch Otto Lasch. Dritte und letzte »Russenzeit« in Königsberg. Lasch zum Tode verurteilt.

1946, 4. Juli. Königsberg wird in Kaliningrad umbenannt.

1948. Abtransport der wenigen letzten Königsberger.

»Wieso haben wir Lasch zum Tode verurteilt?«

»Nicht wir! Hitler! Ich habe mich damit beschäftigt«, erkläre ich. »Otto Lasch... Kommandant der ostpreußischen 217. Infanterie-Division, die von Königsberg bis nach Leningrad marschiert ist. Dort wollte er auch mich aushungern. Ab 28. Januar 1945 Festungskommandant von Königsberg. Als er entgegen des Befehls Hitlers, »bis zum letzten Mann zu kämpfen« am 9. 4. 45 die Stadt an die Russen übergab, wurde er in Abwesenheit zum Tode verurteilt und gegen seine Familie »Sippenhaft« verhängt. Aber jetzt zu Georg Stein, ja?«

»Ja, sofort!« Wassili Mitrofanowitsch blättert in den Unterlagen; vorsichtig, liebevoll nimmt er die einzelnen Blätter in die Hand, glättet und ordnet sie, freut sich und liest dann schon bald genüßlich vor: »›Geheim!‹, ›Streng geheim!‹, ›Persönlich!‹, ›Erich Koch persönlich!‹, ›Nur in einem Exemplar!‹ Das hört sich gut an, wie? Oder hier, sehen Sie, was für ein interessantes Dokument. Erinnern Sie sich, Sie haben doch über diese Güterzüge mit den wertvollen Möbeln aus Warschau auf den Gleisen des Südbahnhofs gesprochen. Also hier:

An Gauleiter Erich Koch, Königsberg.

Nach der Niederschlagung des Warschauer Aufstandes haben sich in unseren Lagern riesige Mengen verschiedenster Einrichtungsgegenstände angesammelt. Wir haben nur das Beste und Wertvollste aus den polnischen Wohnungen ausgesucht. Angesichts der Tatsache, daß nach der schrecklichen Augustnacht, in der die Engländer Königsberg fast vollständig zerstört haben, Zehntausende von Königsbergern ohne Wohnung und ohne Möbel sind, sind wir gerne bereit, alles nach Königsberg zu schicken. Wir erwarten eine entsprechende Entscheidung. Voraussichtlich werden es dreißig bis vierzig Züge sein…«

»Georg Stein? Sofort, seine Mappe ist gleich dran. Hier haben wir noch ›Einsatzstab Reichsleiter Rosenberg‹, ›Aus Königsberg‹, ›Nach Königsberg‹, ›Operation Linz‹. Und hier ist auch ›Georg Stein in eigener Sache‹.«

»Vielleicht gönnen wir uns erst noch einen Tee?«

»Ja, aber dann lies endlich vor. Ich möchte schrecklich gern etwas Genaueres über ihn wissen. Wer war dieser Georg Stein? Warum und wann fing er an, nach dem Bernsteinzimmer zu suchen? Wie kam er mit Marion Gräfin Dönhoff zusammen?«

»Wer ist eigentlich diese Gräfin?« Ich gehe und setze das Teewasser auf, dann beginnt Wassili Mitrofanowitsch vorzulesen:

Auslöser für meine intensive Beschäftigung mit dem Verbleib des Bernsteinzimmers war ein Artikel in der »Sunday Times of London« von Anthony Terry über den Kunstraub im Zweiten Weltkrieg, den ich zufällig 1965 bei einem Aufenthalt in der Schweiz las. In ihm wurde berichtet, daß das Bernsteinzimmer immer noch nicht gefunden sei. Ich erinnerte mich an jenen Wintertag 1945, als wir auf die verlassenen Lastwagen gestoßen waren, deren Ladung wir in der Krypta der Kirche untergestellt hatten. Dieser Ort war vom 28. bis 30. Januar heftig umkämpft. Am 1. Februar mußten wir ihn zerstört den Russen überlassen, doch konnte er am 6. Februar wieder zurückerobert werden. Die Kirche war völlig zerstört, über der Krypta lagen meterhoch die Trümmer, doch das Gewölbe der Krypta hatte standgehalten. »Wie?« wunderte ich mich, nachdem ich den Artikel ganz gelesen hatte, »das Bernsteinzimmer wurde nicht gefunden?« Und da beschloß ich: ich muß mich an der Suche nach dem Bernsteinzimmer beteiligen.

»Hier ist der Tee. Echter, schwarzer Tee!«

»Was haben Sie über die Gräfin?«

»Die Gräfin? Nicht sehr viel, irgendwelche Auszüge aus Zeitungsartikeln, wie es scheint aus dem Spiegel und anderen westdeutschen Zeitungen. Sagen Sie, wo haben Sie diesen guten Tee aufgetrieben!? Also:

»Marion Dönhoff, letzte Gräfin des alten preußischen Geschlechts der Dönhoffs. 1909 geboren. Erhielt den Beinamen ›Rote Gräfin‹, als sich die Studentin der Volkswirtschaft in Frankfurt linken Studentenkreisen anschloß. Promotion in Basel. Lehnte das NS-Regime konsequent ab. Ihr Haß auf die Nationalsozialisten wuchs, als ihr Cousin nach dem Attentat auf Hitler hingerichtet wurde. Journalistin, Persönlichkeit des öffentlichen Lebens. Seit 1968 Chefredakteurin der Hamburger ZEIT und erste Frau an der Spitze eines deutschen politischen Blattes. Unverheiratet. Lebt mit Hund und Haushälterin in einem kleinen Haus in Hamburg-Blankenese. Fährt einen schwarzen ›Porsche‹. Für ihre journalistische Arbeit im Geiste der Freiheit und im Glauben an den Menschen erhielt sie verschiedene bedeutende Preise und Auszeichnungen. Die Mitarbeiter der Redaktion der ZEIT, dreißig Männer und drei Frauen, rühmen das ›preußische Pflichtgefühl‹ und die ›Integrität‹ ihrer neuen Chefin.«

»Hier steht noch was von Stein geschrieben:

›Im Frühjahr 1983 kamen Frau Dr. Marion Dönhoff (DIE ZEIT, Hamburg) und ich überein, die Nachforschungen nach den im Zweiten Weltkrieg verschwundenen Kunstschätzen zu verstärken. Gemeinsam wurde eine gewaltige Arbeit geleistet. Alle Hinweise und Nachrichten von Privatpersonen und in der Presse über das Bernsteinzimmer wurden gesammelt, Kontakt zu den Spezialisten in der DDR und in der Sowjetunion aufgenommen. Die hierbei gewonnenen Erkenntnisse wurden in zwei umfangreichen Artikeln in der ZEIT veröffentlicht: ›Großfahndung nach dem Bernsteinzimmer‹, ZEIT-Dossier November 1984, und ›Sonderauftrag Linz‹, ZEIT-Dossier Januar 1987‹.«

»Wenn ich mich richtig erinnere, war der ›Sonderauftrag Linz‹ ein Bericht über den von Hitler angeordneten organisierten Kunstraub in den besetzten Ländern«, sagt der Oberst.

»Ja, Awenir Petrowitsch.« Wassili Mitrofanowitsch schiebt seine Teetasse zurück, entnimmt einem anderen Ordner DIE ZEIT und beginnt vorzulesen:

»Ehe er sich die Giftkapsel zwischen die Zähne schob und die Pistole an die Schläfe setzte, diktierte er noch einer Sekretärin sein persönliches Testament: ›Was ich besitze, gehört – soweit es überhaupt von Wert ist – der Partei, sollte diese nicht mehr existieren, dem Staat.‹ Und weiter: ›Ich habe meine Gemälde in den von mir im Laufe der Jahre angekauften Sammlungen niemals für private Zwecke, sondern stets nur für den Ausbau einer Galerie in meiner Heimatstadt Linz an der Donau gesammelt. Daß dieses Vermächtnis vollzogen wird, wäre mein herzlichster Wunsch…‹.«

»… die von mir angekauften Sammlungen!« So hat Hitler das also genannt! Womit kann ich noch dienen?

»Alfred Rohde, den Direktor der Königsberger Museen! Was steht dort über ihn?« bittet Awenir Petrowitsch. »Rohde war einer der wenigen, die alles, aber auch alles über den Verbleib des Bernsteinzimmers wußten.«

»Bitte, hier ist ein Schreiben von ihm, geschrieben und abgeschickt in Königsberg am 3. Februar 1942, eingegangen in Berlin am 6. Februar. Hören Sie! Innerhalb von 3 Tagen! Und das während des Krieges! Heute braucht ein Brief von Berlin nach Kaliningrad vier bis sechs Wochen! Na, lassen wir das! Ich lese jetzt aus dem Brief vor«:

Im Rembrandt-Verlag-Berlin erscheint von mir das Buch: »Der junge Corinth«.

Aus diesem Anlaß brauche ich als Beamter in meiner Eigenschaft als Direktor der Kunstsammlungen der Stadt Königsberg einen Befreiungsschein für die Reichsschrifttumskammer. Ich sende Ihnen in der Anlage die mir von der hiesigen Dienststelle dafür übermittelten Fragebogen zu und bitte um Übersendung des Befreiungsscheines. Ich bin lediglich als Wissenschaftler auf meinem Fachgebiet wissenschaftlich tätig.

Heil Hitler!
Im Auftrage:
Unterschrift.
Direktor.

»Ist das alles?« fragt der Oberst etwas enttäuscht.

»Ist Ihnen das zu wenig? Dann bitte…«

»Verehrte Damen und Herren! Soeben hat uns die traurige

Nachricht erreicht, daß Doktor Alfred Rohde im Herbst 1945 in einem Krankenhaus in Königsberg verstorben ist...«

»Was ist das? Woher stammt diese Mitteilung?«

»Das ist eine Rede am Grab Rohdes in Hamburg.«

»... Durch seine langjährige wissenschaftliche Tätigkeit wurde Königsberg zu ...«

»Einen Moment bitte! Das ist irgendein Unsinn. Wie kommt Rohde nach Hamburg?«

»Die Rede wurde 1950 am leeren, symbolischen Grab Rohdes in Hamburg gehalten, Awenir Petrowitsch. Also...«

»... wurde Königsberg zu einer bedeutenden Stätte der Bernsteinkunst, besonders aber, als dank seiner Bemühungen das berühmte Bernsteinzimmer aus Zarskoje Selo, das von mutigen deutschen Soldaten aus der Kampfzone gerettet worden war, in die Kunstsammlungen der Stadt kam...«

»Hier ist noch ein äußerst interessantes Dokument, das das von den Nazis ausgeklügelte System, nach dem der organisierte Kunstraub betrieben wurde, belegt.«

Mitteilung an die sowjetische Militärbehörde
über das Bataillon z. b. V. »Ribbentrop«

Ich fühle mich verpflichtet, Ihnen folgendes mitzuteilen: Im August 1941 wurde ich während meines Aufenthalts in Berlin durch Vermittlung eines alten Freundes von der Berliner Universität, Dr. Focke, von meiner 87. Panzerabwehr-Division zu einem Sonderbataillon des Auswärtigen Amts abkommandiert. Dieses Bataillon wurde auf Initiative des Reichsaußenministers v. Ribbentrop geschaffen und untersteht seinem Befehl. Kommandeur des Bataillons »zur besonderen Verwendung« ist SS-Major v. Künsberg. Die Aufgabe dieses Bataillons besteht darin, unmittelbar nach dem Fall bedeutender Städte die kulturellen und historischen Schätze zu beschlagnahmen und nach Deutschland zu verbringen. Das Sonderbataillon besteht aus vier Kompanien. Die 1. Kompanie wurde dem deutschen Afrika-Expeditionskorps zugeteilt, die 2. Kompanie der Heeresgruppe Nord...«

»Heeresgruppe Nord?«

»Sie bringen mich ganz aus dem Konzept! Also, die 2. Kompanie der Heeresgruppe Nord, die 3. Kompanie der Heeresgruppe Mitte und die 4. Kompanie der Heeresgruppe Süd. Die 1. Kompanie befindet sich zur Zeit in Italien...«

»Verzeihen Sie, wer hat das geschrieben? Aus welchem Jahr stammt das Dokument?«

»Den Brief hat ein gewisser Dr. Förster, Obersturmführer der SS in der 4. Kompanie des Bataillons z. b. V. geschrieben, der in sowjetische Gefangenschaft geraten war und am 10. November 1942 in Moskau verhört wurde. Das Dokument wurde von der TASS am 17. 11. 1942 veröffentlicht. Aber ich fahre fort, ja?«

»... Der Stab des Bataillons befindet sich in Berlin, Hermann-Göring-Straße 104. Das konfiszierte Gut wird bei der Firma Adler in der Hardenbergstraße gelagert. Vor unserer Fahrt nach Rußland verlas uns Major v. Künsberg den Befehl Ribbentrops, ›alle wissenschaftlichen Einrichtungen, Institute und Bibliotheken, Archive, Museen und Paläste gründlichst zu ›durchkämmen‹ und alles zu beschlagnahmen, was einen bestimmten Wert besitzt‹.«

»Zarskoje Selo, gibt es darüber etwas?«

»Sie sind sehr ungeduldig, Oberst. Hören Sie, was dieser Dr. Förster weiter schreibt:«

»... Aus Erzählungen meiner Kameraden ist mir bekannt, daß die 2. Kompanie Wertgegenstände aus den Palästen in der Umgebung Leningrads beschlagnahmt hat. Ich habe daran persönlich nicht teilgenommen. In Zarskoje Selo hat die Kompanie den Besitz des Großen Palais-Museums der Zarin Katharina konfisziert und abtransportiert. Von den Wänden wurden die chinesischen Seidentapeten und vergoldeten Verzierungen abgenommen. Selbst der wertvolle Parkettfußboden wurde rausgenommen. Aus dem Palast des Zaren Alexander wurden die antiken Möbel und die wertvolle Bibliothek mit sechs- bis siebentausend Bänden in französischer Sprache fortgeschafft...«

»Ein gebildeter Zar war das, nicht?«

»... sowie über fünftausend Bücher und Handschriften in russischer Sprache. Unter den ausgewählten Bänden befanden sich viele französische historische und biographische Werke und eine große Zahl von Werken der griechischen und lateinischen Klassiker, die besondere bibliophile Kostbarkeiten darstellen.« Mehr gibt es über Zarskoje Selo bei diesem »Doktor« nicht. Es folgt sein Bericht über den Raub, die »Rettung«, wie er es nennt, der ukrainischen Kulturschätze. Aber hier sind noch einige andere interessante Dokumente. Die Abschrift hat Georg Stein persönlich angefertigt. Also:

AOK 18, Tagebuch 8, Seite 415
16.00 Uhr, 29. Sept. 1941

Rittmeister Graf Solms vom OKH, mit der Erfassung der Kunstgegenstände in den Zarenschlössern beauftragt, bittet um Schutz für das Zarenschloß in Puschkin, das durch Bombentreffer leicht zerstört und zur Zeit in vorderster Linie durch unachtsames Verhalten der Truppe gefährdet ist.

AOK 18
14. Okt. 1941

In Peterhof lagert in Kisten wertvolles Porzellan durch I. Panzer Division gesichert. Graf Solms »Kunstsachverständiger« benachrichtigt.

AOK 18
20.40 Uhr, 13. Dez. 1941

Der Heeresgruppe Nord wird die Stellungnahme des Konservators über die Sicherstellung des Bernstein-Kabinetts aus dem Schloß Zarskoje Selo vorgelegt.

O. Qu. den 26. Jan. 1942

Hptm. Blumschein
beim Stabe
A. Nachschub Führer 516.
Herrn Maj. i. G. Pitschmann o. Qu/Qu 2.

Sehr geehrter Herr Major!

In der Anlage reiche ich das Schreiben des Oberbürgermeisters der Stadt Königsberg/Pr. vom 13. 1. 1942 zurück. Die Kunstgegenstände wurden wunschgemäß aus dem Schloß Zarskoje Selo zur 3. Komp. Nachschub Btl. (Tmot) 553 nach Siverskaja transportiert und dort verpackt. Sobald der Bahnhof Siverskaja einen Waggon zur Verfügung stellt, werden die Kunstgegenstände nach Königsberg/Pr. abgesandt.

gez. Blumschein. Hptm.

»Von Rohde, findet sich nichts weiter in dem Archiv?«

»Anscheinend nicht. Doch, hier ist die Abschrift eines Schreibens Rohdes mit der Bitte, noch die zwei Türen des Bernsteinzimmers nach Königsberg zu schicken. Die hatte man wohl zunächst vergessen.«

»Hier haben wir noch Monate dran zu arbeiten. Für heute ist aber meine Zeit erschöpft. Wie steht's mit Ihnen, Oberst?«

»Ich muß auch gehen. Ich habe in einer Stunde noch eine Vorlesung zu halten.«

»Ich bleibe hier«, sage ich. »Aber ich begleite Sie noch ein Stückchen.«

»Ich hoffe, daß das Archiv morgen an einen wirklich sicheren Ort gebracht wird«, sagte Wassili Mitrofanowitsch und drückt mir die Hand. »Auch muß ich sehr darum bitten, daß Sie niemand, hören Sie? – niemand!, bekannt oder unbekannt, an das Archiv ranlassen! Ja?«

Nach einem kurzen Spaziergang kehre ich wieder zu dem Stein-Archiv zurück und breite verschiedene Mappen auf dem Tisch aus. Es klopft an der Tür. Habe ich die Tür nicht abgeschlossen? Schnell raffe ich die Mappen zusammen und bedecke sie mit einer Zeitung. Die Tür geht auf. Es kommt ein gekrümmt gehender, bärtiger Mann herein. Lange feuchte Haare, ein dichter, rötlich gelockter Vollbart, der gerade die Augen frei läßt.

»Verzeihung, wenn ich störe. Sie beschäftigen sich, wie es scheint, mit dem Bernsteinzimmer und anderen Schätzen, ja?« Seine Augen wandern suchend über den Tisch und die Zeitung, unter der ich die Mappen versteckt habe. Warum mußte ich die Mappen nochmal rausholen?! Ein Blatt mit dem schwarzen Adler in der Ecke und dem Vermerk »Geheim« blieb auf dem Tisch liegen.

»Ich habe ein kleines Anliegen an Sie…«

Ich nicke. »Bitte!…«

»Wissen Sie, ich bin der Sammlerleidenschaft verfallen. Verstehen Sie, ja? In meiner Freizeit fahre ich im Oblast* umher und suche, suche und suche. Sie wissen doch! Wie die Deutschen weg sind, haben sie vieles in der Erde vergraben…«

Ich überlege und schaue mir diesen Menschen an. Irgendwie gefällt er mir nicht besonders. Was suchen seine Augen die ganze Zeit hier im Zimmer? Ein unangenehmer Typ! Ich huste, als wollte ich diesen unerwarteten Besucher zum Verlassen des Zimmers auffordern. Jetzt geht er zum Tisch und sagt:

»Was Sie hier so alles haben! ›Der Oberbürgermeister der Stadt Königsberg, Dr. Will!‹ Worum geht es da?«

Ich schweige.

»Das ist so, wissen Sie? Ich suche und irgendwas finde ich auch. Ich wollte nun wissen, wenn ich etwas Interessantes, Wertvolles finde, kann ich doch mit einer Belohnung rechnen, ja? In welcher Höhe?«

»Sie öffnen also nachts Gräber!?«

»Auch das kommt hin und wieder vor«, grinst der Typ unangenehm. »Manchmal, wissen Sie, wegen des Nervenkitzels. Es ist Nacht, wissen Sie, der Wind heult. Ein Gräberfeld im Wald. Und

* Kaliningradskaja oblast' = Kaliningrader Gebiet

du bist allein! Mit Lampe und Schaufel. Du meinst, von allen Seiten schauen dich unzählige Augen an!«

Wieder grinst der widerliche Bursche krampfhaft.

»Und dann gräbst du, gräbst und gräbst, und plötzlich: da ist es, was einmal ein Mensch gewesen war…«

»Und Sie schämen sich nicht?«

»Was gibt es da zu schämen. Alles verwüstet, die Kreuze und Grabsteine gestohlen! Wissen Sie, einmal bin ich dort eingebrochen, bis an die Brust. Ich springe in eine Grube, und plötzlich war ich bis an die Brust eingebrochen… Die Särge stehen dort einer über dem anderen…«

»Entschuldigen Sie, Sie wollten über eine Belohnung sprechen. Ich glaube, Sie wissen darüber schon bestens Bescheid. Wenn Sie Gold finden, erhalten Sie 25 % vom Wert des Fundes.« Mein Gott, was für ein widerlicher Mensch. Dreckig von oben bis unten. Dieser muskulöse, graue Hals, der aus dem verknitterten Hemd hervorsteht… Diese schwarzen Fingernägel, wahrscheinlich steckt da immer noch Friedhofserde drunter. Und dieser Geruch nach Schweiß und feuchter Erde. »Ich bin sehr beschäftigt, sagen Sie was Sie eigentlich wollen?«

»Sofort… Ich werde Ihnen sofort…« Was will dieser Mensch von mir? Er kommt auf mich zu… Einen Augenblick noch, und er packt mich mit seinen dreckigen Fingern an der Kehle…

»Ich werde…« Die Tür geht auf. Hinein kommt Juletschka, die zarte, kleine Bibliothekarin aus der Kinderbibliothek. Sie hält eine große Schere in der Hand und fragt: »Haben Sie gerufen?«

»Wie? Ja, Julja, setz dich einen Augenblick… Nun, ich höre!«

»Ja, natürlich weiß ich das alles über die Belohnung. Ich wollte Ihnen nur sagen: Bei der Burg Balga habe ich ein großes Gräberfeld entdeckt. Da muß einmal eine große Schlacht stattgefunden haben, wissen Sie. Man hat die Toten so wie sie waren mit ihren Panzern und Kettenhemden in die Grube geworfen und sie dann zugeschüttet. Das da, das habe ich von einem Lederpanzer abgeschnitten.« Der Mann wühlt in seiner Joppe und zieht eine schwere, grünangelaufene Platte mit reicher Verzierung heraus. Bronze offenbar. »Von denen waren sechs da. Drei silberne und drei solche. Da, nehmen Sie…«

»Und wo sind die anderen?«

»Da, nehmen Sie sie«, wiederholte der Mann. »Wenn ich 5000 Rubel bekomme, zeige ich Ihnen die Stelle. Nein, sagen Sie jetzt nichts! Ich werde Ihnen jetzt auch nichts weiter sagen, ich rufe Sie wieder an, ja?«

Er geht und macht die Tür langsam hinter sich zu. Plötzlich öffnet er sie wieder und schaut scharf in meine Richtung. Ich schaue Julja an: »Was war das für einer?«

»Wie ist der hier reingekommen?« zuckt Julja mit den Schultern. »Schließlich hätte er, um zu Ihnen zu kommen, durch unsere Abteilung müssen. Aber ich habe ihn nicht gesehen. Plötzlich sah ich nasse Spuren auf dem Fußboden und höre hier Stimmen, obwohl Sie doch alleine waren… Da bin ich reingekommen…« Julja lacht und schwenkt die große Schere hin und her.

Ein Grabräuber!… Ich sehe mir das Stück, das er mir hierließ, noch einmal an. Eine wunderbare Arbeit… Ruft dieser Mensch nochmal an? Und wenn er anruft, was werde ich ihm sagen? Lügt er? Wahrscheinlich! Wenn er nun aber doch dort bei Balga ein altes Grab entdeckt hat? Woher bekommt man 5000 Rubel? Warten wir ab… Jetzt interessiert mich vor allem das Bernsteinzimmer und Alfred Rohde. Sein Leben, seine Tätigkeit in Königsberg und sein Tod, gleich nachdem er 1945 Professor Andrei Jakowlewitsch Brjussow, dem Leiter der ersten Fahndungskommission nach unseren von den Deutschen geraubten Kunstschätzen, gesagt haben soll: »Ich weiß, wo sich das Bernsteinzimmer befindet. Ich werde Ihnen zeigen, wo Sie suchen müssen.«

Das Bernsteinzimmer! … Ich habe dieses Wunder als Kind viele Male unmittelbar vor dem Krieg gesehen. Es gehörte zu den üblichen Vergnügungen der Leningrader: ein Ausflug zu den »Zarenteichen« in Gattschina, um dort Boot zu fahren, oder nach Peterhof, wenn in den Morgenstunden die Fontänen geöffnet wurden, natürlich mußte man dann zur größten Fontäne »Samson reißt dem Löwen den Rachen auf« (meine Cousine Schenka sagte gewöhnlich zu mir: »Mir scheint, der Löwe wird den Mann fressen. Fahren wir am Sonntag raus und schauen wir nach, ob er ihn schon verspeist hat.«) und natürlich nach Zarskoje Selo zum Bernsteinzimmer.

Vielleicht sollten wir, bevor wir uns dem Archiv Georg Steins und unseren Nachforschungen zuwenden, noch einmal dort in den friedvollen Vorkriegstagen weilen, wo die Boote über das silbrige Wasser der »Zarenteiche« in Gattschina gleiten, in Petrodworez die riesige Wasserfontäne aus dem furchterregend aufgerissenem Maul des noch »echten« (und noch nicht nach dem Krieg wiedererstandenen) Löwen schießen sehen und in Puschkin das Bernsteinzimmer besuchen, wo das goldene Licht durch die Fenster des Katharinen-Palasts strömt, daß der ganze Saal wie Gold erscheint, und selbst die Luft in ihm aus Bernstein zu sein scheint.

2. Das Gold der Ostsee

In Puschkin 20 000 Einwohner, Fabrikarbeiter, Frauen und Kinder ohne Verpflegung. Hungersnot ist zu erwarten. Männliche Bevölkerung soll in Lager überführt werden. Armee lehnt Lieferung von Lebensmitteln für Zivilbevölkerung ab.

Kriegstagebuch (KTB 8) AOK 18, 5. 10. 1941

Antrag L. AK. aus Puschkin – 20 000 hungernde Frauen und Kinder, die in Kellern usw. hausen und nicht ernährt werden können. Zustand für die Truppe untragbar. Seuchengefahr droht. O.B. befiehlt: Austreibung in rückwärtiges A. Gebiet durch Feldgendarmerie. Verteilung von Krasnogwardejsk aus auf einzelne Dörfer. Puschkin sofort räumen.

Vortrag beim O.B. und Chef, 8. 10. 1941

Das Land ist leergefressen, die Bevölkerung hungert und wandert in fettere Gegenden ab. Durch Befehle ist nichts zu unterbinden, jetzt nur noch mit Brachialgewalt vorgehen.

Vortrag beim O.B. und Chef, 5. 12. 1941

An einem der schlimmsten Tage der Leningrader Blockade tauschte ich, einsam und schon fast verhungert, ein Stück Bernstein, das der Erbauer des Bernsteinzimmers, Gottfried Turau, vor 250 Jahren in seinen Händen gehalten hatte, auf dem Markt gegen ein Stück Ölkuchen ein. Wahrscheinlich wäre ich an diesem Tag gestorben, wenn dieses ungewöhnliche Geschäft in Lärm und Gedränge, im knirschenden Schnee, zwischen dem Schluchzen und Stöhnen der hungrigen Menschen unter dem grauen Himmel der Blockade nicht zustande gekommen wäre.

Dieses Bernsteinstück hatte mir meine Cousine Schenja im ersten Kriegsjahr zum Geburtstag geschenkt. Ich mochte Schenja sehr. Sie war stark und mutig. Ihre Mutter, Tante Ljolja, war in einem richtigen Zigeunerlager geboren und hatte dort bis zu ihrem sechzehnten Lebensjahr gelebt. Dann hat sie mein Onkel Serjoscha, der Bruder meiner Mutter, dort weggeholt. Schenja war wie ihre Mutter. Sie sang und tanzte und konnte die Zukunft voraussagen. Dazu war sie eine Sportskanone und verteidigte mich, wenn mich die älteren Jungen bei unseren regelmäßigen Zusammenstößen in der Sobatschi-Gasse verprügeln wollten. Wie alle Kinder, die den Film »Die Schatzinsel« gesehen hatten, träumten wir von Meeren, Ozeanen, Geheimnissen und Schätzen und suchten sie natürlich auch.

Schenja und ich waren schon an die zehn Mal in dem berühmten Bernsteinzimmer in Katharinenhof gewesen. Oh, was war das für ein Wunder! Es war, als säße man in einem Honigfaß. Selbst an düsteren, grauen, regnerischen Tagen, wie es sie an der Ostsee häufig gibt, meinte man im Bernsteinzimmer die Sonne durch die schweren Seidenportieren scheinen zu sehen. An meinem Geburtstag fuhren wir wieder nach Puschkin raus. Während ich den Erklärungen des Schloßführers lauschte, ging Schenja in dem Bernsteinzimmer umher und besah sich den Bernstein an den Wänden. »Phaethon war der Sohn des Sonnengottes Helios. Seine Mutter war Klymene, die Tochter der Meeresgöttin Thetis. Er war ein mutiger, tollkühner Jüngling, der zwischen Himmel und Erde wohnte und in den Strahlen seines göttlichen Vaters Helios badete. – Du Kleine da! Komm hier her! Mädchen, ich rede mit dir!« Schenja ging zu der Ausflüglergruppe. Wir standen alle in der Mitte des Bernsteinzimmers. Der Schloßführer erzählte weiter: »Aber wie jeder erfolgreiche Mensch – und Phaethon war erfolgreich, sein Vater war ja Helios selbst – hatte auch er viele Neider, insbesondere Epaphos, den Sohn des Blitzeschleuderers Zeus… – Du da mit den schwarzen Haaren, komm mal zu mir und geh‘ nicht so nah an die Wände, ja? Epaphos sagt zu Phaethon:

›Du willst der Sohn eines Gottes sein? Du bist ja nur ein einfacher Sterblicher. Wenn nicht, dann beweise es. Wie? Bitte Helios darum, mit seinem goldenen Wagen über den Himmel fahren zu dürfen.‹ ›Das mache ich‹, sagte Phaethon und... – Du Mädchen, Du sollst von der Wand weggehen! – und er sprang in den Wagen und die Pferde jagten los. Phaethon wollte, daß sie schneller liefen und straffte die Zügel mit aller Kraft. Dann ließ er sie los. ›Was machst du denn, Phaethon?‹ rief seine Schwester, die Göttin Selene, ihm zu. ›Du bist vom Weg abgekommen‹ Ja, Phaethon war vom Weg abgekommen! Er konnte seine Feuerpferde nicht mehr bändigen. Sie verloren den Weg und rasten direkt auf die Erde zu. Und alles begann zu brennen... – Mädchen, geh nicht von meiner Seite! Was hast du denn da in der Hand? Einen Kamm? Dann kämm dich mal, du bist ja ganz zerzaust! – Und dann rief die Erdgöttin Hera: ›Oh, Zeus, Blitzeschleuderer, greif ein, wenn nicht alles im Chaos enden soll!‹ Zeus erhörte sie und schleuderte einen Blitz auf Phaethon. Phaethon stürzte auf die Erde und verbrannte. Er zerfiel in goldene Stückchen. Diese Stückchen fielen ins Wasser, in das Reich des Meeresgottes Poseidon und verwandelten sich in glitzernde und funkelnde Bernsteinstücke, golden wie die Strahlen der Sonne...«

Als wir nach der Führung wieder im Park standen, sagte Schenja zu mir: »Schau mal, was ich habe«, und warf die dichten Haare mit einer energischen Kopfbewegung aus der Stirn. Die Faust hielt sie fest verschlossen. Sie spannte mich noch ein wenig auf die Folter, dann öffnete sie die Faust. Ich schaute erstaunt zu ihr auf: »Wo hast du das her?« »Ach, du Dummkopf!« lachte Schenja. »Während du dir mit offenem Mund die Sage von Phaethon angehört hast, habe ich keine Zeit verschwendet. Mach die Augen zu! Ich reibe dir jetzt die Stirn mit Bernstein ein, dann wird dein Gehirn besser funktionieren!« Ich schloß gehorsam die Augen. Schenja fuhr mit dem Bernstein über meine Stirn und fragte dabei: »Na, wird dir schon warm? Siehst du schon Sternchen?« Mir wurde warm und ich sah tatsächlich blaue Sternchen. Mein Gehirn schien besser zu funktionieren, es war, als würde es irgendwie heller. »Hier, ich schenke ihn Dir. Aber verlier ihn nicht, Dummkopf! Das Steinchen besitzt Zauberkräfte!« Und wirklich, der Bernstein hat mir das Leben gerettet.

»Das mit dem Phaethon und dem Bernstein stimmt gar nicht«, sagt mein Freund von der Kurischen Nehrung, der litauische Volkskünstler Eduardas Jonušas, dessen riesige Holzskulpturen an vielen Stellen dieses einmalig schönen Stückchens Erde mit seinen hohen Sanddünen stehen. »Das war viel einfacher und prosaischer. Der Bernstein, das sind die Tränen der Fischersfrauen, die vergeblich auf die Rückkehr ihrer Männer und Söhne gewartet haben. Sieh, dort steht eine schwarzgekleidete Frau und leuchtet mit ihrer Laterne auf das nächtliche, stürmische Meer hinaus. Ihr Mann ist nicht zurückgekommen. Sie weint. Geh morgen dorthin, und du wirst eine Handvoll Bernstein finden.«

»Deine Fischersfrau steht doch nicht am Meeresufer, Eduardas, sondern neben einer riesigen Kiefer auf dem Hexenberg bei Juodkrantė. Allerdings fließen aus ihren hölzernen Augen wirklich goldene Tränen, echtes Harz.«

»Du willst Schriftsteller sein und sagst so etwas? Nachts geht sie ans Meeresufer. Wenn du dann aufstehst, kannst du ihre Stimme hören, wie sie ihren Mann ruft und weint, und das Licht ihrer Laterne sehen…«

Wir sitzen in einem alten Fischerhäuschen in dem verschlafenen Dörfchen Morskoje, das in deutscher Zeit Pillkoppen hieß, vor dem Kamin und sind gerade erst durchgefroren vom Bernsteinsuchen vom Strand zurückgekommen. Wenn der »Bernsteinwind« weht, muß man sofort zum Strand laufen. Es ist ein besonderer, seltsamer Wind. Er kommt nicht vom Meer her, sondern bläst am Ufer entlang und wühlt das Meer bis hundert Meter von der Küste entfernt auf. Das Wasser wird durchgewirbelt, brodelt, vermischt sich, die Wellen entstehen nicht an der Oberfläche, sondern in der Tiefe. Sie pflügen mit ihrem unteren Rand den Meeresgrund durch und graben aus dem Sand die »Bernsteinadern« aus, ins Meer gefallenes, verfaultes und im Sand verschwundenes Gehölz. Die Wellen dort sind vielleicht tückisch! Sie kommen unbemerkt heran, und dann – zack!… Auf einem breiten Eichenbrett ist der Bernstein aufgehäuft, den wir am

Strand gefunden haben. Später werden wir ihn sortieren und unter uns aufteilen. Neben uns auf dem Boden steht eine riesige Flasche mit der Aufschrift »Korn« und im Kamin knistern die Holzscheite. Es ist warm und gemütlich. Der Wind heult im Schornstein, eine Grille hat sich aufgewärmt und beginnt zu zirpen.

Ich nehme ein Stück Bernstein in die Hand, dann ein anderes, und schaue im Licht des Kaminfeuers durch ein Vergrößerungsglas, ob nicht eine Fliege oder ein Käfer in dem Bernstein eingeschlossen ist. Eduardas und ich sammeln »Inklusen«, Einschlüsse aller möglichen Insekten und Blättchen im erstarrten Harz. Hier ist eine winzige Ameise. Als wäre sie lebendig. Als würde sie noch laufen. Mein »Landsmann«, der Königsberger Philosoph Immanuel Kant, stellte sich vor, daß, wenn man den Bernstein schmelzen könnte, ohne die Temperatur zu erhöhen, die vor 40–50 Millionen Jahren eingeschlossenen Insekten wieder zu laufen begännen.

»Eduardas, wußtest du, daß Bernstein von der Ostseeküste schon in der Jungsteinzeit und Bronzezeit auf Land- und Seewegen über ganz Europa verbreitet wurde? Auch in dem von Heinrich Schliemann entdeckten Troja fand man eine Kette aus baltischem Bernstein, die auf etwa 3000 v. Chr. datiert wird. Und Plinius d. Ä. berichtet von einer Reise römischer Soldaten im Jahr 54 n. Chr. in das Land der Aisten, dem heutigen Samland, um auf Befehl des Kaisers Nero Bernstein nach Italien zu holen. Das größte Stück soll 4,2 Kilo gewogen haben. Bernstein war damals sehr teuer: für eine kleine Bernsteinfigur wurde ein junger, kräftiger Sklave geboten. Und so brachte man sogar Ostseewasser nach Italien und Griechenland, in der Hoffnung, daß in ihm, wenn es in fest verschlossenen Fässern aufbewahrt würde, dieser goldglänzende Stein, dem eine ungewöhnliche Lebenskraft zugeschrieben wurde, entstehen würde!

Vielleicht sollte ich auch noch etwas über das Bernsteinzimmer erzählen, obwohl darüber schon so viel geschrieben und geredet wurde, daß es nicht weniger bekannt als das Märchen von Rotkäppchen und dem Wolf ist. Sogar Filme wurden darüber gedreht!«

»Warte noch ein bißchen mit dem Bernsteinzimmer«, bremst mich Eduardas. »Erstens haben wir noch längst nicht alles über den Bernstein und seine Gewinnung erzählt, und dann habe ich ganz einfach Hunger. Wo ist eigentlich das deutsche Waffeleisen, das du im Gemüsegarten gefunden hast?«

Ich hole unter dem Tisch ein massives Waffeleisen hervor, zwei durch ein Scharnier verbundene gußeiserne Platten. In das Gußeisen ist ein Waffelrezept eingelassen: 2,5 l Milch, 375 Gr. Butter, 6–8 Eier, 1 kg Mehl und Zucker. Eduardas holt aus dem Regal schon Mehl und aus dem Vorraum eine Flasche Milch und ein großes Stück Butter. »Alles fertig? Schieb das Waffeleisen in den Ofen. Also, was wolltest du erzählen?«

»Als der Deutsche Orden im 13. Jh. Ostpreußen zu erobern begann, legte er sogleich seine Hand auf den Bernstein. Die Küstenbewohner mußten allen von ihnen gefundenen Bernstein abliefern. Wer es wagte, auch nur ein Stück für sich zu behalten, muße mit einem halben Jahr Kerker rechnen, manchmal auch mit der Todesstrafe. An vielen Stellen der samländischen Küste wurden dafür extra Galgen aufgestellt. Oh, dieses »Gold der Ostsee«! Wieviele Köpfe rollten seinetwegen! Wie oft hörte man Schreie und Stöhnen, wenn im Schloßhof die Jungen und Mädchen verprügelt wurden, die vor den Deutschen ein Stückchen des durchsichtigen, goldfarbenen Steinchens verborgen hatten...

Schon früh entstanden in verschiedenen deutschen Städten Bernsteindreherzünfte, »Paternostermacher«, die den Rohbernstein direkt vom Orden bezogen. 1360 wurde im Ordensschloß in Königsberg eine große Bernsteinwerkstatt eingerichtet. 1781 entstand in Königsberg eine Bernsteingilde, der fast 100 Menschen angehörten. Sie fischten den Bernstein nicht nur aus dem Meer, sondern gruben auch am Ufer nach ihm. Sie versuchten auch die blaue Erde in Schächten abzubauen, zuerst bei Gr. Hubnicken, dann bei Palmnicken. Das ist doch euer ›Jantarny‹ oder? 1811 kam dann ein gewisser Karl Douglas nach Königsberg und pachtete das Bernsteinmonopol.«

»Karl und dann Douglas? Irgendein Abenteurer?«

»Du bringst mich ganz durcheinander, Juri. Douglas war ein

Kaufmann aus Insterburg. Also, er pachtete das Bernsteinmonopol für 6 000 Taler und sammelte an den Stränden jährlich fast 13 Tonnen! Natürlich nicht er selber, sondern seine Arbeiter, die aus irgendeinem Grund die ›Kosaken des Douglas‹ genannt wurden.

1861 pachteten Stantien & Becker die Bernsteingewinnung vom Preußischen Staat. Becker wurde so reich, daß er das Gut Palmnicken kaufen konnte, wo er 1875 das erste Bernsteinbergwerk einrichete. 1883 wurde ein zweiter Schacht, die Grube Anna, angelegt. Beide Schächte waren bis 1922 in Betrieb. In den ersten Jahren wurden jährlich etwa 400 t Rohbernstein gewonnen. Als der Preußische Staat 1899 den Pachtvertrag nicht mehr verlängerte, mußte er Becker 8 Millionen Mark Abfindung zahlen. 1912 wurde begonnen, den Bernstein im Tagebau zu gewinnen. Um 1922 hatte der Tagebau den Schachtabbau endgültig verdrängt. Sag' mal, gab es nicht auch in Königsberg eine Bernsteinfabrik oder so was?«

»Ja, gegen Ende des letzten Jahrhunderts wurde in der Sattlergasse Nr. 6 die Königl. Bernsteinmanufaktur gegründet. Das Gebäude ist erhalten. Da sollen jetzt irgendwelche Lagerräume drin sein.«

»Juri, wozu, zum Teufel, habt ihr euch eigentlich dieses Ostpreußen genommen? Was war das für ein schönes Land! Halb Litauen ernährte sich in Ostpreußen. Von der ganzen Kurischen Nehrung, von Memel und Nidden kamen Tausende von Litauern, um in Preußen zu arbeiten, und jetzt kommt halb Kaliningrad zu uns nach Nida, um Wurst und Käse zu kaufen. Wann werdet ihr euch mal selbst ernähren? Weißt du, wie man euch hier nennt? Pokupanty*!«

»Mein Gott, fang doch nicht wieder damit an! Du wolltest doch noch etwas über das ›Bernsteinfieber‹ erzählen, oder?«

»Oh, das war ein Ereignis für die Kurische Nehrung, ein stilles Eckchen, wohin sich selten einmal ein Urlauber verirrte! Als 1854 das Fahrwasser im Kurischen Haff vertieft wurde, fand man bei Juodkrantė sehr viel Bernstein. Und dann ging es los! Aus Memel,

---

* Wortspiel aus Okkupant und russ. pokupat' »einkaufen«.

ach was, Memel, wahrscheinlich aus ganz Nordlitauen, aus Lettland und Preußen kamen die Leute zu Tausenden in das kleine Dorf Schwarzort, also Juodkrantė.«

»Nimm noch eine ›deutsche‹ Waffel!«

»Ja, danke. Alles war in heller Aufregung. Es entstanden Brigaden, Gruppen und Firmen, zum Beispiel ›Stantien & Becker‹, die mit ihren Dampfbaggern den Grund des Haffs aufzureißen begannen.«

»Ich habe in einem deutschen Buch gelesen, daß Stantien Schiffsknecht und Moritz Becker Hausierer gewesen sein soll, bevor sie am Bernstein ein Vermögen verdienten.«

»Am Haff war der ›Bernsteinrausch‹ ausgebrochen. Es erschienen Cafés, Restaurants, Bars, Frauen, die bereit waren, für Bernstein alles zu geben, Zwischenhändler, Spekulanten, Räuber, geheime Spielsäle, »Besuchszimmer« genannt. In Juodkrantė entstanden sogar Werkstätten für Taucheranzüge und Tauchzubehör. Jährlich wurden ca. 7,5 Tonnen Bernstein im Wert von ca. 180 000 Taler aus dem Haff geholt. Das Ganze dauerte etwa zehn Jahre, dann war der Spuk auf einmal wieder vorbei. Bernstein war wirklich das Gold der Ostsee. 1930 kostete ein Kilo Bernstein noch etwa 800 Mark…«

»Vor drei Jahren konnte man in Kaliningrad auf dem Markt ein Kilo Bernstein für 15 Rubel kaufen. Was brauchen wir da Wurst! Aber Spaß beiseite: 1899 wurde von Professor Klebs im Geologischen Institut der Universität, Lange Reihe 4, ein auf der Welt einmaliges Bernsteinmuseum gegründet. Dort gab es Muster aller Farben und Größen des Bernsteins sowie 120 000 Einschlüsse und Abdrücke von allen möglichen Insekten, Käfern, Schmetterlingen und Pflanzen. Es heißt, daß darunter sogar eine Eidechse gewesen sei.«

»Wo ist das alles hingekommen?«

»Weiß der Teufel. Ein kleinerer Teil der berühmten Sammlung konnte gerettet werden und befindet sich heute im Mineralogischen Institut der Universität Göttingen. Wo der Rest geblieben ist, weiß kein Mensch. Alles ist wie vom Erdboden verschluckt. Ein weiteres großes Geheimnis, um das wir uns kümmern müssen.

Zunächst aber noch etwas über den Bernstein in Rußland:

Wie in vielen anderen Ländern war der Bernstein in Rußland sehr teuer. Bernsteinschmuck war bei reichen Damen und Männern gleichermaßen heißbegehrt. Es gab zum Beispiel Bernsteinpfeifen und Zigarettenspitzen, Fingerringe und Knöpfe! Oder Pokale, aus denen man sehr wichtige und langerwartete, einflußreiche Gäste trinken ließ. Der Bernstein gelangte normalerweise über Litauen nach Rußland, wo es schon im 15./16. Jahrhundert viele Werkstätten gab, die Bernstein verarbeiteten. Sie fertigten verschiedene Spielbretter an, Schatullen und Kästchen, sie verkleideten große und kleine Schränke und Schreibpulte, sie machten Spiegel- und Bilderrahmen. Die Händler brachten russische Fuchs- und Vielfraßpelze und blendend weiße Leinenstoffe mit und tauschten sie gegen den sagenumworbenen ›Alatyr-Stein‹ ein. Oder sie kauften ihn einfach. Manchmal auch heimlich, auf dem lauten Königsberger Markt, der früher am Pregel am Fuß des Königsberger Schlosses stattfand. Der Bernstein kam auch als Geschenk nach Rußland. Wenn jemand aus Preußen in einer wichtigen Angelegenheit zum Zaren oder seinen Hofleuten fuhr, dann nahm er immer Bernstein mit. Viele prächtige Bernsteinerzeugnisse, Geschenke preußischer Kurfürsten und wichtiger Staatsbeamten aller Ränge, werden heute in der Schatzkammer der Rüstkammer im Kreml aufbewahrt. Dort gibt es große und kleine Schalen, Kästchen und Schatullen, Spiegelrahmen und Schachbretter mit fein geschnitzten Figuren. Es gibt auch einen prächtigen Pokal und fünf Kelche – ein Geschenk an den russischen Hof. Es gibt Stäbe aus Bernstein, allen erdenklichen Schmuck, eine Schatulle mit Einsätzen aus Elfenbein, die, wie die Legende lautet, dem Zaren Alexei Michailowitsch vom Brandenburgischen Kurfürsten Friedrich Wilhelm durch seinen bevollmächtigten Botschafter Henrich Riff 1650 als Geschenk überreicht wurde, es gab einen Bernsteinlüster (dieser ist allerdings unter nicht geklärten Umständen aus der Rüstkammer verschwunden) – ein Geschenk des Kurfürsten Friedrich des Dritten an die russischen Zaren Iwan und Peter Alexejewitsch im Jahre 1688. Der Lüster wurde nach einem Entwurf des bekannten Meisters der ›Bernsteinkunst‹, Michael Redlin aus Danzig, angefertigt. Aber nun zum Bernsteinzimmer!«

»Wessen Idee war das? Wer hat es angefertigt?«

»1699 erhielt Andreas Schlüter, der bedeutendste Bildhauer und Baumeister seiner Zeit, vom Herzog von Preußen, dem künftigen König Friedrich I., den Auftrag, das Königsschloß in Berlin umzubauen. Der Herzog wünschte, in seinem Schloß etwas ganz Außergewöhnliches zu haben, etwas, das es in keinem Schloß Europas gab – ein Bernsteinzimmer!«

»Aber woher hatte der zukünftige König diese Idee? Stammte sie vielleicht von Schlüter?«

»Die Idee, sich ein Bernsteinzimmer anfertigen zu lassen, soll dem ersten Preußenkönig bei oder kurz nach seiner Krönung 1701 in Königsberg gekommen sein. Den Plan Friedrichs des Ersten begann der dänische Bernsteinschneider Gottfried Wolffram zu verwirklichen. Wolffram und seine Helfer schnitzten, schliffen und leimten mehr als sechs Jahre Stücke und Plastiken auf Holzpaneele, aber schließlich bat der erschöpfte und des Glaubens an seine Fähigkeiten beraubte Meister um Entlassung und darum, daß dieses seine Kräfte übersteigende Werk anderen, begabteren und geschickteren Menschen übergeben wird. Als solche erwiesen sich die Danziger Meister Gottfried Turau und Ernst Schacht. Sie arbeiteten fünf Jahre lang konzentriert und äußerst sorgfältig, fünf Jahre! ›Beeilen Sie sich, meine Herren‹, befahl der König den Meistern. ›Ich glaube daran, daß Bernstein das Leben verlängert.‹ Er wußte von den wunderbringenden Eigenschaften des ›Sonnensteins‹ und er glaubte daran, wie viele Menschen, die an den Ufern der Ostsee geboren wurden und lebten. In sein Bernsteinkabinett zurückgezogen, las der König, musizierte, verfaßte Gedichte und empfing Dichter. Er glaubte, daß Kunst und Kultur die Menschen, und somit auch ihn und den Staat stärker und unabhängiger machten.

Sein Nachfolger, der ›Soldatenkönig‹ Friedrich Wilhelm I. dachte allerdings anders darüber. Er war fest davon überzeugt, daß nur Sparsamkeit und eine kräftige, hervorragend gedrillte Armee den Staat stark machen können! Die einzige Musik, die das

Volk braucht, ist Marschmusik und Trommelwirbel, bei deren Klang einem das Herz so angenehm stehenbleibt, das Klopfen der Soldatenstiefeln auf dem steinernen Exerzierplatz und das Tosen des Geschützfeuers. Das sei die wahre Musik, eines echten Mannes, Kriegers und Königs würdig! Und Friedrich Wilhelm I. verjagte alle Musikanten, Sänger und Dichter, die am Hof waren, ebenso die ganze Dienerschaft des Schlosses, und verwendete die freigewordenen Gelder für den Aufbau seiner Armee und das Gießen von Geschützläufen. Er lebte wie ein Soldat, schlief auf einem Feldbett und deckte sich nicht mit einem dicken Federbett, unter dem man so fest und süß schläft, daß man zur Mittagszeit noch nicht aus dem Bett kriecht, sondern mit einer einfachen Soldatendecke aus rauhemTuch zu. Was konnte ihm schon ein Bernsteinkabinett bedeuten?

Im Jahre 1716 traf in Berlin eine große russische Gesandtschaft ein, die so prunkvoll empfangen wurde, wie in Berlin noch keine Gesandtschaft eines anderen Landes. Friedrich Wilhelm bedurfte nämlich dringend der Unterstützung Rußlands, war auf freundschaftliche Beziehungen zu dem russischen Zaren angewiesen! Peter der Große wurde also empfangen, wie noch kein Herrscher vor ihm. Und er kehrte mit einem Geschenk in das Land der Reussen zurück, wie es auch noch keiner vor ihm erhalten hatte. Bei der Besichtigung des neuen Schlosses mit seinen vielen Meisterwerken, mit denen die Säle geschmückt waren – Bilder, Gobelins, Ritterrüstungen – zeigte der Zar sich eher reserviert, doch als ihn Friedrich Wilhelm zu einem Gespräch in das Bernsteinkabinett führte, war er von der Pracht überwältigt. Der russische Zar, dieser ›grobe, ungeschliffene Barbar‹, wie sich der Soldatenkönig, der selber nur über eine unzureichende Bildung verfügte, im Kreise seiner Vertrauten über Peter äußerte, war von dem Bernsteinkabinett ganz begeistert. ›Ein solches Wunder habe ich noch nicht gesehen!‹ gestand er dem preußischen König. Friedrich Wilhelm war zufrieden. Wozu brauchte er dieses blöde Kabinett, in dessen Wände man nicht einmal Nägel einschlagen konnte, um einen Mantel oder eine Militärkarte aufzuhängen? Und er sagte: ›In Zukunft werden Sie sich immer daran erfreuen können. Ich schenke es Ihnen! Als Symbol unserer festen militärischen Freundschaft…‹ Der Zar nahm des Geschenk des preußischen Königs an, hatte es aber nicht eilig, die militärische Freundschaft mit dem Preußenkönig zu festigen. Das schwedische Heer war noch nicht endgültig besiegt, das russische Heer erlitt große Verluste, die Staatskasse war in einem erbärmlichen Zustand und es war noch kein Ende dieses blutigen, sich über Jahre hinziehenden Nordischen Krieges in Sicht. Aber er mußte sich irgendwie für das Geschenk aus Preußen erkenntlich zeigen. Und so schickte Peter 55 ›Riesen‹ nach Berlin, junge russische Soldaten, von denen keiner weniger als zwei Meter maß. Gardisten für den persönlichen Schutz des preußischen Königs, einen Soldaten für jeden Quadratmeter des Bernsteinkabinetts.

Das Bernsteinzimmer wurde in 125 Emballagen verpackt und militärisch bewacht mit dem Schiff nach Memel gebracht. ›Wenn das Bernsteinkabinett, das uns die Königliche Hoheit von Preußen geschenkt hat, von Graf Alexander Golownin von Berlin nach Memel geschickt wird‹, schreibt Peter der Erste an den Grafen P. M. Bestuschew-Rjumin nach Kurland, ›dann nimm es in Memel in Empfang und schicke es unverzüglich über Kurland auf kurländischen Fuhrwerken mit Begleitschutz und dem Gesandten, der Euch diesen Befehl verkünden wird, nach Riga und gib ihm bis Riga Geld für Essen, damit er zufrieden ist, und wenn er für das Kabinett Schlitten verlangt, dann gib sie ihm.‹

Alles wurde so ausgeführt, wie es der Zar befohlen hatte. Graf Alexei Golownin brachte das Kabinett wohlbehalten nach Memel. Und Bestuschew-Rjumin, der dem Befehl Peters mit dem entsprechenden Eifer und Bemühen nachkam, stellte Schlitten und Begleitsoldaten zur Verfügung, gab dem Gesandten von Peter Geld, damit auf der Reise alles in Ordnung gehe, damit die Schlitten mit der kostbaren Fracht wohlbehalten an ihren Bestimmungsort gelangten.

Ach, dieses Bernsteinkabinett! Wieviel Ereignisse und menschliche Schicksale sind mit ihm verbunden, darunter auch ein äußerst wichtiges, das Schicksal nicht eines Russen, sondern eines Italieners und seines Sohnes. Unter denen, die auf 13 Schlitten und später Fuhrwerken den ›Bernsteintransport‹ begleiteten, durch den Schnee und den russischen Schlamm stapften und interessiert das geheimnisvolle Antlitz Rußlands betrachteten, waren zwei Italiener, der 42jährige Carlo Rastrelli, ein in seinem Heimatland unverstandener Bildhauer, der beschlossen hatte, sein Glück in fernen Ländern zu suchen, und sein 16jähriger Sohn Bartolomeo, der ein großes zeichnerisches und architektonisches Talent erahnen ließ. Die beiden Italiener, Vater und Sohn, haben unendlich viel für die Entwicklung der ›eleganten‹ Künste und des Städtebaus in Rußland getan, haben viele große Werke hinterlassen, die auch heute noch der Stolz unseres Landes sind.

Zu Lebzeiten Peters d. Großen wurde nur ein kleiner Teil des Bernsteinkabinetts in Petersburg aufgebaut, und erst nach seinem Tod konnte es im Neuen Winter-Palais vollständig eingebaut seine ganze Schönheit zeigen. Elf Jahre später, also 1755, erhielt Rastrelli von der Zarin Elisabeth den Auftrag, das Bernsteinkabinett aus dem Winterpalast von dem Bernsteinmeister Martelli mit aller Vorsicht ausbauen zu lassen, wieder in Kisten zu verpacken und von Soldaten auf Händen nach Zarskoje Selo tragen zu lassen, wo es unter Aufsicht des Meisters selbst wieder aufgebaut werden solle (Zarskoje Selo, heute die Stadt Puschkin, wo 1752 der Bau des Palais begann, das später den Namen ›Katharinenhof‹ erhielt. Es wurde nach dem Entwurf und unter der Leitung von Bartolomeo Rastrelli errichtet – Anm. d. Autors).

Von Soldaten! Auf Händen! Aber warum befahl die Kaiserin, diese Arbeiten von dem italienischen Bildhauer Martelli ausführen zu lassen? Vielleicht deswegen, weil Vater Rastrelli seinem Sohn bei den Arbeiten am Bau des Schlosses half und sehr beschäftigt war? Trotzdem nahm Bartolomeo Rastrelli, als der Bernstein auf den Händen von 76 starken Gardisten nach Zarskoje Selo gekommen war, an der Errichtung des neuen Bernsteinzimmers teil. Der vorgesehene Raum war mit seinen 10,55 mal 11,50 Meter Grundriß und sechs Meter hohen Wänden bedeutend größer als das ursprüngliche Bernsteinkabinett. Rastrelli entwarf einen neuen, originellen Plan, in dem auch riesige Spiegel vorgesehen waren, die dem ganzen Raum eine besondere Schönheit und

Tiefe verliehen, in denen man die endlosen Widerspiegelungen des Bernsteins sehen konnte. Aber auch diese ›Spiegelwände‹ retteten die Lage nicht, der Bernstein reichte immer noch nicht! Deswegen wurden zwischen den Bernstein vier Steinmosaiken an die Wände montiert, toskanische Landschaften aus Achat und Jaspis. Außerdem ›wuchsen‹ die Bernsteinpaneele. Rastrelli und Martelli, sowie Wassili Kirikow, Iwan Kopylow, Iwan Bogatschew und andere russische Meister vergrößerten sie, indem sie oben über dem Bernstein kunstvolle Holzfriese, geschmückt mit vergoldeten Schnitzereien, anbrachten. Es kamen prächtig gearbeitete Spiegeltischchen und vergoldete Leuchter, weiße Türen mit vergoldeten Schnitzereien hinzu. 1760 war der ›Bernsteinsaal‹ faktisch fertig, doch 1763 arbeiteten immer noch 5 Königsberger Bernsteinschnitzer an dem Ausbau und der Ergänzung der Täfelung. Aus dem Bernsteinkabinett Friedrich I. war das Bernsteinzimmer der Zarin Elisabeth geworden. Ein einmaliges Kunstwerk, das nun ›preußischen Barock und russisches Rokoko in sich vereinte‹. Geschätzter Wert heute: mindestens 50 Millionen Dollar.«

»Ich habe irgendwo gelesen, daß das Bernsteinzimmer auf dem Grund der Ostsee liegen soll, also dorthin zurückgekehrt ist, woher der Bernstein, das ›Gold der Ostsee‹, genommen wurde«, sagt Eduardas. »Wie konnte es eigentlich passieren, daß es vor den Deutschen nicht in Sicherheit gebracht wurde?...«

»Man muß sich tatsächlich fragen, wie es passieren konnte, daß das Bernsteinzimmer nicht aus der Kampfzone gebracht wurde, sondern zusammen mit vielen anderen Kostbarkeiten in Katharinenhof blieb, eine halbe Stunde Fahrt von Leningrad entfernt. Die Soldaten der Elisabeth trugen das Wunder aus Bernstein auf Händen von Petersburg nach Zarskoje Selo, und jetzt war es anscheinend nicht möglich gewesen, zehn starke Jungs, einen Waggon oder ein paar Lastwagen zu organisieren!«

... Eine Handvoll sehr schöner Bernsteinstücke, die Eduardas und ich auf der Kurischen Nehrung gefunden haben, liegt vor mir auf meinem Schreibtisch in Kaliningrad. Es ist später Abend. Die an der Wand befestigte Schiffsuhr schlägt die volle Stunde: bing, bing, bing! Auf dem silbernen Zifferblatt steht in deutscher Schrift: »Emden«. Diese Uhr tauschte ich im Winter 1945 auf dem Königsberger Markt bei einem graugesichtigen, durchgefrorenen Deutschen gegen einen Laib Brot. »Gut, sehr gute Uhr…«, murmelte er und wickelte das Brot schnell in einen Lappen, der so grau war wie sein Gesicht. Wenn ich damals gewußt hätte, daß ich mich viele Jahre später für den Leichten Kreuzer Emden interessieren würde, hätte ich ihn gefragt, wie er zu dieser Schiffsuhr gekommen war. »Ach, einen Moment«, rief er, als ich mich zum Gehen wandte, »der Schlüssel, kljutsch, bitteschön.« Der Deutsche gab mir einen schweren, mit Figuren verzierten Schlüssel und versuchte auf dem eingefrorenen Gesicht ein Lächeln zustande zu bringen und grüßte, indem er die Hand an seine bereifte Mütze führte.

Warum konnten wir das Bernsteinzimmer nicht retten? Wie konnte es geschehen, daß das Bernsteinzimmer in Katharinenhof blieb?! Hoffte man wirklich, daß der Feind bald erschöpft sei und von unseren mutigen Rotarmisten schnell hinter die Grenze zurückgejagt werden würde? Wer kann heute diese Frage beantworten?

Ah, hier ist ein Brief Alfred Rohdes an Gauleiter Erich Koch:

Ich halte es für unumgänglich, mich in folgender Frage an Sie zu wenden. Während sich unsere mutigen Truppen, darunter auch die Volksgrenadiere der 217. Ostpreußischen Division, Leningrad nähern, kommen viele kulturelle und künstlerische Schätze von Weltbedeutung im Feuer des Krieges um. Es ist nicht ausgeschlossen, daß ein solches Schicksal auch dem wunderbaren Bernsteinzimmer widerfährt, das sich heute in Katharinenhof in der Stadt Puschkin (Zarskoje Selo) befindet. Es müssen unbedingt die erforderlichen Maßnahmen für die Rückführung des Meisterwerks in das Vaterland ergriffen werden. Da es aus preußischem Bernstein angefertigt ist, sollte es nach Ostpreußen, nach Königsberg, gebracht werden. Als Direktor der Königsberger Kunstsammlungen garantiere ich für seinen Empfang und die Unterbringung in einem der Räume des Königsberger Schlosses.

Heil Hitler! Alfred Rohde, Königsberg, 9. August 1941

Nanu! Am 9. August war ich noch bei meinem Großvater in Gattschina, ging mit meinem Freund Kostik zu den »Fernen Seen«, um körbeweise Karauschen zu fangen, und Alfred Rohde rechnete schon jeden Tag, wieviele Kilometer, wieviele Kampftage noch zwischen den vordersten deutschen Truppen und Katharinenhof, dem Bernsteinzimmer lagen! Und wir? Der Krieg war irgendwo, nicht mehr sehr weit weg. Ein Zug nach dem anderen, voll mit Verwundeten und Evakuierten, fuhr in den Bahnhof ein, und wir Jungen kamen mit Wasserkanistern gelaufen und tauschten sie gegen Bonbons. Aber es kam keinem, am allerwenigsten uns Kindern in den Sinn, daß der Krieg auch hierher, in dieses gemütliche Städtchen mit dem alten, prächtigen Schloß Pauls I., in dem mein Großvater als Nachtwächter arbeitete, kommen würde!

Ich lege den Brief Rohdes beiseite und lehne mich zurück. Ja, niemand hätte das damals gedacht. Wir wußten zwar, daß es schwere Kämpfe gab, aber irgendwo würde der Feind schon aufgehalten und zurückgeworfen werden. Sicher, ich wußte das nicht, aber die deutsche Führung hatte bereits erfahren müssen, daß manchmal sogar Preußen auf der Stelle treten müssen, und Generaloberst Halder mußte gegenüber dem Führer bekennen, daß die Heeresgruppe Nord »nicht glücklich gruppiert« sei, worauf der Führer nochmals betonte, »daß es grundsätzlich darauf ankommt, die lebendige Kraft des Feindes zu vernichten, wo man sie erreichen kann.« Das war am 23. Juli 1941… »Dann folgten die schweren Angriffskämpfe auf Leningrad, in denen mein tapferes Grenadierregiment 43 und später meine 217. ostpreußische Division, immer an den Brennpunkten eingesetzt, sich unsterblichen Ruhm errangen«, schreibt Infanteriegeneral Otto Lasch in seinen Erinnerungen, einer der »tapfersten« Preußen, wie Königsberger Zeitungen schrieben.

»Wasser, Wasser! Frisches, kaltes Wasser!« riefen wir und liefen den stickigen, mit Menschen überfüllten Wagen entgegen. Wir dachten nicht im entferntesten daran, daß diese Menschen alles verloren hatten, ihre Häuser, Wohnungen, alles, was sie mühsam erworben hatten, und jetzt ins Unbekannte fuhren. Fuhren sie freiwillig? Oder wurden sie irgendwohin gejagt und durften nicht einmal diese Wagen verlassen, um ihre Notdurft zu verrichten? »Wasser! Wasser!« riefen die Leute. »Haut ab hier! Wasser ist verboten! Wir schießen sonst!« verjagten uns dunkelhäutige, schlitzäugige Rotarmisten von den Wagen... Warum war es verboten? Was waren das für Leute? Viele Jahre später erzählte mir Gerda, die Tochter eines gebildeten Litauers aus Kaunas und Frau meines Freundes, daß sie in diesen schrecklichen Tagen fast in den Eisenbahnwagen verdurstet und bereit gewesen wären, für einen Schluck Wasser alles zu geben; in einem dieser Wagen war sie selbst gewesen, eine zehnjährige litauische Gymnasiastin...

Nein, man konnte nicht sagen, daß wir diesen Leuten gegenüber gleichgültig waren, daß wir ihre leidenden Gesichter, ihre unglücklichen, vogelähnlichen Rufe nicht bemerkt hätten. Unermüdlich schleppten wir Wasser an, gossen es in ihre Krüge, Suppenschüsseln, Näpfe, in die zusammengelegten Hände von alten Leuten und Kindern, solange, bis einer der Rotarmisten das Gewehr hob und auf Genka Konjuchow schoß, einen Jungen aus unserer Rabotschaja-Straße. Aber was sollen jetzt diese traurigen Erinnerungen, wo es doch um das Bernsteinzimmer geht?

»Kling, kling, kling« klirrten nun schon ständig, morgens, mittags und abends, die Gehänge des Kristallüsters im Schloß Gattschina. Der Feind kam näher. Der Chef des Generalstabs des Heeres, Generaloberst Franz Halder, machte sich bereits Gedanken über die weiteren Operationen der Heeresgruppe Nord: »Die Heeresgruppe Nord wird bis Ende des Monats Leningrad abgeriegelt haben. Die für diese Aufgabe angesetzten Infanterie-Divisionen und schnellen Verbände der Panzer-Gruppe 4 werden sodann noch gebunden sein mit der Aufgabe, die Abriegelung Leningrads aufrecht zu halten...«

Im Schloß klirrten die Gehänge des Lüsters immer lauter und alarmierender, aber das Schloß war noch für Besucher geöffnet, es wurden sogar noch Führungen veranstaltet. »Keine Panik!« wandte sich die Zeitung an die Bevölkerung. »Der Feind wird geschlagen! Panikmacher an die Wand!« Peng, peng! Schüsse krachten und die Panikmacher fielen um. »Fahr doch nach Hause«, sagte meine Großmutter Lisa einmal zu mir. »Ach was, keine Panik«, unterbrach sie der Großvater streng. Uuuu! heulten die Züge und zu gleicher Zeit bellte wieder die Flak los. »Was, schon wieder Fliegeralarm?« Der Großvater hörte hin, dachte nach und sagte: »Jetzt ist es soweit. Sie haben bereits angefangen, alle Schätze aus dem Schloß zu evakuieren. Mach dich fertig, ich schicke dich mit den Museumskisten nach Leningrad.«

Auf dem Platz vor dem Schloß stapelten sich die Kisten neben dem Paul-Denkmal. Es waren gerade drei Lastwagen abgefahren und man wartete auf weitere drei. Bum-bum-bum! hämmerte und donnerte das Kriegsungeheuer schon ganz in der Nähe. In diesen Augusttagen wußten wir schon, daß die »unüberwindbare« Verteidigungslinie unserer Rotgardisten kampflos überrollt wurde und deutsche Panzer bereits auf der Chaussee nach Gattschina fuhren, und wollten es doch nicht wahrhaben. »Wo bleiben denn die Lastwagen?« fragten die Museumsangestellten nervös. »Wo sind Kisten?!« Man mußte noch so viel zusammenpacken und verstauen! Sie rannten irgendwohin, kamen wieder zurück, rannten wieder los, telefonierten und kehrten noch aufgeregter zurück. Es gab keine Kisten! Es gab keine Lastwagen. Und der dumpfe Donner schwoll an. Auf dem Militärflugplatz, der einen Steinwurf weit weg war, starteten Jäger, dann landeten sie wieder, dann erhoben sich plötzlich offenbar alle Maschinen, die auf dem großen Rollfeld standen, und flogen in Richtung Leningrad: Jäger, einige Bomber, »Kukurusniki«. Woher hätten wir wissen sollen, daß in diesem Moment die ganze Einheit den Flugplatz verließ?

Züge fuhren auch keine mehr! Und keine Lastwagen! »Jurka!« hörte ich plötzlich und sah meine Cousine Schenja. Ich lief auf sie zu und wir umarmten uns. Schenja war ganz verstaubt, schweißüberströmt, die schwarzen Haare klebten an ihrer Stirn, das rechte Knie war aufgeschlagen, Blut lief am Bein herunter. »Ich komme mit dir mit! Sie sagen, daß gleich ein Zug fährt…! Schenja war seit dem frühen Morgen unterwegs. Es war ihr gelungen, sich mit einem Arbeiterbataillon der Flugzeugwerke »Skorochod« nach Gattschina durchzuschlagen.

Ich verabschiedete mich vom Großvater und lief mit Schenja zum See. Sie mußte sich noch das Blut vom Bein abwaschen. »Wo sind die Göttinnen? Wo sind die Götter?« fragte sie. »Wo ist Aphrodite, Apollo?« Ja, wo sind sie hingekommen? Die Sockel waren leer! Hat man sie abtransportiert? Wo wurden sie versteckt? Wurden sie in der Erde vergraben? Uuuuu! hörte man die Lokomotive sich nähern. Schenja zog ihr Kleid zurecht, hüpfte aus dem Gebüsch, packte mich und wir rannten zum Bahnhof. Dort war was los! Auf dem Bahnsteig, im Bahnhofsgebäude und auf dem Bahnhofsvorplatz drängten sich Tausende von Menschen. Frauen, Männer, Greise, Kinder. Alle hatten Gepäck: Koffer, Körbe, Bündel. Tragbahren mit verwundeten und bereits verbundenen Rotarmisten standen herum, Gruppen aufgeregter Ärzte und Schwestern in weißen Kitteln, Verwundete auf Krükken oder einem Arm in der Schlinge liefen umher. Milizionäre. Pfiffe. Laute Rufe: »Alles vom Bahnsteig! Die Verwundeten nach vorne!« Ein dumpfes Gemurmel in der Menge. Aus den schwarzen Schalltrichtern der Lautsprecher schrillt der Marsch »Immer höher und höher lenken wir den Flug unserer Vögel!« Ein riesiger Bomber startet langsam vom Flugplatz. Es sah aus, als hingen Käfer an seinem Fahrwerk, es werden sich doch keine Menschen drangehängt haben?

Tätärää! Bumbum! nähert sich eine Pioniergruppe mit Fanfaren und Trommeln dem Bahnhof. Jetzt stehen sie hier in Reih und Glied. Weiße Hemden, schwarze Hosen und Röcke, Rucksäcke, Taschen, Mappen aus Karton mit Herbarien, Dosen mit Wassermolchen und jungen Fröschen. Puff-puff-puff! Die Lokomotive rollt heran. Wagen blitzen vorbei. Puffer knallen, das Volk stürmt los, über einem Meer von Köpfen bewegen sich Hände hin und her, heben Taschen und Krücken hinauf. Wehklagen, Stöhnen, Flüche. »Immer höher und höher lenken wir den Flug...« »Bürger Passagiere!« brüllen die Lautsprecher. »Keine Panik. In einer Stunde fahren Sie alle mit dem nächsten Zug!«

Schenja und ich kamen auf dem Dach eines Wagens nur bis Krasnoje Selo. Der weitere Weg war gesprengt. Wir gingen die ganze Nacht über irgendwelche mit Menschen, Autos und Vieh überfüllten Straßen. Es gab viele zerschossene Autos. Neben einem Lastwagen waren Kisten aufgestapelt, die ich sofort erkannte. Das waren die Kisten mit den Schätzen aus dem Gattschiner Schloß. Ein Rotarmist mit einem Gewehr ging auf und ab. Die Museumsführerin Marina Wladimirowna saß auf einer der Kisten, betrachtete sich in einem Spiegelchen und kämmte sich. Als sie uns sah, freute sie sich und erzählte mit aufgerissenen Augen und gesenkter Stimme, daß sie beschossen worden seien und der Chauffeur tot sei. »Er liegt dort unter seinem Regenmantel und das Auto ist kaputt!« Sie schrieb rasch eine Telefonnummer auf ein Stück Papier: »Schenja, ruf dort an. Das ist die Telefonnummer des stellvertretenden Direktors der Eremitage. Sage ihm, daß ich mit den Kisten bei Kilometer 12 der Chaussee festsitze.«

Später, schon nach dem Krieg, erfuhr ich von einer Freundin, daß es keinen »nächsten« Zug mehr gab. Gegen Abend waren die Deutschen in Gattschina einmarschiert. Sie jagten alle gesunden Männer und Frauen, jungen Männer und Pioniere, die auf dem Bahnhof auf den Zug warteten, zum Schloß und zwangen sie, nachdem sie sie in Gruppen eingeteilt hatten, alle nicht nach Leningrad abtransportierten Teppiche, Möbel, Bilder, Bücher und zusammengerollte Gobelins aus dem Schloß zu tragen. Am nächsten Morgen fuhren riesige Lastwagen mit Kisten vor dem Schloß vor. Alle Schätze des Schlosses wurden in die Kisten verpackt und auf die Lastwagen geladen. »Wo sind die Figuren aus dem Schloßpark?« fragten die Deutschen. »Wo sind die Marmorfiguren des Schlosses? Wer hat sie wo versteckt?« Eine Gruppe von Männern und Frauen, Museumsangestellte und Rotarmisten, wurden von MPi-Schützen bewacht: »Wo sind die Marmorfiguren aus dem Schloß?« wurden sie immer wieder von einem Offizier gefragt. »Wenn ihr nicht sagt, wo sie sind, werden wir euch ganz schnell erschießen!« Niemand wußte, wo die »Parkfiguren« waren. Am Morgen erschoß man tatsächlich »ganz schnell« alle, die es nicht wußten. Und die es wußten, schwiegen... Die Arbeit im Schloß ging weiter. »Schnell, arbeiten, arbeiten!« schrie der Offizier die Männer, Frauen und Pioniere an. »Und dann kommt ein Zug, und ihr werdet alle fahren, ganz schnell fahren!«

»Schnell fahren« war nicht allen, sondern nur den Kindern und Pionieren beschieden. Sie wurden ins Baltikum gebracht. Nach Ostpreußen. In spezielle Kinderlager in Palmnicken zur Bernsteingewinnung und auf Gutshöfe. Zu fünfzig in Güterwagen. Tagelang ohne einen Schluck Wasser. Sie waren so durstig! »Wasser, Wasser!« riefen die Kinder, wenn der Zug an einer Station hielt. »Bitte, hier ist Wasser!« hörten sie eine Stimme, die Tür quietschte und eine Hand streckt einen gefüllten Napf in den Waggon. Das Naß verschüttend näherten sich die vor Durst ausgetrockneten Münder dem Napf. Es war gelbe, streng riechende Soldatenpisse! Unter den Pionieren aus Gattschina war auch Galja Nowizkaja, die ich dreißig Jahre später als Sekretär der Kaliningrader Abteilung in den sowjetischen Schriftstellerverband aufnehmen sollte. Ach, dieser Bernstein! Offensichtlich verlief die Evakuierung der Schätze in Katherinenhof genauso wie in Gattschina, aber trotzdem, das Bernsteinzimmer!? Hätte man sich nicht etwas ausdenken, etwas unternehmen, es irgendwie retten können? Wer kann diese Frage beantworten?

… Ich sitze einem alten Mann um die Achtzig gegenüber. Er sitzt etwas schief im Sessel, ist halbseitig gelähmt, kann eine Hand nicht mehr heben. Eine Gesichtshälfte ist verzerrt, aber er hat fröhliche Augen und spricht zwar schwerfällig und undeutlich, aber lebendig und voller Energie. Das ist Anatoli Michailowitsch Kutschumow, der ehemalige Oberaufseher über das Bernsteinzimmer, den ich im Haus der Veteranen am Stadtrand von Puschkin besucht habe (mein Gott, wie komisch ist es »am Stadtrand von Puschkin« zu sagen. Was war denn so schlecht an »Zarskoje Selo«?). Er hat sich gerade erst wieder von einer schweren Krankheit aufgerappelt, willigte aber ein, mich zu empfangen. »Ja, so war es! Der Bernstein bröckelte bereits ab. Die Holzpaneele, auf die der Bernstein aufgeklebt war, hatten sich verzogen und der Bernstein begann sich zu lösen. Manchmal mußte nur eine Tür zufallen. Damit er nicht auf dem Boden aufschlägt, hatte man entlang der Wände Matratzen ausgelegt. Ob versucht wurde, das Bernsteinzimmer zu evakuieren? In den ersten Evakuierungslisten, die erstellt wurden, war das Bernsteinzimmer überhaupt nicht aufgeführt. Später ist es angeblich in eine Evakuierungsliste aufgenommen worden, doch diese Unterlagen waren vor dem Einmarsch der Deutschen im Stadtsowjet nicht angekommen! Ob man versucht hat, die Paneele abzunehmen? Ja. Der Bernstein wurde zuerst mit dünnem Papier beklebt, dann mit Gaze und Stoffbahnen...« Das Gespräch hat ihn ermüdet und er lehnt sich in den Sessel zurück. Aber dann wird er wieder munter: »Alles ist sehr kompliziert und seltsam... Wissen Sie, direkt vor dem Krieg wurde ich von Katharinenhof als Museumswärter ins Schloß des Zaren Alexander geschickt... Uff, ganz schön warm hier, nicht? Oder ist nur mir so warm? Also, die Evakuierung: von den tausend wertvollen Gegenständen »meines« Schlosses wurden ganze acht in die Evakuierungslisten aufgenommen! Sächsische Vasen, ein Gobelin, ein Geschenk von Marie Antoinette von Österreich, und noch irgend etwas... Und wir brachten fast tausend Gegenstände weg! Ich erinnere mich, wie in der letzten Minute vor der Abfahrt plötzlich jemand Kisten aus Katharinenhof mit dem Tafelsilber des Schlosses brachte und flehte: ›Nehmt es mit, wir können es nicht wegbringen!...‹«

So geschah es also nach dem Bericht eines Augenzeugen. Außerdem: »Keine Panik, Genossen! Der Feind wird aufgehalten!« Natürlich bemühten sich die Angestellten des Schlosses sehr und schafften es trotz allem, viel zu retten, wegzubringen, zu verstekken, in der Erde zu vergraben, aber eine riesige Anzahl, insbesondere die großen Gegenstände, konnte man nicht nach Leningrad bringen. Nach der Aussage von A. W. Maximow wurde eine naive Entscheidung getroffen: man wollte das Bernsteinzimmer verstecken, genauer, verkleiden. Entlang der Bernsteinwände wurden andere Wände aufgestellt, zur Hälfte Ziegel. Diese falschen Wände wurden mit Putz versehen, mit Tapeten beklebt und mit einigen weniger wertvollen Bildern aus den reichen Sammlungen des Schlosses geschmückt. Man war ganz nervös: merken sie's oder merken sie's nicht...

Auch Doktor Rohde war nervös: er hatte das Bernsteinzimmer zwar noch nie gesehen, wußte aber alles darüber. Er spürte es wie ein lebendiges, angstvolles Wesen, er war in dieses goldenes Licht verströmende Wunder verliebt. Er quälte sich mit immer den gleichen Fragen: wird es den Russen gelingen, das Bernsteinzimmer abzumontieren, werden die »Sowjets« es nach Leningrad bringen? Und wenn sie es wegbringen, werden sie es auch gut aufbewahren und nicht beschädigen? Wann ergibt sich endlich eine Möglichkeit, in dieses »Zarskoje Selo« zu fahren? Er mußte nicht mehr lange warten…

Das Ziel wurde erreicht! Am 8. September 1941! Nein, natürlich nicht das Ziel des ganzen Krieges, sondern nur eines der Ziele der Heeresgruppe Nord: Leningrad vom Festland abzuschneiden. Von den Höhen bei Pulkowo waren die Schlösser und Paläste der Stadt schon mit einem gewöhnlichen Feldstecher zu erkennen, und die Flugzeuge, die die Stadt bombardierten, erreichten vom Gattschiner Flughafen aus in 10–15 Minuten die Stadtmitte…

Dienstag, 9. September 1941. Zur Mittagszeit tönt es aus allen Lautsprechern im Großdeutschen Reich: Das Oberkommando der Wehrmacht gibt bekannt:

Wie bereits durch Sondermeldung bekanntgegeben, haben schnelle Divisionen des deutschen Heeres, von Kampfverbänden der Luftwaffe hervorragend unterstützt, ostwärts Leningrad die Newa in breiter Front erreicht. Die Stadt Schlüsselburg am Ladoga-See wurde von einem Infanterieregiment im Sturm genommen. Damit ist der deutsch-finnische Ring um Leningrad geschlossen und die Stadt nunmehr von allen Landverbindungen abgeschnitten.

Am selben Tag erschien in einer Königsberger Zeitung folgende Mitteilung: Gestern gaben Oberbürgermeister Dr. Helmut Will, der Direktor der Königsberger Kunstsammlungen Dr. Alfred Rohde und Dr. Gerhard Strauß in der historischen Gaststätte »Blutgericht« eine Pressekonferenz. Als erster trat Dr. Will auf und sagte: »In russischen, litauischen, lettischen, estnischen, ukrainischen und weißrussischen Museen hat sich eine ungeheure Anzahl deutscher historischer und kultureller Kostbarkeiten angehäuft, die auf verschiedenen Wegen dorthin gelangt sind. Darunter befindet sich auch das Bernsteinzimmer.« Dann sagte Dr.

Rohde: »Wir haben uns mit der Bitte um die Rückführung dieser echt deutschen Schätze in ihr Heimatland nach Ostpreußen, wo das Bernsteinzimmer in seiner ursprünglichen Form wieder aufgebaut wird, an den Oberpräsidenten von Ostpreußen, Gauleiter Erich Koch, gewandt!« Weiter teilte Dr. Will mit, daß der Magistrat bereit sei, die erforderlichen Mittel für den Aufbau des Bernsteinzimmers in einem Raum des Königsberger Schlosses bereitzustellen. Anschließend beantworteten Dr. Will, Dr. Rohde und Dr. Strauß zahlreiche Fragen der Korrespondenten und von Vertretern öffentlicher Organisationen.

Auf dieser Pressekonferenz wurde nicht mitgeteilt, daß sich Erich Koch, der das Bernsteinzimmer für sich haben wollte, schon an Alfred Rosenberg, der inzwischen zum Reichsminister für die besetzten Ostgebiete ernannt worden war, mit der Bitte gewandt hatte, das Bernsteinzimmer den Königsberger Kunstsammlungen zu übergeben, worauf postwendend die Antwort kam: in allernächster Zeit werde eine Spezialgruppe des Bataillons Ribbentrop nach Zarskoje Selo fahren, um das Bernsteinzimmer abzubauen. Das Zimmer könne unmöglich nach Königsberg gebracht werden, da es einen besonderen staatlichen Wert darstelle. Ohne Zweifel wird es das Kunstmuseum in Linz schmücken, dessen Errichtung dem Führer so am Herzen liegt.

Das Führermuseum in Linz? Das war allerdings sehr ernstzunehmen. Doch Erich Koch war nicht der Mann, der sich von seinen Plänen abbringen ließ! Nachdem er eine Weile überlegt hatte, kommandierte er seine Gruppe mit einem Schreiben an den Oberbefehlshaber der 18. Armee, Georg v. Küchler, zu dem er ein sehr gutes Verhältnis hatte, an die »vorderste« Front und bat um die sofortige Übergabe des Bernsteinzimmers und anderer Kostbarkeiten aus Katharinenhof an seine Leute.

Rosenberg erhielt tatsächlich den Befehl Ribbentrops, das Bernsteinzimmer an die Gruppe des Majors von Künsberg zu übergeben, und wies zum Schein auch Kochs Ansprüche zurück, er beeilte sich aber nicht übermäßig, den Befehl Ribbentrops auszuführen. Erstens unterstand er Ribbentrop nicht unmittelbar, zweitens gehörten Leningrad und seine Umgebung noch nicht zu dessen Einflußbereich. Und außerdem war Koch ein Günstling Hitlers!... Es wäre natürlich schade, wenn solche Schätze nach Ostpreußen kämen, aber es war hier alles so kompliziert! Doch selbst, wenn er sich an den Oberbefehlshaber der Heeresgruppe Nord, Wilhelm Ritter v. Leeb, oder direkt an den wie alle Preußen eigensinnigen Generaloberst v. Küchler wenden würde, hätte das irgendeinen Sinn? Nein, nein, man mußte abwarten...

Nachdem v. Küchler von den verschiedenen Besitzansprüchen auf das Bernsteinzimmer erfahren hatte, rief er den Kunstschutzoffizier Rittmeister Dr. Ernst Otto Graf zu Solms-Laubach zu sich und teilte ihm mit, daß in Kürze ein Dr. Alfred Rohde als Sonderbeauftragter Erich Kochs aus Königsberg eintreffen werde, und fragte ihn dann, ob er einen solchen kenne. Als ausgebildeter Kunsthistoriker wußte Rittmeister v. Solms natürlich genau, wer Dr. Rohde war. Er verstand auch ohne besondere Erklärungen sofort, was zu tun war, und sagte Küchler, daß er für die Demontage des Bernsteinzimmers etwa 6 Soldaten aus der dritten Kompanie des Nachschubbataillons 553 brauche. Küchler nickte und erteilte per Telefon die entsprechenden Anweisungen. Gleichzeitig befahl er, niemandem, egal wer es sei, woher er auch käme und welche Vollmachten er auch vorweise, selbst wenn sie direkt aus der Reichskanzlei kämen, ohne die Erlaubnis des Rittmeisters v. Solms, der mit Sondervollmachten des Stabs der Heeresgruppe Nord ausgestattet war, ins Bernsteinzimmer zu lassen. »Also, Herr Rittmeister! Handeln Sie schnell und klug, wenn Sie auf die Leute des Reichsleiters Rosenberg stoßen.«

8. September 1941! Für die Leningrader war das der erste Tag einer auf die Vernichtung alles Lebendigen in der Stadt ausgerichteten Blockade, die 900 lange Tage bis zum 27. Januar 1944 dauern sollte. Aber an diesem Tag wuße kaum einer von uns, daß die Stadt schon vom Umland abgeschnitten war, daß man die Stadt nicht mehr verlassen konnte, daß nur noch Luft und Wasser die Stadt mit dem restlichen Land verbanden, das binnen kurzem den Namen das »Große Land« erhielt. »Der Zugverkehr wird vorübergehend eingestellt!« Vorübergehend? Wie lange? Einen Tag,

zwei? Eine Woche? Die Menschen ließen sich auf dem Bahnhof nieder und warteten, daß der eisern schweigende Lautsprecher wieder zum Leben erwachen würde, daß es in ihm laut knackste und eine muntere Stimme verkündet: »Genossen Passagiere! Einsteigen! Der Schnellzug ›Krasnaja Strela‹ fährt fahrplanmäßig nach Moskau ab!« Auf diese Mitteilung mußte man lange warten, und die, die im September 1941 auf den Bahnhof gekommen waren, erlebten es nicht mehr. Der Großteil der »Septemberpassagiere« fuhr nicht nach Moskau oder in andere Städte des Landes, sondern auf den Piskarewer, den Smolensker oder Wolkowsker Friedhof. Auf diesen »Reisen« hörte man nicht das »tut-tut-tut« der »Krasnaja strela«, also des »Roten Pfeils«, wie er auf den funkelnden Gleisen dahinjagt, sondern das unregelmäßige, schwere Atmen eines nahen oder entfernten Verwandten, der seinen »Passagier« auf einem Kinderschlitten oder einer rostigen Eisenplatte zum Friedhof zieht.

Der 9. September! Die deutsche »Chronik des Zweiten Weltkrieges« vermerkt sachlich trocken: »Beginn rollender deutscher Angriffe (Luftflotte 1) auf Leningrad.« 9. September 1941! Ein schrecklicher Tag, ein Tag der grausamsten, unerbittlichen Bombardements der Stadt. Alles explodierte und brannte. Über den Badajewski-Lagern, in denen sich die städtischen Lebensmittelvorräte befanden, stand schwer und unbeweglich eine schwarze, süßlich riechende Rauchsäule. Die Flakgeschütze donnerten, die Bomben explodierten dröhnend. Der Himmel war rot. Häuser stürzten ein. Auf den Bürgersteigen türmten sich Berge von Hausrat, Menschen rannten herum, trugen etwas, suchten jemanden, riefen mit gebrochener, verzweifelter Stimme; heißer, nach Kalk riechender Wind trug Daunen, Federn und Papier über die Straßen. Auf den blutüberströmten Trottoirs meiner Grebezkaja-Straße standen neben den Leichen der vom Mauerwerk erschlagenen und zerquetschten Menschen ein Gummibaum und ein Grammophon, daneben der im ganzen Viertel berühmte Wolfshund »Hamlet«, – welche Wölfe er wo erledigt hatte, wußte keiner, aber von Zeit zu Zeit erschien er über und über mit Gold- und Silbermedaillen behangen auf der Straße.

Neunhundert lange Tage Blockade… Mein Gott, wie unglaublich, unvorstellbar weit ist es von diesen schweren Tagen bis heute, von dem einsamen Leningrader Jungen, der alle seine Verwandten und Nächsten verloren hatte, dem schmutzigen Bengel mit einer Schleuder und einer Handvoll schwerer, eckiger Bombensplitter in der Tasche, bis zu diesem kleinen Haus hier in der ehemaligen Steffeckstraße am Stadtrand von Kaliningrad, vom Gestank und Brandgeruch des Krieges, von den Zeilen Simonows »so erschlage ihn doch schneller, erschlage ihn doch sofort« bis zur Suche nach dem Bernsteinzimmer und dem umfassenden »Deutschen Programm« der Kaliningrader Abteilung des sowjetischen Kulturfonds.

Warum mache ich das alles? Habe ich nicht meine Leningrader Kameraden, meine Cousine Schenja, die schon nicht mehr auf dieser Welt weilt, verraten? Hatte ich nicht zusammen mit ihnen in einem eisigen Keller, die Hand über das qualmende Feuerchen der Petroleumfunzel haltend, geschworen: »Niemals werden wir vergessen! Niemals verzeihen! Ich werde mich an dir rächen, Deutscher!« … Und schwor nicht in Deutschland auch jemand: »Ich werde mich an dir rächen, Russe!?« Der Haß… Wie furchtbar…

Rrrrring! Ich zucke zusammen. Ich nehme den Hörer ab und höre die aufgeregte Stimme von Olga Feodosjewna Krupina, der Direktorin des Kantmuseums, das dank ihrer hartnäckigen Bemühungen an der Kaliningrader Universität eingerichtet wurde.

»Es ist eine Katastrophe! Mit dem Häuschen klappt überhaupt nichts. Keiner will glauben, daß es das Häuschen des Försters Wobser ist, in dem Immanuel Kant während der Sommermonate arbeitete! Im Bezirksexekutivkomitee sagen sie: ›Dieses Häuschen braucht niemand, es wird abgeschrieben. Es gehört niemandem, also ist es herrenlos.‹ Die Miliz meint, daß sich dort alle möglichen verbrecherischen Elemente einnisten könnten, Fixer, Hascher und Prostituierte. Wenn wir nicht beweisen können, daß dieses Häuschen das Häuschen von Kant war und jemand die Kosten dafür übernimmt, werden sie es abreißen.«

»Olja, beruhige dich. Keiner wird es wagen, das Häuschen abzureißen...«

»Von wegen! Wurde das Haus in Amalienau, in dem der bekannte Bildhauer Stanislaus Cauer wohnte, etwa nicht abgerissen? Und die Pobethener Kirche in Romanowo?«

»Einen Moment, Olja. Erstens habe ich schon einen Brief an das Gebietskomitee der Partei geschickt, daß das Häuschen des Försters Wobser in Zukunft Kanthaus heißt, damit keine Unklarheiten entstehen.«

»Alle wollen Originaldokumente, die bestätigen, daß es sich wirklich um das Haus handelt, in dem Kant geweilt hat.«

»Ja, ich weiß schon, das Beste wäre natürlich ein vom Königsberger Magistrat beglaubigter Auszug aus dem Grundbuch mit ›Adlerstempel‹ und der Unterschrift des Oberbürgermeisters Dr. Will, stimmts? Gut, aber Spaß beiseite. Wir werden eine kleine, aber kompetente Kommission zur Überprüfung des Häuschens bilden. Wir werden die Pläne, seine Lage, alte Fotographien und Beschreibungen studieren und aus indirekten Merkmalen die Schlußfolgerung ziehen, daß dieses Häuschen genau das ist, um das es geht. Eigentlich sind wir drei schon genug: Du, ich und Professor Kalinnikow. Wir werden zu dem Häuschen rausfahren, wenn der Professor Zeit hat, einverstanden? Vielleicht fahren wir am gleichen Tag auch nach Friedrichstein raus. Marion Gräfin Dönhoff hat Pläne geschickt, versehen mit Hinweisen, wo wir suchen müssen... Und was ist mit den alten Büchern aus Königsberg?«

»Ich traue mich kaum, es auszusprechen, aber anscheinend ist die ›Spur‹ richtig. Ich fahre Ende der Woche hin, aber noch ist unklar, ob es sich um Bände der Silberbibliothek oder um Bücher der Wallenrodtschen Bibliothek handelt. Aber die Wallenrodtsche Bibliothek ist ja nicht weniger wertvoll.«

»Also, bis bald, Olja! Und viel Erfolg!«

Ich hole einen dicken Aktenordner mit Papieren und Dokumenten aus dem Regal, auf dem »Kant« steht. Hier ist das Kanthäuschen in Moditten. Fotografien aus dem Jahr 1929, als dort eine Gedächtnisstätte eingerichtet wurde. Hier sind die Räumlichkeiten: das Zimmer in dem der Gelehrte arbeitete. Ein Tisch, ein Kachelofen, das Fenster, und die berühmte Truhe, in der Briefe, Papiere, Federn, Tintenfläschchen, Zeitschriften, Zeitungen und Bücher des Philosophen aufbewahrt wurden. Wir werden es schon beweisen, aber dann? Das Haus ist in einem schlechten Zustand. Man müßte es unverzüglich renovieren, rundum restaurieren, aber wir haben kein Geld. Niemand will Geld für die Renovierung des Häuschens geben. Weder der Stadtsowjet, noch die Kulturverwaltung, noch die Universität, an der es einen Lehrstuhl für Philosophie gibt, an dem man die Werke des großen Philosophen studiert, an dem es eine Gesellschaft philosophisch Gebildeter und Interessierter gibt! Alles gibt es, nur kein Geld...

Es ist erstaunlich, unerklärlich. Dieses Häuschen ist doch von keinem geringeren historischen, kulturellen Wert als das Bernsteinzimmer, vielleicht ist es in dieser Hinsicht sogar wertvoller! Schließlich und endlich kann man das Bernsteinzimmer doch nachbauen, was übrigens schon gemacht wird, aber kann man diesen Raum wiedererrichten, wenn er, was Gott verhindern möge, verfällt? Seine Wände erinnern an die Schritte des Gelehrten, an sein Murmeln, wenn er sich diese oder jene Zeilen nochmal durchlas, an das Kratzen der Feder auf dem Papier, an Kants Seufzer, sein leises Schimpfen, wenn der Wind seine Papierzettel in die verschiedenen Zimmerecken fliegen ließ, an seinen schnellen Gang, weg vom Haus, weg vom Schreibtisch, an die frische Luft, in die Freiheit, in den Wald, auf den Hügel, auf dem sich die aus riesigen Steinen gefügten Mauern der Kirche Juditten erhoben, an den Moditter Bach, den er so sehr liebte, an dem er so gerne saß und nachdachte.

Gut. Und was ist, wenn wir, der Kulturfond, dieses Häuschen auf unsere Kosten nehmen, um es wenigstens vor dem Abriß zu bewahren? Aber woher sollten wir das Geld für seine Renovierung nehmen? Ob Owsjanow zu Hause ist?

»Guten Abend, Awenir. Rufe ich zu spät an?«

»Ist zehn Uhr vielleicht spät? Guten Abend, Juri.«

»Die Gräfin hat den Plan ihres Gutes geschickt. Vielleicht können wir uns am Samstag auf die Suche machen? Wir brauchen

Lehrgangsteilnehmer, Minensuchgeräte und anderes Werkzeug.«

»Ich glaube, das läßt sich machen. Als Lehrgangspraktikum von zwei, drei Tagen. Wir nehmen Zelte und Proviant mit. Was gibt es noch?«

»Olga ist offenbar tatsächlich der Silberbibliothek oder der Wallenrodtschen Bibliothek auf der Spur. Hast du über diese Bibliotheken irgendwelche Angaben?«

»Einen Moment.« Man hört etwas rascheln, eine Tür klappt zu, wahrscheinlich die Tür des Schrankes, in dem lange Reihen von dicken Aktenordnern stehen. »Hier bin ich wieder. Also, die Silberbibliothek: Herzog Albrecht ließ für 20 Bände kirchlicher Erbauungsschriften von dem Nürnberger Goldschmied Cornelius Vorwendt und den Königsberger Goldschmieden Paul Hoffmann, Gerhard Lentz und Hieronymus Kösler kostbare Einbände aus Silber anfertigen. Das schönste Stück der Sammlung ist Luthers Deutsche Bibel von 1546, deren prächtigen Einband Cornelius Vorwendt schuf. Der Einband ist mit aufwendigen Prägungen geschmückt, die biblische und allegorische Szenen darstellen, an den Randleisten ist Zierwerk angebracht. An den vier Ecken sind die Bildnisse Herzog Albrechts und seiner Gemahlin Anna Maria zu sehen. Der schwere Rücken wird von sieben vergoldeten, reich verzierten Bünden gehalen. Die Silberbibliothek wurde 1611 der Schloßbibliothek übergeben und 1806, als Napoleon sich Königsberg näherte, nach Memel gebracht und so gerettet… Ab 1924 befanden sich die Bände in den Ordensräumen des Schlosses.«

»Was steht in deinen Papieren noch? Wo ist sie jetzt?«

»Das Schicksal dieser herrlichen Bibliothek ist unbekannt. Sie verschwand während des Zweiten Weltkrieges. Wurde sie in einem der Geheimbunker, die von den Spezialeinheiten Erich Kochs im Februar und März 1945 gebaut wurden, versteckt? Verbrannte sie? Wurde sie gestohlen? Vermutlich kann dies heute keiner mehr beantworten…«

»Und was ist mit den Büchern der Bibliothek des Grafen Wallenrodt?«

»Den Grundstock zur Wallenrodtschen Bibliothek legte Martin v. Wallenrodt, der bis zu seinem Tode im Jahre 1632 2000 wertvolle Bücher gesammelt hatte. Wo sie sich heute befindet, wissen wir noch nicht.«

»Danke für die Auskunft. Also bis bald.«

So. Jetzt muß ich meinen alten Freund Wassili Kirillowitsch anrufen. Wir waren zusammen auf Kuba. Jetzt ist Wassili der stellvertretende Vorsitzende des Gebietsexekutivkomitees, er leitet die Kulturabteilung.

»Guten Abend, Wassili. Entschuldige, daß ich noch so spät anrufe, aber sonst erreicht man dich ja nicht. Ich habe gerade alte Fotografien geordnet und eine ganze Mappe mit Fotos aus Kuba gefunden. Erinnerst du dich, wie wir an dem Korallenriff getaucht sind?«

»Sicher erinnere ich mich daran. Also, was gibt's? Aber kurz, mir brummt der Schädel, heute war im Exekutivkomitee eine Menge wegen der Zuteilung neuer Wohnungen los. Laß hören.«

»Erstens, dieses Häuschen des Försters Wobser, in dem Immanuel Kant während des Sommers arbeitete. Wenn es verfällt, dann…«

»Beweist, daß es sich wirklich um das Kanthäuschen handelt. Aber die Beweise müssen hieb- und stichfest sein, verstehst du? Nicht für mich, sondern für die über mir, klar? Du hast irgend etwas über eine Truhe von ihm erzählt: wenn sich diese Truhe fände, dann wäre das ein Beweis! Was noch?«

»Der Dom. Er verfällt, ein Bauwerk aus dem 14. Jahrhundert. Ein Architekturdenkmal, das in die Liste der UNESCO aufgenommen wurde…«

»Gibt uns die UNESCO vielleicht Zement, Ziegelsteine und Dachziegel? Deine Sorgen möchte ich haben! Gestern kam einer unserer ›Afghanen‹ zu mir, mit einem Holzbein und einem Glasauge. Er lebt in einem Keller und du kommst mit deinem Dom an! Er hätte mich fast mit seiner Krücke erschlagen! Außerdem weißt du, daß das Errichten von Gebäuden für Kulturzwecke solange verboten ist, bis bessere Zeiten angebrochen sind. Was noch?«

»Und wann kommen diese besseren Zeiten? Ich habe noch etwas. In Königsberg gab es etwa zwanzig deutsche Friedhöfe, sie wurden alle niedergemacht, mit Bulldozern eingeebnet. Darf so etwas denn sein? Wir sollten wenigstens einen wieder herrichten und die übriggebliebenen Grabplatten dorthin bringen, sozusagen einen Gedenkfriedhof zum ›Andenken an alle Königsberger, die in dieser Erde ruhen‹ anlegen. Es kommen nämlich Deutsche her und man muß sich schämen. Außerdem, sind wir etwa nicht selber…«

»Da hört doch alles auf! Vierzig Jahre sind vergangen, und wir konnten nicht einmal für unsere eigenen Soldaten, die während der Ostpreußischen Operation gefallen sind, Gedenkstätten errichten! Im Kaliningrader Gebiet gibt es noch Tausende, hörst du, Tausende namenloser Gräber! Woher sollen wir das nötige Geld nehmen? Wer baut uns das alles?«

»In dem Truppenteil, in dem ich als Trommler und Totengräber gedient habe, fand am Abend vor der Erstürmung Königsbergs eine Versammlung statt. Ein Politoffizier baute sich vor uns Soldaten und den Offizieren auf und begann, unsere Kampfmoral zu stärken: ›Niemand und nichts wird vergessen werden! Dort, wo einer fällt, werden wir goldene Denkmäler errichten!‹ Wie? Gut, ich bin halt so. Hast du's eilig?«

»Ich weiß schon, was jetzt wieder kommt. Wir dürfen auch die großen Königsberger nicht vergessen: den Astronomen Bessel, den Physiker Helmholtz, den Erfinder des Augenspiegels…«

»In Moskau wurde das Zentralinstitut für Augenkrankheiten nach Helmholtz benannt…«

»… den Begründer der Embryologie Karl Baer, Jacobi, Herder, den Bildhauer Stanislaus Cauer, die Graphikerin und Bildhauerin Käthe Kollwitz, stimmts?«

»Als in den zwanziger Jahren ganz Rußland hungerte, malte sie ein Plakat ›Helfen wir Rußland‹. Es wurde in ganz Europa ausgehängt, und Europa reagierte darauf. Können wir das vergessen? Und wer von uns weiß schon, daß in unserer Stadt Ernst Theodor Amadeus Hoffmann geboren wurde, der Autor vieler Bücher, die heute noch auf der ganzen Welt, auch bei uns, gelesen werden?

Nach einer Erzählung von ihm hat Tschaikowski die Musik zum Ballett ›Der Nußknacker‹ geschaffen! Warum sollte man nicht einen Saal mit Werken von Käthe Kollwitz einrichten? Oder eine Straße ›Käthe-Kollwitz-Straße‹? Oder eine Straße ›Hoffmannstraße‹ nennen? Wir haben wirklich genug Straßen mit dummen Namen: Drahtseilbahnstraße, Deckstraße, Tischlerstraße, Artilleriestraße, Straße der Roten Armee, Granatwerferstraße, Maschinengewehrstraße... Und die Friedhöfe der russischen Soldaten, die 1914 in Ostpreußen gefallen sind? Auch sie wurden ausgeraubt, durchwühlt, umgepflügt... Wo bleibt unser Gewissen?«

»Einige dich mit der orthodoxen Kirche. Sie soll euch helfen. Die Friedhöfe sollen wieder hergerichtet und Kreuze aufgestellt werden. Was den Dom betrifft, so beauftrage ich meine Mitarbeiter, eine Dokumentation über den Wiederaufbau des Dachs vorzubereiten, aber das bleibt vorerst noch ein großes Geheimnis, klar? Ist das alles? Das Denkmal für Walther von der Vogelweide? Wo es hingekommen ist? Das weiß ich nicht. Vermutlich wurde es zerstört... Also, mach's gut!«

»Du auch. Übrigens, fährst du mal wieder auf die Karibischen Inseln? Warum Phantasie? Als wir auf der kleinen, unbewohnten Insel unter Kokospalmen am Lagerfeuer Langusten brieten, hast du dir auch nicht vorstellen können, daß du eines Tages ein hoher Parteibediensteter im Kaliningrader Gebiet sein würdest... Also, mach's gut!«

Gut, was gibt es noch? Ein Brief aus München! »An Herrn N.N. Königsberg, Steffeckstr., UdSSR, unsere Hausnummer«. Wie ist das zu verstehen? Über die maschinengeschriebene Adresse hat unsere Post eilig und nachlässig wie mit einer Hühnerkralle gekritzelt: »236032 Kaliningrad, ul. Leitenanta Katina ...« Schauen wir mal, wer uns da aus München schreibt. Ich hole ein Wörterbuch. Früher konnte ich ausgezeichnet Deutsch, aber ich habe viel vergessen:

»Sehr geehrter Herr ›N.N.‹! Vor einiger Zeit starb mein Vater Franz Ferdinand Müller im hohen Alter. Das Haus, das ihm gehört, habe ich, sein Sohn Walter Müller, geerbt.« So was, heute dachte ich an den ehemaligen Besitzer des Hauses, Ferdinand

Müller, und jetzt bekomme ich einen Brief von seinem Sohn!... »Wahrscheinlich, sehr geehrter, mir unbekannter, in meinem Haus lebender Herr, lächeln Sie jetzt skeptisch, aber ich kann beweisen, daß dieses Haus unser bzw. mein Haus ist: wie leise Sie auch die Treppe in den zweiten Stock gehen, die vierte Stufe von unten wird auf jeden Fall knarren. Das ist eine alte List, damit niemand unbemerkt die Treppe hinauf zu den Schlafräumen gehen kann...«

Ich lese den Brief noch einmal durch, rieche sogar an dem Papier, halte es gegen das Licht, betrachte die Briefmarke. Ja, das kann nur jemand wissen, der lange in diesem Haus gewohnt hat. Es ist Zeit zum Schlafen. Ich gehe nach oben in den zweiten Stock. Die vierte Stufe von unten knarrt ganz schrecklich. Wahrscheinlich zur Erinnerung an Walter Müller, wie eine wunderbare Melodie, wie ein Funkleitsender, der ihn immer wieder hierher zurückruft.

3. Der Nachtangriff »Vergeltung«

»Turris fortissima nomen Domini!«* und unter diesen Worten stand auf einem massiven Schild in goldenen Buchstaben, die jedem in die Augen stachen, die Devise Albrechts IV.:

»Parcere subjektis et debellare superbos
Principis officium est, Musa Maronis ait.
Sic regere hunc populum Princeps Alberte memento,
Sed cum divina cuncta regentis ope.«**

Der Schild mit diesem Spruch befand sich über dem Hauptportal , dem »Albrechtstor« des Königsberger Ordensschlosses, das ab 1257 westlich der eroberten Prußenfeste Tuwangste zur Aufnahme der Teilnehmer an den jährlichen »Fahrten« des Deutschen Ordens gegen die heidnischen Litauer weitläufig angelegt wurde. Zunächst war es wohl nur eine hölzerne Burg, doch bald wurden steinerne Mauern und feste Türme zum Schutz der Burg errichtet. Mehrmals wurde die Burg von den kriegerischen Prußen und Litauern angegriffen und niedergebrannt, sie wurde

---

* Der Name des Herrn ist die stärkste Wehr.

** Unterworf'ne zu schonen und niederwerfen die Stolzen, ist des Fürsten Pflicht, Maro verkündets im Lied; so zu regieren dein Volk, sei eingedenk, Herzog Albertus, sieh' dabei stets auf Gott, sein ist der Welt Regiment.

zerstört und wieder aufgebaut, wobei sie immer mächtiger und uneinnehmbarer wurde, bis sie ihre endgültige Gestalt mit den hohen Mauern und Türmen annahm. Nach der Umwandlung des Ordensstaats in ein weltliches Herzogtum 1525 wurde auch die alte Ordensburg zu einem Schloß ausgebaut. Hier gab es zahlreiche Räume mit wunderbaren Gemälden und Skulpturen, darunter den prächtigen Thronsaal mit Bildern der Hohenzollernkönige im Unfriedbau. Der tüchtige Königsberger Baudirektor Joachim Schultheiß v. Unfried hatte 1704 zwei Entwürfe für den Bau vorgelegt, doch wurde zunächst nur der linke Flügel errichtet, da Friedrich Wilhelm I. den kostspieligen Bau bereits 1713 wieder einstellen ließ. Die Vollendung des Unfriedbaus 1758 ist dem russischen Gouverneur Baron Korff zu verdanken. Der »Berwartsflügel« wurde 1584–1590 von Blasius Berwart an der Stelle des alten Konventshauses errichtet. In ihm lagen mächtige Keller, darüber das »Arsenal«, darüber wieder die Schloßkirche und schließlich der Moskowitersaal, mit 83 x 18 Metern für lange Zeit der größte Saal Deutschlands. Welch herrliche Feste wurden hier gefeiert! Hier fand auch 1701 das Krönungsmahl des ersten Preußenkönigs statt, hier saß 1798 das junge Königspaar mit 3000 Ballgästen an langen Tafeln und wurde von jungen Mädchen aus Masuren und von der Kurischen Nehrung in Volkstrachten bewirtet, was Königin Luise »allerliebst« fand. Als Zar Peter 1711, 1712 und 1713 in Königsberg weilte und hier bewirtet wurde, bürgerte sich der Name Moskowitersaal ein.

Durch den Abbruch des Konventshauses war ein gewaltiger Schloßhof (105 x 67 m) entstanden, in dessen Mitte ein prächtiger Brunnen sprudelte, in den einst bei einem Turnier ein Ritter hineinflog… 1924 wurde das Schloß ein riesiges Museum, zu dessen Besichtigung man eine ganze Woche brauchte. 1934 fand im Schloßhof eine großartige Aufführung von Goethes »Götz« mit Heinrich George statt. Beim englischen Luftangriff am 29. und 30. August 1944 brannte das Schloß mit der ganzen Stadt nieder. 1969 brachen die Russen die Ruine des Schlosses ab. Aus: »Königsberg von A bis Z« und »Lexikon der Stadt Königsberg Pr. und Umgebung«.

Sehr geehrter Herr,

Ich hätte nie erwartet, daß Sie mir antworten! Mein Nachbar, ein bereits alter Mann, der in russischer Kriegsgefangenschaft war, hat mir Ihren Brief übersetzt. Ich habe ihn wieder und wieder gebeten: Hans, lies ihn mir noch einmal vor. Dieser Brief ist von dort, aus meiner Heimat, aus meinem Haus. Ja, der große Birnbaum blüht ungewöhnlich schön, jeder der vorbeikommt, bleibt bewundernd davor stehen. Ist der Apfelbaum »Alte Anna« gesund? Das ist der, der neben dem Birnbaum steht. Bitte schicken Sie mir doch in einem Umschlag einige Samen von ihm... Jetzt möchte ich auf Ihre Fragen antworten: Das Schloß war unser Lieblingsort in der Stadt. Als Junge war ich dort oft, aber im Bernsteinzimmer nur einmal. Das war Anfang 1944, als Mitglied einer Gruppe der besten Kämpfer der 2. Amalienauer Gefolgschaft der H. J. (Diese Organisation war so etwas Ähnliches wie die »Komsomolzen« bei Ihnen in Rußland). Es war ein zauberhafter Anblick! Ich erinnere mich, daß dieses Wunder neben dem Saal Nr. 36, in dem die Bilder des Malers Lovis Corinth ausgestellt waren, aufgebaut war. Das ist soweit alles.

Mit aufrichtigen Grüßen
Ihr Walter Müller.

»Das ist soweit alles!« Sowohl Walter Müller, als auch ich haben dieses Wunder aus Bernstein gesehen: ich in Katharinenhof in Zarskoje Selo, er im Königsberger Schloß. Für uns Kriegskinder, Schüler der 1. Königsberger Oberschule (so hieß die Schule, bis Michail Iwanowitsch Kalinin die Augen schloß, was ein großes Unglück war. Nein, nicht daß er starb, alle Menschen sind sterblich, auch unsere Führer und ihre skrupellosen Helfer, sondern daß unsere Stadt nach ihm benannt wurde. Die alte russische Stadt Twer wurde in Zusammenhang mit seinem Geburtstag in Kalinin umbenannt, Königsberg anläßlich seines Todes). Also, für uns Schüler der oberen Klassen war das große, schreckliche und geheimnisvolle Schloß der interessanteste Ort in der Stadt. Wir »sabotierten« den Unterricht und liefen so schnell wir konnten dorthin, oder auch zum Dom, dem unheimlichen steinernen

Ungeheuer auf der Insel. Bevor die Schule in der Stadt geöffnet wurde, war ich allerdings schon zweimal im Schloß gewesen: mit meinem Vater im April 1945, als die Suche nach dem Archiv des Fromborker Kapitels begann, und etwas später, im Sommer, mit Litka Warezkaja. Zu dritt – es war auch noch Walja Gurmankow dabei – stiegen wir sogar den halbzerstörten Turm hinauf, in dessen Turmzimmer auf fast hundert Meter Höhe neben einem schweren, großkalibrigen Maschinengewehr zwei abscheulich zugerichtete stinkende Leichen lagen, die von Raben zerpickten deutschen MG-Schützen. Ich war auch mit Lotte Krüger im Schloß, mit der mich das Schicksal an einem eisigen Januartag 1946 zusammengeführt hatte. Sie war eine hungrige, durchgefrorene junge deutsche Frau, die geradezu lächerlich aussah mit ihrem unpassenden Hut und dem schwarzen Panzersoldatenmantel, der von zerrissenen Hosenträgern zusammengehalten wurde. »Bitte Brot, chleb«, sagte sie, wobei sie die Lippen kaum bewegte. Sie taumelte und brach vor unserem Gartentor zusammen. Ich kam gerade aus der Schule und hatte noch viel zu erledigen. Und jetzt das! Ich schaute mich um. Die Straße war leer, es schneite… Ob sie aufstehen kann? »He, was ist los mit dir, steh auf!« Ich schaute mich noch einmal um, dann hob ich sie hoch. Sie war nur noch Haut und Knochen. Ich trug sie fluchend ins Haus. »Na gut, soll sie sich aufwärmen, etwas essen und dann ihrer Wege gehen.«

Es waren harte Zeiten. Wie war ich auf dieses Wesen in dem riesigen Mantel wütend! Ich hatte nur schnell etwas essen und dann zu meinen Freunden laufen wollen, und da kam die mir in die Quere! In mir war die Zeit der Blockade noch lebendig, ich hatte einen furchtbaren Haß auf alles, was deutsch war. In den Nächten träumte ich von meiner vom strengen Frost zu Stein gefrorenen Babuschka, von Tante Ljolja, Tante Katja, einer entfernten Verwandten meiner Mutter, und ihren zwei Jungen, Lew und Tolik, die in unserer Wohnung im ersten Winter der Blockade gestorben waren und bis zum Frühling dort lagen, dann erst konnte ich sie zur »Straßenbahn der Toten« schleifen, die in den grauen, schmutzigen Schneewehen in unserer Grebezkaja-Straße steckengeblieben war. Doch all das, die Winter während der Blockade, Litka und Lotte Krüger, von der ich nicht an jenem Januartag Abschied nahm, sondern erst Sommer 1948, als die letzten alten Einwohner Königsberg verließen, das alles sind nur zufällige, ungewollt ins Bewußtsein dringende Erinnerungen, irgendwelche seltsamen Assoziationen in Zusammenhang mit dem Königsberger Schloß und dem Bernsteinzimmer.

Den bekannten Ausspruch My home is my castle hatte Alfred Rohde zu »Die Burg ist mein Zuhause« abgewandelt. Er und kein anderer war der Besitzer all dieser Pracht! Er hatte Glück gehabt: die Zeit, die Umstände, seine Liebe zum »Sonnenstein«, all das hatte ihn zum eigentlichen Besitzer des Bernsteinzimmers gemacht. »Er kam immer schon um fünf Uhr ins Schloß«, erzählte mir Lotte. Sie hatte an der Königsberger Universität studiert und hier eine Zeitlang als Kunsthistorikerin gearbeitet, zunächst in der Kunsthalle am Wrangelturm, deren Gebäude auch heute noch steht, dann, als die Kunsthalle im Krieg von der Feldpost gemietet worden war, kam sie als einfache Schreibkraft ins Schloß zur Verwaltung der Königsberger Kunstsammlungen, wo sie manchmal bis tief in die Nacht tippte, da sie tagsüber noch Vorlesungen an der Universität besuchte. »Ach, dieser Direktor! Um fünf Uhr morgens kam er ins Schloß! Dann ging er zunächst einfach im Schloß umher. Er ging und ging und ging. Von Zimmer zu Zimmer, von Saal zu Saal. Und schaute die ganze Zeit, schaute und schaute. Auf die Gemälde, an die Decken, die in jedem Saal mit verschiedenen Gemälden geschmückt waren. Was? Ja, überall waren Deckengemälde! Dann ging er in den Südflügel, in dem sich das Bernsteinzimmer befand. Du hast mir doch erzählt, daß du das Bernsteinzimmer in Zarskoje Selo gesehen hast, ja? Ach, wie wunderschön war das! Aber das war alles mal, jetzt ist nichts mehr davon da, nicht wahr? Ich muß Herrn Voss finden, ach, wenn ich ihn nur finden würde!« Lotte braucht aus irgendeinem Grund eine Bescheinigung, daß sie, Charlotte Krüger, vom Oktober '43 bis zum März '45 im Schloß gearbeitet hat... Eine solche Bescheinigung konnte ihr aber nur Herr Voss, der Leiter der Verwaltung des Schloßmuseums, geben. Von Zeit zu Zeit bat sie mich, mit ihr zusammen ins Schloß zu gehen. Es war riesig, leer und schrecklich, und sie traute sich nicht, alleine dorthin zu gehen, hoffte aber, daß dieser Herr Voss dort einmal auftauchen würde.

Es ist so schade, daß ich mit ihr nur wenig über das Schloß, das Bernsteinzimmer und die anderen Kunstschätze dort, gesprochen habe. Schließlich hat sie getippt und geschrieben, nichts als geschrieben! Listen der ins Schloß gekommenen Schätze, sehr wichtige Dokumente, die manchmal mit dem Vermerk »Geheim« versehen waren, Briefe; sie hat drohende Mahnungen, Befehle von irgendwelchen Leuten in dicke Ordner geheftet, dicke Mappen mit Listen der Gemälde, Ikonen, Porzellan angelegt. Sie hätte sicher viel erzählen können, auch über Doktor Rohde, der jeden Tag um fünf Uhr morgens ins Schloß kam und erst nachts wieder ging, der unbedingt jeden Tag morgens und abends in das Bernsteinzimmer gehen mußte, sich still in der Mitte des Saales hinsetzte und sich den Bernstein ansah…

Jetzt wird es aber Zeit, daß wir uns mit dem Direktor des Museums, Alfred Franz Ferdinand Rohde, näher bekanntmachen. Werfen wir einen Blick in den Fragebogen, den er am 3. Februar 1942 auf Bitten des Rembrandt-Verlages Berlin anläßlich der Vorlage des Manuskripts seines Buches »Der junge Corinth« für die Reichsschrifttumskammer ausgefüllt hat… Also:

Privatadresse: Königsberg Pr., Beekstraße 1, Fernsprecher 3 28 66

Geboren: Hamburg, 24. Januar 1882

Staatsangehörigkeit: deutsch

Konfession (auch frühere und Rassezugehörigkeit): evangelisch-lutherisch

Familienstand: verheiratet

Heiratsort und Datum: Hamburg, 10.9.1921

Eltern: Franz und Marie Rohde

Ehefrau: Ilse Flinsch. *Kinder:* Lotti und Wolfgang

Welchen Beruf haben Sie erlernt? – Kunsthistoriker

Welchen Hauptberuf üben Sie jetzt aus? – Museumsdirektor

Sind Sie vorbestraft? a) politisch, b) kriminell: nein

Sind Sie Mitglied der NSDAP? – nein

Wann und wo erfolgte die erste Veröffentlichung? Titel?: – in den »Hamburger Nachrichten«, Titel: »Niederländische Maler in Hamburg«

Einkommen aus schriftstellerischer Tätigkeit im Vorjahr? 750 Reichsmark ca., *Buchveröffentlichungen:* u. a. »Bernstein, ein deutscher Werkstoff« 1937, »Das Buch vom Bernstein« 1937, »Königsberger Maler im Zeitalter des Simon Dach« 1938, »Königsberger Biedermeier-Maler« 1940, »Der junge Corinth« 1942. Gelegentliche Mitarbeit an deutschen Kunstzeitschriften.

Auf welchem Gebiet liegt Ihre Haupttätigkeit? Auf wissenschaftlichem Gebiet.

Königsberg Pr., den 3. Februar 1942. Unterschrift

Ach, wie liebte Rohde den Bernstein, diese Sonnenstrahlen, die in die Ostsee gefallen waren, dort erstarrt und als goldene Splitter auf den Grund gesunken sind! Mitte Oktober war das Bernsteinzimmer bereits von Puschkin nach Königsberg unterwegs, und am 13. November 1941 meldete die Königsberger Allgemeine Zeitung: »Wände aus Bernstein im Schloß«. Doktor Rohde magerte ab, wurde dünn und dünner, selbst sein scharfgeschnittenes Gesicht war so eingefallen, daß ihm seine Brille ständig von der Nase rutschte. Die zwei benachbarten Zimmer, die miteinander zum »Saal Nr. 37« verbunden worden waren, erwiesen sich für das Bernsteinzimmer als zu klein! Ein ziemlich großer Teil der Paneele und Bernsteinverzierungen mußte deshalb in den Kisten bleiben. Und wieviel Tafeln unter den Paneelen mußten ausgetauscht werden! Man mußte also abgelagertes Holz sorgfältig aussuchen, Bernstein neu verkleben, Harz- und Bernsteinleim nach alten Rezepten zubereiten und spezielle hauchdünne Silberfolien, die unter den Bernstein geklebt wurden, anfertigen. Außerdem mußte man Bernsteinstücke einer ganz bestimmten Farbe suchen. Der Bernstein auf den Paneelen hatte ganz unterschiedliche Schattierungen: von fast duchsichtig, hellgelb bis hin zu himbeerrot, fast schon zimtfarben.

»Ich schicke Ihnen als Muster einige Bernsteinstücke. Bernstein dieser Art müssen Sie unbedingt sammeln«, schreibt Rohde nach Palmnicken, einen kleinen Ort an der Samlandküste mit ca. 4000 Einwohnern, wo im großangelegten Tagebau der Bernstein aus der blauen Erde ausgewaschen wird. Rohde fuhr auch selbst dorthin. Und nicht nur ein- oder zweimal. Er geht an dem langen Fließband entlang, watet in seinen Galoschen durch die Wasserpfützen. Kaltes Wasser spritzt herum. Ununterbrochen läuft das breite Fließband mit der blauen Erde an ihm vorbei, in der die goldenen Bernsteinstücke aufblitzen. Steife Kinderhände, die kaum noch ihre Finger bewegen können, greifen pausenlos in die Erde, unglückliche, vor Kälte und Unterernährung weiße Kindergesichter schauen ihn an. »Bitte, Kinder, bitte!« ruft Rohde laut in dem Tunnel, in dem die Blauerde gewaschen wird. Alles poltert und klappert, Wasser spritzt, die kleinen Walzen, auf denen das endlose Band läuft, quietschen. Rohde zeigt den Kindern Bernsteinstücke: »Seht her, liebe Kinder, ich brauche Bernstein von genau dieser Farbe. Wer Bernstein von dieser Farbe findet, der bekommt eine Extraportion Suppe. Und Zucker!«

An die tausend Kinder aus der Umgebung von Leningrad, aus der Ukraine, aus Weißrußland und Rußland leben hier im sogenannten »Kinderhaus«, in Baracken, die man neben der Grube errichtet hatte. Acht Stunden am Tag müssen die Kinder arbeiten, mit ihren erfrorenen Fingerchen den Bernstein aus der Blauerde heraussammeln, vier Stunden bekommen sie Deutschunterricht. Man hatte den Kindern neue, deutsche Namen gegeben: »Du bist Karl, nicht Fjodor! Du bist Fritz, nicht Alexei«, redete der kräftige, rotgesichtige »Lehrer« lautstark auf die russischen Jungens ein. Der »Lehrer« Hans Kempke war im Ersten Weltkrieg in russische Kriegsgefangenschaft geraten und hatte dort Russisch gelernt. »Verstehen das die kleinen russischen Kindlein?« Der leere Ärmel seiner Joppe war unter den Gürtel geschoben, in der rechten Hand hielt er einen Rohrstock. »Bitte: Ich bin Karl! Ich bin Karl! Verstanden?«

Die Kinder froren sich zu Tode, verhungerten, starben buchstäblich vor Heimweh, vor Sehnsucht nach den Eltern. Sie bemühten sich furchtbar, Bernstein von genau der Farbe zu finden, wie ihn der ungeduldige Herr mit der Brille, der von Zeit zu Zeit aus

Königsberg kam, brauchte. Hatte ein Glücklicher mal ein solches Stück gefunden, betrog man ihn nicht. Er bekam eine Extraportion Kohlsuppe und durfte zwei Stunden früher mit der Arbeit aufhören und in die Baracke gehen: strengt euch an, Kinder, dann werdet auch ihr ehrlich und anständig belohnt!

Der Aufbau des Bernsteinzimmers im Schloß ging nur langsam voran. Der Gauleiter rief immer wieder an und drängte zur Eile. Der Oberbürgermeister von Königsberg, Herr Dr. Will, kam sehr oft ins Schloß, sah sich den Raum an, machte ein finsteres Gesicht und ging, sich schwer auf seinen Stock stützend, im Saal auf und ab. »Die Paneele müssen schneller montiert werden, Herr Rohde, schneller«, sagte er dann bevor er wieder ging, »sonst schwimmt dieses Bernsteinwunder wieder fort, woanders hin.« Alfred Rohde machte sich aber nicht nur wegen der technischen Probleme Sorgen. Von dem Augenblick an, als dieses Wunder aus Bernstein, das auf zwanzig Millionen Reichsmark geschätzt wurde, in Königsberg eintraf, zog es hochgestellte und in Deutschland äußerst einflußreiche Partei- und Staatsleute wie ein Magnet an. Alfred Rosenberg, dem Erich Koch das Bernsteinzimmer buchstäblich vor der Nase weggeschnappt hatte, schrieb pausenlos Beschwerden an den Führer ins Stabsquartier. »Lieber Parteigenosse Koch!« schrieb Rosenberg dem Reichskommissar der Ukraine und Gauleiter Ostpreußens, »Das Bernsteinzimmer muß dorthin zurückkehren, von wo es vor über zweihundert Jahren weggeschafft wurde… Dort in Berlin soll dieses Wunder aus Bernstein die Größe des Dritten Reiches symbolisieren. Ich habe diesbezüglich bereits mit dem Führer gesprochen… Der Führer ist einverstanden. Deshalb bitte ich Sie…«, »Lieber Parteigenosse Rosenberg!«, antwortete ihm Koch nach Riga, »Das Bernsteinzimmer muß unbedingt in Königsberg bleiben, als – und darin stimme ich Ihnen zu – Symbol der Größe des Dritten Reiches, der Unveränderlichkeit seiner Grenzen. Ich habe mit dem Führer darüber gesprochen, und der Führer ist einverstanden. Deshalb bitte ich Sie…« Aber auch die Wehrmacht setzte Koch unter Druck: Keitel persönlich verlangte von Koch, daß er das Bernsteinzimmer dem Armeemuseum in Breslau übergebe, schließlich habe es ja die Armee erbeutet. Hermann Göring rief ständig an und versprach, die Flugzeugwerke »Focke-Wulf« und »Junkers« zu vergrößern, wenn »ihm der liebe Parteigenosse das Zimmer überläßt, doch wenn der liebe Parteigenosse stur bleibt, dann...« Doch was ließ sich Koch, der sich zu dieser Zeit in Rowno befand, schon von dem Dickwanst Göring sagen? Er hatte sich ganz am Anfang seiner politischen Laufbahn im Jahre 1930 gegen Göring und Himmler durchgesetzt, was konnten ihm die beiden da jetzt noch anhaben, wo Hitler ihn bereits zum zukünftigen »Reichskommissar von Moskau« bestimmt hatte. »Aber wir müssen uns trotzdem beeilen, Rohde!« Als Koch nach Königsberg kam, um im »Braunen Haus« am Paradeplatz verschiedene Besprechungen abzuhalten, begab er sich zunächst ins Schloß. »Wie sieht es aus, Rohde? Wo brauchen Sie Hilfe? Beeilen Sie sich, Rohde. Das Bernsteinzimmer muß ganz schnell aufgebaut werden, damit wir sagen können: es steht! Man wird es ja wohl nicht wieder ausbauen wollen!...«

Endlich war es soweit: Die prächtigen Lüster erstrahlten, die restaurierten Türen, die aus Zarskoje Selo nachgeschickt worden waren, öffneten sich, und die ersten, für Dr. Rohde besonders ehrenvollen Besucher traten ein: der Gauleiter von Ostpreußen und Reichskommissar der Ukraine Erich Koch, der Oberbürgermeister der Stadt Königsberg Dr. Will, der Besitzer mehrerer Fabriken und Vertreter der örtlichen und großdeutschen Industrie »Doktor« Dzubbe, der neue Oberbefehlshaber der Heeresgruppe Nord, Generaloberst v. Küchler, der wegen »dringender Angelegenheiten« in Königsberg war, und weitere bedeutende Persönlichkeiten von Staat, Partei, Militär und aus anderen Bereichen. Man hatte auch Rosenberg eingeladen, doch der war verhindert: »Die Geschäfte, lieber Parteigenosse«, wie er Koch aus seinem »ostländischen« Stab mitteilte. Und Sorgen hatte Rosenberg wahrhaftig genug! Er führte den Befehl Hitlers über die »Auswahl« der bedeutendsten Werke und Schätze Kurlands für das Führermuseum in Linz getreulich aus, kämmte die Lagerräume und Geheimverstecke der Museen und Schlösser des »Reichskommissariats Ostland« durch, das die Generalbezirke

Estland, Lettland, Litauen und Memelland in sich vereinigte. Eigentlich hatte sich Rosenberg schon wieder beruhigt. Er hatte begriffen, daß er das Bernsteinzimmer unter diesen Umständen niemals bekommen würde. Der »Braune Baron« fand zunehmende Beachtung bei Hitler und konnte seinen Einfluß im Reich immer mehr ausbauen. Na dann adieu, Bernsteinzimmer! Rosenberg entdeckte dafür in seinem Reichskommissariat Schätze, die sich zur Zeit zwar noch in »Glaskästen« in einem Kloster bei Pskow befanden, neben denen aber der ganze auf Platten geklebte Bernstein gar nichts war, ob das nun den künstlerischen oder den materiellen Wert des Bernsteinzimmers betraf...

An diesem für Rohde so feierlichen Tag drückten ihm Koch, Will und Dzubbe die Hand, sie klopften ihm freundschaftlich auf die Schulter und begeisterten sich an dem goldverströmenden, warmen Licht des Bernsteinzimmers, das nach Salz und Wald zu duften schien. Landeshauptmann Dr. von Wedelstädt verkündete feierlich, daß die Regierung das Bernsteinzimmer für immer in die Obhut des Königsberger Magistrats übergeben wird, und der Herr Oberbürgermeister teilte mit, daß das Bernsteinzimmer nun für immer den Kunstsammlungen der Stadt, die von dem verehrten, in ganz Europa als Spezialist für den »Sonnenstein« bekannten Herrn Dr. Alfred Rohde geleitet werden, übergeben wird. Einige Zeit später schrieb Rohde in der Kunstzeitschrift »Pantheon« in einem Bericht über die Eröffnung des Bernsteinzimmers, daß Bernsteinzimmer sei »zurückgekehrt in des Wortes bester und tiefster Bedeutung in seine Heimat, der eigentlichen und einzigen Fundstelle des Bernsteins.«

Doch der Führer wollte das Bernsteinzimmer in seinem lieben, ruhigen Linz sehen. »Die Ärzte haben dem Führer mitgeteilt, daß ein Aufenthalt im Bernsteinzimmer die Besserung seines Gesundheitszustandes unterstützen würde«, gab Hans Posse, der Direktor der Dresdner Nationalgalerie und Sonderbeauftragter des Führers für die Aufspürung und Beschaffung der Gemälde und anderer Kunstschätze für das Führermuseum und den Privatbesitz des Führers, der gerade in Königsberg eingetroffen war, zu verstehen. »Sie, Rohde, werden entsprechende Anweisungen erhalten. Und rechnen Sie nicht mit Koch. Der Führer wird sich mit ihm einigen. Zur Zeit fertigt eine Firma Spezialkisten für den Transport des Bernsteins nach Linz an. Sie sind feuer- und wasserfest, und gehen nicht unter…« Rohde fand keine Ruhe mehr. Das Bernsteinzimmer drohte ihm zu entgleiten, doch Gott sei Dank verstarb Hans Posse, der so kräftig und gesund ausgesehen hatte, nach seiner Rückkehr nach Dresden an Mundkrebs, bevor er noch Bericht über die Ergebnisse seiner Reise nach Riga, Memel und Königsberg erstatten konnte. Und wie es aussah, sollte das Bernsteinzimmer, wie es der Landeshauptmann Wedelstädt versprochen hatte, in Königsberg bleiben, »jetzt und für immer!«

Dokumente über Dokumente. Briefe, Anfragen, Aufrufe. »Sehr geehrter Herr…!«, »Sehr geehrte Frau…!«, »Sehr geehrte Herren!« Wie kann ein einzelner Mensch nur so viel schreiben? Briefe und Anfragen mit bis zu vier, fünf und mehr Seiten. Was geschah mit dem Hof von Georg Stein, der unermüdlich auf der Suche war? Wer versorgte Gemüse, Obst und Blumen? Die Tatsache, daß Georg Stein Gärtner und Obstbauer war, wird von Prospekten von Firmen und Geschäften für Landwirtschaftstechnik, Düngemittelfabriken, Vertriebsstellen für Saatgut, glänzenden Blättern und dicken Zeitschriften bestätigt, die offenbar zufällig unter all diese Papiere des Steinarchivs geraten sind, von denen der Geruch von Gold und Blut, von Gefahr ausgeht – denn dort, wo Gold und Brillanten funkeln, wo schwere Silberkelche glänzen, lauert immer auch Gefahr. Ach, die Landwirtschaft, die Gärtnerei! Ach, der Bernstein, der Zauber der von diesem großen, wunderbaren Geheimnis ausgeht! Man kann sich gut vorstellen, wie Stein bei seiner Arbeit in der Gärtnerei ständig überlegte, erwog und nachdachte: »Wo soll man noch suchen? Was geschah mit dem ›Gold der Ostsee‹? Dieser Doktor Rohde… Wie konnte er das Bernsteinzimmer auf eine so lange Reise schicken, ohne es zu begleiten? Nein, nein, er hat es nirgendwo hingeschickt… Er war mit ihm verbunden. Geistig und moralisch. Nicht zuletzt durch den drohenden Befehl Kochs: ›Rohde, Sie haften mit Ihrem Leben für das Bernsteinzimmer! Denken Sie daran, Rohde!‹ Doktor Alfred Rohde wußte, daß der ›Braune Baron‹ nicht zu scherzen beliebte... Einem Mann, der Hunderttausende von Slawen, ›Undeutschen‹ und ›Deutschen, die keine Deutsche mehr waren‹ auf dem Gewissen hat, macht es nichts aus, auch Rohde zu erledigen. Er mußte nur das eine Wort ›Rohde‹ aussprechen und zwei Finger der rechten Hand kreuzen. Dies ist eine altbekannte Geste der sizilianischen Mafia für das Todesurteil.«

Man kann sich vorstellen, wie Georg Stein, ein schon nicht mehr junger, erschöpfter Mann, der in Westdeutschland von vielen wegen seiner Zusammenarbeit mit den »Sowjets« bei der Suche nach dem Bernsteinzimmer angefeindet wurde, einen Brief mit den üblichen Drohungen durchlas und in tiefes Nachdenken versank... »War das Bernsteinzimmer 1945 nun doch in Königsberg geblieben oder nicht? Also: Erstens war es im Schloß nicht vollständig aufgebaut worden. Wo sind die Kisten, in denen die Paneele waren, für die im Schloß kein Platz war? Sind sie in den Kellerräumen geblieben? Wurden sie zusammen mit den Schätzen der Königsberger Universität nach Göttingen gebracht? Wurden sie in den Kisten abtransportiert, die nach den Worten von Hans Posse bald in Königsberg eintreffen sollten? Die nicht brannten und nicht untergingen? Bedeutet das, daß man vorhatte, das Bernsteinzimmer übers Meer wegzubringen? War es tatsächlich so? Wurde es auf der ›Gustloff‹ verschickt? Auf der ›Goya‹, der ›Robert Ley‹ oder der ›General Steuben‹? Oder vielleicht auf dem Leichten Kreuzer Emden, zusammen mit den Bronzesarkophagen des großen Hindenburgs und seiner Gemahlin?«

Aber kehren wir ins Königsberg des Jahres 1942 zurück, in das Schloß, zu Rohde und seinen Schätzen. »1942 zeigte mir Rohde das Bernsteinzimmer«, erzählte mir 25 Jahre später Gerhard Strauß, Professor an der Berliner Humboldt-Universität. »Wir kannten uns lange und recht gut. Er war ein Mensch, der fanatisch in den Bernstein verliebt war. Zuerst zeigte er mir das Bernsteinzimmer heimlich, nur einzelne Paneele, die noch nicht montiert waren. Später sah ich dann das ganze Zimmer in den im Südflügel gelegenen Räumen. Das war wirklich eine Art Wunder! Ich war überrascht, erschüttert und tief besorgt. Überrascht war ich angesichts der Bedingungen, unter denen ich mich im Bernsteinzimmer befand. Ich fühlte mich plötzlich mitschuldig an dem Raub, obwohl ich damit absolut nichts zu tun hatte, aber trotzdem!... Meine Verlegenheit wuchs, als mir Rohde auch die anderen Schätze zeigte, die in der Sowjetunion konfisziert und aus Kiew und Odessa nach Königsberg gebracht worden waren. Rohde erzählte auch von Glocken, die aus Wilna hergebracht wurden und eingeschmolzen werden sollten. Mich bestürzte auch die Heimlichtuerei, mit der mir Rohde das alles zeigte. Was hatte er zu verbergen? Was wußte er, was quälte ihn? In irgendeinem halbdunklen Zimmerchen im Schloß teilte Rohde mir flüsternd mit, daß Koch sich das alleinige Verfügungsrecht über die Kunstwerke, die nach Königsberg gekommen waren, vorbehalten habe. Er, Koch, und kein anderer! Später wurde mir vieles klar: die geraubten Kunstschätze dienten nicht nur zur persönlichen Bereicherung, sondern waren auch eine Art politisches Objekt, ein Objekt politischer Spekulationen. Sowohl Koch als auch seine Gesinnungsgenossen beabsichtigten, mit all diesen geraubten Schätzen einen Polithandel zu machen, und wollten, falls sie ihre Ziele nicht erreichten, damit drohen, alles, was in vielen Jahrhunderten von bedeutenden Menschen geschaffen wurde, zu vernichten... Nachdem ich das Zimmer gesehen hatte, riet ich Rohde, es abzubauen, in Kisten zu verpacken und in den Keller zu bringen. – ›Hier ist es zu gefährlich! Nehmen wir mal an, die englische oder sowjetische Luftwaffe greift die Stadt massiv an! Kann man zulassen, daß dieses Wunder vernichtet wird?‹ ›Vernichtet? Wenn es vernichtet wird, dann nur mit mir‹, sagte Rohde. Und nach einem kurzen Zögern fügte er hinzu: ›Ich habe Koch schon um die Erlaubnis gebeten, es wieder auszubauen, leider beschuldigte er mich der Feigheit und Panikmacherei und verbot, das Bernsteinzimmer in den Schloßkeller zu bringen...‹ «

Dokumente, Papiere, schwarze, grimmige Adler mit fest zupackenden Krallen und scharfen Augen. »Geheim!«, »Streng geheim!«, »Persönlich!«, »Lieber Parteigenosse...!«, »Man muß unverzüglich wegbringen...«, »... sofort nach Erhalt dieses

Schreibens mit dem ersten Transport schicken...«, »zur Sicherung«, »... im Interesse der Partei und des Vaterlandes!«

Das Jahr 1944 war bereits angebrochen. Die Truppen der Roten Armee bewegten sich auf die Grenzen Ostpreußens zu. Endlich erhielt Rohde von Koch die Erlaubnis, das Bernsteinzimmer abzubauen. Es wurde schnell in Kisten verpackt und in die tiefen unterirdischen Gewölbe des Schlosses gebracht. Selbst die schwerste Bombe würde diese mehrere Meter dicken Wände nicht durchschlagen können. Sichere Kellerräume gab es unter dem ganzen Schloß, aber Rohde hatte diejenigen ausgesucht, die direkt unter seinem Büro lagen. »Ich werde mit dem Bernsteinzimmer sterben«, erklärte er seinen Mitarbeitern, »doch die Bombe, die durch mein Büro geht, muß mindestens eine Tonne wiegen...«

Die Engländer und Amerikaner hatten solche Bomben! Auf einigen war schon auf das fettige schwarze Metall geschrieben: »Für Plymouth!«, »Für London und Manchester!«, »Auf Königsberg«. Ende August, ganz kurz, nachdem das Bernsteinzimmer und die anderen Schätze des riesigen Schlosses versteckt waren, flog die englische Luftwaffe wirklich den Angriff »Vergeltung« auf Königsberg. Unser alter Bekannter, General Otto Lasch, der von Hitler für seine erfolgreichen Schlachten in Rußland mit dem Ritterkreuz mit Eichenlaub ausgezeichnet worden war, der den schweren, blutigen Weg durch ganz Rußland gegangen war und vom Führer zum Befehlshaber im Wehrkreis I ernannt wurde, zitiert in seinem Buch »So fiel Königsberg« folgenden Bericht darüber:

»Am 26./27. August 1944 griff die britische Luftwaffe mit etwa 200 Flugzeugen Königsberg an. Der Angriff traf fast ausschließlich das Gebiet von Maraunenhof zwischen Cranzer Allee und Herzog-Albrecht-Allee. Im Süden schnitt der Angriff mit dem Wallring ab, traf also mit Ausnahme einiger Streubomben die Innenstadt nicht. Da sich in der Cranzer Allee militärische Verwaltungsgebäude, Kasernen und in Rothenstein militärische Werkstätten und Depots befanden, kann man diesen Angriff vielleicht noch als auf militärische Ziele abgestellt ansehen. Er forderte rund 1000 Todesopfer. Etwa 10 000 Menschen wurden obdachlos. Der Gebäudeschaden betrug schätzungsweise 5 %.

Am 29./30. August erfolgte ein erneuter Angriff der britischen Luftwaffe mit etwa 660 Bombern. Die ersten Bomben fielen am 30. August um 1.00 Uhr. Angriffsziel war im Gegensatz zum ersten Angriff ausschließlich die Innenstadt, Angriffsraum durch Leuchtkerzen genau abgesteckt, also ein reiner Terrorangriff auf die dichtbesiedelten, engen Innenstadtteile. Es wurden mit grausigem Erfolg die neuen Brandstrahlbomben erprobt, Brandsturm über der ganzen Innenstadt. Zahl der Toten fast 2 400, Obdachlose rund 150 000; zerstörte und beschädigte Gebäude einschließlich des Vortages auf 48 % errechnet. Etwa 8 % der Schäden waren innerhalb von 6 Monaten reparabel, der Rest von 40 % waren Total- und Dauerschäden. Betroffen waren nur Wohnviertel, also Wohngebäude und solche öffentlichen und gewerblichen Zwecken dienende Gebäude, die in Wohnvierteln standen oder sich in einem räumlichen Zusammenhang mit den Wohnvierteln befanden, so z. B. die alten Speicher am Hundegatt (Lastadie)...

Auch das Gebäude des Generalkommandos in der Cranzer Allee war diesem Angriff zum Opfer gefallen. Das Stellvertretende Generalkommando war deshalb in das am Nordrand der Stadt gelegene Fort Quednau übergesiedelt...«

Es war ein sinnloser, grausamer Angriff. In zwei Nächten wurde fast alles vernichtet, was in sieben Jahrhunderten aufgebaut worden war: die Wohnbezirke, die alten Gassen und gemütlichen Lädchen, die Kirchen, das Königsschloß mit dem Thronsaal, dem Moskowitersaal und den anderen historischen Sälen, mit der alten Weinstube »Blutgericht«, das älteste Bauwerk der Stadt, der Dom, die alte »Albertina« und das neue Gebäude der Universität, das »Neue Theater« in der Hufenallee, wo früher Shakespeare-Tragödien aufgeführt wurden, und nach 1930 das große Spektakel »Die Einheit von Volk und Partei« mit Gauleiter Erich Koch und seinen »Braunhemden« in der Hauptrolle öfter als Shakespeare's Dramen zu sehen war. Es schien, als sei das Ende der Welt gekommen! Für viele Königsberger war es auch so: sie irrten durch die brennende Stadt und versuchten, sich durch diese brüllende, fauchende Hölle zum Pregel oder dem in der Stadtmitte gelegenen Oberteich durchzuschlagen, doch auch dort gab es keine Rettung, selbst das Wasser brannte von den Napalmbomben. Durch die von ziellos umherirrenden Menschen vollgestopften Straßen wälzte sich ein entsetzlich stöhnender, brennender Elefant und trampelte die Menschen nieder. Er wurde am nächsten Morgen mit einer Panzerfaust getötet und dann von einem Panzerwagen an einer stählernen Trosse auf der Alten Pillauer Landstraße aus der Stadt gezogen. Der Elefantenkadaver hinterließ eine schwarze, blutige Spur auf dem grauen, mit Glasscherben übersäten Pflaster.

»Also, das Schloß ist ausgebrannt!« denkt Georg Stein. »Und das Bernsteinzimmer? Soviele Jahre der Suche... Die Schulden, die ein bedrohliches Ausmaß erreicht hatten. Die immer unerbittlicher werdenden Kreditgeber, die ihr zu hohen Zinsen verliehenes Geld zurückforderten, der vernachlässigte Hof. Und der Bernstein, Briefe, Anfragen, Reisen, Auskünfte...«

Georg Stein
2093 Stelle — Stelle, den 5. Juli 1981

Sehr verehrte Gräfin Dönhoff!

Bevor ich Mitte der nächsten Woche mit Ihnen telefoniere, möchte ich Ihnen heute einen Bericht über meine Rußlandreise geben. Deshalb halte ich mich nicht mit großen Einleitungen auf, sondern fange damit gleich an.

Zunächst wurde bis ins Detail die Frage des Bernsteinkabinetts erörtert, hier gab es einige Überraschungen; denn es stellte sich heraus, daß die russische Seite ihre Untersuchungen in erster Linie auf der Basis der Aussagen des früheren Wirtes des »Blutgerichtes im Ordensschloß«, des Herrn Feyerabend, geführt hat. Ergänzt dann durch die Aussagen von Erich Koch, die 1963 gegenüber polnischen Journalisten erfolgten. Hugo Feyerabend hat seine Bekundungen, so z. B. daß das Objekt noch am 4./5. April 1945, also 5 Tage vor der Übergabe (d. i. Kapitulation, d. Hrsg.) im Schloßhof zu Königsberg stand und der Gauleiter Koch persönlich dort anwesend, brüllend und tobend den sofortigen Abtransport nach Lochstädt befahl, im Juli 1945 in Königsberg gegenüber dem sowj. Forscher Viktor Barsow abgegeben.

Ich meine mich an diesen Feyerabend erinnern zu können. Als der Suchtrupp meines Vaters in dem riesigen Hof des halbzerstörten Schlosses auftauchte, der mit zerstörtem Kriegsgerät, aufeinandergestapelten, angekohlten eisernen Bettstellen und Stapeln grüner Patronenkisten vollgestopft war, kam ein kleiner, wendiger Mann in gelber Lederjoppe und einem Jägerhut mit einer Feder auf dem Kopf meinem Vater entgegen und sprach rasch auf ihn ein. Mein Vater konnte zwar ganz gut Deutsch, doch er unterbrach den Mann ständig: »Nicht so schnell, bitte«.

Deutsche Kriegsgefangene, kalkverdreckte, müde, schweigsame Männer mit von der Arbeit und der Hitze geröteten Gesichtern, räumten im ersten Stock des Südteils des Schlosses die Trümmer weg. Dort entdeckten wir auch eine Gruppe unserer Offiziere, die sich um Bücher und Möbel drängten, die man offensichtlich in den Ruinen gefunden hatte. Wahrscheinlich war das auch einer dieser Suchtrupps, die beim Kommandostab der 11. Gardearmee gebildet worden waren. Möglicherweise arbeitete dieser Paul Feyerabend – wenn er es wirklich war, mit ihnen zusammen, denn als einer der Offiziere ihn barsch anrief, entschuldigte er sich bei dem »Herrn Oberst« und eilte davon.

Es war ein sonniger, warmer Tag. Taubenschwärme flogen vorbei. Durch die Löcher im Schloßturm sah man den blauen Himmel. Ljudka Schilowa lag auf einem deutschen »Panther« auf einem Regenumhang, den Fedja Rybin für sie auf dem warmen Panzer ausgebreitet hatte, und sonnte sich. Sie kaute an einem Grashalm und schaute in den Himmel. Dann warf sie ihre Stiefel von sich und schob ihren Rock hoch, daß sich ihre weißen Beine anziehend von dem Dunkelgrün des Umhangs abhoben. Die gefangenen Soldaten lebten auf, schauten in ihre Richtung und tuschelten untereinander. Auch unsere Offiziere, die in den gefundenen Sachen wühlten, warfen immer wieder Blicke auf den »Panther«. Der Frühling, Teufel noch mal, Donnerwetter!...

»Nimm dich zusammen! Halt fest, du Scheusal…« waren heisere, wütende Stimmen zu hören. Verschwitzte Rotarmisten, die die Mäntel abgeworfen hatten, schleppten aus den tiefen Kellern der Hauptstelle der Reichsbank, die sich gegenüber dem Schloß am Schloßplatz befand, eiserne Kisten und Safes raus. Ein Teil des östlichen Flügels des Schlosses war zerstört, und durch die riesige, schartige Einsturzstelle waren die »Studebaker« zu sehen, die neben der Bank standen. Auf einen wurde das ganze Eisenzeug aufgeladen.

Ich erinnere mich, wie Fedja Rybin und ich durch das finstere Schloß und seine niedrigen Kellergewölbe zogen. In einem Kellerraum fanden wir Kisten und Truhen, die mit Militärmützen aller Art angefüllt waren; offensichtlich wurde hier eine Museumssammlung aufbewahrt. In einem anderen Raum lagen Uniformen mit glänzenden Knöpfen, Husarenjacken, mit Goldborten bestickte Westen und Militärjacken… Unter unseren Füßen raschelte Papier. Von Putz- und Ziegelbrocken übersäte Zeitungen, Zeitschriften und Bücher lagen herum. In einem der Lagerräume häuften sich Kisten mit Kaltwaffen, wahrscheinlich ebenfalls Museumsstücke. Fedja leuchtet mit einer Laterne und ich nahm mal einen Säbel, mal einen Degen, dann ein Husarenpallasch in die Hand. Unsere Stimmen schallten schaurig durch die Räume und brachen sich an den rauchgeschwärzten Wänden, auf dem Fußboden lagen verbeultes Kochgeschirr, Glassplitter und schmutzigbraunes Verbandsmaterial herum.

Wir krochen wieder aus der feuchten Dunkelheit ans Licht, in die Sonne. Fedja hatte sich einen Husarentschako auf den Kopf gestülpt, ich trug einen Pallasch und eine alte Pistole. Mein Vater sagte, daß hier keiner etwas von dem Archiv, das wir suchten, wüßte: »Also fahren wir!« Ljudka lächelte, brachte ihre Haare in Ordnung und ging zu unserem »Willys«. Die deutschen Kriegsgefangenen unterbrachen ihre Arbeit und schauten ihr nach. Ich warf den Dragonerpallasch ins Auto, steckte die Pistole in die Tasche, setzte mich auf die Rückbank und streckte die Hand aus, um Ljudka beim Einsteigen zu helfen, doch Fedja kam mir zuvor: Er griff Ljudka von hinten, hob sie wie ein kleines Kind hoch,

Ljudka kreischte: »Ach, was soll denn das nun wieder, Genosse Oberst«, und setzte sich dicht neben mich. Von ihr ging ein betörender Duft aus. Ich spürte die Wärme ihres Körpers. Fedja sprang leichtfüßig ins Auto, legte seine MP auf die Knie und der »Willys« rollte durch das Albrechtstor auf den kleinen, mit Steinplatten gepflasterten Schloßplatz raus, wo die Soldaten immer noch die Kisten aus der Bank auf den Studebaker aufluden. Die Pistole und den Pallasch habe ich immer noch. Sie hängen in meinem Arbeitszimmer an der Wand. Über die glänzende Klinge des Pallasch galoppiert ein Reiter des 12. Insterburger litauischen Ulanenregiments, in dem übrigens im Jahre 1818 die berühmte Nadeschda Durowa als Kavalleristin diente.

»Mit großem Interesse habe ich die Filmserie ›Das Geheimnis des Bernsteinzimmers‹ verfolgt. Vielleicht kann Ihnen mein Brief bei der Lösung des Rätsels helfen«, schreibt Liesel Amm, eine Lehrerin aus Berlin. »Ich wurde in Königsberg geboren, studierte dort von 1939 bis 1945 und erhielt dort mein Lehrerdiplom. Im Wintersemester 1941/42 besuchte ich einen Kurs, den auch Dr. Rohdes Tochter Lotti belegt hatte. Wir freundeten uns an, und ich war dann ein häufiger Gast im Haus der Familie Rohde. Einmal erzählte mir Dr. Rohde beim Mittagessen, daß das Bernsteinzimmer, von desses Existenz ich vorher nicht die geringste Ahnung hatte, ins Königsberger Schloß gebracht worden sei. Da ich mich sehr für Kunst interessierte, was in gewissem Maß mit meinem Beruf zusammenhing, versprach Dr. Rohde, mir das berühmte Bernsteinzimmer zu zeigen. Er hielt sein Versprechen auch. Ich sah als eine der ersten diesen Schatz. Rohde zeigte mir das Bernsteinzimmer persönlich…

Als ich 1944 wieder einmal bei seiner Tochter zu Besuch war, erzählte mir Dr. Rohde, daß das Bernsteinzimmer wegen möglicher Luftangriffe auf die Nordseite des Schlosses gebracht werden müsse. Die Kellergewölbe des Schlosses hatten sehr dicke Mauern (sie stammten noch aus der Ordenszeit), was für die Unterbringung des Bernsteinzimmers günstig war. Die heftigen Angriffe der Engländer 1944 verwandelten dann fast ganz Königsberg in einen Schutthaufen. Nach den nächtlichen Bränden ging ich auf der Suche nach Verwandten und Freunden in die Stadtmitte. Etwa um Mittag herum war ich im Schloßhof. Dort traf ich Dr. Rohde, dessen Gesicht aschgrau war. Wir begrüßten einander und ich fragte: ›Was ist mit dem Bernsteinzimmer?‹ Er rief: ›Alles ist verloren! Alles ist verloren!‹ und führte mich in einen mir bis dahin unbekannten Keller und zeigte mir viele Stükke, die an geschmolzenen Honig erinnerten und an denen kleine Stücke verkohltes Holz klebten. Dr. Rohde wäre fast zusammengebrochen. Danach sprach er nie mehr über das Bernsteinzimmer... Ich glaube, daß mir Dr. Rohde im ersten Moment seiner Verzweiflung nach dem Brand die Stelle zeigte, an der das Bernsteinzimmer zerstört wurde. Vor Gauleiter Erich Koch verschwieg er dies aus Angst vor der Verantwortung. Aus dem gleichen Grund schwieg er auch, als er von den sowjetischen Kunsthistorikern verhört wurde: Unter seiner Aufsicht hatten doch die wertvollen Kunstschätze gestanden!«

Man kann sich vorstellen, mit welcher Aufregung, mit welchem Interesse, mit welchem Erstaunen Georg Stein diesen Brief gelesen hat. Er las ihn immer und immer wieder, legte ihn zur Seite, ging in den Garten, lief zwischen den Bäumen umher, machte irgend etwas, um sich abzulenken, sich zu beruhigen, dann wandte er sich erneut dem Brief zu. »Was folgt denn daraus? Ist das Bernsteinzimmer verbrannt? War es überhaupt möglich, daß die Bernsteinpaneele und die übrigen zum Bernsteinzimmer gehörigen Dinge im Schloßkeller verbrannten, wohin, nach vielen Zeugnissen zu urteilen, das Feuer gar nicht vorgedrungen war? War es eine Irreführung? Eine Täuschung? Oder ist dort tatsächlich etwas verbrannt und Dr. Rohde zeigte dieses »etwas« mehreren Personen, um sie in die Irre zu führen, ihre Aufmerksamkeit abzulenken, um etwas zu verbergen? Um zu verbergen, daß das Bernsteinzimmer unversehrt war, um es in unbekannten Geheimbunkern zu verstecken oder es aus Ostpreußen fortzubringen? Ach, wenn man nur den Wirt des Restaurants »Blutgericht«, Paul Feyerabend, ausfindig machen könnte! Er muß darüber etwas wissen, er muß! Dieses Restaurant wurde nämlich nicht nur von

Rohde, sondern auch von den Mitarbeitern des riesigen Museums, das im Schloß untergebracht war, besucht. Was Feyerabend den Russen erzählt hat, kann nicht stimmen... Er muß noch etwas wissen...«

Und was weiß Dr. Strauß, Kunsthistoriker an der Humboldt-Universität in Berlin? Vermutlich weiß er etwas, viel sogar, wird aber daran gehindert, mir darüber Genaueres zu berichten. »Einige Tage nach diesem schrecklichen Angriff, als der Bombenhagel auf das Stadtzentrum und das Schloß niederging, war ich wieder in den rauchenden, mit Schutt und Ziegeln übersäten Straßen Königsbergs«, berichtete Gerhard Strauß in der DDR-Zeitschrift »Freie Welt«. »Ich sah die Ruinen der historischen Denkmäler, begab mich dann in das Schloß und sah dort Doktor Rohde und sein Bernsteinzimmer wieder. Die Kisten, worin es verpackt war, standen im Schloßhof an einer der Einfahrten zum Südflügel. Rohde war sehr aufgeregt, nervös und unglücklich. Er sagte, daß er sie aus dem Keller geholt habe, damit sie abkühlten: der Brand im Schloß habe auch in den Kellern zu einer Temperatur geführt, die für das Holz gefährlich werden könnte. ›Man muß sie verstekken‹, murmelte Rohde. ›Man muß das Zimmer wegbringen, es retten, doch niemand erteilt die Erlaubnis dafür. Aber ich weiß schon, wo ich es verstecken werde.‹ Und wo? Das sagte Rohde nicht. Er tat so, als hätte er meine Frage nicht gehört. Blieb das Bernsteinzimmer in Königsberg? Wer kann diese Frage beantworten? Vielleicht der Oberbürgermeister Dr. Hellmuth Will? Ohne seine und auch Kochs Erlaubnis hätte Rohde schwerlich etwas für den Abtransport des Bernsteinzimmers unternehmen können.«

»Rohde, für den ich nicht nur einer der wichtigsten Vorgesetzten war, sondern zu dem ich auch ein freundschaftliches Verhältnis hatte, hätte kaum etwas bezüglich der Evakuierung des Zimmers unternommen, ohne mich davon zu unterrichten«, so urteilte der ehemalige Oberbürgermeister von Königsberg darüber. »Ich glaube, daß Rohde das Zimmer wieder im Schloßkeller versteckt hatte. Dort ist es auch geblieben. Wohin hätte es denn gebracht werden können? Bis Januar sicher... Aber da hatte man das Bernsteinzimmer ja noch gesehen! Aber wohin hätte man das Zimmer im Januar bringen können, wie hätte man es transportieren sollen?! Erstens war Königsberg schon fast völlig eingeschlossen, und die Straße nach Pillau befand sich unter erbittertem Beschuß der russischen Artillerie. Ich erinnere mich, daß ich, als ich einmal den Stadtkommandanten von Königsberg, Otto Lasch, aufsuchen mußte, von meinem Bunker am Adolf-Hitler-Platz, wo sich das Stadthaus befand, bis zum Bunker von Lasch, der vielleicht einen Kilometer entfernt war, drei Stunden brauchte. Wie konnten denn da Autos vorankommen? Und wo wollte man in diesen schrecklichen Tagen überhaupt Autos herbekommen?…«

Ach, dieses große Geheimnis! »Das Zimmer muß weggeschafft werden! Es muß gerettet werden!« murmelte Doktor Rohde und sein aschgraues Gesicht verzog sich schmerzlich, »aber niemand gibt die Erlaubnis dazu… Aber ich weiß, wo ich es verstecken werde!…« Wer verweigerte die Evakuierung des Bernsteinzimmers? Je mehr Dokumente, Mitteilungen, Versionen, Zeugnisse, desto schwieriger und verwickelter wird die Angelegenheit. Hier ist noch ein wichtiges Schriftstück, das Georg Stein nur unter großen Schwierigkeiten von einem deutschen Archiv erhielt:

Der Oberbürgermeister der Stadt Königsberg (Pr.)
Kunstsammlungen

Fernruf 3 28 66

Herrn
Geheimrat Zimmermann
Kaiser-Friedrich-Museum
Berlin, C-2

Ihr Zeichen	Ihre Nachricht	Mein Zeichen	Tag
	2. 8. 1944	3-IX I/6	7. 8. 1944

Sehr verehrter Herr Geheimrat Zimmermann!

Die Unterbringung der uns überlassenen Leihgaben ist, wie Sie aus der Aufstellung in der Anlage ersehen können, unter dem Aspekt möglicher Luftangriffe, zuverlässig erfolgt. Die kleinen

Formate sind zusammen mit unseren Gemälden in Kisten verpackt worden. Die Kisten stehen in Wildenhof bei Zinten auf dem Gut des Grafen Schwerin, einem völlig abgelegenen Ort. Die mittleren Formate (7 Bilder) sind in der ersten Etage des Schloßturms untergebracht, ebenfalls an absolut sicherem Ort. Für diese 7 Gemälde will ich schon jetzt Kisten bestellen, vorausgesetzt natürlich, daß Bretter vorhanden sind. So sind nur 2 Gemälde wegen ihres großen Formats in dem eigentlichen Luftschutzkeller des Schlosses untergebracht, der ebenfalls als sicher gilt... Ich würde Ihnen empfehlen, sie hierzulassen, da sie hier sicherer als in Berlin sind. Sie jetzt zu versenden, würde ich Ihnen abraten, da kürzlich zwei Sendungen nach Berlin und Dresden infolge der Luftangriffe des Feindes verlorengingen.

So verhält es sich mit der Sicherheit vor Luftangriffen, die hier größer ist, als im Westen; Terrorangriffe erwarten wir hier nicht, die russische Luftwaffe tritt hier nur sehr schwach in Erscheinung. In der letzten Woche war ich für einige Tage im Bezirk Insterburg und habe mich davon persönlich überzeugt.

Völlig anders sieht die Frage einer eventuellen Evakuierung aus, die noch nicht zur Entscheidung ansteht, und über die ich nicht befugt bin zu sprechen. Als vor 10 Tagen G. seinem Direktor die Evakuierung der Kunstschätze aus dem Schloß nach Kassel vorschlug, und die entsprechenden Maßnahmen in Angriff genommen wurden, hat der Oberpräsident, nachdem er davon erfahren hatte, sofort die Durchführung der Maßnahmen verboten, um keine Panik im Volk aufkommen zu lassen.

Sollte etwas geschehen, werde ich aber auf jeden Fall zuerst Ihre Gemälde im Auge behalten.

Mit vorzüglicher Hochachtung Ihr Rohde

Koch befahl einzupacken und abzutransportieren! Koch verbot einzupacken!? Wurde die Evakuierung also aufgeschoben? Aber bis zu welchem Datum? Bis die Rote Armee die Mlawski-Verteidigungslinie durchbrechen und entlang der Masurischen Seen tiefer nach Ostpreußen eindringen, dann nach Norden schwenken und so alle Straßen- und Eisenbahnverbindungen, die von Königsberg nach Deutschland führten, abschneiden würde, waren es doch nur noch wenige Monate...

Dr. Künsberg, Rittmeister Graf Dr. Solms, Dr. Rohde, Dr. Strauß... Dr. Andree... Wieviele Doktoren! Sie wußten alles. Vor einiger Zeit tauchte ein Teil der »Königsberger Schätze« plötzlich wie aus dem Nichts wieder auf: In einem der zahlreichen Kellerräume der Göttinger Universität machten Studenten bei Aufräumarbeiten eine sensationelle Entdeckung: sie fanden Kisten mit kostbaren Bernsteinsammlungen, die der Königsberger Universität gehörten! Wie waren sie dorthin gekommen? Es war allerdings nur ein kleiner Teil dessen, was man aus Ostpreußen fortgeschafft hatte. Befinden sich die vielen anderen Kisten, die Ende 1944 oder Anfang 1945 auf die Reise geschickt wurden und nach denen noch nicht gesucht wurde, vielleicht immer noch in irgendwelchen Kellern, Bunkern oder Schächten?

... Ein kalter, windiger Herbsttag. Alles ist gelb: die Dünen, die Baumkronen, der kalte Sonnenuntergang. Man hört das schwere Atmen und Tosen des Meeres, das seine schäumenden Wellen gegen den gelben Sandstrand wirft. Wir sind gerade vom Meer zurückgekommen, wo wir fast drei Kilometer am breiten, vom Wasser überschwemmten Strand gelaufen sind. Aber heute hat kein »Bernsteinwind« geweht, statt Bernstein wurde nur Abfall aller Art angeschwemmt. Braune und blaue Plastiktüten, Bretter, Wein- und Wodkaflaschen, ein »Adidas«-Sporthemd, rote und schwarze Gummihandschuhe, Einwegspritzen, bunte Deodorantflaschen, ein Strohbesen. Ich fischte den Besen heraus, er war prima, völlig neu und wie die Firmenaufschrift auf dem Stiel verriet, aus Schweden. Es gab noch ein Schild aus dunklem, schokoladenbraunen Holz mit erhaben vorstehenden Bronzebuchstaben: »AD-

VOKAT KUKKER«, ein knapper blauer BH mit einem Perlmuttknöpfchen, vielleicht der letzte in dieser Saison, den auf einem Kreuzfahrtschiff irgendein Tourist irgendeiner Touristin auf dem Bootsdeck unter einem Rettungsboot abgestreift hat. Das Schild hob ich ebenfalls auf. Und während mein alter Freund aus Moskau den Ofen anheizt, nagele ich es an meinem hölzernen Toilettenhäuschen mit Wellblechdach an, das übrigens auch aus irgendeinem fernen Land angeschwemmt wurde. Langsam wird es warm in der Stube. Wir – Waleri, seine Frau Swetlana und ich – wärmen uns auf und strecken die Hände zum Feuer. Waleri und Swetlana fahren hin und wieder nach Nida auf die Kurische Nehrung und kommen dann auch für einen Tag oder einen Abend zu mir.

Worüber anderes könnte man in diesem alten Fischerhaus, zu dem das Rauschen des Meeres dringt, sprechen, als über Bernstein? Und so sprechen wir über Dinge, die mit dem Bernstein zusammenhängen, über das verschwundene Bernsteinzimmer.

»Stein hatte gehofft, die Aussagen des letzten Pächters des Restaurants »Blutgericht«, Feyerabend, von uns zu bekommen, aber er kam lange nicht an sie ran. Jetzt liegt uns das Protokoll vor.«

»Woher stammt eigentlich dieser schreckliche Name ›Blutgericht‹?« fragte Swetlana.

»So richtig weiß das keiner mehr. Es heißt, daß hier der Scharfrichter nach der Vollstreckung eines Urteils seinen Lohn erhielt: einen Krug blutroten Weins. Alte Urkunden belegen, daß es in den unterirdischen Gelassen des Ordensschlosses auch Verließe gegeben hat, die so gruselige Namen wie ›Pfefferstube‹, ›Große Glocke‹, ›Spanische Nadel‹ oder ›Peinkammer‹ trugen. Hinrichtungen oder ›hochnotpeinliche‹ Folter hat es in diesen Gewölben aber wohl nicht gegeben. 1842 wird der Name ›Blutgericht‹ für das Weinlokal im Ordensschloß erstmals urkundlich bestätigt, als der damalige Oberpräsident der Provinz Ostpreußen, Theodor von Schön, sich von dem weinseligen, lauten Treiben der Zecher zu später Stunde gestört fühlte, und in einem Antrag an die Regierung verlangte, daß dieser ›Gegenstand öffentlicher Unschicklichkeit‹ entfernt werden müsse.

Die Institution ›Historische Weinstuben im alten Ordensschloß zu Königsberg Pr.‹, so die offizielle Bezeichnung, war in ganz Deutschland bekannt. Im ›Großen Saal‹ befanden sich fünf riesige geschnitzte Fässer, jedes von ihnen faßte bis zu 3000 Litern ›Rebenblut‹, und unter der rauchgeschwärzten Decke hingen zwei ›Hansekoggen unter vollen Segeln‹. Durch den Zapfgang kam man dann zur ›Marterkammer‹ unter dem alten viereckigen Burgturm. Über dem Eingang zur ›Marterkammer‹ starrten einen zwei steinerne Faunusköpfe an, darüber Reste eines Fallgitters und eine eiserne Glocke. Auch hier standen wiederum fünf große Weinfässer, auf dem mittleren thronte ein mit Weinranken geschmückter, trunkener Bacchus. Trotz des schrecklichen Namens war die ›Marterkammer‹ eher ein Ort der stillen Einkehr. Ernst von Wolzogen schrieb 1902 ins Gästebuch des ›Blutgerichts‹:

Hier, wo's von rauchgeschwärzter Mauer,
Herabweht voll Erinnerungsschauer,
Da freut sich Mann, Weib und Kind,
Daß statt des Bluts nur Rotwein rinnt,
Kein Ketzerrichter Ränke spinnt
Und – Jungfrau'n nicht mehr eisern sind.

Gleich links vom Eingang ins ›Blutgericht‹, vom Schloßhof her, lag das ›Civil-Cabinet‹, hier tagten der ›Tisch der ordentlichen Männer‹, der ›Eulen-Stammtisch‹ der Königsberger Kaufleute, und natürlich die ›Altehrwürdige und sehr erlauchte Tafelrunde der Zwölf Blutrichter‹, die hier jeden Sonntag zwischen 11 und 14 Uhr die Weltereignisse beurteilte und verschiedentlich wohl auch verurteilte.«

»Was für Weine gab es dort? Du, entschuldige, wir reden eigentlich über Bernstein, und ich fange mit Wein an.«

»Es waren ausgesuchte Weine: Rheinwein, Bordeaux, Burgunder. ›Blutgericht Nr. 7‹, ein sehr schwerer, satter, dunkelroter Wein, war die weithin berühmte Krönung jedes Festes.«

»Was ist denn nun mit den Aussagen dieses ›Direktors‹ des Restaurants?« fragt Waleri ungeduldig.

»Hier, ich habe die Übersetzung dabei. ›Aussage des Wirtes der

Weinstuben ›Blutgericht‹ im Schloß, Paul Feyerabend.‹ Übersetzung des deutschen Originals. Königsberg, 2. April 1946: ›Anfang '43 wurde ich zum Geschäftsführer des Restaurants ›Blutgericht‹ bestellt. Vom Museumspersonal aus dem Schloß kannte ich Dr. Rohde und den Verwalter des Schlosses, Friedrich Henkensiefken. Juli '44 kamen zwei Wagen in den Schloßhof gefahren, die mit Kisten hochbeladen waren. Einige kleinere Kisten wurden abgeladen und ins Prussia-Museum gebracht, die anderen blieben auf den Wagen. Rohde sagte mir, daß das die Bernsteinwände aus Rußland seien. Gleich nach der Ankunft der Wagen hatte Dr. Rohde mit Oberbürgermeister Dr. Will in der Stadtverwaltung eine Unterredung. Die mit den Kisten beladenen Wagen blieben die ganze Nacht über im Schloßhof. Am nächsten Tag fuhren die Wagen mit der Ladung weg. Etwa um die Mittagszeit kam Rohde zu mir und kaufte einige Flaschen Wein als Vorrat für eine Reise, da er für ›ein paar Tage‹ wegfahren müsse. Tatsächlich blieb er drei Wochen weg. Nach seiner Rückkehr erzählte mir Dr. Rohde, daß er auf irgendeinem Gut gewesen sei und dort viel gearbeitet habe. Rohdes Reise stand zweifellos mit den mit Kisten beladenen Wagen in Zusammenhang. Ort und Namen des Gutes nannte Rohde nicht. Später hat Rohde mir erzählt, daß es um den Bernsteinsaal aus Rußland ging, der sich in Kisten verpackt auf den Wagen befand. 1943 waren viele Kisten aus Rußland gekommen, deren Inhalt im Prussia-Museum und im Schloßmuseum ausgepackt wurde. Das bestätigte sich, als im Juni, Juli und August 1945 viele Kisten russischer Exponate und Kunstschätze gefunden wurden. Viel war schon ausgepackt, aber einiges befand sich noch in Kisten. Paul Feyerabend, 2. April 1946.‹ «

»So lautet der Bericht des Paul Feyerabend, ein Bericht, der nichts zur Klärung beiträgt, sondern nur noch mehr Verwirrung stiftet.«

»In der Tat«, sagt Waleri. »Wie soll man das alles verstehen? Was waren das für Kisten mit Bernstein, die im Juli 1944 ins Schloß gebracht wurden? Wurden sie abtransportiert, ohne daß Feyerabend es sah? Kamen sie zurück? Und wurde dann der Bernstein wieder weggebracht? Oder nur ein Teil des Bernsteinzimmers? Und was waren das für Kostbarkeiten, die von Juni bis August 1945 gefunden wurden?«

»Das ist tatsächlich ein weiteres Rätsel. Übrigens, vielleicht war der Bernstein in den Kisten nicht aus Rußland, sondern aus Ostpreußen?«

»Wie meinst du das? Woher sollte der denn kommen?«

»Es gibt Informationen, denen zufolge sich auch in Palmnicken ein prächtiges Bernsteinmuseum befand, aber es ist verschwunden. Wo es geblieben ist? Angeblich hat das Museum jeden, der ein Stück Bernstein mit einem Einschluß, einer Fliege, einem Käfer oder einem Blatt fand, fürstlich belohnt. Sogar noch während des Krieges. Auch unsere Kinder und Jugendlichen aus Rußland, Weißrußland und der Ukraine, die dort gearbeitet haben, sollen Belohnungen erhalten haben. Eine Schüssel Suppe und ein Stück Seife. Aber war es wirklich so?«

»Was die Kinder betrifft, so war es wirklich so.«

Swetlana rückt näher an den warmen Kachelofen. Sie kauert sich fröstelnd zusammen und sagt: »Mein Bruder Wowa mußte dort arbeiten. Zuerst in Königsberg, dann in Palmnicken...«

»Wie war er dorthin gekommen?«

»Vor dem Krieg lebten wir auf dem Land. Eines Tages, im Jahre 1942, kamen deutsche Autos angefahren, und man begann, die Kinder über 12 Jahre fortzuschleppen. Meinen Bruder nahmen sie auch mit. Ich erinnere mich, wie meine Mama und ich mit allen Dorfbewohnern hinter den Autos bis zum Bahnhof herliefen. Dort stand schon ein Zug. Ein Güterzug. Sie trieben die Kinder zu den Waggons. Alle weinten und schrien. Ich schlüpfte unter den Händen der Bewachung durch und lief zu Wowa. Ich hörte: ›Halt! Zurück! Ich schieße!‹ – ›Bengbengbeng‹, knallen die Schüsse. Wowa packte mich, wir küßten uns, da kam ein Soldat angelaufen und zog mich so fest an den Haaren, daß mir ganz schwarz vor Augen wurde...«

»Wie alt warst du da?«

»Acht. Nach fünf Monaten erhielten wir einen Brief von meinem Bruder aus Ostpreußen. Wowa schrieb, daß er in einem Lager irgendwo am Rande von Königsberg sei, daß man sie auf die Güter treibt, zu verschiedenen Landarbeiten. Später kam noch ein Brief, diesmal aus Palmnicken. Dort klaubte er auf einem Fließband Bernstein aus der Blauerde heraus. Als die Unsrigen in Preußen einmarschierten, war er schon fünfzehn. Man hörte schon das Donnern der Geschütze immer näher kommen. Es war Ende März, es blies ein schrecklicher Wind, ein richtiger Sturm, das Meer war ja ganz in der Nähe. Einmal zog ein Deutscher Wowa, der mittlerweile ganz gut Deutsch konnte, auf die Seite und sagte: ›Hau ab, in den nächsten Tagen wird man euch alle auf Barken laden und wegbringen…‹ Wowa erzählte das zwei Freunden und Walja, mit der er sich in Palmnicken angefreundet hatte. Nachdem sie irgendwie einen Durchschlupf ins Fenster gemacht hatten, flohen sie in der Nacht aus dem Lager. Drei Tage lang suchte man sie mit Hunden! Mal saßen sie im Sumpf, mal in Betonrohren unter der Straße, dann hörten sie, wie die Deutschen fortgingen. Sie starben fast vor Hunger. Sie kamen aus ihrem Versteck heraus, schlugen sich zu einem Vorwerk durch und entdeckten dort ein Ferkel. Sie töteten es und aßen es, bevor es über dem Lagerfeuer gar war. Ja, so war das. Wowa hat sich übrigens auch später nicht von Walja getrennt. Als sie erwachsen waren, heirateten sie, ihre Kinder sind jetzt schon groß. Die Kinder aus dem Lager wurden auf zwei stählerne Barken geladen und von einem Bugsierschiff auf das Meer hinausgezogen. Im Sturm sollen die Barken gekentert und untergegangen sein…«

»Man sagt, daß in dem Bernstein, der hinter dem Ort Jantarny an den Strand gespült wird, kleine durchsichtige Bläschen zu sehen sind. Vielleicht ist das eine neue Art von Inklusen: keine Fliegen, Käferchen oder Grashälmchen, sondern die Tränen der Kinder aus dem ›Kinderhaus‹…«

4. Das verschwundene Schloß

Ich glaube, Ihnen folgendes mitteilen zu müssen. Vor einiger Zeit, genauer – im Frühling 1976, hat der Bürger Maikowski aus unserem Nachbardorf damit begonnen, in den Schloßruinen rumzugraben, wie es viele andere vor ihm auch getan haben. Und er hat dort etwas gefunden. Nicht wenig muß er dort gefunden haben, in zwei Nächten hat er alles im Beiwagen seines Motorrads fortgeschafft. In ausgebuchteten Säcken, was darauf hinweist, daß in ihnen etwas Schweres war. Vielleicht die vielen wertvollen Gegenstände, die in den Kellergewölben des Schlosses gelagert waren. Er hat erzählt, daß er einen kleinen Raum entdeckt habe, in dem Kisten mit alten Sachen standen, darunter auch teures altes Geschirr und Kristall. Und noch andere wertvolle Sachen. Dann sollen Leute zum Bürger M. gekommen sein, angeblich von der Miliz, vielleicht aber auch von ganz woanders, und alles bei ihm eingesammelt haben. Vielleicht hat er es aber auch nur so gesagt, damit man ihn in Ruhe läßt. Ich unterschreibe nicht, weil es ohne Bedeutung ist. Sie sollen sich aber mal für diesen Bürger M. interessieren, der aber irgendwohin weg ist…

Aus einem anonymen Schreiben.

Auffallend ist, daß bei diesem beispiellosen Enthusiasmus für den großen Mann sich kein Patriot gefunden hat, der das Haus, in welchem der Weise wohnte und aus welchem er seine Weisheit der Welt verkündigte, zu einem edlen, des großen Mannes würdigen Zweck gekauft hat. Es ist zum Gasthause bestimmt worden, wo ein Billard und eine Kegelbahn angelegt ist. So wenig ich

etwas gegen das Billard- und Kegelspiel habe, so scheint es mir doch anstößig, daß es in dem Hause geschieht, wo einst Kant die Weisheit lehrte.

Reinhold Bernhard Jachmann,1804

Für mich und diejenigen meiner Freunde, die sich für die Geschichte unserer Stadt interessieren, ist heute »Kant-Tag«. Kant, Philosophie und das Bernsteinzimmer, was für ein Zusammenhang besteht da? Ein ganz direkter! Über das Bernsteinzimmer gibt es so viel Spektakuläres, so viele Geschichten, Zeitungsberichte und Bücher, daß man meinen könnte, es gäbe unter all dem, was in den Jahrhunderten verschollen ist, nichts Wichtigeres als dieses Bernsteinzimmer. Dabei gibt es ja auch noch das Häuschen des Försters Wobser! Wenn es uns gelänge nachzuweisen, daß das Haus am heutigen Siegesprospekt das ist, in dem Kant einst geweilt hat, dann wäre das keine geringere Sensation, als wenn plötzlich das Bernsteinzimmer gefunden würde.

Das Telefon klingelt. Ich schaue auf die Uhr. Das wird Olga Feodosjewna sein. »Ja? – Guten Morgen. – Nein, ich habe es nicht vergessen. In einer Stunde fahre ich los. – Ja, wir fahren dann zum Schloß. Der Oberst wartet dort auf uns. – Wie? – Gut, den Professor holen wir beim Geschäft ›Ujut‹ ab. Bis gleich, ja?«

Mir bleibt noch etwas Zeit und so öffne ich die Dokumentenmappe mit der Aufschrift »Kant«. Da ist sein Portrait. Ein kleiner, gebrechlicher Mann mit feinen Gesichtszügen und einer großen Denkerstirn. Sein philosophisches Credo zur Einheit der gesamten uns umgebenden Welt lautete: »Zwei Dinge erfüllen das Gemüt mit immer neuer und zunehmender Bewunderung, je öfter und anhaltender sich das Denken damit beschäftigt: Der bestirnte Himmel über mir und das moralische Gesetz in mir.«

Daß uns das nicht reicht, dieses moralische Gesetz. Keinem von uns! Sittlichkeit, Gewissenhaftigkeit, Anteilnahme! In der Schule lehrte man mich: Es gibt keine Seele! »Es gibt eine Seele!« versicherte mir meine Babuschka. »Was erzählt ihr da dem Jungen für einen Unsinn?« begann mein Vater zu schimpfen. Die Großmutter preßte bitter die Lippen aufeinander und drückte mich still an sich. Ich liebte sie so sehr. Aber ich mußte doch auch meinen Lehrern in der Schule, meinem Vater und meiner Cousine Schenka glauben. Einmal hat sie vor meinen Augen eine Ikone angespuckt: »Siehst du? Deine Großmutter sagt, wenn ich Gott beleidige, wird mich auf der Stelle die Erde verschlingen, ja? Also es gibt keinen Gott! Keinen!«

Es gibt keinen Gott, es gibt keine Seele. Die Seele haben sie uns genommen! Aber womit haben sie die entstandene Leere ausgefüllt? So sind wir erzogen worden, so haben wir erzogen: nicht im Glauben an Gott, sondern im Glauben an den »großen Aufbau« und die »leuchtende Zukunft«, in der noch unsere Generation leben wird. Doch was kann man ohne Seele bauen? Und was für eine Gesellschaft haben sie gebaut?

»Und das moralische Gesetz in mir…« Immanuel Kant wurde am 22. April 1724 als viertes Kind einer Familie geboren, in der der gestrenge schweigsame Riemermeister Johann Kant und seine gesellige und zu den Kindern liebevolle Frau Anna Regina eine Atmosphäre der Freundschaft und gegenseitigen Achtung zu schaffen verstanden. »Meine Mutter«, so äußerte sich Kant im hohen Alter gegenüber seinem Biographen Reinhold Bernhard Jachmann, »war eine liebreiche, gefühlvolle, fromme und rechtschaffene Frau und eine zärtliche Mutter, welche ihre Kinder durch fromme Lehren und durch ein tugendhaftes Beispiel zur Gottesfurcht leitete. Ich werde meine Mutter nie vergessen, denn sie pflanzte und nährte den ersten Keim des Guten in mir, sie öffnet mein Herz den Eindrücken der Natur; sie weckte und erweiterte meine Begriffe, und ihre Lehren haben einen immerwährenden, heilsamen Einfluß auf mein Leben gehabt.« Und Jachmann fügt hinzu: »Wenn der große Mann von seiner Mutter sprach, dann war sein Herz gerührt, dann glänzte sein Auge und jedes seiner Worte war der Ausdruck einer herzlichen und kindlichen Verehrung.« Kant war gerade 13 Jahre alt, als die geliebte Mutter starb.

Der Knabe wuchs schwach und kränklich auf, was seinen Vater etwas beunruhigte, denn sein Sohn sollte ein tüchtiger Riemermeister werden, und dazu muß man ein starker Mann sein. Der zweite Sohn zeichnet sich auch nicht durch besondere physische

Kraft aus, ihn zog es ebenfalls mehr zu den Büchern, und von den Töchtern, welche Hilfe war von ihnen in seinem Handwerk zu erwarten? Kant besuchte dann das bekannte Collegium Fridericianum, dessen Direktor Franz Albert Schultz einer der führenden Köpfe des Pietismus in Königsberg war, und trat 1740 in die Albertina, die Königsberger Universität, ein. Eine schwache Gesundheit und ein unbändiges Verlangen nach Wissen und nach Büchern, das kennzeichnete Kant in seinen Jugendjahren. Dazu kam ein unglaublich diszipliniertes und geordnetes Leben, von dem er sich besonders im Alter nie getrennt hat: eine erstaunliche Harmonie von Arbeit, Erholung und kleinen, für den Geist aber so wichtigen Freuden. Die Natur, die Beschäftigung mit ihr, der Versuch und die Fähigkeit in ihr Wesen einzudringen. Die Familie hatte ein bescheidenes Auskommen, das es gerade gestattete, zwei Enden zusammenzubringen. Und das Studium, Studium, Studium. Doch nun liegt die Universität schon hinter ihm, und da ist auch bereits die erste bezahlte Anstellung, zunächst in Judtschen und dann in Arnsdorf. Im März 1746 stirbt der Vater. Es ist nicht einmal genug Geld da, um den alten Riemermeister auf schickliche Weise zu beerdigen. Und natürlich war auch kein Geld da, um Kants erste Schrift »Gedanken von der wahren Schätzung der lebendigen Kräfte« drucken zu lassen. Sie erschien erst 1749. Ein Onkel Kants, der Schuster Richter, hat den Druck bezahlt.

Doch welch ein Geist! Welche Geisteskraft steckte in diesem gebrechlichen Körper, diesem Menschlein von kaum eineinhalb Metern! Ein armer Mann, der nun den klingenden Titel »Magister« trug, ein Neuerer, der mit seinen Werken »Principiorum primorum cognitionis metaphysicae nova dilucidatio«, »Allgemeine Naturgeschichte und Theorie des Himmels« u. a. die Gelehrtenwelt in Erstaunen versetzte, einfach, aber geschmackvoll gekleidet, sich bescheiden ernährend, Professor der Logik und Metaphysik an der Königsberger Universität, Verfasser von drei herausragenden »Kritiken«, die ihm Weltruhm verschafften: »Kritik der reinen Vernunft«, Riga 1781, »Kritik der praktischen Vernunft« 1788, »Kritik der Urteilskraft« 1790.

Kant war breits über sechzig, als er sich endlich in der Prinzessin-Straße ein eigenes Haus kaufen konnte. Nirgends hatte er die für seine Arbeiten nötige Ruhe gefunden. Aus der Mansardenwohnung im Haus des Buchhändlers Kanter, dem ehemaligen Löbenichtschen Rathaus, das bei dem großen Brand 1764 zerstört und dann wieder aufgebaut worden war, hatte ihn ein Nachbar vertrieben, der sich seinen Hahn, dessen Krähen Kants Meditationen empfindlich störte, um keinen Preis wollte abkaufen lassen. In seinem neuen Haus bat Kant regelmäßig ein oder zwei Gäste zu Tisch, wenn er eine große Tafel gab, so bat er fünf Freunde, denn auf sechs Personen war sein Tisch und seine ganze »Ökonomie« nur eingerichtet. Und wieder – Bücher, Schriften, Vorlesungen und wieder Vorlesungen, zwischen vier und sechs Kurse im Jahr, die auf viele Stunden verteilt waren: Logik, Mataphysik, Mathematik, Pädagogik, philosophische Anthropologie, physische Geographie, Mineralogie, Astronomie, Ballistik und Theologie, Vorlesungen und Gespräche, Vorlesungen und Streitgespräche, Diskussionen! Vorlesungen, die von den Studenten nie versäumt wurden, da sie sich durch eine so klare Logik, eine so präzise und verständliche Sprache auszeichneten, daß selbst die kompliziertesten Zusammenhänge sofort zu verstehen waren.

Einsame Spaziergänge auf immer gleichen Wegen, die in der Stadt den Namen »Philosophendamm« erhielten, sommerliche Ausflüge zu seinem Freund, dem Förster Wobser, in den stillen Waldbezirk Moditten, wo sich im Grün der Bäume die hölzerne Turmspitze der ältesten Kirche Nord-Ostdeutschlands erhob und deren Glockenklang Kant von Zeit zu Zeit Feder und Papier vergessen ließ.

Am 12. Februar 1804 starb Immanuel Kant im Alter von achtzig Jahren und wurde mit besonderen Ehren an der Dommauer beigesetzt. Kants Haus und sein übriger Besitz wurden versteigert. Anläßlich der Feierlichkeiten zu Kants zweihunderstem Geburtstag wurde sein Sarkophag 1924 unter einem Dach auf zehn Säulen aus rotem Porphyr aufgestellt. Der Entwurf dazu stammte von dem bekannten Architekten Friedrich Lahrs.

Nun wird es aber Zeit! Ich hole meinen Wagen aus der Garage.

Ich wohne am Stadtrand neben dem Landgraben. Dieser Name taucht übrigens auch in den Dokumenten Georg Steins auf, ebenfalls in irgendeinem Zusammenhang mit dem Bernsteinzimmer. Meine zwei Dackel rennen um mich rum und bellen. Sie glauben, daß ich sie mitnehmen werde: »Na was ist? Aber marsch nach Hause!...«

»Man muß an alle Instanzen schreiben!« sagt Olga Feodosjewna, kaum daß sie zu mir in den Wagen gestiegen ist. »Ich habe einen Brief entworfen. Ich denke, daß ihn viele Wissenschaftler der Universität unterschreiben werden.«

»Du meinst das Häuschen? Da habe ich schon geschrieben. An das Gebiets- und an das Stadtexekutivkomitee.«

»Nein, ich spreche vom Kant-Denkmal. Sicher, wir suchen nach ihm, aber werden wir es auch finden? Wir müssen also schreiben und um Unterstützung bitten. In der Stadt muß es ein Kant-Denkmal geben! Wissen Sie was, fahren wir in der Prinzessin-Straße vorbei.«

»Also gut, fahren wir.« Ich biege rechts ab, dann nach links, und da hat der große Philosoph also gelebt, da ist er also herumgegangen, ganz in Gedanken versunken, als würde er von ihnen verzehrt. Das Haus verließ er immer zu genau festgelegter Stunde, keine Minute früher und keine Minute später, alles war genau berechnet, alles war überlegt. Ja, er war unglaublich genau. Man erzählt, daß man nach seinem Erscheinen an den roten gotischen Mauern des Doms die Turmuhr gestellt hat. Niemals und nirgends kam er zu spät, obwohl – einmal, ein einziges Mal in seinem Leben soll er sich doch verspätet haben: zu seiner Hochzeit im Dom. War es wirklich so, oder hat man sich das nur ausgedacht? Aus Angst, seine Unabhängigkeit zu verlieren, lebte Kant das ruhige Leben eines Junggesellen, bis ihn Freunde überredeten, zu heiraten. Nach langem Überlegen hatte Kant zugestimmt, zumal ihm die junge Frau, mit der man ihn bekannt gemacht hatte, durchaus gefiel. »Ich werde Punkt zwölf Uhr im Dom sein«, soll er seiner Braut versprochen haben. »Ich komme direkt aus der Vorlesung dorthin.« In der Vorlesung war dann ein Disput entstanden, die Wahrheit mußte an den Tag gebracht werden, und Kant brachte sie an den Tag! Nur vergaß er darüber seine Hochzeit. Ohne lange auf ihn zu warten, stürzte die enttäuschte Braut aus dem Dom, und ihre Kutsche rollte laut ratternd davon. Man wird sich das ausgedacht haben, doch einen wahren Kern kann die Geschichte haben, denn Kants Biograph Borowski schreibt: »Mir sind zwei seiner ganz würdige Frauenzimmer (wem kann an den Namen etwas gelegen sein!) bekannt, die nacheinander sein Herz und seine Neigung an sich zogen. Aber freilich war er da nicht mehr im Jünglingsalter, wo man sich schnell bestimmt und rasch wählt.«

»Dort stand sein Haus«, sagt Olga.

»Ist es im Krieg abgebrannt?«

»Nein, es ist nicht abgebrannt. Es wurde abgerissen. Kant hatte das Haus 1768 für fünftausendfünfhundertsiebzig Gulden von der Witwe des Porträtmalers Becker erworben. Im unteren Stockwerk lagen der Hörsaal und die kleine Wohnung seiner Köchin, im oberen Stock auf der einen Seite Kants Eßsaal, seine Bibliothek und die Schlafstube, auf der anderen Seite sein Visitenzimmer und seine Studierstube. Unter dem Dach wohnte Kants Diener Lampe.«

»Und was wurde aus dem Haus nach Kants Tod?«

»Es wurde verkauft. Erst kam eine Gastwirtschaft rein, dann ein Auskunftsbüro, dann die Praxis des Zahnarztes Döbbelin, und 1893 wurde das Haus abgerissen, um einem Erweiterungsbau der Warenhandlung Bernhard Liedtke Platz zu machen.«

»Sag mal, wie war das eigentlich mit dem Sommerhäuschen des Försters Wobser? Warum haben wir so lange Jahre nichts von ihm gewußt?«

»Die Geschichte ist ziemlich einfach: in einigen deutschen Büchern stand, daß es im Krieg zerstört worden sei, andere schrieben, daß »sein gegenwärtiges Schicksal« unbekannt sei. Und so haben wir uns einfach damit abgefunden, daß Kants Häuschen in Moditten nicht erhalten ist. Aber Leonard Alexandrowitsch wird wahrscheinlich schon auf uns warten!«

»Ja, ich fahre schon zu ihm hin, er wartet beim Geschäft ›Ujut‹ auf uns. Erzähle nur weiter.«

»Eigentlich haben wir überhaupt nichts von dem Häuschen, in

dem Kant während der Sommermonate gearbeitet hat, und der berühmten Truhe mit seinen Manuskripten, die dort aufbewahrt wurde, gewußt. Kant soll kurz vor seinem Tode ein Testament gemacht haben, in dem folgender Absatz stand: »Alle meine unvollendeten Arbeiten, Manuskripte, Aufzeichnungen und Briefe sind in eine Truhe zu legen, die zu verschließen und in meinem Haus aufzubewahren ist. Der Schlüssel soll in den Pregel geworfen werden.« Als 1929 in dem Häuschen eine Kant-Gedenkstätte eingerichtet wurde, wurde dort auch die Truhe ausgestellt.«

»Und was ist mit ihr? Wo ist sie jetzt?

»Weg ist sie! Doch weiter zu dem Häuschen: Irgendwie erreichte uns in der Universität ein Päckchen von einem Kant-Verehrer aus Westdeutschland. Als Dank dafür, daß wir Kant nicht vergessen und das Kant-Museum eingerichtet haben, daß wir regelmäßig die ›Kant-Lesungen‹ veranstalten. In der Sendung befanden sich verschiedene Arbeiten über Kant und einige Fotografien mit der Aufschrift ›Das Häuschen des Försters Wobser, in dem während der Sommermonate Kant gearbeitet hat‹. Darunter war auch eine Innenansicht des Zimmers Kants mit den charakteristischen Fensterkreuzen, dem Kachelofen und der Truhe. Auf der Rückseite stand ›Moditten, Vorort von Königsberg‹. Ausgezeichnet! Doch in welcher Straße lag das Häuschen? Es gibt in Moditten Hunderte solcher Häuser! Uns fehlte die Adresse. Wir haben nach ihr geforscht, aber nichts gefunden. Die Adresse erfuhren wir erst 1981, als in Riga mit Unterstützung der UNESCO ein internationales Symposium zum zweihundertsten Jahrestag des Erscheinens der »Kritik der reinen Vernunft« stattfand. Dort hat mir ein Wissenschaftler aus Westdeutschland, nachdem er sich zuvor seltsam umgeschaut hatte, in einer Ecke des Saales zugeflüstert: ›Juditter Allee Nr. 200.‹ Vor wem hat er sich in acht nehmen müssen? Oder hat er einfach nur einen Scherz gemacht?«

»Ich weiß es nicht, aber Erwachsene machen auch gerne mal einen Spaß und tun geheimnisvoll.«

Olga lachte, doch ihr Lachen wirkte nervös und irgendwie verkrampft. Sie ist immer leicht gereizt, impulsiv und manchmal auch unbeherrscht, besonders wenn sie sieht, daß etwas Schlimmes, Ungerechtes geschieht. Zur Zeit hat sie allerdings nur ein einziges Problem: das Kanthäuschen in Moditten. Ich erinnere mich noch, wie wir auf sie aufmerksam wurden. Sie rollte auf der Straße eine schwere Granitkugel – offenbar von einer riesigen alten Kanone, die sie Bauleuten entrissen oder genauer gesagt: abgekauft hatte, zur Universität. Die Kanonenkugel wäre sonst in einer Schuttgrube gelandet.

Ach, da steht ja der Professor! Ich halte, und in den Wagen steigt ein schlanker, sehr jugendlich wirkender Mann: Universitätsprofessor Leonard Alexandrowitsch Kalinnikow, ehrenamtlicher Direktor des Kant-Museums der Universität Kaliningrad und Vorstand des Philosophischen Seminars. Ein kräftiger Händedruck. Die Kommission »Kanthäuschen« ist vollzählig versammelt.

Nach zehn Minuten sausen wir schon die ehemalige Juditter Allee, den heutigen Siegesprospekt, entlang. Einst war dieser Bezirk ein weiter, grüner Vorort des alten Königsberg, mit vielen Parkanlagen, die langsam mit den Wäldern und ihren Flüßchen, Bächen und Seen, auf denen sich die Enten tummelten, verschmolzen. In den Wäldern gab es viel Wild – Hasen, Rehe, Wildschweine, Elche, die man aber nur jagen durfte, wenn man eine Sondergenehmigung vom ostpreußischen Forstmeister Wobser erhalten hatte. Herr Wobser war ein Verehrer der Schriften Kants. Und irgendwann war ihm der Gedanke gekommen: Na, was wird er da im Sommer in der staubigen, stickigen und lauten Stadt hocken! und hat Kant für die Sommermonate zu sich eingeladen.

Also, da sind wir. Und dort steht auch das Kanthäuschen.

»Ich verstehe das nicht, ich verstehe das nicht«, sagt Kalinnikow. »Olga, geben Sie mir die Karte.« Olga gibt ihm die Karte und wir breiten sie auf dem Rasen aus. Alles stimmt ganz genau überein: Da ist der Moditter Bach, der »links fließt, wenn man mit dem Gesicht zum Meerkanal steht«, wie es in einer Beschreibung des Häuschens und seiner Umgebung heißt. Man muß sich also mit dem Gesicht in die Richtung stellen, aus der das langgezogene Heulen der Schiffssirenen kommt: ein Schiff verläßt den Hafen oder läuft nach langer Fahrt wieder in ihn ein. Da, dort links ist der Bach, rechts das Häuschen, auch den Himmelsrichtungen nach stimmt alles mit der Karte überein. Kalinnikow nimmt seinen Kompaß und legt ihn auf die Karte: »Na bitte, die Tür geht nach Norden und die Fenster in Kants Stube nach Süden und Westen. Es ist doch so? Olga, wir schreiben gleich alles auf, ja?«

»Ja, natürlich.« Olga Feodosjewna gibt dem Professor eine große Fotografie, die genau von der Stelle aus gemacht wurde, an der wir jetzt stehen. Der Professor hält sie in die Höhe, als wolle er sie mit dem Häuschen zur Deckung bringen, und Olga vergleicht: »Alles stimmt überein: ein eingeschossiger Fachwerkbau mit einem Walmdach aus Ziegeln.«

Das Haus ist offenbar bewohnt. Bettgestelle sind zu sehen. Es riecht nach Kohlsuppe. Eine alte Frau kommt heraus, ganz schwarz gekleidet, und macht vor uns eine tiefe Verbeugung. Es stellt sich heraus, daß Olga Feodosjewna den Restauratoren aus dem Danilow-Kloster, die die alte Juditter Kirche restaurieren, erlaubt hat, sich hier einzurichten, damit das Häuschen nicht fortgeschleppt wird. Nach Abschluß der Arbeiten wird aus der Juditter Kirche die russich-orthodoxe Kirche des Nikola des Frommen geworden sein. Einst liebte es Immanuel Kant, auf einem schmalen Pfad zwischen hohen Bäumen am Bach entlang zu dieser Kirche dort oben zu gehen.

»Hierher, hierher bitte!« ruft uns Olga Feodosjewna, und wir gehen in das Eckzimmer, das leer ist. »Da, das Fenster! Sehen Sie? Ein doppeltes Fensterkreuz, kein einfaches. Die anderen deutschen Häuser haben keine solchen Fensterkreuze.«

»Dafür hat das Haus keine Deckenbalken«, sage ich. »Also…«

»Kein ›also‹! Die Frau, die hier früher gewohnt hat, hat uns erzählt, daß sie eine neue Decke eingezogen haben. Die Balken gefielen ihnen nicht. Ja, und außerdem war es so wärmer. Und hier ist das Ofenfundament, und hier…«

»Wenn jetzt noch Kants Truhe hier wäre. Wo die wohl sein mag?«

»Vielleicht dort oben auf dem Boden?« sagt Kalinnikow nachdenklich. »Sie könnten sie doch da raufgebracht haben.«

»Sicher. Nur daß durch diese Bodenluke nicht nur nicht Kants Truhe, sondern nicht einmal ein Matrosenköfferchen paßt! Also, was ist, fassen wir die Ergebnisse zusammen? Ich habe keinen Zweifel daran, daß es sich hier um Kants Häuschen handelt. Wir haben zwar nur indirekte Beweise, aber man wird sie nicht widerlegen können... Die Identifizierung eines Gebäudes muß sich ja oft auf indirekte Beweise stützen. Einer Mumie legt man auch nicht Paß und Meldeschein mit in den Sarkophag. Was meinen Sie, Leonard Alexandrowitsch? Wir setzen einen Beschluß der ›Öffentlichen Kommission ›Kanthäuschen‹‹ auf, unterschreiben ihn und ich gehe damit zum Gebietskomitee der Partei.«

Der Professor zupft sich am Bart und sagt dann feierlich: »›Wir müssen entweder beweisen, daß alle Anstrengungen der deutschen Philosophie von Kant bis Hegel umsonst waren, oder aber, daß der Kommunismus als ihre Vollendung anzusehen ist‹. Das soll von Engels stammen! Freunde, ob der Kommunismus kommt oder nicht, wird die Zukunft zeigen. Die Absicht aber, dieses Haus hier vor der Spitzhacke zu bewahren, die dürfen wir nicht aufgeben!«

»Wir kommen zu spät! Der Deutsche wird uns das nicht verzeihen!«

Wir steigen in den Wagen. Die alte, schweigsame schwarze Frau steht vor dem Haus, verbeugt sich und sagt: »Möge euch Gott helfen!« Ja, wenn uns der Allmächtige nur helfen möchte! Er hätte Kants Truhe für uns aufbewahren können! Aber wir werden uns verspäten! Ai jai jai, wird der Deutsche wieder schimpfen! Der »Deutsche«, das ist mein Freund, der Dichter Rudolf Jaquemin, oder wie wir schreiben: Schakmen. Er steht ebenfalls mit Marion Gräfin Dönhoff in Briefkontakt. Jetzt will er mit uns zum Schloß rausfahren.

Da sind wir auch schon in der Krasnaja-Straße, Haus Nr. 24. Ich schaue auf die Uhr: es ist fünf Minuten vor der verabredeten Zeit. Noch drei Minuten, noch zwei. Eine Minute vor zehn geht die Tür auf und Rudolf kommt aus dem Haus. Ein Deutscher bleibt ein Deutscher! Er kommt nie zu spät und kann es nicht ausstehen, wenn jemand zu spät oder unangemeldet zu Besuch kommt. Groß, blauäugig und weißhaarig, mit gerötetem Gesicht, als hätte er gerade zwei drei Maß bayerisches Bier getrunken, das er so liebt und von dem er einst so viel getrunken hat. Er lächelt. Er lächelt immer. Einmal hat er erzählt: »Als ich geboren wurde, habe ich nicht geschrien. Nein, ich habe gelacht, über beide Backen gelacht: Sei mir gegrüßt, Welt!« Er ist eine elegante, europäische Erscheinung vom Ufer des Rheins. Seine Kindheit und »Sturm- und Drang-Zeit« verbrachte er im alten Köln, dann durchpflügte er die salzigen Meere. Und als reifer Mann war er in Sibirien, in der »Arbeitsarmee« beim Baumfällen, wohin man ihn von der Front weg »verfrachtet« hatte. Nein, nicht von der deutschen, von unserer Front, der Roten Armee! Erst als er die Fünfzig schon überschritten hatte, kam er hierhier in unsere Breiten an die Ostsee. Hier wurde er Mitglied des Schriftstellerverbandes, hier schrieb er seine Gedichtbände, in denen er das Meer, die Frauen und seine überschäumende Lebensfreude besingt.

»Guten Tag, Oletschka! Guten Tag, Professor! Wir fahren, ja?«

»Ja, ja! Den Plan von der Gräfin hast du nicht vergessen?«

Ich brenne darauf, den Plan vom Gut Friedrichstein, den uns die ehemalige Besitzerin aus Hamburg geschickt hat, zu sehen.

»Der Brief und die Pläne sind hier«, lächelt Rudolf, schlägt mit der Hand auf seine Aktentasche und setzt sich bequem hin. »Wir sehen sie uns später an. Jetzt müssen wir fahren, sonst kommen wir zu spät. Der Oberst mag das nicht sehr.«

Wir durchqueren schnell die Stadt und verlassen sie an ihrem südlichen Rand. Ist das heute ein Tag! Die Sonne scheint hell, am weiten blauen Himmel ist kein einziges Wölkchen zu sehen. Auf der rechten Straßenseite huschen niedrige, massive Gebäude mit dunklen Ziegeldächern an uns vorüber. Das war einmal eine deutsche Panzerschule. Sie trug den Namen des »Panzergenerals« und späteren Chefs des Generalstabs der Landstreitkräfte der Wehrmacht, Heinz Guderian. Heute befindet sich dort die Schdanow-Kriegsingenieur-Schule. Hier tut auch unser »Prachtkerl vom Heer«, Oberst Owsjanow, Dienst. An den Außenwänden der Gebäude haben sie riesige, weithin sichtbare Spruchbänder angebracht: »Schdanow-Soldaten, zu höherer Disziplin bei der Arbeit und beim Studium!«, oder: »Schdanow-Ingenieur, wie stolz das klingt!« Auf Befehl des derzeitigen Kommandeurs der Schule, Oberst Scholtow, wird jetzt ein Schdanow-Platz mit ewigem Feuer angelegt. Ich erinnere mich daran, wie ich einmal in einer Angelegenheit als Deputierter bei ihm war. Der Militärchef wollte mich nicht einmal anhören. Mit schwerem bleiernen Blick hatte er nur gebrummt: »Warum haben Sie sich nicht zuerst an meinen Adjutanten gewandt? Verlassen Sie das Zimmer! Hier hat alles nach der festgelegten Ordnung zu gehen!« Mich würde schon interessieren, ob das »ewige Feuer« nun schon vor dem »Retter Leningrads« mit dem aufgedunsenen Gesicht brennt, dem sie in einer beheizten Kiste Schweinekoteletts, Schaschlik und Gulasch, in einer zweiten Kiste Fisch und in einer dritten Obst mit einer Sondermaschine aus Moskau eingeflogen haben. Eine Katze hätten sie ihm geben sollen, eine abgemagerte Katze, nur Haut und Knochen, wie wir sie gefangen haben. Obwohl es Anfang 1942 auch die schon nicht mehr gab. So ist das: der Schmerz und die Erinnerung an die ferne Zeit der Leningrader Blockade!

»An was denken Sie?« höre ich Olga Feodosjewna sagen. »Ich bin der Wallenrodtschen Bibliothek auf der Spur. Ich möchte es bald selber nicht glauben, auf einmal dieses Glück!«

»Die Bibliothek ist in der Nacht vom 9. auf den 10. April 1945 verbrannt«, sagt Rudolf seufzend, und für einen Augenblick verschwindet das Lächeln von seinem Gesicht. »Ich habe in der ›Westdeutschen Zeitung‹ die Erinnerungen eines Augenzeugen dieser Tragödie gelesen.«

Auf der rechten Seite taucht ein großes Feld mit zerstörten Flugzeughallen auf. Das war einmal ein deutscher Flugplatz für die schweren Bomber der Luftwaffe. Als wir im Mai fünfundvierzig auf der Suche nach dem Archiv des Fromborker Kapitels die Schlösser und Kirchen in Ostpreußen abfuhren, stießen wir auch auf diesen Flugplatz. Die Baltische Flotte hatte die Startbahn umgepflügt und die deutschen Flugzeuge hatten den Flugplatz nicht mehr verlassen können. Tragfläche an Tragfläche standen die »Junkers« und »Focke-Wulf« in dichten Reihen, ihre gläsernen Kanzeln glitzerten in der Sonne. An ihren Rümpfen und Tragflächen flatterten noch die Startbänder, schmale Stoffstreifen, die mit einem Haken an den Flugzeugteilen befestigt werden, die vor dem nächsten Start unbedingt kontrolliert werden müssen.

Ein Rotarmist in einer Fliegerpelzjacke döste auf einem Munitionsstapel vor sich hin und sah gelangweilt zu, wie eine kleine Gruppe deutscher Kriegsgefangener in schwarzen Flieger-overalls und Käppis, offenbar Angehörige der Besatzung des Flughafens, die Bomben und Geschützmunition aus den Flugzeugen holte und zu einer großen Grube schleppte. Wir fuhren auf den Flugplatz und rollten an den Leitwerken der Flugzeuge entlang. Dann bremste unser Chauffeur, Kostja Schurygin, und der Wagen blieb stehen. Kostja prüfte mit dem Fuß die Bereifung, mein Vater breitete eine Karte auf der Motorhaube aus, ich ging an den Flugzeugen entlang. Auf dem Rumpf eines Flugzeugs stand: »Libau«, »Reval«, »Leningrad«… Es war nicht schwer zu erraten, was diese Aufschrift zu bedeuten hatte! »Libau« – zwölf rote Kreise oder zwölf Bombenangriffe, »Reval« – zehn, »Leningrad« – eins, zwei… siebzehn… sechsundzwanzig. »Du Dreckskerl!« Ich schlug mit der Faust gegen den Rumpf der Maschine. »Vielleicht bist du über unsere Straße und unser Haus geflogen? Vielleicht haben deine Bomben unser Haus in Leningrad in Brand gesteckt?« Kostja hupt. Der Vater sitzt bereits im Wagen und winkt: »Wir fahren!« Trotzdem stieg ich erst noch auf einer Leiter, die am Flugzeug lehnte, zur Pilotenkanzel hoch. Ich zwängte mich in das enge Cockpit, in dem es nach Öl und Leder roch, drückte mich in den schmalen Pilotensitz und legte die Hand auf den Steuerknüppel. Links, über einer langen Reihe schwarzer Hebel, lächelt mich mit schneeweißen Zähnen die »Frau meiner Träume« Marika Rökk an, daneben war die Fotografie einer sympathischen, jungen Frau, die zwei blonde Buben an sich drückt, befestigt. Dieses Foto besitze ich heute noch…

Eine Kurve, dann noch eine, dann der gewaltige Turm der Kirche, in die wohl auch die junge Gräfin sonntags mit ihren Angehörigen zu Fuß von Schloß Friedrichstein ging. Runter zum Bach und den alten Häuser aus »jener Zeit«, dann wieder steil links hinauf. Die Allee mit ihren mächtigen, über zweihundert Jahre alten Bäumen, dann die Seen, an denen einst die junge Verwalterin dieser Güter, Dr. Marion Gräfin Dönhoff, vorübergeritten ist. Noch eine Kurve und ich stelle den Wagen ab. Da ist es, Schloß Friedrichstein oder richtiger: da war das Schloß Friedrichstein. Wo einst das prächtige Schloß stand, hellgrüner, weicher Rasen wuchs und unzählige Rosen blühten, wo die schönen Statuen und Figuren standen, da ist heute nichts mehr, als mit Gebüsch und Unkraut überwachsene Wildnis.

Rechts erkennen wir zwischen üppig blühenden Fliederbüschen die zwei Zelte, in denen die freiwilligen Helfer übernachten, die uns bei der Suche nach den verschollenen Kunstschätzen helfen. Mit nacktem Oberkörper suchen die kräftigen Burschen jetzt nach den Fundamenten des verschwundenen Schlosses. Die einen heben einen schmalen Graben aus, so hoffen wir auf die unterirdischen Gewölbe zu stoßen, andere markieren mit Erdbohrern das Grabungsfeld. Einer der Jungens wischt sich den Schweiß vom Gesicht, kommt auf uns zu und lächelt. Haben sie etwa schon etwas gefunden? Wenn wir doch nur das Kantdenkmal, dem Marion Gräfin Dönhoff im letzten Kriegsjahr hier in Friedrichstein unter schattigen Bäumen einen – wie man meinte – sicheren Unterschlupf gewährte, finden würden.

»Wolodja, sei gegrüßt!« Der Oberst geht auf ihn zu und fragt ungeduldig: »Na, was ist? Habt ihr schon was gefunden? Was? Wo?«

»Haben wir«, nickt Wolodja. »Jetzt können wir unseren Tee aus den gräflichen Tassen trinken, mit Wappen sogar... Kommen Sie!«

Wir gehen zum Zelt. Wolodja holt dort eine in Segeltuch eingeschlagene Kiste heraus, öffnet sie und nimmt ein wertvolles, fast durchsichtiges Porzellantäßchen raus. Dann eine Untertasse, ein zweites Täßchen, einen kleinen Teller und ein Kännchen. Das Porzellan ist so dünn und leicht, daß man sich kaum traut, es anzufassen. Wie konnte es nur ganz bleiben, als hier alles zusammenstürzte, mit Krachen und Poltern durch die Decke brach und lichterloh brannte? Das Feuer war bis an das Service herangekommen: auf dem Porzellan sind Rußspuren zu erkennen. Wer wird es in den Händen gehalten haben? In welchem der prächtigen Gemächer? Welche Gespräche wird man am Frühstückstisch oder nach dem Mittagessen geführt haben?

»Mit dem Tee warten wir noch etwas«, sagt Awenir Petrowitsch, zieht seine Jacke aus und krempelt die Ärmel seines grünen Hemdes hoch. »Rudolf Fridrichowitsch, geben Sie mir bitte den Plan. Wir wollen ihn mit den Gegebenheiten hier vergleichen.«

»Ja, bitte. Hier ist er. Sehen Sie? Hier, dieses Kreuzchen. Hier hat Immanuel Kant auf einem provisorischen Sockel gestanden. ›Linker Hand vom Eingang, wenn man mit dem Rücken zum Haus steht‹, hat die Gräfin dazu geschrieben.«

»Die graben aber unvorsichtig«, sagt Olga Feodosjewna nervös. Sie streicht sich eine Haarsträhne aus dem Gesicht, wirft einen Blick auf den Plan und schaut dann gleich wieder dorthin, wo die Erdklumpen aus dem Graben geflogen kommen. »Nein, nein, ich kann das nicht mit ansehen… Ich gehe mal hin. Ihr müßt vorsichtig graben, jeden Erdklumpen einzeln mit den Händen untersuchen!«

»Aber nehmen Sie bitte nichts selber in die Hand, Olja«, warnt Awenir Petrowitsch. »Vergessen Sie nicht, daß hier gekämpft wurde. Da kann noch so manche Überraschung in der Erde liegen! So, wir müssen also… dort suchen. Ganz nahe an diesem Gemüsegarten. Was ist, fangen wir an?«

Wir beginnen zu graben. Aus der Erde holen wir Ziegel, Steine, Eisenstücke. Halt, da hat etwas geblitzt! Ich hebe eine schwere silberne Münze vom Boden auf. Fünf Reichsmark aus dem Jahr 1935. Auf der einen Seite ein massiger Kopf mit Bürstenhaarschnitt und starken Kieferknochen. Die Aufschrift: »Paul von Hindenburg – 1847–1934«. Auf der Rückseite der Deutsche Adler, die Aufschrift »Deutsches Reich« und das Jahr 1935. – Halt! Halt! Da ist noch eine Münze, da noch eine! Es wird doch hier kein Schatz vergraben sein?

Ich mache es mir unter einem Strauch bequem und schaue mir die Münzen an, die ich nebeneinander auf meine Hand gelegt habe. Unter dem Druck der Militärs und der Industrie hatte Hindenburg bereits seine Machtbefugnisse als Reichskanzler an Adolf Hitler abtreten müssen, in Deutschland sind die Nationalsozialisten an der Macht. Da ist es, das Hakenkreuz, das Symbol der Nazi-Herrschaft. Auf der zweiten Münze, die ein Jahr später, also 1936 herausgegeben wurde, ist immer noch der gleiche Kopf zu sehen, doch der Adler ist bereits ein anderer: mit ausgebreiteten Schwingen hält er den Kranz mit dem Hakenkreuz in seinen Fängen. Wo haben sie die Münzen gefunden? Wir sollten dort nachschauen, vielleicht finden wir noch mehr!

Rudolf sitzt auf einem Stein und schreibt etwas auf einen Zettel, während vier unserer Jungens eine schwere Steinplatte aus der Erde ziehen: das Basrelief eines Kopfes. Ich halte ihn für einen Neptunkopf. Rudolf meint, daß es einmal vier solche Köpfe gegeben haben muß. Sie seien an dem Sockel einer der mythologischen Figuren angebracht gewesen. Olga Feodosjewna säubert die Platte von der feuchten Erde. Es erscheinen ausdrucksvolle, hervorstehende Augen, zerzaustes Haar, eine kräftige Nase und ein geöffneter Mund. Die Platte hat sicher zu einem Brunnen gehört und aus dem Mund des Meeresgottes kam ein kräftiger Wasserstrahl. Einer der Jungens findet ein Abzeichen aus Kupferblech: »Erster Mai – Tag der Arbeit.«

Wir graben weiter. Jetzt hat Olga etwas gefunden. Sie wickelt es in Gras ein, schaut sich vorsichtig um und bringt es weg. Das ist so ein Spleen von ihr, nicht zu zeigen, was sie gefunden hat, bevor die Arbeiten an diesem Tag nicht beendet sind. Um den Erfolg nicht zu verhexen! Die Sonne senkt sich bereits zum Waldrand nieder. Mein Rücken schmerzt entsetzlich, die Hände brennen. Die Jungens graben an der Stelle, die die Gräfin gekennzeichnet hat, noch weiter, doch mir reicht es. Ich muß erst einmal verschnaufen. Ich wasche mich im See und mache es mir auf einer warmen Steinplatte bequem. Dann versuche ich mir vorzustellen, wie hier alles einmal war.

Ich sehe die weiße Fassade des Schlosses, in den großen Fenstern spiegelt sich das Licht der untergehenden Sonne. Vor mir liegt die breite Treppe aus weißem Gestein mit dem Wappen des alten Geschlechts der Dönhoffs über dem Eingang. Ich sehe die junge Gräfin, wie sie von ihrem gewohnten, allabendlichen Ausritt in die Umgebung, die grünen Felder und Hügel zurückkehrt. Nach Hause, in das große, geheimnisvolle Arbeitszimmer ihres Vaters, in dem sie die alten Dokumente, die sie in schweren Truhen unter dem Dach und in einem unbenutzten Nebenzimmer gefunden hat, ausgebreitet hat. Leicht springt sie vom Pferd, ordnet ihr Haar und begibt sich die Treppe hinauf. Sie schaut auf den abendlichen Park, die von der Abendsonne vergoldeten Wege und das satte Grün des Rasens. Sie betrachtet die geschnittenen Sträucher und die großen Statuen, die ihr seit der Kindheit so vertraut sind, als wären sie hier zusammen mit den alten Eichen aus der Erde gewachsen. Welche Schönheit, Ruhe und Größe. Eine ewige und unzerstörbare Größe, entstanden aus der Verbindung kunstvoll gestaltender Hände, harter Arbeit und der Natur. Viele Jahre später wird sie fern der Heimat von all dem träumen…

Hier auf Schloß Friedrichstein wurde Marion Gräfin Dönhoff 1909 geboren. Hier verbrachte sie ihre Kindheit. Hier bereitete sie sich auf den Besuch der Universität Frankfurt am Main vor, an der sie dann wenig später immatrikuliert wurde. Doch als Hitler an die Macht kam, verließ sie Deutschland und ging in die Schweiz, um an der Universität Basel ihr Studium fortzusetzen. Die junge Gräfin lehnte wie alle ihre bedeutenden Verwandten die Lehren und die Politik der Nationalsozialisten ebenso ab, wie die gefährlichen Versuche des Führers, die Grenzen des »Tausendjährigen Reiches« nach Osten zu verschieben. Die Nazis kannten die Einstellung der Gräfin zu ihnen, doch sie rührten sie nicht an. Dafür erschossen sie ihren Cousin, »Heini« von Lehndorff, wegen seiner Teilnahme am Attentat auf Hitler am 20. Juli 1944. Zunächst wollte die Gräfin in Basel mit einer Arbeit über Karl Marx promovieren, doch ihr Doktorvater riet ihr von dieser Dissertation ab: »Darüber wissen andere sicher mehr als sie. Von ihnen möchte ich viel lieber eine Untersuchung darüber haben, wie der Großgrundbesitz Ihrer Familie in Ostpreußen eigentlich zusammengekommen ist und wie er in den verschiedenen Jahrhunderten bewirtschaftet wurde.« Marion Dönhoff kehrte nach Friedrichstein zurück, holte vom Boden die alten Truhen, in denen sich Urkunden und handgeschriebene Bücher befanden, die vom Geschlecht der Dönhoffs berichteten, und begann, sie zu sichten und zu ordnen. 1936 promovierte sie zum Dr. rer. pol. 1936 trat das Fräulein Dr. in die Verwaltung der Dönhoffschen Güter ein und übernahm 1939 deren Leitung. In diese Zeit fiel auch die gründliche Restaurierung von Schloß Friedrichstein. Als die Arbeiten endlich abgeschlossen waren, brach der Krieg aus.

An den Abenden ging die Gräfin durch die zahlreichen Zimmer im Schloß. Von der »roten Stube« ging sie in den »grünen Salon«, dessen Wände wertvolle Gobelins zierten, die vor zweihundert Jahren in Flandern angefertigt worden waren, dann trat sie in den stuckverzierten Gartensaal. Als sie in das anschließende Eßzimmer trat, erinnerte sie sich daran, daß in ihrer Kindheit alle Wände mit Bildern holländischer Maler in schwarzen Rahmen vollgehangen waren, ein düsterer Eindruck. Nach der Restaurierung des Schlosses war hier alles hell und freundlich. Den Abschluß bildete das Arbeitszimmer ihres Vaters, ehemals »Gerichtsstube« genannt. Die Abendsonne glänzte matt auf den schweren Bronzeleuchtern, zart klang das Kristall der alten sächsischen Lüster im durch die geöffneten Fenster hereinkommenden Wind. Ernste Ritter mit Schwertern in den Händen sahen aus den Schlitzen ihrer Visiere auf die junge, zierliche Frau herab. Gemälde. Ernste Gesichter. Schlachten, Kämpfe, Blut! Im Abendlicht dieser Stunde erschien alles so geheimnisvoll und düster. Etwas Bedrückendes lag in der Luft, und durch die geöffneten Fenster drang ein stetig stärker werdendes Dröhnen. Die Gräfin trat an das Fenster: über den Wald und die stillen, friedvollen Wiesen donnerten schwere Bomber gen Osten! »Eine Übung«, dachte sie einen Augenblick lang, während ihre Augen den Bombern folgten, »aber warum sind es so viele?« Sie ängstigte sich. »Krieg! Wenn es zum Krieg mit den Russen kommt, versinkt hier alles in Schutt und Asche.« Und die Gräfin irrte sich nicht. Die Flugzeuge flogen nach Rußland. Der Krieg hatte auch hier begonnen und alles ging in Flammen auf.

»Es war 3 Uhr morgens. Den Tag weiß ich nicht mehr, denn jene

Tage waren ein einziges großes Chaos, das sich der kalendarischen Ordnung entzog. Aber daß es 3 Uhr morgens war, weiß ich, weil ich aus irgendeinem, vielleicht einem dokumentarischen Bedürfnis oder auch nur aus Ratlosigkeit nach der Uhr sah«, schreibt Marion Dönhoff in ihrem Buch »Namen, die keiner mehr nennt«. »Seit Tagen war ich in der großen Kolonne der Flüchtlinge, die sich von Ost nach West wälzte, mitgeritten. Hier in der Stadt Marienburg nun war der Strom offenbar umgeleitet worden, jedenfalls befand ich mich plötzlich vollkommen allein vor der großen Brücke. War dieser gigantische Auszug von Schlitten, Pferdewagen, Treckern, Fußgängern und Menschen mit Handwagen, der die ganze Breite der endlosen Chauseen Ostpreußens einnahm und der langsam, aber unaufhaltsam dahinquoll wie Lava im Tal, schon gespenstisch genug, so war die plötzliche Verlassenheit fast noch erschreckender... Wie gesagt, ich weiß nicht mehr genau, an welchem Tag dies geschah, aber es war irgendwann in der zweiten Hälfte des Januar 1945.«

Der Exodus oder einfacher – die Massenflucht aus Ostpreußen hatte die Gräfin auf ihrem Gut Quittainen überrascht. Alles, was auf Friedrichstein war, blieb zurück: die äußerst wertvollen Papiere des Familienarchivs, Bronze und Silber, der Familienschatz, die alte Waffensammlung, die Gemälde und Gobelins, auch die wertvollen Standuhren, deren Schlag so geheimnisvoll schön durch die weiten Räume klang. Die 19. Generation der Dönhoffs, Johann Christian, Hermann und Christina, wurde noch in Friedrichstein geboren, dort aufzuwachsen, war ihr nicht mehr vergönnt: Ende Januar 1945 ging Friedrichstein in Flammen auf.

»Bei Vollmond war ich aufgebrochen, inzwischen war Neumond, wieder Vollmond und wieder Neumond geworden... Im tiefsten Winter war ich zu Haus vom Hof geritten, als ich schließlich bei Metternichs in Vinsebeck in Westfalen ankam, war es Frühling. Die Vögel sangen. Hinter den Drillmaschinen staubte der trockene Acker. Alles rüstete sich zu einem neuen Beginn. Sollte das Leben wirklich weitergehen – so als sei nichts passiert?«

»Wir haben ihn! Wir haben ihn gefunden!« Ich springe auf und laufe über die Steinhaufen setzend zu den Jungs. Wolodja steht in der Grube. Nun kniet er sich hin und entfernt mit den Händen die Erde von einer großen Figur. Was, haben sie ihn wirklich gefunden? Awenir Petrowitsch bittet die Jungs, etwas von der Grube zurückzutreten und ein Seil zu holen. Olga Feodosjewna eilt los. Rudolf kommt. Wolodja schaufelt die Erde in einen Eimer, reicht ihn uns und füllt ihn dann wieder. Awenir Petrowitsch schaltet einen starken Scheinwerfer ein. Aus der Erde treten bereits deutlich die Konturen einer großen Statue hervor. Olga und ich schauen uns an, sie schüttelt den Kopf: das ist nicht Kant! Aus dem Boden taucht ein gewaltiger Fischkopf auf. Der Fisch schmiegt sich an irgendwelche muskulösen Beine. Wolodja arbeitet immer schneller, reicht uns immer öfter den Eimer mit Erde herauf. Jetzt ist schon der mächtige, nackte Rumpf zu sehen, eine Hand, die breite Brust, die Schultern, der Hals… Was ist das?

»Der Kopf fehlt!« ruft Wolodja erstaunt und wohl auch etwas erschrocken. Hastig durchwühlt er mit seinem Pionierspaten die Erde an der Stelle, an der der Kopf sein müßte. »Jungs, seine Rübe ist weg!«

»Wolodja, nimm das Seil, mach es unter den Schultern und an den Füßen fest und komm raus«, sagt Awenir Petrowitsch. »Nach dem Kopf suchen wir später.«

»Hau ruck, hau ruck!« feuern wir uns gegenseitig an und ziehen an dem Seil. Über dem Grubenrand erscheint eine schwere wie aus Erz gegossene Statue aus graubraunem Gestein. Die Abendsonne beleuchtet das steinerne Ungeheuer. Der Kopf fehlt zwar, doch mir scheint, als betrachte uns die Figur aufmerksam, uns Menschen, die wir sie aus ihrem feuchten Grab ziehen. Es ist Pregel, der Gott der Flüsse und Seen, der heidnische Gott der alten Prussen. Wer hat ihm nur den Kopf abgeschlagen? Leider wurde der Kopf nicht mehr gefunden.

Dichtgedrängt sitzen wir am Abend um ein kleines Lagerfeuer und trinken Tee aus dem gräflichen Porzellan. Auf der Wiese ruft ein Wachtelkönig. Mit hellem Pfeifen der Flügel ziehen Wildenten über uns weg. Rudolf pustet von Zeit zu Zeit mit gespitzten

Lippen in seine Tasse und liest uns die Verse von der wunderschönen litauischen Meeresprinzessin Juratė vor, die sich in den Fischer Kastytis verliebte und so den strengen Meereskönig Naglys, den Bruder unseres »kopflosen« Pregel, erzürnte…

Mein Gott, welch ein Schicksal! Welche Macht, welche Ketten banden ihn, den Deutschen, an Rußland? Seine Kindheit verbrachte er im Waisenhaus, in den kalten hohen Räumen des katholischen Kinderheims im Kloster der Vinzentinerinnen in Kiel. Dann arbeitete er als Totengräber, Bergmann und Matrose. Dann Antifaschist. 1932 fuhr er auf einem holländischen Holzfrachter als Heizer und kam in den nordrussischen Hafen Archangelsk. Dort lernt der junge Deutsche auf den Tanzabenden des »Interklubs« das russische Mädchen Galja kennen. Er verliebt sich in sie, und bei seinem zweiten Besuch in Archangelsk beschließt er, für immer in Rußland zu bleiben. Was kann stärker als die Liebe sein?! Vielleicht war dieses Mädchen Galja seine Juratė ? Vielleicht hatte er sich, nur um sie zu treffen, seinen gefährlichen, salzigen Beruf als Seemann ausgesucht? Eine romantische Geschichte! Und eine tragische Geschichte! Zunächst hatte er als Funker an dem finnischen »Unternehmen« teilgenommen, dann am Zweiten Weltkrieg. Dort wurde er 1942, inzwischen Mitarbeiter der linken deutschsprachigen »Roten Zeitung«,wie viele tausend andere »russische Deutsche« auch, direkt von der Front weg nach Sibirien verfrachtet. Hinter Stacheldraht! Und Galja, sein schmächtiges, blondes Nordlicht, wurde als Frau eines »Dekabristen« ihm gleich hinterhergeschickt. Alles ertrugen diese beiden jungen Menschen, sie hielten aus und zerbrachen nicht. Im Gegenteil, ihre Beziehung wurde in der Überzeugung, daß einer den anderen braucht, nur immer stärker. Wenn ich sie heute zu Hause anrufe, lasse ich es immer lange klingeln: leider ist sein Gehör nicht mehr das beste. Und Galja ist auch nicht mehr die, die sie einmal auf den Tanzabenden im »Interklub« war: ihre Beine lassen sie im Stich. Bis sie vom Sofa hochkommt und sich zum Telefon schleppt, muß man es nicht weniger als fünfzehn Mal läuten lassen: tu-tu-tuuut, tu-tu-tuuut…

Wie kompliziert doch das Leben ist, wie seltsam das Schicksal die Menschen miteinander verknüpft: das verschwundene Schloß Friedrichstein, das feine Porzellan in unseren Händen, Immanuel Kant, Marion Gräfin Dönhoff, Rudolf und der Gott der preußischen Flüsse, der sich ohne Kopf als schwarzer Koloß in unserem Rücken erhebt. Und diese sympathischen müden, aber glücklichen Jungen und Olga Feodosjewna mit ihren vom Feuer und dem starken Tee geröteten Wangen, die jetzt in ihre Tasche schaut, in der die silbernen Münzen mit dem massiven Kopf Hindenburgs und noch etwas, das sie bis jetzt vor uns verborgen gehalten hat, liegen. Doch nun will sie damit vor uns prahlen:

»Was ich für eine Kanne gefunden habe! Schwer ist die! Vielleicht ist da etwas von dem Familienschatz der Dönhoffs drin«, sagt sie. Sie schiebt sich eine Haarsträhne aus dem Gesicht und holt aus ihrer Tasche etwas Schweres, das einer Kanne tatsächlich sehr ähnlich sieht. »Hier ist ihr Hals. Er ist mit etwas zugemacht. Hat jemand ein Messer?«

»Olga, geben Sie mir das bitte«, sagt Awenir Petrowitsch, und ich sehe, wie sein Gesicht kreidebleich wird. Vorsichtig legt er beide Hände um die »Kanne«. »Das ist keine Kanne, Olga, das ist der Kopf einer Panzerfaust. Wenn die explodiert...« Awenir Petrowitsch nimmt die Panzerfaust Olga aus den Händen, erhebt sich und schaut die Panzerfaust dabei so zärtlich wie ein kleines Baby an. Vorsichtig geht er auf dem Kiesweg zur Wiese, von der ununterbrochen der Wachtelkönig zu uns herüberruft.

Wir warten und lauschen angespannt, dann hören wir endlich wieder das Knirschen der Kieselsteine. Der Oberst setzt sich wieder zu uns ans Feuer, Olga Feodosjewna reicht ihm eine Tasse Tee. Er trinkt einen Schluck, noch einen, dann sagt er, daß er die explosive »Kanne« im Gebüsch in ein tiefes Loch gelegt habe und morgen früh Pioniere holen wird, die sie entschärfen werden. Plötzlich schwappt der Tee in seiner zitternden Hand über. Der Oberst lächelt. Und nun beginnen auch wir zu lachen. Olgas »Familienschatz«! Hinter den dunklen Wipfeln der Bäume geht der Mond auf. Verschwommene Schatten liegen über dem versunkenen Schloß und der enthauptete Gott beginnt seine an den Körper gepreßten steinernen Arme zu bewegen...

»Olja, wir müssen schleunigst zu dem Kanthäuschen!« springt plötzlich der Professor auf, der den ganzen Abend über sehr schweigsam war. »Fahren wir! Wir haben nicht das ganze Häuschen untersucht. Warum sind wir nicht auf den Dachboden gestiegen?«

Wir brechen auf. Auf der Ringstraße fahren wir zur ehemaligen Juditter Allee und halten vor dem Sommerhäuschen des Försters Wobser, in dem noch Licht brennt. Ohne im geringsten über unseren reichlich späten Besuch erstaunt zu sein, öffnet uns die schwarzgekleidete Frau und verbeugt sich. Im Haus riecht es stark nach Kohlsuppe, Zwiebeln, Socken und Fußlappen, Männerschweiß. Aus den Zimmern dringt lautes Geschnarche. Auf einem blaubezogenen Kissen ist ein rothaariger Kopf zu erkennen. Leonard Alexandrowitsch stellt eine Leiter an die kleine Bodenluke, steigt hinauf, hebt den Lukendeckel hoch und verschwindet auf dem dunklen Dachboden. Dann schaut er zu uns herunter und bittet um eine Kerze und Streichhölzer. Die schwarze Frau bringt sie ihm. Auf dem Dachboden wird es hell und dann hören wir ein Lachen. Ich steige die Leiter hoch und schaue auf den Dachboden: da kniet der Professor vor einer großen, mit Eisenbändern beschlagenen schwarzen Holztruhe, ganz genau so einer, wie auf dem Foto zu sehen ist! Es fehlt zwar das Leder, das hat man wohl runtergerissen, nur an einzelnen Stellen sieht man noch schwarze Flecken, doch die Truhe ist ganz! Aber wie kann das sein? Wie ist die Truhe hier raufgekommen? Der Professor zeigt auf eine zweite, große Luke, durch die man über eine Wendeltreppe auf den Dachboden gelangt ist. Als unter den Balken eine neue Decke eingezogen wurde, hat man die große Luke zugenagelt und eine kleinere gemacht. Damals stand die Truhe schon auf dem Boden und so blieb sie dort stehen. Natürlich ist sie jetzt leer, kein Stückchen Papier ist drin. Doch was für eine Entdeckung: die Truhe Immanuel Kants!

Aus einem buckligen Citroen 2 CV, in Deutschland allgemein »Ente« genannt, steigt eine hagere, grauhaarige alte Frau. Eine einfache Jacke, Hosen, einen rosa Schal um den Hals. Ein gutes, von der Fahrt müdes Gesicht, ein freundliches Lächeln, eine kleine, feste Hand – Marion Gräfin Dönhoff. Ihr Neffe Hermann, ein gutaussehender junger Mann, breitschultrig, kräftig, mit der Statur eines Basketballspielers, sitzt hinter dem Steuer. Der Wagen ist so klein, daß Hermann, wenn er sich schon einmal in ihn reingezwängt hat, so lange wie möglich drin sitzen zu bleiben versucht. Sie erinnern sich an diesen Inder, der im Fernsehen gezeigt wurde, wie er sich in einen Glaskasten gezwängt hat, ja? Der Inder ist nach fünf Minuten wieder rausgekommen, die Gräfin und ihr Neffe sind in dieser Sardinenbüchse 1 600 Kilometer gefahren! Zu dritt. Sie auf den Vordersitzen, Immanuel Kant auf dem Rücksitz. Eindrucksvoll, aus Bronze, mit dem Hut in der Hand, eine verkleinerte Kopie des von Christian Daniel Rauch geschaffenen und am 18. Oktober 1864 in Königsberg aufgestellten Denkmals. Diese herrliche Kopie hat die Gräfin von ihrem eigenen Geld gießen lassen – ihr war kurz zuvor der hochdotierte Heine-Preis der Stadt Düsseldorf für ihre journalistische Arbeit verliehen worden – und nun hat sie ihn uns hergebracht.

»Hier ist die Allee. Ihre Vorfahren haben sie gepflanzt«, sage ich und sehe ihr ins Gesicht. »Weiter gehen Sie alleine. Bis zu Ihrem Besitz, richtiger bis zu der Stelle, an der das Schloß gestanden hat, sind es höchstens noch zwanzig Minuten.« Ich fühle, wie ihre Hand zittert. Ich sehe, wie angestrengt ihr Gesicht ist. Mein Gott, wird ihr Herz aushalten, wenn sie die Wildnis und die scheußliche Unordnung sieht, wo sich einmal die weißen Schloßmauern am See erhoben, wo unter uralten Bäumen die sauberen goldgelben Sandwege liefen, auf den Rasenflächen die Rosen blühten und auf Postamenten die Skulpturen standen. »Wie fühlen Sie sich, Gräfin? Geht es? Sehen Sie, da ist das Steinkreuz, das für die im Ersten Weltkrieg Gefallenen aus den Gutsdörfern errichtet wurde. Also, ich hole Sie am Abend ab, ja?«

Hermann ist immer noch dabei, aus seinem Wagen rauszukommen. Warum habe ich nur geglaubt, alle Westdeutschen führen einen »Mercedes«? Er reicht der Gräfin den Arm und führt sie zu dem großen, sechs Meter hohen Kreuz, auf dem man, würde man das schwammige Moos entfernen, lesen könnte: »Ruhet in Frieden, unsere Helden.« Jetzt ruhen hier russische Bauern in Frieden. Ich gehe zu meinem Wagen, dann sehe ich mich noch einmal um: ich versuche mir vorzustellen, was in dieser Frau vorgeht. Aber kann man sich das überhaupt vorstellen? Daß sie nur keinen Herzschlag bekommt, wenn nur ihr Herz aushält, ihr ostpreußisches Herz!

Das Herz hat ausgehalten! Am Abend sitzen wir bei mir auf der Veranda an einem langen, reich gedeckten Tisch. Angesichts des Besuchs eines so geschätzten Gastes hatte ich den Vorsitzenden des Bezirksexekutivkomitees angerufen und ihn gebeten mir zu helfen. Noch am gleichen Abend hörte ich seinen Wagen durchdringend hupen. Ohne auszusteigen, die Zigarette zwischen den Zähnen, drückte mir sein Fahrer ein Paket in die Hand und brummte: »Hier, für 50 Rubel!«. Er nahm das Geld, schlug bevor ich noch »spasibo« gesagt hatte, die Tür wieder zu und verschwand. Zum Teufel mit ihm! Doch sehen Sie nur! Plötzlich ist alles da: Kognak, Käse, eine ausgezeichnete Hartwurst, wie ich sie schon lange nicht einmal zu riechen bekommen habe, wie ein Wasserrohr so dick. Aber lassen wir das! Wie fühlen Sie sich, Gräfin?

Wie sich die Gräfin dort unter den alten Linden auf der Allee nach Friedrichstein gefühlt hat, hat sie in der ZEIT in ihrem Bericht »Reise ins verschlossene Land, oder: eine Fahrt für und mit Kant«, beschrieben. Bevor Kant dem Bürgermeister unserer Stadt übergeben wurde, das sollte am nächsten Tag geschehen, leistete er uns Gesellschaft. Er stand vor uns auf dem Tisch, den Hut in der einen Hand, die andere ist leicht vorgestreckt, als wollte er uns zum Gespräch auffordern. Also, wir hören, Gräfin!

»In der Zeit, in der so viel Schindluder mit den Wertvorstellungen von Heimat und Patriotismus getrieben wurde, in der diese Begriffe zur Legitimierung von Haß und Verachtung für alles Fremde dienten, in jener Zeit, in der Humanität als Humanitätsduselei diffamiert und Toleranz als Irrtum »wurzelloser Intellektueller« verhöhnt wurde, hatte sich mein Heimatgefühl auf Ostpreußen reduziert. Genauer gesagt, es war zusammengeschrumpft auf meine engste Heimat Friedrichstein.«

»Soika, du Hündin, wo hast du meine Rubel hin?« schallte es aus dem geöffneten Fenster des Nachbarhauses herüber.

»Nun war ich also nur eine halbe Stunde von diesem Ort entfernt – sollte ich ihn besuchen oder ihn lieber so im Herzen bewahren, wie er für mich zum Inbegriff von Heimat geworden war? Ich schwankte. Schließlich war die Anziehungskraft stärker als das Bedenken. Wir fuhren. Als wir nach Löwenhagen kamen und links nach Friedrichstein einbogen, hielt ich den Atem an: ob die Allee noch stand? Ja, sie steht… Rechts der Waschhausteich ist vollkommen verkrautet, man sieht kein Wasser mehr. Das Waschhaus selbst ist verschwunden, und auf dem Begräbnisplatz sind die Gräber eingeebnet. Weiter nach Friedrichstein den Hohlweg hinunter. Der erste Blick fällt auf den verträumten See, schön wie eh und je, zumal jetzt, da die Baumkulissen, die ihn einrahmen, vom ersten herbstlichen Glanz verklärt sind. Aber was man dann sieht oder vielmehr nicht sieht, ist unfaßlich: Das riesige Schloß ist wie vom Erdboden verschluckt, nichts ist davon geblieben, nicht einmal ein Trümmerhaufen… Die alte Mühle – einfach weg, der lange Pferdestall – weg auch er. Alles ist überwuchert von Sträuchern, Brennesseln, heranwachsenden Bäumen. Ein Urwald hat die Zivilisation verschlungen.«

»Du versoffene Fresse mußt dein Bier haben, ja? Und wovon kaufe ich Milch für die Kinder?!« kreischte die Nachbarin. Immanuel Kant lächelte höflich und sah zärtlich auf das vom Gebietsexekutivkomitee-Kognak leicht gerötete Gesicht der Gräfin, die ebenfalls lächelte und sich mit einer schnellen Handbewegung eine Träne von der Wange wischte.

»Ja, ich hätte noch eine kleine Bitte. Vielleicht wäre es möglich, daß Sie Ihre Obrigkeit bitten, daß ich nicht wieder über Brest nach Hause fahren muß, sondern über Ihre Grenze, über Preußisch-Eylau, schließlich sind das tausend Kilometer weniger, ja?«

Am nächsten Tag gab es Pressekonferenzen, Reden von allen möglichen Leuten, die der Verwaltung des Gebietes nahestanden, Blitzlicht, Film, Fernsehen und Funk, der bronzene Immanuel Kant, wie er in die Hände des Bürgermeisters übergeben wird, Versicherungen der gegenseitigen Liebe und der besten Beziehungen, Blumen, ein Festessen und die Versicherung unserer Vertreter der Staatsmacht, daß – natürlich, wozu dieser schreckliche Umweg von 1 000 Kilometern, und dazu noch in diesem für lange Reisen so unbequemen Wagen, und dazu für eine Frau, die in wenigen Monaten ihren 80. Geburtstag feiert…

Ich höre der Gräfin zu, beobachte ihr Gesicht und würde zu gerne wissen, was sie über uns alle hier denkt. Trotzdem habe ich es unterlassen, sie danach zu fragen. Doch die Gräfin hat wahrscheinlich erraten, was wir hier in Kaliningrad von ihr hören wollten. In ihrem Artikel in der ZEIT kann man die Antwort lesen: »Man muß die große Aufbauleistung bewundern: 1945 war alles zerstört, es gab nur Trümmer, keine Kanalisation, weder Wasser noch Licht, die Eisenbahn funktionierte ebensowenig wie das Telefon. Heute aber steht da wieder eine riesige Stadt, nicht gerade schön nach unseren Begriffen, übersät mit jenen typischen Kriegs-, Friedens- und sonstigen Denkmälern, wie die Russen sie lieben. Das Ganze wird überragt von dem häßlichsten Gebäude, das ich je in der Welt gesehen habe: dem Sowjethaus…«

Und dann hat sie noch folgendes geschrieben: »Neben dem Eindruck, wie außerordentlich liebenswert und menschlich die Russen sind, hat sich für mich ein merkwürdiger Bedeutungswandel vollzogen. War Friedrichstein bisher eine Realität, unerreichbar zwar, aber doch existent, so ist es jetzt zu einer unwirklichen Erscheinung der Traumwelt geworden – und da ist es eigentlich ganz gut aufgehoben.«

An einem frühen, nebligen Morgen begleitete ich die Gräfin und ihren Neffen zu ihrem Wagen. Es hieß Abschied nehmen! Hermann zog die Beine ein und zwängte sich wieder in die »Ente«, seine Knie stießen an das Lenkrad. Die Gräfin war gefaßt. Ich schämte mich, ihr in die Augen zu sehen. Trotz größter Anstrengungen war es nicht gelungen, für sie eine Sondergenehmigung zu bekommen, unser schönes Land auf direktem Wege wieder verlassen zu können.

5. Das Tagebuch des Professors Brjussow

Führervorbehalt
für Kunstwerke:

Hiermit wird folgender Erlaß des Reichsministers und Chef der Reichskanzlei vom 12. Juni 1943 – R.K. 6868 / E. – veröffentlicht:

Im Anschluß an mein Schreiben vom 25. Juli 1941 – R.K. 10 811 B. –

In meinem Schreiben vom 25. Juli 1941 hatte ich Ihnen mitgeteilt, daß der Führer sich die Entscheidung über die Verwendung von Kunstwerken vorbehalten hat, die in den von deutschen Truppen besetzten Gebieten von deutschen Stellen beschlagnahmt worden sind oder beschlagnahmt werden.

Hiermit ist dem Führer die Entscheidung nicht nur über beschlagnahmte Gemälde, sondern auch über beschlagnahmte Skulpturen, Bücher, Möbel, Gemmen, Waffen, Teppiche usw., soweit diese wegen ihres künstlerischen Wertes als Kunstwerke zu bezeichnen sind, vorbehalten. Ich darf Sie bitten, hiervon Kenntnis zu nehmen. Der Beauftragte des Führers für die Vorbereitung seiner Entscheidung, ist der Direktor der Staatlichen Gemäldegalerie Dresden, Professor Dr. Voss oder dessen Vertreter Dr. Posse.

gez. Dr. Lammers

Sehr geehrtes Schwein Georg Stein!

Die Besessenheit, mit der Sie nach sogenannten »russischen Kulturwerten« suchen, ruft in immer größerem Grade ein Gefühl der Empörung und Abscheu hervor. Sie, ein Ostpreuße, dessen Haus von den Bolschewisten zerstört wurde, überschlagen sich, alles »aufzuspüren«, was angeblich von uns Deutschen in Rußland »geraubt« worden sein soll. Sie haben wohl vergessen, daß Hunderte von deutschen Städten von russischen Flugzeugen und Panzern zerstört worden sind, daß Ihre Vaterstadt Königsberg von den Russen in eine Betonkaserne verwandelt wurde? Und Sie wollen denen helfen?! Sehen Sie sich vor, Stein! Kehren Sie auf Ihren Bauernhof zurück und züchten Sie dort ihre schmackhaften Äpfel. Mischen Sie sich nicht in Dinge ein, die Sie nichts angehen. Wir warnen Sie, Stein!

Freunde des Alten Königsberg 20. Juli 1978

Es regnet. Auf dem nassen Rasen liegen mattfarbene Herbstblumengebinde. Das Grab, das von Freunden gekauft wurde, ist leer. »Ilse und Alfred Rohde« steht auf dem einfachen Grabstein aus grauem Granit. Schwarzgekleidete Menschen, Männer und Frauen. Regenschirme. Das Jahr 1950. Einigen der Anwesenden rollen Tränen über die Wangen. Sie schauen auf den Grabstein und sehen ihre 700 Jahre alte Stadt. Die steinernen Brücken und steingepflasterten Bürgersteige, die Straßen und Häuser mit den vertrauten Ladenschildern: »Königsberger Marzipan, Gebr. Knopp«, »Schreibmaschinen Olympia-Optima«, »Café Alhambra«, »Palast-Café«, »Café Alt-Wien«, »Varieté Barberina«... Sie hören die Trauerrede an dem symbolischen Grab, und denken an ihre Stadt. Da kommt die weiße Straßenbahn. Welche Nummer? Ach, die »Sieben«: Juditten–Nordbahnhof–Maraunenhof. Und dort fährt ein Wagen der Linie 6: Königstor–Münzplatz–Mitteltragheim–Nordbahnhof–Tiergarten–Hammerweg. Ein Bus der Linie A biegt vor ihren Augen um die Ecke: Herzog-Albrecht-Allee–Quednau. Sie sehen die grünen Rasenflächen und die alten Bäume in Luisenwahl, die stillen klaren Seen hinter dem Landgrabenviertel mit dem Neuen Israelischen Friedhof an der Steffeckstraße in Amalienau. Sie sehen das ruhig dahinfließende Wasser des Pregels, in den natürlich jeder von ihnen ein Mark- oder ein Pfennigstück in der Hoffnung geworfen hatte, daß er – egal wohin ihn das Schicksal verschlagen würde – letztlich doch immer wieder in seine Heimatstadt zurückkehren könne. Doch Königsberg gibt es nicht mehr. Aber kann das überhaupt sein? Nicht einmal die blühende Phantasie eines E. T. A. Hoffmann wäre solch eines absurden Gedankens fähig gewesen. Und doch: Dr. Rohde ist nicht mehr! Das grüne, nach Meer und dem Harz der Wälder riechende Preußen, unser liebes, gutes Ostpreußen – es ist nicht mehr!

Es war… Alles ist Vergangenheit, unwiederbringliche Vergangenheit. Auch mein Vaterhaus in der stillen Grebezkaja-Straße mit ihren alten hohen Häusern in Leningrad. Vor langer Zeit hatten dort die »Grebzy«, die Ruderer, gelebt, sie haben der Straße ihren Namen gegeben. Dort war mein Zuhause, auch das ist nicht mehr… Die Kriegsjahre! Die Blockade! Das Jahr 1942. Ein furchtbares Jahr voller Entbehrungen. Bereits im Frühjahr hatte man mich aus einem Keller unter den zerstörten Häusern hervorgeholt und in die Armee gesteckt, in einen Musikzug. Wir haben aber fast nie Musik gemacht, sondern immer nur gegraben, gegraben und begraben. In Leningrad habe ich angefangen, Gefallene und qualvoll den Hungertod Gestorbene zu beerdigen, und in Königsberg ging es dann weiter. Wenn ich zählen würde, wieviel Menschen ich begraben habe: die Bevölkerung einer ganzen Stadt vielleicht, oder eines kleinen Landes gar? Ruhet in Frieden, ihr Opfer des Krieges. Alles das ist Vergangenheit. Ihr seid Vergangenheit!

»Sehr geehrte Damen und Herren! Erlauben Sie mir, daß ich zum Ende meiner Trauerrede komme. Dr. Rohde war bei den Bürgern Königsbergs nicht übermäßig bekannt, denn er war ein stiller, ganz seiner Arbeit ergebener Mensch, der es nicht liebte, sich in der Öffentlichkeit zu zeigen. Doch alle, die zusammen mit ihm, diesem bedeutenden, aufrichtigen Mann arbeiten durften, werden ihn nicht vergessen. Er lebte für eines der größten Geheimnisse der Natur, den Bernstein, das Geheimnis der Kunst, das

Geheimnis all der herrlichen Dinge, die in sein Museum kamen, und ist selbst geheimnisvoll und seltsam aus dem Leben gegangen, ein Opfer seiner grenzenlosen Liebe zu diesem Wunder ›Bernstein‹, ein Opfer des Krieges, wie viele Tausende seiner Leidensgenossen auch.«

Dr. Alfred Rohde! Warum war er 1945 in Königsberg geblieben? Was hat ihn in dieser Stadt gehalten? Wer hat ihn hier gehalten? Welche Pläne wollte, wessen Pläne sollte er in der von britischen Bomben und russischen Granaten zerstörten, nach Pulverrauch und Tod riechenden Stadt ausführen?

Bevor wir uns mit dieser Frage beschäftigen, müssen wir unsere Aufmerksamkeit auf eine Akte in dem Archiv Steins richten, in der immer wieder drei Namen erwähnt werden: Rohde, Barsow und Ringel. »Zur Zeit interessiert mich besonders ein gewisser Archäologieprofessor W. Barsow, der zusammen mit der Roten Armee nach Königsberg gekommen war, um nach russischen, weißrussischen, ukrainischen und anderen Kunstschätzen zu forschen, darunter auch dem Bernsteinzimmer«, schreibt Stein in einem seiner Briefe. Dieser »Archäologieprofessor« Barsow taucht auch in dem Bericht »Schlösser – Bernstein – Blauerde« des deutschen Schriftstellers Hans Krumbholtz auf: »Am 15. Januar schnitt die Rote Armee alle aus Königsberg herausführenden Schienen- und Straßenverbindungen ab und kreiste die Wehrmachtsverbände in Ostpreußen ein. Von diesem Tag an bestand keine Möglichkeit mehr, die geraubten Kunstschätze fortzuschaffen (die Straße und Eisenbahnverbindung zum Hafen Pillau war aber noch frei! Verf.): Wenige Tage nach dem Fall Königsbergs traf aus Moskau Wiktor Iwanowitsch Barsow ein, um nach sowjetischen Kunstschätzen zu suchen. Er suchte Rohde auf, der ihm aus seinen Veröffentlichungen als erfahrener Kunsthistoriker bekannt war, und bat ihn um Unterstützung bei seiner Arbeit...«

Barsow? Wer war das? Woher kam der? Den »Professor Barsow« hatte sich mein langjähriger Freund, der Kaliningrader Schriftsteller Walentin Petrowitsch Jeraschow, ausgedacht. Der Professor entstand in seinem Buch »Das Geheimnis des Bernsteinzimmers«, das damals eins der meistgelesenen Bücher war, wenigstens im Baltikum (Mitautor war ein gewisser Dimitrijew, ein Pseudonym für den damaligen Sekretär des Kaliningrader Gebietskomitees der KPdSU und Vorsitzenden der »Kommission zur Auffindung des Bernsteinzimmers«, W. D. Krolewski). Der echte »Barsow« – nicht der ausgedachte, sondern der wirkliche Archäologieprofessor, war Alexander Jakowlewitsch Brjussow. In der »Version A. W. Maximow«, die sich im Kaliningrader Staatsarchiv befindet, wird über ihn folgendes berichtet:

»Als unsere Armee das Tor nach Ostpreußen aufstieß und Tilsit einnahm, wurde auf Befehl des Hauptquartiers der Doktor der Geschichtswissenschaften und Professor der Archäologie, Alexander Jakowlewitsch Brjussow (1885–1966), zur 11. Garde-Armee abkommandiert. Aus Berichten der Aufklärung war bekannt, daß die Museumsschätze aus den Palästen in der Umgebung von Leningrad und den Museen in Witebsk, Smolensk und sogar Kiew nach Königsberg gekommen waren.

Brjussow sollte alle Kunstschätze ausfindig machen und an die jeweiligen Besitzer zurückleiten. Man hatte den Wissenschaftler der Ordnung halber noch schnell zum Oberst befördert und ihm zwei Oberleutnants aus der Kulturabteilung mitgegeben. Nach der Erstürmung Königsbergs, als gewaltige Brände in der Stadt loderten, von deren Hitze sogar die Mäntel der Soldaten zu brennen anfingen, begann Brjussow seine Nachforschungen in der Stadt. Nach einer Woche hatte er die Staatliche Kunstakademie, die Universitätsbibliothek und das Preußische Staatsarchiv ausfindig gemacht und ließ dort eine Reihe von Museumsstücken aus Rußland sicherstellen. Kurze Zeit später war auch sein Büro eingerichtet und er begann, Deutsche zu sich zu holen. Unter ihnen befanden sich auch Doktor Rohde und dessen Frau Ilse. Rohde verhielt sich äußerst reserviert und mißtrauisch und gab Brjussow nur wenige Hinweise, angeblich auch deshalb, weil er von den aus der Sowjetunion fortgeschafften Museumsschätzen nichts gewußt habe. Dann hat Rohde aber doch einige Adressen genannt, zu denen – angeblich ohne sein Wissen, er habe nur davon gehört – ›russische Kunstschätze‹ gebracht worden seien. Das Militär, so sagte er, habe sie gebracht, doch damit habe er nichts zu tun gehabt, da sein Museum, das im Schloß untergebracht war, in Flammen stand. Zur Täuschung zeigte er dann auffallenden Eifer beim Verpacken der Bücher der Universitätsbilbiothek…«

Soweit der Bericht von Arseni Wladimirowitsch Maximow, einem Architekten und Kunsthistoriker, der ebenfalls eine Zeitlang in der Kommission Krolewski zur Auffindung des Bernsteinzimmers gearbeitet hatte. Hier ist nun aber der Bericht Brjussows, sein Tagebuch, aus dem ersichtlich wird, daß es das Hauptquartier mit der Entsendung der Moskauer Spezialisten an die vorderste Front, also dorthin, wo in Schlössern, Palästen, Kirchen und staatlichen Einrichtungen russische Bücher, Ikonen und Gemälde eingelagert sein konnten, nicht so eilig hatte.

28. Mai: Flug von Werschblowo nach Insterburg. Begeben uns am Abend zum Stab ins Hinterland nach Gerdauen. Man gab uns einen zusätzlichen Ausweis mit.

30. Mai: Wir reisen nach Wehlau. Wir planen eine Fahrt nach Sanditten, wo sich nach Angaben der Lenin-Bibliothek Bücher aus Königsberger Bibliotheken befinden sollen. Am Morgen in Sanditten. Die Bücher werden zur Politischen Verwaltung geschickt. Die Beljajewa ist nach Insterburg zum Bevollmächtigten gefahren. Poscharski und ich sind nach Königsberg gefahren. Den ganzen Tag über Scherereien. Wir haben erfahren, daß sich unter den Trümmern des Schlosses dort eingelagerte Museumsstücke befinden. Wir haben uns einen Propusk besorgt und dort zu graben begonnen. Nach den Bestimmungen können wir aber nur Lebensmittel für einen Tag bekommen. Wir haben mit den Lebensmitteln bis zum 2. Juni zu reichen. Wir können nicht länger in Königsberg bleiben. Major Pschenyzin teilt mit, daß ein Teil der Exponate des Prussia-Museums nach Rastenburg gebracht wurde…

1. Juni: Die Beljajewa kommt wieder. Sie bringt ein neues Schreiben von General Iwanowski mit. Waren bei Oberst Fissunow (Polit. Abt.). Er teilte uns mit, daß er Spezialisten brauche und auf der Suche nach ihnen sei. Er begrüße unsere Ankunft, stelle jedoch die Bedingung, daß wir innerhalb seines Systems

arbeiten. Dann wolle er uns eine Unterkunft geben und uns bei sich registrieren lassen. Wir stimmen zu und erhalten die Genehmigung, bis zum Freiwerden eines Zimmers im Hotel zu leben und unsere Sachen dort zu lassen (normalerweise darf man im Hotel nur eine Nacht, von 20.00 Uhr abends bis 8.00 Uhr früh, verbringen, länger erlaubt es die Kommandantur nicht, und ohne Bescheinigung der Kommandantur erlauben es auch die Hotels nicht). Wir bekommen Arbeitsbescheinigungen. Die Beljajewa und Poscharski werden im Bücherlager (im Staatsarchiv) arbeiten. Ich mache mich zusammen mit dem Hauptmann der Garde, Tschernyschow (von der 1. Kommandantur, Chef der Arbeitsabteilung), im alten Schloß an die Arbeit.

Hier wollen wir einhalten und uns folgendes klarmachen: Professor Brjussow ist also nicht sofort in Insterburg aufgetaucht, nachdem unsere Truppen diese alte Stadt mit einer großen Anzahl historischer Gebäude, in denen die historischen und kulturellen Schätze untergebracht sein konnten, eingenommen hatten, sondern erst einige Monate später. Und leider war er auch nicht in Königsberg als »die Mäntel der Soldaten zu brennen anfingen«, sondern erst sechs Wochen nach Erstürmung der Stadt. Überall waren schon die Mitarbeiter der Politischen Verwaltung der 11. Garde-Armee am Werk, die alles Mögliche suchten und das Gefundene irgendwohin schickten, während die Sondergruppe zur Auffindung des Archivs aus Frombork ihre Arbeit schon beendet hatte. Und natürlich haben in diesen Tagen auch jene deutschen »Sondergruppen« nicht geschlafen, die sich noch in Königsberg und seinen Vorstädten halten konnten. Nein, unser verehrter Professor übereilte wirklich nichts! Aber wieviel kleine, doch bedeutsame Hindernisse hatten sich ihm auch in den Weg gestellt: da gab es Kommandanten, die ihm nicht die Erlaubnis für den Aufenthalt im Hotel »Berliner Hof« für länger als 24 Stunden geben wollten und ihm keine Lebensmittel zuteilten, dann wurden wieder irgendwelche Genehmigungen gebraucht, und schließlich war Brjussow, wie aus seinem Tagebuch hervorgeht, nach Ostpreußen gekommen, um »aber auch alles« aufzuspüren, ohne auch nur über eine einzige genauere Adresse oder Aufstellung der gesuchten Sachen zu verfügen. Wie sich später herausstellte, war das Bernsteinzimmer überhaupt nicht erwähnt worden, Brjussow wußte nicht einmal, daß es so etwas gibt. Auch davon, daß Dr. Rohde der bedeutendste Bernsteinkenner in Europa und Direktor der Königsberger Kunstsammlungen war, hatte unser verehrter Archäologieprofessor nichts gehört, seine Bekanntschaft mit Rohde kam vielmehr ganz zufällig zustande, als Rohde auf der Provisorischen Zivilverwaltung Arbeit suchte, um eine Brotkarte und irgendwelche anderen Lebensmittel zu bekommen.

Leider war unser so hoch zivilisierter und gebildeter Herr Professor nicht vom Schlage dieses Dr. von Künsberg, des jungen und unglaublich aktiven Leiters des »Bataillons zur besonderen Verwendung«, das in Rußland und im Baltikum unermüdlich auf Schatzsuche war, oder wie jener energische, sportliche Graf von Solms, der als »Kunstschutzoffizier« wirklich etwas von Kunst verstand, nicht einmal wie die Soldaten der »Sonderkompanien«, Kunsthistoriker in Uniform, Magister und Doktoren, die überall rumwühlten und rumschnüffelten, ihre Nase in jede Ritze steckten, um auf der Suche nach den Schätzen der russischen, litauischen, lettischen, weißrussischen und ukrainischen Archive, Museen, Paläste und Schlösser mal durch Zureden oder Überreden, mal durch freundliche Gespräche und manchmal auch mit Härte an die Informationen zu kommen, die sie interessierten. Sie verfügten über alles, was »Schatzjäger« brauchen: Kenntnisse, Bildung, Sondervollmachten, Transportmittel, Verpackungskisten, Karten, Anschriften, und den unbändigen Willen, zu finden, zu bekommen, zu beschlagnahmen, sofort in Kisten zu verpacken und vom Osten nach Westen, das heißt nach Ostpreußen, und von dort weiter in die verborgensten Winkel Deutschlands zu schikken!

Maximow schreibt in seinem Buch weiter: »Alexander Jakowlewitsch Brjussow war zu dieser Zeit bereits 60 Jahre alt. Er litt an Schlaflosigkeit und akuter Sklerose. Er war weich, nachgiebig und vergeßlich. Einmal hat er sein Hotelzimmer in Uniformjacke mit den Schulterklappen eines Oberst und Zivilhosen verlassen, und das in vollem Wichs einschließlich Mütze, die er dann aus irgendeinem Grund in seine mit Papieren vollgestopfte Aktentasche gesteckt hat. Ein Träumer, ein Denker, verliebt in seinen Bruder, den großen russischen Dichter Waleri Jakowlewitsch Brjussow, dessen Gedichte er größtenteils auswendig wußte und ebensogern las. Nach dem Frühstück schob er seinen Teller zur Seite, lehnte sich in seinem Stuhl zurück, sah lächelnd seine Gehilfen, die beiden Oberleutnants, an und begann leise zu deklamieren: ›Der Abend, friedvoll ohne Kampf, sah kurz uns in die Augen...‹ Seine Augen werden feucht, er schaut bald den einen, bald den anderen an, doch es scheint, als sähe er durch sie hindurch in irgendwelche ihnen unbekannten Tiefen... Er seufzt und zieht den Teller wieder zu sich heran. Die Oberleutnants nicken, schauen auf die Uhr und drängen die Bedienung Lisa zur Eile: ›Lisotschka, den Kissel bitte!‹ Die puppenhaft schöne ›Lisotschka‹, nicht Mensch, nicht Frau – der Teufel weiß was –, vor kurzer Zeit noch der Königsberger Jugend und den deutschen Offizieren unter dem Namen ›Elisabeth‹ als Tänzerin des Varieté ›Barberina‹ bekannt, raschelt mit ihrer frisch gestärkten Schürze, lächelt, macht einen eleganten Knicks und sagt: ›Ja sofort, die Herren Offiziere, sofort!‹ Und die ›Herren Offiziere‹ lächeln vielsagend und zwinkern ihr zu.«

Vergebene Mühe, meine Herren Oberleutnante! Lisotschka gehört nicht zu denen, die sich von ein paar kleinen silbernen Sternen einfangen lassen. Doch das war nur eine kleine lyrische Abschweifung. Kehren wir zum Tagebuch Brjussows zurück!

»Vom 2. Juni bis 16. Juni habe ich mir zusammen mit Tschernyschew alles im Schloß angesehen, was anzusehen möglich war. Das Schloß ist vollständig zerstört. Erhalten geblieben sind nur einige Säle im Nordflügel (d. i. der alte Teil des Schlosses), in dessen oberem Stockwerk wir ein Lager für die ausgegrabenen Sachen eingerichtet haben, während wir unten vom 10. Juni an einen Wachposten aufgestellt haben. An den Such- und Räumungsarbeiten nehmen der Direktor des Königsberger Museums, Rohde (also, da ist er ja! Verf.), und ein Angestellter des Museums, Feyerabend (schau nur, wohin sich der ehemalige ›Direktor‹ des Restaurants ›Blutgericht‹ begeben hat, Verf.), teil. Manchmal kommt der Leiter der Abteilung Altertümer, Friedrich, hinzu. Ich gebe eine Beschreibung dieser Menschen:

1. Hauptmann der Garde Tschernyschew: Um die Dreißig. Ein sympathischer und kluger Mann. Hat Fremdsprachen studiert. In Moskau zu Hause. Musikliebhaber mit gutem Gehör und großer Begabung. Es arbeitet sich mit ihm leicht und angenehm. Von morgens bis abends bei der Arbeit.

2. Rohde: Sieht aus wie ein alter Mann, mit einer zitternden rechten Hand. Unordentlich gekleidet (absichtlich?). Kunsthistoriker. Hat eine Reihe wissenschaftlicher Arbeiten geschrieben. Alkoholiker(?). Läßt kein Vertrauen erkennen (warum sollte er auch? Schließlich ist Brjussow für ihn ein unerwünschter ›Gast‹, ein Feind, Verf.). Mir kommt es immer so vor, als wisse er mehr, als er uns sagt, und wenn er etwas sagt, dann lügt er oft. Wenn man ihn nicht anschaut, sondern von weitem beobachtet, hört seine Hand zu zittern auf. Beteuert, daß die bedeutenden Sammlungen evakuiert wurden, doch wisse er nicht wohin. Als ich ihn gefragt habe, ob vielleicht nach Rastenburg, rief er aber sofort aus: ›Also haben Sie sie gefunden?!‹ (was gab es da zu finden! Welche Sammlungen hätten dorthin evakuiert werden können? Der Professor arbeitete doch mit Hauptmann Tschernyschew zusammen, warum haben sie Rohde nicht auf die Kommandantur gebracht, ihn in einem kleinen, ungemütlichen Zimmer an einen Tisch gesetzt und gesagt: ›So Rohde, jetzt erzählen Sie alles! Wenn Sie nicht sprechen, kommen Sie hier nicht wieder raus! Schließlich hat das, was Rußland, Weißrußland, der Ukraine, Litauen oder Lettland gehört hat, wieder dorthin zurückzukehren! Rohde, Sie sind doch kein Dieb, sondern ein bedeutender Wissenschaftler!‹, Verf.)

3. Feyerabend: Hat es faustdick hinter den Ohren, ein Lügner, aber nützlich (wie ist das zu verstehen? In welchem Sinne ›nützlich‹?, Verf.) Gibt sich als ehemaliges Mitglied der KP aus, will bis zur Übernahme des Schlosses dort gewesen sein. Der Kommandant des Schlosses habe ihm angeblich vor der Kapitulation das ganze Schloß übergeben. Besaß einen größeren Bauernhof und ein Auto (zeigt Fotos herum), doch zur Oberschulbildung hat es nicht gereicht, angeblich wegen Geldmangel…

4. Leutnant Sabrodski: Ein junger Bursche, nicht sehr kultiviert. Überanstrengt sich nicht bei der Arbeit... Vertrauensmann von Oberst Fissunow.«

Brjussow fährt dann mit der Schilderung der Ereignisse fort: »Die Räumarbeiten im Schloß in Zusammenhang mit der Suche nach dem Bernsteinzimmer waren bereits vor mir begonnen worden (na endlich wird auch das lange erwartete Bernsteinzimmer erwähnt. Die Politische Abteilung der 11. Garde-Armee hatte sich offenbar dafür interessiert, Verf.). Auf einen entsprechenden Hinweis Rohdes, der behauptet hatte, daß die Kisten mit dem eingepackten Bernsteinzimmer im Südflügel gestanden haben, begann man dort, die Trümmer wegzuräumen. Einen Tag nach meiner Ankunft stellte ich fest – ein Teil des kleinen Saales, in dem nach Rohde das Zimmer gestanden haben soll, war bereits freigelegt –, daß man in diesem kleinen Raum unmöglich das Zimmer gelagert haben konnte. Ich habe Rohde darauf hingewiesen (etwas muß Professor Brjussow also doch gewußt haben, Verf.). Rohde wollte sich zunächst streiten, lenkte dann aber ein und erklärte, daß das Zimmer im nördlichen Schloßflügel gestanden habe, in einem großen Saal, zusammen mit den Keyserling-Möbeln. Dies wurde von Feyerabend bestätigt. Eine Besichtigung des großen Saals ergab, daß leider sowohl das Bernsteinzimmer als auch die Keyserling-Möbel verbrannt waren. Es wurden Türbeschläge (Messing) aus Zarskoje Selo gefunden, eine teilweise verbrannte geschnitzte Verzierung aus dem Bernsteinzimmer, eiserne Scheiben mit Schrauben, mit denen die einzelnen Teile des Bernsteinzimmers an den Wänden befestigt waren, der Rest einer Kiste mit Geweihenden von den Keyserling-Möbeln. Am 16. Juni kam ein Oberst ins Schloß, der bei der Einnahme des Schlosses dabei war. Er erzählte, daß er, als er das erste Mal in das Schloß kam, genau in diesem Saal des Nordflügels große Kisten stehen gesehen habe, von denen die vorderen auseinandergebrochen waren. In ihnen seien irgendwelche Möbel verpackt gewesen. Folglich ist das Bernsteinzimmer zerstört worden, offenbar von einem Feuer, das unsere Soldaten angezündet haben (warum ›folglich‹? Was für eine seltsame Logik? Dieser Oberst hat nicht das Bernsteinzimmer oder Kisten mit den Bernsteinpaneelen gesehen, sondern Kisten mit Möbeln! Dazu noch unversehrte und nicht vom Feuer beschädigte, Verf.). Die Inspizierung der übrigen Räume und der Kellergewölbe im Nord-, Ost- und Westflügel des Schlosses ergab, daß dort keinerlei Sammlungen aufbewahrt wurden. Hier befanden sich Räume für die Soldaten, die Küche, das Weinlager und der Sanitätsraum.

Im Südflügel, in dem die Kunstsammlungen der Stadt untergebracht waren, und wo man mit den Räumarbeiten begonnen hatte, hat man Verschiedenes gefunden, doch zum größten Teil kaputt und unbrauchbar. Außerdem war, nach den gefundenen Stücken zu urteilen, hier nur Zweit- und Drittklassiges untergebracht, und man wird auch unter Berücksichtigung der Aussagen Rohdes annehmen dürfen, daß die wertvollen Stücke rechtzeitig evakuiert wurden. Es wurde sogar eine Aufstellung der Gemälde gefunden, die nach Wildenhof gebracht worden waren, wohin, wiederum nach Aussage Rohdes, auch 98 Kisten mit Ausstellungsstücken des Kiewer Museums gekommen waren.«

Einen Augenblick! Ich glaube, diese Aufstellung Dr. Rohdes befindet sich im Archiv Georg Steins. Da ist sie. Unklar ist nur, für wen sie angefertigt wurde.

Bericht
über das Schicksal der russischen Museen,
die mir zur Verwahrung überantwortet wurden

1. Das Bernsteinzimmer aus Zarskoje Selo. Im November 1941 erhielt ich vom Stab der Heeres Gruppe Nord das Bernsteinzimmer, das ich in einem geeigneten Raum des Königsberger Schlosses unterbrachte. Vier Wochen vor dem britischen Angriff auf die Stadt wurde das Zimmer an einen sicheren Ort gebracht, und blieb so bei dem Angriff unversehrt. Später wurde das Bernsteinzimmer in Kisten verpackt und im Nordflügel des Königsberger Schlosses eingelagert, wo es sich bis zum 5. April 1945 befand…

2. Das Museum Charkow. Nach dem Abzug der Deutschen aus der Ukraine Sommer 1943 wurde mir der Besitz des Museums

Charkow übergeben. Im einzelnen: 1. Westeuropäische Malerei. 2. Russische darstellende Kunst des 19. Jahrhunderts. 3. Verschiedene Ikonen und Kirchentüren aus Kowel. Die Gemälde (1 und 2) wurden in Kisten verpackt nach Schloß Wildenhof in der Nähe von Zinten (etwa 50 km von Königsberg) gebracht. Ich habe die Kisten Dezember 1944 zum letzten Mal gesehen. Ab Januar 1945 lag der Ort im Kampfgebiet. Die Ikonen (3) wurden im Schloßturm eingelagert, wo sie unversehrt blieben...

3. Das Kiewer Museum. Im Dezember 1943 wurden mir Kunstschätze aus dem Kiewer Museum im Beisein der Assistentin des Kiewer Museums, Kulschenko, übergeben. Der Besitz wurde in 98 Kisten verpackt und auf das Schloß Wildenhof gebracht. In den Kisten befanden sich außer westeuropäischen Gemälden etwa 800 Ikonen. Die bedeutendste Ikonensammlung der Welt! Außerdem waren dort weitere Gemälde und Lithographien. Frau Kulschenko, von der die Sammlung weiterhin betreut wurde, und die Kisten habe ich zum letzten Mal Dezember 1944 gesehen.

Dr. Rohde, Direktor

Was soll das heißen? Einerseits die Türbeschläge aus Zarskoje Selo (Messing), auf die unser lieber Professor soviel Wert gelegt hat, andererseits dieses Dokument, in dem schwarz auf weiß steht: »das Zimmer wurde an einen sicheren Ort gebracht, an dem sich die Kisten mit dem Bernsteinzimmer bis zum 5. April befanden!?« Was ist danach mit ihnen geschehen? Wo sind sie hingekommen? Wo man dieses Dokument in den Händen hatte, hätte man sich da nicht an Rohde ranhängen müssen? Die Ikonen aus Charkow, die im Schloßturm eingelagert waren, wo sind die hin? 800 Ikonen aus Kiew, die bedeutendste Sammlung der Welt! Was ist mit ihnen? Wo sind sie?

Brjussow berichtet weiter: »Trotzdem wurden innerhalb von zwei Wochen etwa tausend Stücke unter den Trümmern hervorgeholt, darunter ein bedeutendes Gemälde von C., verschiedene wertvolle Porzellanstücke aus dem 16. bis 18. Jahrhundert, Silber u. a. Es wurde allerdings nicht alles freigeräumt (ihr seid mir Kerle! Verf.). So wurde in drei Räumen der vorhistorischen Abteilung jeweils nur ein Streifen an der Südwand freigelegt. In der Mitte und an der Nordseite waren die Zimmer so voll von Trümmern, daß es keinen Sinn hatte, die Schuttberge wegzuräumen. Unter dem viereckigen Turm in der Südwestecke des Schlosses war das Kellergewölbe erhalten geblieben. Dort war offenbar ein Teil der Porzellan- und Fayencesammlung eingelagert gewesen. Doch alles war zerstört und zerbrochen. Wir haben nur einzelne, größere Scherben mitgenommen. Die Sachen teile ich gemäß der Anordnung von Oberst Fissunow in zwei Teile ein: Sachen, die nach Moskau gehen, und Sachen, die in Königsberg bleiben, als Grundstock für ein geplantes Museum. Erstere sind bedeutend weniger...«

Und was ist mit Schloß Wildenhof? Da ist es schon! Brjussow schreibt: »Am 12. Juni bot sich uns die Gelegenheit, mit nach Wildenhof zu fahren. Das Schloß des Fürsten Schwerin ist bis auf die Grundmauern zerstört. Bis auf die Keller. Hinweise darauf, daß von hier Kunstsammlungen abtransportiert wurden, wurden nicht gefunden. Entweder waren sie hier nicht eingelagert, oder die Sachen sind bereits vor längerer Zeit evakuiert worden. In drei Kellerräumen lag allerdings das Archiv der Schwerins verstreut – Handschriften, Briefe, Geschäfts- und Gerichtsakten aus dem 16. Jahrhundert. Alles geheftet und durchnumeriert! Leider konnten wir den Wagen nur eine halbe Stunde warten lassen (na, das nenne ich Nachforschungen anstellen! Als ›Anhalter‹ kommen sie nach Wildenhof und dann bleibt ihnen nur eine halbe Stunde. Na gut, dann schleppt alles raus und ladet es auf, in Königsberg wird man sich darüber freuen! Verf.). Das Archiv konnten wir nicht, wie es nötig gewesen wäre, durchsehen. Wir haben nur einige Beispiele mitgenommen. Das Archiv muß abtransportiert werden, aber wie? Wir haben keinen Wagen und bis zum 16. können wir auch keinen bekommen. Nicht einmal für Transporte innerhalb der Stadt geben sie uns einen Wagen und verweisen auf den Treibstoffmangel.

16. Juni: Ich habe mir zusammen mit Tschernyschew das Gebäude des Archäologischen Instituts in der Königstraße angesehen. Alles ist verbrannt und zerstört, an Stelle der Bibliothek nur

Asche und Staub. In der Friedrichstraße haben wir das Gebäude des Militär-Archivs besichtigt. Das Gebäude ist stehengeblieben, man hat jedoch alles aus ihm abtransportiert.

19. Juni: Tschernyschew ist den zweiten Tag krank. Morgen fährt er für zwei Tage weg. Ich bleibe allein hier, um die Arbeiten im Schloß zu beaufsichtigen. Gestern habe ich eine Bibliothek in der Hufenallee besichtigt, neben dem Regierungsgebäude. Diese Bibliothek gehörte der Post. Es sind dort viele interessante Bücher, besonders NS-Literatur. Mit der Auswahl wurde begonnen. Heute morgen habe ich mir das Theater in der Hufenallee angesehen. Alles ist zerstört. Im Schloß verschiedene Dokumente über die Evakuierung der Kunstsammlungen aus Königsberg gefunden...«

Halt mal! Sind das nicht die Dokumente, über die Maximow geschrieben hat? Da, hier schreibt er: »Einmal, es war wohl Mitte Mai, konnte der alte Herr wieder einmal nicht einschlafen (er litt, wie man sich erinnert, an Schlaflosigkeit und akuter Sklerose, Verf.). Er weckte seine Adjutanten und befahl: ›Auf, wir gehen!‹ Sie verließen das Haus, gingen in Richtung Hansaplatz und kehrten auf dem Steindamm, der zum Schloß führt, zurück. Wie mir Alexander Jakowlewitsch Brjussow selbst berichtete, gingen sie ganz automatisch: ›Zum Schloß, ja nur zum Schloß!‹ Als sie dort ankamen, sahen sie aus einem Fenster im zweiten Stock des Nordflügels Rauch aufsteigen. Im Schloß kannten sie sich schon gut aus. Sie wunderten sich natürlich, wer wohl zu dieser frühen Morgenstunde auf die Idee kommt, in den ausgebrannten Mauern des Schlosses ein Feuerchen anzumachen.

Sie liefen in den Hof, ließen dort zur Vorsicht eine Wache zurück und stürmten dann zum zweiten Stock hoch. Dort bot sich ihnen folgendes Bild: ein in die Wand eingemauerter Safe ist geöffnet, und ein Mann holt dort Aktenmappen raus, sieht sie hastig durch und – ab mit ihnen ins Feuer. Lautlos gingen sie näher und sahen, daß es sich um Dr. Rohde persönlich handelte, der hier auf Einbrecherart irgendwelche Unterlagen dem Feuer überantwortete. Einer der Adjutanten sprang auf ihn zu, faßte ihn hart am Kragen, hob ihn in die Luft und ließ ihn zu Boden fallen. Die

Offiziere begannen, die Akten aus dem Feuer zu holen. Nachdem alles eingepackt war, was noch im Safe war und was man aus dem Feuer gerettet hatte, brachten sie Rohde zum ›Grauen Haus‹, das sich am Gesekusplatz befand. Dort ließen sie ihn in Gewahrsam nehmen, während die Akten zur Eilübersetzung gegeben wurden.«

Was sagt nun Brjussow zu diesem Vorfall? Soll er selbst erzählen: »Ich beginne mit der sorgfältigen Durchsicht dieser Papiere. Die Beljajewa und Poscharski sind vom Archiv in die Königsberger Bibliothek gewechselt. Friedrich ist ins Schloß gekommen. Er wurde dienstverpflichtet (als Architekt und Bildhauer), in einer Brigade, die ein Denkmal für die gefallenen sowjetischen Soldaten errichten soll. Ihm ist es anscheinend gleich, wem er ein Denkmal macht. Immer fröhlich und zu einem Scherz aufgelegt.

25. Juni: Die Räumungsarbeiten im Schloß gehen die ganze Zeit weiter. Heute wurde das dritte Zimmer freigelegt. Eine Reihe von Gemälden wurde gefunden, darunter eine ›Madonna‹ von Verrocchio (Schule), ein Gemälde von Brueghel d. Jüngeren. Hier hat man erklärt, daß der Verrocchio dem Komitee für Kunst zu übergeben sei. Soll Moskau das entscheiden! Doch alle Sachen aus den Räumungsarbeiten im Schloß haben an das Komitee für Kultur- und Bildungseinrichtungen zu gehen. Wenn ich nicht gegen den Abtransport des Gemäldes von C. Einspruch erhoben habe, dann deshalb, weil es vor meiner Zeit im Schloß gefunden wurde. Es entstand darüber ein Streit.

Im Schloß wurden viele Unterlagen gefunden, die beweisen, daß Rohde für den Schutz der Museumsgüter in ganz Ostpreußen verantwortlich war. Er hat die Sachen von hier fortgeschafft, doch wohin? Es ist aus ihm nichts rauszubekommen. Er lügt nicht, sagt aber fast nichts. Er spricht nur, wenn wir auch ohne ihn etwas entdecken. Als wir uns jetzt an die letzten beiden Zimmer im Schloß machten, und er sah, daß wir die Aufräumarbeiten fortsetzen, hat er uns genau beschrieben, was dort stand: Die Negativ- und Filmsammlung, eine Kiste mit Porzellan, Gemälde. Ich kann einfach nicht verstehen, warum sie mit Rohde so sachlich umgehen, warum verspricht man ihm keine Begünstigungen? Warum wendet man nicht das ›Zuckerbrot-und-Peitsche-System‹ bei ihm an? Für mich ist er ein eingefleischter Nazi. Freiwillig sagt der nichts…

In einem kleinen Raum haben wir Sachen für Oberst Fissunow aufgestöbert. Ich habe ihm zwei Teppiche aus dem Schloß, zeitgenössische Fabrikware, keine Museumsstücke überlassen. Später haben ich und Feyerabend noch irgendwo einen dritten Teppich gefunden, auch anderes noch. Schon gut! Es kann uns bei unserer Arbeit helfen, d. h. vielleicht können wir von Fissunow einen Wagen für den Abtransport aus Wildenhof bekommen.

Die Räumungsarbeiten wurden in den letzten Tagen fortgesetzt. Der kleine Raum ist freigelegt. Es wurden die unversehrte Phonothek des Museums und zehn bunte Glasfenster vom Anfang des 17. Jahrhunderts gefunden. Durch welches Wunder sind sie unter dem tonnenschweren Schutt ganz geblieben? Es wurde mit der Räumung des letzten Raumes (Korridor) begonnen. Die Arbeit ist äußerst schwierig. Alles ist verschüttet. Riesige Betonplatten sind von den Decken herabgestürzt, Eisenträger hängen herab, bis zu fünf Meter liegt der Schutt hoch. Die Beljajewa ist zu Bekannten nach Wehlau gefahren. Inzwischen habe ich durch Zufall einen Termin bei General Pronin (Stadtkommandant von Königsberg) bekommen. Ich bat ihn um einen Wagen zum Abtransport des Schwerin-Archivs, bekam aber eine negative Antwort, angeblich gibt es keinen Treibstoff! Aber ringsumher fahren alle in Autos rum! Wegen 25 Liter Treibstoff geht ein Archiv verloren! (Die Teppiche haben offenbar nicht geholfen. Vielleicht hätte man sie nicht dem habgierigen Oberst, sondern dem Stadtkommandanten zukommen lassen sollen? Verf.) Im Schloß wurden Soldaten der 1. Moskauer Abteilung einquartiert. Und unsere Museumssachen stehen in einem unverschlossenen Raum! Was soll man machen? Ich werde versuchen, sie ins Archiv bringen zu lassen, doch ich fürchte, daraus wird nichts.

Unsere Arbeit wird wahrscheinlich umsonst gewesen sein. Wir verpacken zwar die Sachen, doch ob sie erhalten bleiben, ist fraglich. Die Stimmung ist auf dem Nullpunkt. Unter solchen Bedingungen hat es keinen Sinn, noch länger in Ostpreußen zu bleiben.

Man muß so schnell wie möglich beenden, was angefangen wurde, und nach Hause fahren. Ich habe geplant, am 18. zu fahren…

Die Räumungsarbeiten im Schloß sind fast abgeschlossen. Es bleibt noch für ungefähr drei bis vier Tage Arbeit. Die Sachen müssen nur noch registriert werden. Es wurde ziemlich viel gutes Porzellan gefunden, chinesisches, Berliner und Meißener. Wir haben eine Holzskulptur aus dem 13. bis 14. Jahrhundert und eine Marmorskulptur, die Mussolini dem Museum geschenkt haben soll, gefunden. Es sind viele wertvolle Sachen gefunden worden, doch was aus ihnen nach unserer Abreise wird, weiß ich nicht. Hauptmann Tschernyschew will zur 2. Armee gehen und abreisen. Ohne ihn ist hier alles verloren. Heute am Sonntag arbeiten wir nicht…

13. Juli: Ich habe lange keine Eintragung mehr vorgenommen. Viel Neues ist geschehen. Die Beljajewa und Poscherski haben ihre Arbeit beendet. Ich wollte am 12. abreisen, doch nachdem ich eine freistehende Mauer hochgeklettert war, entdeckte ich gegen Abend auf dem freischwebenden Fußboden des dritten Stocks Teile einer Porzellansammlung. Sofort ließ ich eine Leiter anstellen und jagte Arbeiter zum Freilegen der Sammlung hoch. Es tauchten vier Kisten mit feinstem Porzellan auf. Leider fielen die Kisten runter, viel ging dabei kaputt, doch etwa 40 Stücke blieben ganz. Äußerst seltenes Porzellan! Ich habe alles in fünf Kisten für Moskau verpacken lassen. Die Aufräumungsarbeiten sind beendet. Alle Sachen wurden in insgesamt sechzig Kisten verpackt. Die Hälfte wurde für Moskau ausgewählt. Die Sachen wurden in zwei benachbarte Räume des Schlosses gebracht. Tschernyschew hat versprochen, die für das Archiv bestimmten Sachen morgen abzuholen, dort sind sie ziemlich sicher……

Ich habe Rohde noch einmal über die Sammlungen, die sich im Schloß befunden haben, verhört. Seine Antworten stimmten mit dem Text der im Schloß gefundenen Unterlagen überein. Hier seine Aussage betreffs der Minsker Museen: Die Sachen wurden Frühjahr einundvierzig hergebracht und standen im dritten Stock des Ostflügels… Die besseren Sachen wurden ausgewählt und verpackt. Das Ost-Ministerium wollte sie evakuieren, was jedoch nicht rechtzeitg gelang, und so ist alles beim Bombenangriff im August 1944 zerstört worden. Aus polnischen Sammlungen gab es drei Tafelbilder, Brueghels ›Advokatenzimmer‹, ›Amor und Psyche‹. Das Prussia-Museum wurde zunächst nach Rastenburg gebracht,dann kam es nach Pommern.«

Damit enden die Aufzeichnungen von Professor Alexander Jakowlewitsch Brjussow. Doch erlauben Sie, verehrter Alexander Jakowlewitsch, soll das alles sein? Und das Bernsteinzimmer? Sie hatten doch den Bericht des Direktors der Königsberger Kunstsammlungen über den Verbleib der Kunstschätze in der Hand, aus denen hervorgeht, daß sich die Kisten mit den Bernsteinpaneelen bis zum 5. April im Schloß befunden haben, daß weiter das Bernsteinzimmer an einen »sicheren Ort« gebracht wurde und daß drittens eine große Zahl der Kunstschätze nach Wildenhof auf das Schloß der Grafen von Schwerin evakuiert wurde. Sie, Herr Professor, waren doch dort und haben festgestellt, daß von dort alles verschwunden ist. Alles, außer dem Archiv. Wohin ist es gebracht worden, wo wurde es versteckt? Rohde hat wahrscheinlich gewußt, wo. Rohde muß es gewußt haben! Er war schließlich für ihre Evakuierung nach Wildenhof zuständig. Wahrscheinlich war auch der weitere Transportweg dieser Kunstschätze in andere Schlösser, Kellergewölbe und Bunker bis ins letzte vorbereitet. Ist es nicht so, Herr Professor? Sind Ihnen diese Überlegungen nicht in den Kopf gekommen? »Die Sucharbeiten einstellen! Es hat keinen Sinn, weiter in Ostpreußen zu bleiben!«

Frühstück, Mittag, Abendessen im Restaurant des ehemaligen Hotels »Berliner Hof« am Steindamm. Jeder Tag verläuft gleich. Tschernyschew ist bereits abgefahren. Jetzt leistet dem Professor der junge Leutnant Sabrodski Gesellschaft. Fräulein »Lisotschka« ruft man nun noch seltener herbei. Aufregend duftend läuft sie am Tisch vorbei in eine Ecke des Restaurants, wo um einen jungen, großen Panzer-Oberst geschart, eine laute, fröhliche Gesellschaft sitzt. Der Oberst steckt in einer schwarzen Uniform, hat rote Haare, eine Narbe läuft quer über sein Gesicht, die breite Brust »ganz in Silber«. Er lächelt, wenn Lisotschka an den Tisch kommt, legt ihr vertraut die Hand um die Taille und flüstert ihr irgend etwas in ihr rosiges Öhrchen. »Lisotschka, wenn wir das Kompott bekommen könnten«, ruft der Leutnant. »Jawohl, jawohl!...« antwortet Lisotschka schnell und flattert wie ein bunter Schmetterling im Saal umher, wobei sie die Blicke aller Männer auf sich zieht. »Einen Moment, bitte!« Der Professor deklamiert wieder Verse seines Bruders und schlägt dazu mit der Gabel gegen den Teller. Er verstummt. Legt die Gabel zurück. Da kommt endlich Lisa mit dem Kompott. Der Professor erkundigt sich bei Sabrodski: »Und was ist mit den übrigen Unterlagen Rohdes? Wann sind die übersetzt? Was ist überhaupt mit Rohde geworden, nachdem er in das ›Graue Haus‹ gebracht wurde?« Der Leutnant trinkt sein Kompott aus, angelt sich die Aprikosenkerne aus dem Glas und zerbeißt sie mit seinen kräftigen Zähnen: »Sie haben gesagt, daß sie ihn gleich wieder freigelassen haben. Schließlich habe er nichts Verbotenes getan, sondern nur seine eigenen Unterlagen verbrannt. Wo er hin ist? Irgendwo hingegangen, mehr weiß man nicht.«

Brjussow hat Alfred Rohde nicht mehr zu Gesicht bekommen. Jetzt erinnerte er sich an die von Rohde zurückgelassenen Unterlagen. Es verging aber noch eine Woche, bis er sie sich genau ansah. Und da hat er dann gemerkt, daß er das Bernsteinzimmer sozusagen schon in der Hand gehabt hatte, es ihm wegen seiner Sorglosigkeit aber wieder entglitten war. Er hatte nämlich drei Schreiben gefunden, die ganz genau zu dem Vorgang paßten, dazu die Antwortschreiben. Jetzt standen ihm die Haare zu Berge. Es wurde ihm klar, wen er da hatte laufen lassen... Aus den Schreiben ging hervor, daß der Führer persönlich dreimal verlangt hatte, das Bernsteinzimmer nach Berlin zu bringen, doch Rohde hatte den Transport bewußt verzögert.

Im ersten Schreiben heißt es: »Der Führer hat befohlen, daß das Bernsteinzimmer nach Berlin gebracht wird.« In dem beigehefteten Antwortschreiben liest Brjussow: »Das Bernsteinzimmer wird z. Zt. restauriert, da es in der letzten Zeit stark beansprucht wurde. Sobald die Arbeiten abgeschlossen sind, wird das Zimmer umgehend zu Ihnen verbracht. Dr. Rohde.« Das zweite Schreiben datiert einen Monat später. Hitler befiehlt nochmals, das Bernsteinzimmer nach Berlin zu schaffen, und zwar sofort. Rohde versichert zunächst lang und breit seine Ergebenheit gegenüber dem Führer und schreibt dann: »Die Restaurierung wird zur Zeit abgeschlossen und das Zimmer in den nächsten Tagen nach Berlin überstellt.« Das dritte Schreiben, nun nicht mehr an Rohde, sondern an Erich Koch gerichtet, befiehlt in unmißverständlichem Ton die Überstellung nach Berlin. Auf diesem Schreiben findet sich mit rotem Stift der Vermerk Kochs, daß Rohde dem Befehl des Führers unverzüglich Folge zu leisten habe. Die Antwort auf dieses Schreiben stammt wieder von Rohde: 1. Die Eisenbahnverbindungen sind vom Feind zerstört worden. 2. Der Transport über die Ostsee stellt ein zu großes Risiko dar. Sie wird vom Feind kontrolliert. 3. Im Luftraum bewegen sich ständig feindliche Flugzeuge. »Ich versichere hiermit, daß sich das Bernsteinzimmer an einem völlig sicheren Ort befindet, in einem Bunker auf dem dritten Deck. Der Eingang zu dem Bunker ist maskiert. Doktor Rohde.«

Das Bernsteinzimmer war also gar nicht von Wildenhof nach Deutschland gebracht worden, sondern befand sich noch irgendwo auf ostpreußischem Gebiet. Maximow hörte von dieser schrecklichen Geschichte erstmals im Sommer 1947 von Alexander Jakowlewitsch Brjussow in dessen Arbeitszimmer im Historischen Museum am Roten Platz in Moskau. Brjussow versuchte damals, sich zu rechtfertigen: »Als man mich auf diese Mission nach Ostpreußen schickte, war ich in keiner Weise dafür gerüstet. Ich wußte nicht, daß Rohde ein bedeutender Spezialist für Bernstein war, und ich wußte auch nicht, daß dieser kränkliche Deutsche wissenschaftliche Veröffentlichungen geschrieben hatte. Schließlich hatte ich nicht einmal im Traum daran gedacht, daß sich das Bernsteinzimmer noch irgendwo sorgfältig versteckt in Königsberg befinden könnte. Rohde wußte dagegen alles!« Natürlich hatte der Professor auch nicht erwartet, daß die russischen »Ordnungshüter« Rohde glaubten und diesen Erzgauner ohne seine Genehmigung freilassen würden. Doch diese drei von Rohde unterzeichneten Schreiben beweisen ganz klar, daß gerade er für uns wichtig gewesen wäre. Rohde war der Schlüssel zur Lösung vieler dunkler Dinge, die sich in den letzten Tagen der Herrschaft Deutschlands über Europa abgespielt haben.

Maximow traf sich noch zweimal mit Brjussow, doch es wollte sich kein Gespräch entwickeln, der Professor umging das Thema und erzählte von irgendwelchen Ausgrabungen in der tatarischen Stadt Sarai. »Man merkte«, so schreibt Maximow, »daß das Bernsteinzimmer Brjussow nicht am Herzen lag, er hat sich sogar abfällig über das Zimmer geäußert.« Maximow war der einzige, der außer Brjussow von der Existenz der drei Schreiben wußte. Kurze Zeit später waren sie ebenso verschwunden, wie eine große Zahl anderer Dokumente und Archive auch, die auf Befehl Berijas vernichtet wurden (Brjussow hatte die übergeordneten Organe über die Schriftstücke unterrichtet). Maximow hat daraufhin den ganzen Vorgang dem Sekretär des Gebietskomitees der KPdSU, Wenjamin Dmitrijewitsch Krolewski, gemeldet, und der hat zwei Stenotypistinnen geholt und den Bericht protokollieren lassen.

Doch kehren wir zu Dr. Alfred Rohde zurück. Was ist aus ihm geworden? Wohin war er verschwunden? Es gelang, seine Adresse ausfindig zu machen: Beeckstraße 1. Sie liegt hinter dem Tiergarten, bei den Tennisplätzen, in dem hübschen »Komponisten-Viertel« mit Straßennamen wie: Beethovenstraße, Mozart-, Haydn-, Weber- oder Straußstraße. Man fuhr hin, doch es wurde nicht geöffnet. »Bitte?«, hörte man eine Stimme aus der einen spaltbreit geöffneten Haustür gegenüber. »Die Wohnung von Dr. Rohde ist leer!« Und wirklich, die Eingangstür war nicht verschlossen. Es roch muffig, unbewohnt. Im Flur lagen irgendwelche Sachen umher. »Dr. Rohde, sind Sie zu Hause?« Niemand antwortete. Wie im Flur, lag auch in den Zimmern alles durcheinander, die Möbel waren umgestürzt, die Schreibtischschubladen herausgezogen, die Schranktüren geöffnet. Der Fußboden war voller Zeitungen und Schriftstücke, es sah aus, als hätte hier jemand rumgewühlt und etwas gesucht. Niemand war im Haus, weder Rohde noch seine Frau. Eine Nachbarin, die gegenüber wohnte, erklärte, sie habe gehört, daß irgendwelche Leute gekommen seien, doch wer, ob Zivilisten oder vom Militär, Russen oder

Deutsche, das könne sie nicht sagen. Es war eine unruhige Zeit, wenn es dunkel wurde, krachten Schüsse in der Stadt, es gab Raub, Mord und Vergewaltigungen. Nein, weder Dr. Rohde noch seine Frau wären nochmal hiergewesen. Wohin sie sind? Ob sie weggefahren sind? Jemand habe gesagt – nein, sie erinnere sich nicht, wer –, daß sich Rohde und seine Frau schlecht gefühlt hätten und angeblich zu ihrem Hausarzt wollten. Wo er wohne? Name? Nein, obwohl sie Nachbarn gewesen seien, aber das wisse sie nicht.

Die Leute verschwinden und niemand weiß etwas! Beide waren sie erkrankt, und dazu noch so ernst, daß sie beim Verlassen des Hauses von mehreren Männern begleitet wurden. Wenn sie nicht ganz verschwunden sind, dann sollten sie in einem der Krankenhäuser der Stadt sein. Man durchstöberte die Papiere, die in den Zimmern verstreut lagen, und dabei fand man folgendes Attest:

Dr. med. Köcker
Arzt

Königsberg i. Pr.
Beethovenstr. 15
Tel. 21 700

Herr Dr. Rohde leidet an fortschreitender Paralyse. Er ist schwer krank und in keiner Weise in der Lage, körperliche Arbeiten auszuführen. Dauer der Arbeitsunfähigkeit: mehrere Monate.

Ein merkwürdiges Attest, nebenbei bemerkt. »An fortschreitender Paralyse schwer erkrankt?« In diesem Zustand legt man einen Patienten fest ins Bett, und Dr. Rohde ist von Januar bis April 1945, bis zur Erstürmung Königsbergs, buchstäblich in ganz Ostpreußen rumgesaust. Nach Aussage Feyerabends war er von morgens bis abends auf den Beinen, hatte irgendwelche Kisten eingepackt, abgeladen, aufgeladen, weggefahren und angefahren… Natürlich hat er sie nicht selbst aufgeladen und abgeladen, doch er stand auch nicht rum, die Hände in den Hosentaschen. Im Gegenteil, überall hat er mit angefaßt, geholfen, gehoben, abgestellt, aufgeregt gerufen: »Vorsicht, Porzellan!, Achtung, Glas!« Rohde benötigte das Attest offenbar, um sich vom Arbeitsdienst befreien zu lassen, der jetzt Schützengräben zu graben, Panzersperren und Barrikaden zu errichten hatte. Aber hätte ein hoher Beamter der Stadt wie er, nicht auch ohne solch ein Attest befreit werden können?

Die Wohnung und Praxis von Dr. Köcker fand man ebenfalls leer. Die Türen waren eingedrückt, die Fenster eingeschlagen, doch im Sprechzimmer standen noch die Krankengeschichten seiner Patienten in einem Regal, darunter auch die Dr. Rohdes. Aus ihr ergab sich, daß Rohde Ende 1945 ernstlich erkrankt war und in ein Krankenhaus eingeliefert werden sollte. Aber in welches? Die Anordnung der Politischen Abteilung der 11. Garde-Panzer-Armee war äußerst streng: Rohde ausfindig machen! Sollte er gestorben sein, die Todesursache ermitteln! Man fuhr die verschiedenen Krankenhäuser ab, ohne einen brauchbaren Hinweis zu bekommen. Zufällig erfuhr man dann, daß Herr und Frau Dr. Rohde verstorben und auf dem 1. Luisen-Friedhof am Hammerweg beerdigt seien. Wo dort? Das Grab befände sich gleich neben der Statue »Jesus unter dem Kreuz«.

Auf dem kleinen Luisen-Friedhof fand man wirklich neben dem »Christus auf dem Weg nach Golgatha« zwischen vielen neuen Gräbern einen kleinen Grabhügel mit einfachem Holzkreuz, auf dem mit Tintenstift geschrieben stand: »Ilse und Alfred Rohde«. Es war Dezember, der Schnee hatte die Gräber zugedeckt, die Erde war steinhart gefroren. Es wurde beschlossen, das Grab zu öffnen. Zehn Kriegsgefangene, ehemalige Angehörige der 561. ostpreußischen Volksgrenadier-Division, die zunächst den blutigen Weg von Königsberg an die Ostfront gegangen und dann zurückgekommen war, um die Festung Königsberg zu verteidigen, zehn Kriegsgefangene, die das Inferno, das über die Stadt hereinbrach, überlebt und sich am Abend des 9. April zusammen mit ihrem Kommandanten Otto Lasch ergeben hatten, mühten sich redlich und konnten dennoch den Befehl ihres neuen Kommandeurs, des Sergeanten Petrow, nicht ausführen. »Wie tief graben sie hier die Menschen ein?« Als sie bereits drei Meter tief den gefrorenen Boden ausgehoben hatten, befahl der Sergeant: »Halt, Kameraden!« Er stellte sich an den Rand der Grube, knöpfte seinen weißen, so angenehm nach Stall riechenden Halbpelz auf, holte aus der Tasche seiner weiten Reithosen eine Schachtel

Zigaretten hervor. Er hielt sie den Grenadieren hin und gab ihnen sein Feuerzeug. Dann steckte er sich selbst eine Zigarette an, spuckte in die Grube und sagte: »Nicht einmal ein Chren ist hier, Männer. Macht das Loch wieder zu!« »Was ist das, ein Chren?« fragte erkältet mit heiserer Stimme einer seiner Preussen, doch der Sergeant hielt ihn keiner Antwort wert.

Jedes Geheimnis gebiert neue Geheimnisse. Die ehemalige Nachbarin des Ehepaares Rohde wurde zum Verhöhr zur Untersuchungsabteilung »Todesfälle« gebracht, wo sie erklärte, daß beide noch zwei Tage vor ihrem Verschwinden und Tod völlig gesund gewesen seien. Dann tauchten unklare Hinweise auf, daß das Ehepaar von Leuten der Organisation »Werwolf«, »Rückkehrern«, umgebracht worden sei, die glaubten, Rohde könnte den »Sowjets« bestimmte Geheimnisse verraten, und in diesem Zusammenhang wurde wiederum der Name des Sturmbannführers Ringel genannt. Angeblich sei ihm der Auftrag erteilt worden, das Bernsteinzimmer aus Königsberg wegzuschaffen oder es so zu verstecken, daß es von niemandem und nie mehr gefunden werden könne. Dann tauchten wieder Gerüchte auf, Rohde habe Selbstmord begangen.

Im Archiv Georg Steins finden sich verschiedene Dokumente, die die Angelegenheit erhellen. Zunächst schreibt Stein: »Zu diesen Aussagen muß einiges angemerkt werden. Die Personen, die damals 1945 bis 1947 der russischen Kommission Hinweise gaben, ja ganze ›Romane‹ erzählten, waren alle Menschen, die in äußerster Not, Armut, Hunger und Verzweiflung lebten. Für (den Russen) genehme Aussagen, gab es Vorteile – Butter und Brot, Milch und Fleisch, ein warmes Dach über dem Kopf und Anerkennung durch den Sieger, vielleicht sogar Arbeit und Lohn. Weil dem so war, sollte man heute diese Aussagen als äußerst fraglich ansehen.« Stein fährt dann fort: »Später hat die westdeutsche Presse um den Tod der beiden ganze ›Romane‹ geschrieben, die vorne und hinten nicht stimmen. Da war kein ›Werwolf‹ in Aktion gewesen, Rohde und seine Frau starben an Hunger und Fieber. Dabei muß angeführt werden, daß die Ernährungslage im belagerten Königsberg schon seit Mitte März 1945 äußerst angespannt war. Als die Russen die Stadt stürmten und viele der letzten Versorgungslager auf loderten, war der Hunger Herr in der Stadt. Die alten Leute traf es zuerst. Und sie starben langsam und qualvoll.«

Rohdes Tochter Lotti schreibt im Ostpreußenblatt: »Bestätigen kann ich, daß mein Vater wußte, wo sich die Kunstschätze aus Minsk und Kiew befanden. Als ich Ende Januar 1945 Königsberg verließ, machte ich mir große Sorgen um meine zurückbleibenden Eltern, doch beruhigte mich mein Vater, indem er zu mir sagte, daß er vor den Russen keine Angst zu haben brauche, da er in der Lage sei, sie über den Verbleib der besagten Kunstschätze aufzuklären. ... Die Nachricht vom Tod meiner Eltern erhielten mein Bruder und ich Anfang 1948 durch unsere Kaufmannsfrau K., die Mitte 1947 aus Königsberg herauskommen konnte. Danach sind meine Eltern Ende 1945 – Anfang 1946 an Hungertyphus gestorben, meine Mutter hätte etwa vierzehn Tage länger gelebt als mein Vater. An einen Selbstmord meines Vaters vermag auch ich nicht zu glauben, da das nicht seinem Wesen entsprach. Wieviele Menschen seinerzeit in Königsberg elend zugrunde gegangen sind, ist ja zur Genüge bekannt.«

Und der ehemalige Königsberger Oberbürgermeister, Dr. Hellmuth Will, hat fünfzehn Jahre nach Kriegsende gegenüber der Presse erklärt: »Über Rohde kann ich aber folgendes sagen: Im Kriegsgefangenenlager in der russischen Stadt Jelabuga habe ich gehört, daß er angeblich versucht habe, den ›Sowjets‹ mitzuteilen, wo die Kunstschätze und das Bernsteinzimmer versteckt sind. Ich kann das nicht glauben. Seinen Bernstein hätte er niemandem gegeben, er war ein korrekter Mann und bis an sein Ende ganz seiner Arbeit ergeben. Ob das Zimmer noch dort in unserem alten, guten Preußen ist? Diese Frage ist schwer zu beantworten. Ich habe mich nicht mit dieser Frage beschäftigt. Auf folgendes möchte ich aber hinweisen, einen Umstand, der zum Nachdenken zwingt: Warum sind Rohdes dort allein zurückgeblieben? Der Bernstein und das Bernsteinzimmer waren für Rohde das wichtigste auf der Welt! Rohde konnte ihn nicht dort allein zurücklassen, also blieb er bei seinem Bernstein. Wenn das Bernsteinzimmer fortgebracht worden wäre, wer anders als Rohde hätte es begleitet!?«

Und hier noch ein besonders wichtiger Bericht: »Dr. Rohde ist tot, alle Spekulationen über Tod und Nichttod sind gegenstandslos. In der zweiten Hälfte des Jahres kam er als schwerkranker Mann in das auf den Hufen gelegene Ambulatorium (Ende Beethovenstraße), das von einer deutsch-russischen Ärztin, einer Frau Dr. Tiel, geleitet wurde. ... Zur Zeit der Einlieferung von Dr. Rohde arbeitete ich bei Frau Dr. Tiel. Dr. Rohdes Zustand war sehr ernst, er befand sich in der Endphase des Hungertodes. Er war völlig apathisch, teilweise auch absolut verwirrt. Er starb nach kurzer Zeit, ganz ›unmysteriös‹ den Hungertod – wie viele Königsberger.« Lisa S.

Ruhen Sie in Frieden, Doktor Alfred Rohde, der Sie so vieles wußten. Ruhen auch Sie in Frieden, Professor Brjussow. Trotz Ihrer Vergeßlichkeit und Zerstreutheit haben auch Sie viel gewußt! Beide wußten sie, was wir nicht wissen. Zum Beispiel, in welchem Stadtteil, in welcher Straße sich der Bunker befindet, den Ihnen Dr. Rohde nach einem längeren Gespräch zeigte und sagte: »Hier, in diesem Bunker, wird eine riesige Menge an Kunstschätzen verwahrt.« Warum haben Sie nur nicht sofort Ihren Kameraden, dem guten Garde-Hauptmann Tschernyschew oder dem nicht sehr intelligenten, faulen Leutnant von diesem Bunker erzählt? Vielleicht wäre dann auch das Schicksal Dr. Rohdes ein anderes gewesen...

Übrigens: Ende Dezember 1946, kurz vor Jahreswechsel, heiratete Fräulein Elisabeth Mannstein ihren Oberst der Panzertruppe. Da Fräulein Lisa nicht unserem Staat angehörte, konnte der Oberst die Ehe nicht offiziell registrieren lassen, was jedoch das junge Paar nicht weiter gestört hat. Die Hochzeitsreise unternahmen der Oberst und Lisa zusammen mit Kameraden des Oberst auf einem »T-34« von Königsberg nach Rauschen, wo das Brautpaar in einer kleinen, hübschen Villa die Nacht verbrachte. Der Panzer stand derweil im Garten. Um 12 Uhr nachts kam die ganze Gesellschaft lärmend aus dem Haus gestürmt – zwei Offiziere trugen die Braut, der Oberst ging mit ruhigem, festen Schritt voran. Die ganze Kompanie machte neben dem Panzer halt, und der

Oberst kletterte in den Panzer. Der Geschützturm drehte sich, die Kanone zeigte jetzt auf das Meer, dann erzitterte das Kanonenrohr und schleuderte mit lautem Knall das Geschoß weit auf das dunkle Meer raus.

Der Oberst soll für diesen Schuß einen strengen Verweis erhalten haben. Ein Jahr später, so wurde weiter berichtet, sei er wegen seines »Verhältnisses« zu einer Deutschen, das dem Ansehen der sowjetischen Offiziere in der zivilen und militärischen Öffentlichkeit großen Schaden zugefügt habe, bei Verlust aller Auszeichnungen degradiert worden.

Dann wurde berichtet, der ehemalige Oberst sei am Ural aufgetaucht und arbeite auf der Kolchose »Vorwärts zum Kommunismus« als Traktorist. Er habe eine prächtige Familie, eine hübsche Frau und sechs blonde, blauäugige Söhne. Oder waren es drei Mädchen? Was für ein Unterschied? Hauptsache, sie sind am Leben!...

6. Ännchen von Tharau

Das deutsche Denkmal des »Ännchen von Tharau« wollen Bundesbürger am traditionellen Ort in der ostpreußischen Stadt Memel wieder aufstellen. Dies ist das erste Mal, daß ein Monument mit rein deutscher Vergangenheit auf dem Territorium der Sowjetunion rekonstruiert wird.

Aus: Hamburger Abendblatt, 4. April 1989

ADOLF HITLER

OBERSALZBERG,
den 26. Juni 1939

Ich beauftrage Herrn Galeriedirektor Dr. Hans Posse, Dresden, mit dem Aufbau des neuen Kunstmuseums für die Stadt Linz/Donau.

Alle Partei- und Staatsdienststellen sind verpflichtet, Herrn Dr. Posse bei der Erfüllung seiner Aufgabe zu unterstützen.

Unterschrift

Die Geschichte dieses Kunstraubs fing an im März 1938, als Hitler seine österreichische Heimat mit Waffengewalt und unter dem Jubel der großen Mehrheit »heim ins Reich« holte. Beim Einzug in seine Heimatstadt Linz gelobte er in seiner Rührung, sich einen Jugendtraum zu erfüllen. In Linz wollte er sich und wohl auch seiner Mutter ein Denkmal setzen: das schönste und größte Museum der Welt – es sollte den Louvre, die National Gallery, das New Yorker Metropolitan Museum und die Eremitage weit in den Schatten stellen. Für die Galerie konnte er sich nur eine Überschrift denken: »Dem deutschen Volk zu eigen.«

Ein Weltmuseum in Linz aufzubauen, dazu bedurfte es dann doch eines überragenden Fachmanns, und Hitler fand ihm im Sommer 1938: Professor Hans Posse, den 59jährigen Direktor der Dresdner Gemäldegalerie, einen exzellenten Kenner der italienischen und niederländischen Renaissance- und Barockkunst.

Das erste Land, in dem sich Posses Organisationstalent und Kunstkennerschaft bewähren konnte, war Österreich. Unmittelbar nach dem »Anschluß« im März 1938 war es dort drunter und drüber gegangen: Die Nationalsozialisten samt ihren Organisationen hatten sich in einem Rausch über das jüdische Vermögen hergemacht. Wertvolle Kunstsammlungen, die Bestände vieler Kunsthandlungen, aber auch das Interieur verschiedener großbürgerlicher Palais (Gesamtwert 60 bis 70 Millionen Reichsmark) wurden geplündert.

Hitler hatte von vornherein daran gedacht, die in Wien eingezogenen Kunstsammlungen an die Museen anderer österreichischer Städte zu verteilen, den größten Batzen natürlich für seine neue Galerie in Linz. Die Auswahl überließ er dem Fachmann Posse, dessen strengem Urteil er sich beugte.

Mit Feuereifer stürzte sich Posse in seine neue Aufgabe. Posse, begeistert von dem einzigartigen Auftrag, das schönste Museum der Welt aufzubauen, hatte sich auf einen Pakt mit dem Teufel eingelassen.

Der Krieg unterbrach die Bestandsaufnahme in Österreich, denn nun stürmten neue Anforderungen auf den »Sonderauftrag Linz« ein. Im Gefolge der siegreichen Wehrmacht hatten sich Scharen von Kunsthyänen auf ihre Raubzüge durch Europa begeben, allen voran der Einsatzstab Rosenberg, der bewußt die Haager Landkriegsordnung brach. Mit von der Partie waren die Agenten Hermann Görings, ein Bataillon zur besonderen Verfügung des Reichsaußenministers von Ribbentrop, Kunstschutzoffiziere des Heeres, später die SS.

Die Organisation »Sonderauftrag Linz« wurde wie eine Geheime Reichssache behandelt. Sie war Hitler und Bormann unmittelbar unterstellt; um die Finanzen kümmerte sich Lammers.

Den ersten großen Raubzug außerhalb der Grenzen unternahmen die Deutschen in Polen. Posse berichtete nach einem Besuch Ende 1939: »In Krakau waren fast täglich Waggons mit den sichergestellten Kunstwerken aus öffentlichem, kirchlichem und privatem Besitz im Anrollen.« Am 28. November 1940 schrieb Posse an Bormann: »Ich melde, daß in den nächsten Tagen die erste Sendung von hauptsächlich holländischen Erwerbungen (68 Gemälde und Skulpturen) an den Führerbau in München … abgeht.«

Goebbels rühmte Posse nach, er habe binnen drei Jahren 1200 Gemälde für das Linzer Museum gesammelt. Bis zum Kriegsende sollten es noch viel mehr werden, abgesehen von den vielen Beutestücken, für die sich Hitler die Option vorbehalten hatte. Allein im Salzbergwerk Altaussee entdeckten die Amerikaner im Mai 1945 5350 Gemälde alter Meister, 21 Nazi-Kunst-Gemälde, 220 Zeichnungen und Aquarelle, 1039 Stiche, 95 Gobelins, 68 Skulpturen, 32 Kisten mit Münzen, 128 Waffen und Rüstungen, 64 Möbelstücke, 79 Körbe und 43 Kisten mit Kunstgegenständen, 237 Bücherkisten sowie das Gordon-Craig-Theater-Archiv aus Frankreich – allesamt für Linz bestimmt…

Aus: »Sonderauftrag Linz« in DIE ZEIT, 2. Januar 1987

Einsatzstab Reichsl.(eiter)
Rosenberg für die besetzten
Gebiete
Hauptarbeitsgruppe Ostland

Riga, den 28. 4. 1944
Wilhelm-Purvitis-Str. 62
Fernr. 2 99 76 + 3

Bericht
über die aus dem Operationsgebiet der Heeres-Gruppe
N o r d geborgenen Kunstschätze

Durch den Kunstschutzoffizier der Heeresgruppe Nord, Rittmeister Graf Solms, sind in vollem Einverständnis mit dem Einsatzstab Reichsleiter Rosenberg aus dem Operationsgebiet der

Heeres-Gruppe Nord folgende Kunstwerke geborgen worden:

1. Einige 100 wertvolle Ikonen aus dem 14.–17. Jahrh. aus den Kathedralen von Nowgorod und Pleskau.

2. Einrichtungsgegenstände (Möbel, Porzellane und Gemälde) aus den Zarenschlössern Gattschina, Pawlowsk und Zarskoje Selo.

Diese nach dem Urteil des Kunstsachverständigen Dr. Roskamp wertvollsten Kunstgegenstände, die seines Wissens überhaupt aus Rußland geborgen worden sind, werden z. Zt. von 3 verschiedenen Dienststellen an 3 verschiedenen Orten aufbewahrt:

1.) Der anscheinend kleinste Teil in Breslau auf einer Ausstellung der Heeresgruppe Nord.

2.) Etwa 50 Ikonen und 3 Räume mit Einrichtungsgegenständen aus den Zarenschlössern auf einer Ausstellung der Heeresgruppe Nord im Rahmen der Truppenbetreuung in Riga.

3.) Etwa 650 Ikonen, 18 Kisten mit Porzellan, 16 Kisten mit Kronleuchtern, 25 Möbelstücke in Lehrberg durch den Einsatzstab RR. (Der Abtransport der etwa 4 Waggons von Riga nach Lehrberg wird voraussichtlich Anfang Mai beendet sein.)

Die z. Zt. in Breslau und Riga auf den Ausstellungen der Heeres-Gruppe Nord befindlichen Gegenstände sollen auf Wunsch der H.Gr. Nord zu ihrer Verfügung verbleiben und voraussichtlich dem auf Wunsch des Führers neu zu errichtenden Heeres-Museum in Ostpreußen verbleiben und übergeben werden.

Die Aufteilung der geborgenen Kunstwerte auf die 3 oben genannten Dienststellen und Orte ist eine vollkommen willkürliche. Es sind dadurch unbedingt zusammengehörende Gegenstände, wie die Ikonen eines Ikonostas, die Möbelstücke einer Garnitur oder die verschiedenen Teile des Zarengestühls aus der Nowgoroder Kathedrale, auseinandergerissen worden.

Der Leiter der H.A.G.
Ostland
gez. Dr. Nerling
Stabseinsatzführer

Georg Stein D-2093 Stelle 1

Frau Dr. Storoschenko
Geologisch-Archäologische Expedition
der Universität Kaliningrad
234038 Kaliningrad / UdSSR

Sehr geehrte Frau Dr. Storoschenko!

Zunächst sende ich Ihnen einige interessante Dokumente, die den Raub russischer historischer Schätze im letzten Krieg durch die Nazis betreffen. Vielleicht können sie Ihnen und Ihrer (und auch unserer) Arbeit nützlich sein.

Zweitens möchte ich Sie fragen, was Sie über einen gewissen Otto Ringel wissen, der immer dort auftaucht, wo vom Bernsteinzimmer und anderen Kostbarkeiten die Rede ist. Weiter möchte ich gern wissen, was Sie über eine gewisse »Frau Kulaschenko« wissen, die ebenfalls immer dann aus der Vergangenheit, aus dem Nichts, hervortritt, wenn wir auf diese oder jene Schätze stoßen, die von den Nazis aus der Ukraine und aus Ostpreußen abtransportiert wurden. Natürlich stelle ich auch wieder die Ihnen schon bekannte Frage: sind bei Ihnen nicht irgendwelche Materialien (Bescheinigungen, Dokumente, Hinweise auf Kenntnisse) bezüglich der mich sehr interessierenden sog. »Schätze der Glaskästen« aufgetaucht? Ich würde mich freuen, von Ihnen neue Nachrichten zu erhalten. Was Ihre Frage bezüglich der Version »THARAU« betrifft, teile ich Ihnen mit, daß der Ordenskirche in Tharau besondere Aufmerksamkeit zu schenken ist.

Ihr Georg Stein
Anlage: die Dokumente 4242/43 und 454.

Mitte Herbst 1944 kamen deutsche Sondertruppen in das Städtchen Tharau. Alle Einwohner mußten den Ort verlassen. Der Ort wurde von Truppen umstellt. Wachen wurden aufgestellt. Danach kamen Lastwagen mit Baumaterial und »ausländischen Arbeitern«, französischen Kriegsgefangenen. Zwei oder drei Wochen wurden geheime Arbeiten durchgeführt. Es ging das Gerücht um, daß es sich um den Bau von Verteidigungsanlagen handele. Von Zeit zu Zeit, besonders am Abend, hörte man Schüsse. Danach kamen weitere Autos an. Zwei oder drei schwer beladene Lastwagen und ein Pkw. Bald fuhren auch diese wieder ab. Die Wache wurde abgezogen. Die Einwohner (soweit sie nicht aus Angst vor der Ankunft der Russen nach Deutschland gegangen waren) kehrten in ihre Häuser zurück. Es waren allerdings keinerlei Verteidigungsanlagen zu sehen. Neben der Kirche war ein neues, großes Grab, in dem einige Dutzend getöteter französischer Kriegsgefangener lagen, kaum mit Erde bedeckt. Im Keller des Pfarrhauses lag die Militärkleidung der französischen Kriegsgefangenen. Die weitläufigen Kellerräume der Kirche, in denen sich alte Gräber befanden, waren bis zur Decke mit frischem Sand zugeschüttet. Ein Einwohner fand einige Bernsteinstücke.

Die Rigaer Suchexpedition bei der Zeitung »SM«.

Eiltelegramm

An Iwanow. An Owsjanow.

In der Außenmauer der Kirche wurde von uns eine Geheimkammer entdeckt. Wir werden sie heute 16 Uhr öffnen. Wir bitten, herzukommen und der Öffnung beizuwohnen.

Paramonow, Expedition »SM«.

Eine Geheimkammer? Sie haben erst angefangen zu arbeiten und schon etwas gefunden? Was ist darin? Das Bernsteinzimmer? Das kann nicht sein. Wenn die Geheimkammer in die Außenmauer der Kirche eingebaut wurde, kann sie erstens nicht sehr groß sein, und zweitens wären zu ihrem Bau kaum soviele Kriegsgefangene und soviel Baumaterial nötig gewesen. Außerdem hätte man für eine Geheimkammer nicht soviel Zeit wie damals im Spätherbst des Jahres 1944 gebraucht. Und trotzdem! Vielleicht haben wir Glück und finden dort irgend etwas Wichtiges.

Die Arbeit der Rigaer Gruppe war mit großen Schwierigkeiten verbunden. In der Suchgruppe arbeiteten Leute, die sich entschlossen hatten, ihren Urlaub einem solch edlen Ziel wie der Suche nach den unzähligen, im letzten Krieg verschwundenen historischen und kulturellen Schätzen zu widmen. Das waren keine romantischen jungen Leute, sondern solide und besonnene Menschen, Historiker, Archäologen, Ethnographen und Kriminalisten. Sie verfügten über höchst modernes Suchgerät, mit dem man mittels eines Elektronenstrahls in die Erde »schauen« konnte, es gab Karten und Pläne. Man hatte eine Fülle an Material und Geld zusammengebracht, der Glaube an die Sache, an den Erfolg war da, und man war der Meinung: wenn der Staat sich weigert, die Suche nach den Kunstschätzen aufzunehmen, wer, wenn nicht sie, diese Enthusiasten, soll sich dann dieser Aufgabe annehmen. Also arbeiteten sie doch wieder für den Staat!...

Die örtlichen Zeitungen, die Gebietsausgabe der »Prawda« und die Jugendzeitung »Komsomolez«, stellten sich auf die Hinterbeine: Was soll das? Zu uns kommt jemand? Bei uns wird in der Erde herumgewühlt? Irgendwelche lettischen »Waräger«? Sie stören die Ruhe der Verstorbenen? Bohrarbeiten an den alten Kirchenmauern? Das darf man nicht erlauben. Das darf man nicht zulassen! Das ist pietätlos – Sucharbeiten auf dem Friedhof!

Dieser Zorn und die Berufung auf Seele und Gewissen sind verständlich und gerechtfertigt. Es ist nur komisch, daß beide Zeitungen schwiegen, als auf dreißig alten Königsberger Friedhöfen Marmorengel, Heiligenköpfe, Kreuze und wunderbare Denkmäler mit dem Vorschlaghammer zertrümmert wurden, als die Bronzeengel nach Gewicht als Altmetall verkauft wurden. Als in Kaliningrad, Sowjetsk, Tschernjachowsk und anderen Dörfern und Städten die Friedhöfe mit Bulldozern niedergewalzt, die Gräber eingeebnet und die zertrümmerten Denkmäler und Grabsteine in alte Bombentrichter geworfen wurden. Als nicht nur deutsche Friedhöfe, sondern auch Friedhöfe russischer Soldaten, die im Ersten Weltkrieg in den Tagen der berühmten »Augustkanonen« in Ostpreußen gefallen waren, fast vollständig vernichtet wurden. Berührte es die Journalisten vielleicht deshalb nicht, weil sich heute an der Stelle des ältesten und größten Königsberger Friedhofs der »Kalinin-Kultur- und Erholungspark« befindet? Riesenrad, Schiffsschaukel, Zerrspiegel! Musikboxen grölen, piff-paff! knallt es an den Schießbuden, peng! wird ein U-Boot in den Pavillons mit den Spielautomaten versenkt. Schaschlik, Eis und Sackhüpfen auf Gräbern? Kindergeschrei und Gelächter! Jemand betrachtet sein Gesicht in einem Zerrspiegel und kann sich nicht beruhigen: so eine Fratze! Schaut doch mal! Und nur manchmal schreit jemand erschrocken auf und es ist, als ob eine kalte Hand nach dem Herzen greift: er ist mit dem Fuß gegen einen gelben, von den vielen Füßen auf Hochglanz polierten Stein gestoßen und dieser hat sich aus der Erde gelöst. Es war aber kein Stein, sondern ein halber Schädel. »Diese Knochen kommen aus dem Boden, als würden sie dort wachsen. Besonders, wenn es geregnet hat«, erzählte mir einer der Mitarbeiter des Kultur-Parkes. »Soll alles zubetoniert werden, damit sie nicht mehr herauskommen.« Vielleicht sollte man den Park besser an einen anderen Ort verlegen? Meine diesbezüglichen Vorschläge auf der Sitzung des Stadtsowjets der Volksdeputierten wurden nicht angenommen. »Wo soll man sich denn dann vergnügen?« rief jemand aus dem Saal. »Soll man die Stadt ohne Kulturpark lassen?« Bitterkeit, Kränkung? Was soll's... Da ist nichts zu machen...

Aber jetzt wurde dieses Versteck gefunden, das ist jetzt das Wichtigste. Wenn wir doch Glück hätten! Jemand, der sucht, muß irgendwann wenigstens irgend etwas finden! Auch nach vierzig Jahren Suche wurde immer noch nichts Vernünftiges gefunden. Deshalb auch diese Skepsis, Unglaube und Spott. Man kann sich vorstellen, wie sehnlich sich Georg Stein wünschte, etwas Ernsthaftes, Bedeutendes zu finden, nach so vielen Erlebnissen, Hoffnungen und Enttäuschungen! Zu Hause: »Der Garten verkommt, wir stecken bis zum Hals in Schulden, und du, Georg?!« Im Dorf: »Na Georg, wann findest du deine Schätze? Ruf an, wenn du die Goldmünzen zählst, ich helf dir...« In der Presse: »Unser unermüdlicher Obstbauer und Schatzsucher aus Stelle verliert nicht den Mut. Wer kennt sie nicht, die preußische Hartnäckigkeit?« Wie wichtig wäre es für ihn gewesen, etwas zu finden, eine Entdeckung zu machen, wie mußte er sich dazu zwingen, an sich zu glauben und wie dringend hätte er seine finanziellen Angelegenheiten in Ordnung bringen müssen. Und Stein sucht und grübelt... Glaskästen mit alten Schätzen... Koch, der alles weiß, aber schweigt wie ein Grab. Dann ist da diese geheimnisvolle »Kulaschenko«, die angeblich eine Menge ukrainischer Schätze an die Nazis verraten hat. Was ist mit ihr, wo ist sie, wo versteckte sie die Schätze? Kann man den Papieren Rohdes glauben, daß die größte Ikonensammlung Europas (oder sogar der Welt) verbrannt ist? Aber warum fuhr die »Kulaschenko« nach dem Brand auf die Samländische Halbinsel? Was suchte sie? Einen zuverlässigen Aufbewahrungsort? Geheime Gewölbe in den Ordenskirchen und Schlössern? Heißt das, daß sie irgend etwas verstecken wollte? Und immer wieder: die Glaskästen… Sie sind hier irgendwo, in irgendeiner Stadt, vielleicht nur hundert Kilometer von Hamburg entfernt… Unzählige alte Schätze… Wenn er sie nur finden würde! Ja, wenn er sie fände, würde er sie wieder dorthin bringen, wo sie herkamen: nach Rußland. Und die Russen würden sich nicht lumpen lassen, nein, er braucht ja keine Riesengewinne, keine Reichtümer, er braucht nur genug Geld, um seine Schulden zu bezahlen und die Suche fortsetzen zu können.

Ich schaue auf die Uhr. Jemand kommt die Treppe herauf. Owsjanow und Wassili Mitrofanowitsch Tarabrin treten ein. Unser unermüdlicher Übersetzer läßt eine Frau vor sich durch die Tür gehen. Bitte, treten Sie ein. Der Oberst gibt mir die Hand und sagt:

»Darf ich bekanntmachen, das ist die ›Sehr geehrte Frau Doktor Jelena Storoschenko‹, an die sich Stein verschiedene Male gewandt hatte.«

Storoschenko? Ich blicke erstaunt auf die anmutige, lebhafte Frau und gebe ihr die Hand. Ihr Name kommt in den Papieren Steins immer wieder zusammen mit vielen anderen, fast schon legendären Namen aus ferner Zeit vor: Alfred Rohde, Feyerabend, Erich Koch, Otto Ringel, Georg Stein… Aber jetzt zur Sache.

»Nehmen wir uns einige Papiere und Briefe vor, einverstanden?« schlage ich vor. »Und dann fahren wir nach Tharau, dort haben unsere Jungs ein Versteck entdeckt. Hat jemand irgendwelche Neuigkeiten? Über die Version ›Tharau‹?«

»Ännchen von Tharau ist, die mir gefällt, sie ist mein Leben, mein Gut und mein Geld«, deklamiert Wassili Mitrofanowitsch und schaut auf ein Blatt. Er schiebt es beiseite: »Das ist ein Gedicht des Königsberger Dichters Simon Dach: ›Ännchen von Tharau, mein Reichtum, mein Gut, du meine Seele, mein Fleisch und mein Blut.‹«

»Die 1619 in Tharau bei Königsberg geborene Tochter des Pfarrers Martin Andreas Neander«, ergänzt Jelena Storoschenko.

»In dessen Pfarrhaus die Kleidung der unglücklichen französischen Kriegsgefangenen gefunden wurde«, sagt Owsjanow.

»Dieses Gedicht wurde zu einem unglaublich populären Volkslied«, erklärt Wassili Mitrofanowitsch. »Wissen Sie, so wie zum Beispiel unsere ›Katjuscha‹, die ›ans steile Ufer‹ hinausging und für ihren Geliebten in der Ferne ein Lied sang. Das Lied von dieser ›Annuschka‹ wird auch heute noch in ganz Deutschland gesungen, in Ostdeutschland genauso wie in Westdeutschland.«

»Ja, aber wann war das alles?« frage ich. »Und wer war dieser Simon Dach, Wassili Mitrofanowitsch? Was hat das alles mit dem Bernsteinzimmer zu tun?«

»Einen Augenblick noch«, bittet unsere liebe und von Georg Stein »sehr verehrte« Jelena Storoschenko. »Ich habe darüber nachgedacht, nicht erst jetzt, sondern schon vor längerer Zeit: die Suche nach dem Bernsteinzimmer ist nicht nur ein spannendes Abenteuer, sondern sie bietet zugleich auch die Möglichkeit, daß sich unsere Völker – das russische und das deutsche – einander nähern. Verstehen Sie? Wir beschäftigen uns mit der deutschen Geschichte, der alten deutschen Kultur und dabei erfahren wir Dinge, von denen wir früher keine Ahnung hatten. Ist es nicht so? Das ist doch von keiner geringeren Bedeutung, als das eine oder andere geraubte Kunstwerk zu finden. Doch nun zu diesem ›Ännchen‹. In unserer Expedition haben wir uns mit der Version ›Tharau‹ beschäftigt. Es wurden in Tharau zwar keine größeren Arbeiten durchgeführt, doch wir haben eine Dokumentation angelegt: über den Dichter Simon Dach und über diese ›Annuschka‹.

Simon Dach wurde 1605 in Memel – also Klaipėda, wie die Stadt heute heißt – geboren. Dort erhielt er den ersten Unterricht, dann studierte er nach längeren Reisen durch Deutschland in Königsberg Theologie und Philosophie. Er wurde an der ›Albertina‹ Professor und war mehrfach Dekan,1656 sogar Rektor. Er schrieb zunächst Gelegenheitsdichtungen, dann auch ein Festspiel zum hundertjährigen Bestehen der Albertus-Universität. Er war das wohl bedeutendste Mitglied des ›Königsberger Dichterkreises‹. Dach starb am 15. April 1659.«

»Und was war mit diesem ›Ännchen aus Tharau‹? Hatte er sich in sie verliebt?« frage ich.

»Schwer zu sagen. Er war verheiratet, hatte Kinder. Aber wer weiß? Welcher Dichter hat sich nicht in ein junges, hübsches Mädchen verliebt. Und dieses Ännchen war solch ein Mädchen. Mit elf Jahren hatte sie ihre Eltern verloren und war von ihrem Vormund nach Königsberg geholt worden. Hier heiratete sie 1636 den Pfarrer Hans Partatius im Dom in Kneiphof. Ein Jahr später widmete Simon Dach sein Liebeslied ›Ännchen von Tharau‹ dem jungen Paar.«

»Bevor wir nach Tharau fahren, würde ich noch gerne erfahren, was über die ehemalige wissenschaftliche Mitarbeiterin des Kiewer Museums der Bildenden Künste Polina Arkadjewna Kulaschenko bekannt ist«, sagt Owsjanow. »Es kommt doch nicht von ungefähr, daß sich Stein so für diese Frau interessierte, vermutlich wußte sie sehr viel.«

Ach, wenn sie doch ihr Wissen nur nicht für sich behalten hätte, wenn sie sich geöffnet hätte und ihr seltsames und kompliziertes, in gewisser Weise tragisches Leben erzählt oder aufgeschrieben hätte! Aber sie schwieg. Trotzdem konnte sie diese oder jene Einzelheit ihrer tollkühnen Reise aus dem geliebten Kiew in das entfernte, mit Spannung erwartete und sie zugleich ängstigende Königsberg nicht verbergen. Diesen langen Weg machte sie nicht alleine, sondern in Begleitung höchst wertvoller Gemälde- und Ikonensammlungen aus den Kiewer Kunstmuseen. »An einem windigen Januartag kamen auf den Königsberger Schloßhof Lastwagen gefahren, die mit Kisten beladen waren, auf denen ›Kiew–Königsberg‹ stand. Bald darauf erschien im Schloß ein neues Gesicht: eine kleine, magere, ältere Frau in einem soliden Mantel und einem grauen Wolltuch um den Kopf. Ihr ganzes Äußeres hatte nichts Anziehendes an sich...«, wird in dem Buch »Das Geheimnis des Bernsteinzimmers« von W. Dmitrijew (das ist: W. Krolewski, Verf.) und W. Jerasow, Riga 1961, berichtet. »Wissenschaftliche Mitarbeiterin Angelina Pawlowna Rudenko«, stellte sich die Frau vor. »Die Bestände des Russischen Museums und des Westlichen Museums in Kiew und die Ikonensammlung des Kiewer Höhlenklosters«, sagte sie und deutete auf die Kisten...«

Jeder, der sich für das Bernsteinzimmer interessiert, hat natürlich das Buch von Dmitrijew und Jerasow gelesen, das anschaulich und lebendig geschrieben ist. Es enthält viele interessante Details und Einzelheiten. In der Figur Barsows erkennt man unschwer Alexander Jakowlewitsch Brjussow, unseren »hervorragenden Spezialisten und glänzenden Kunstkenner«, der gleichzeitig »zerstreut war und eine schlechte Menschenkenntnis besaß.« Es besteht kein Zweifel, daß die »Angelina Pawlowna Rudenko« des Buches Polina Arkadjewna Kulschenko ist, jene »Kulaschenko«, die von Georg Stein vollkommen richtig in eine Reihe mit Doktor Rohde, Gauleiter Erich Koch, dem Direktor des Restaurants »Blutgericht« Paul Feyerabend und natürlich dem geheimnisvollen Obersturmbannführer Ringel gestellt wird.

»Viele Wege führen nach...« Aber welche Wege haben die Rudenko-Kulschenko nach Königsberg geführt? Es gab offenbar sehr wichtige Gründe, die sie zu so einem verzweifelten Schritt bewogen haben... Vielleicht hatte sie Kiew verlassen, weil sie, ein hoch kultivierter und gebildeter Mensch, eine glänzende Kennerin von Geschichte und Kunst, man kann sagen ein Mensch mit europäischem Denken, eine Außenseiterin in ihrem Kollektiv war? Protestierte sie, als die Bilder großer Meister aus den Museumssälen in die Lagerräume verschwanden und an ihrer Stelle gigantische Werke vom Typ »Festtag der Eroberer der Getreidefelder«, »Begeisterung der Erbauer des Weißmeerkanals für ihre Arbeit« oder »Das ganze Land grüßt den großen Führer« aufgehängt wurden?

Ein kompliziertes, tragisches Leben. Die Städte brannten, Erschießungen waren an der Tagesordnung. Unklare Hoffnungen, Versuche, die eigene Handlung zu rechtfertigen. »Kultur, Wissenschaft und Kunst – das ist die Sonne, die für alle gleichermaßen scheint und dabei ihren Glanz nicht verliert und nicht verblaßt. Sie sind wie eine Quelle, die den Durst eines jeden löscht, der sich zu ihr niederbeugt: Gesunde und Kranke, Kluge und Dumme, Gute und Schlechte… … man muß arbeiten … man muß den Menschen Ehrfurcht vor der Schönheit und dem Adel menschlicher Gefühle einflößen… »Wenn ich im Museum in Königsberg arbeite, kann ich vielleicht für die Ukraine das retten, was noch hier in Kiew geblieben ist«, denkt die Rudenko in dem Buch. Und so hat wahrscheinlich auch Polina Arkadjewna Kulschenko gedacht. Die Deutschen waren ihr freundlich gesonnen und ernannten sie zur Direktorin des Museums für russische, später auch für ukrainische Kunst. Sie arbeitete unermüdlich, sammelte die noch in der Stadt gebliebenen Bilder und Ikonen. Es war soviel dageblieben! Zugleich arbeitet sie auch in der Zeitung »Neue ukrainische Literatur« mit und veröffentlichte ausführliche, mit »A. Rudenko« unterschriebene Berichte mit verleumderischen und gemeinen Titeln: »Totengräber der Kultur«, »Zerstörte und halbzerstörte Kirchen«, »Das Verhältnis der Bolschewisten zu Kulturschätzen in Theorie und Praxis«. In dem Buch von Dmitrijew und Jerasow steht zu lesen: »Sie verspottete äußerst wichtige Beschlüsse von Partei und Staat, die die Bewahrung und Propaganda von Kunstschätzen betrafen, und stellte die verleumderische These auf, daß die Jahre der Sowjetherrschaft eine Periode des Niedergangs der nationalen Kultur seien, eine Epoche der barbarischen Vernichtung von Kulturschätzen…« »Sie beschimpfte die Sowjetmacht, unter der angeblich »Analphabeten, die keinerlei Beziehung zu Wissenschaft und Kunst hatten, zu Museumsdirektoren ernannt würden.«

Ach, Polina Arkadjewna Rudenko-Kulaschenko-Kulschenko! Das ist gemein, das ist Verrat, für den Feind zu arbeiten, Berichte für ein profaschistisches Blatt zu schreiben. Aber ich glaube – und will sie damit nicht im geringsten rechtfertigen – daß sie in bester Absicht darüber geschrieben hat, was mit ihrer vaterländischen

Kultur wirklich passierte. Man kann heute gar nicht aufzählen, wieviele Kirchen abgerissen, gesprengt, vernichtet, zu Ziegeln zerschlagen, in Gefängnisse und Lager umgewandelt wurden. Wieviele Tempel und Kathedralen verschwanden vom Antlitz unseres Heimatlandes sowohl vor als auch nach dem Krieg? Wieviele höchst wertvolle Ikonen wurden mit der Axt auseinandergehauen und ins Feuer geworfen? Welch ein verheerender Kampf wurde gegen die Seele des Menschen geführt, »die ein Sowjetmensch nicht hat und nicht haben kann, weil sie eine Erfindung der Popen ist?« (Diese Worte hörte ich vom Direktor der Schule auf der Petrograder Seite, als ich in der fünften Klasse war. Sie haben sich mir für immer eingeprägt, Verf.). Ja, die Zeiten ändern sich. Heute könnten diese Artikel in der Zeitung des sowjetischen Kulturfonds »Unser Erbe« erscheinen. Aber wie verlief das Schicksal der Kiewer Kunsthistorikerin weiter? »Die Rudenko traf sich jetzt häufig mit Vertretern des Einsatzstabes Rosenberg, mit Mitarbeitern des Reichskommissariats, in dessen Verwaltung alle Kiewer Museen übergingen. Schließlich wurde sie einem »hohen Gast« vorgestellt, der das Museum besuchte, dem Reichskommissar der Ukraine Erich Koch. Sie vermochte es, einen so positiven Eindruck auf ihn zu machen, daß er sich bald wieder ihrer erinnerte.«

Koch erinnerte sich ihrer, als sich die Truppen der Roten Armee Kiew näherten. Man begann die Bilder und Ikonen einzupacken. Bald lagen 200 Kunstwerke dicht gepackt in 15 Kisten. Darunter waren einzigartige Ikonen: »Die Gottesmutter von Jegorjew«, »Die Erlösung«, »Die Verwandlung«, »Die Dreifaltigkeit«, »Die Königstore«, »Der göttliche Erlöser«, »Der Erlöser mit den Goldenen Haaren«, »Die Begegnung«, »Johannes der Vorläufer«. Einige Tage später übergab die Rudenko ihre mit alten Möbeln aus Mahagoni eingerichtete Bibliothek und eine prächtige Kopie der Venus von Milo in Originalgröße, die in den Werkstätten des Louvre gegossen worden war, gegen Quittung den deutschen Behörden und verließ ihre Heimatstadt Kiew. Sie fuhr zuerst nach Kamenez-Podolsk und etwas später, im Januar 1944, nach Königsberg, um fortan Direktor Alfred Rohde zur Verfügung zu stehen.

In Königsberg quartierte sich Polina Arkadjewna mit ihrer treuen alten Amme in einer schönen kleinen Villa ein, in der sie jedoch bloß schlief, da sie fast jede freie Minute im Schloß bei ihren teilweise bereits ausgepackten Schätzen verbrachte. Die Russen kommen! Sie sind schon an den ostpreußischen Grenzen, bei Gumbinnen hinter dem Grenzfluß Scheschuppe wird schon erbittert gekämpft... Wohin soll man das alles bringen? Wo soll man es verstecken? Alfred Rohde, Doktor Gerhard Strauß und die Kulschenko dachten sich verschiedene Möglichkeiten aus, wie man diese unschätzbaren Reichtümer, die aus Rußland, der Ukraine, Weißrußland und dem Baltikum hergebracht wurden und sich in Königsberg angehäuft hatten, in Sicherheit bringen konnte. Ostpreußen war bereits vom restlichen Deutschland abgeschnitten. Der von Flüchtlingen und Truppen verstopfte Weg nach Pillau wurde von Russen beschossen. Es gab keine Transportmittel für eine Evakuierung auf dem Seeweg... Also muß man sie hier verstecken. In Ostpreußen. Dann verschwanden Rohde und Polina Arkadjewna, die übrigens hervorragend deutsch konnte, aus Königsberg, fuhren auf der Samländischen Halbinsel herum und in andere Städte der Provinz, und brachten die Kunstschätze fort. Aber wohin?

Die Kulschenko wußte wirklich viel! Sie wußte alles und schwieg. In gewisser Weise ähnelte sie ihrem Chef, Doktor Rohde. Beide waren sie in ihre Bilder, Ikonen und den Bernstein regelrecht verliebt. Sie waren Fanatiker! Und beide blieben sie bei ihren in irgendwelchen Geheimbunkern versteckten Kunstschätzen.

Polina Arkadjewna wurde nach dem Krieg vor Gericht gestellt. »Sagen Sie doch, wo die Schätze sind. Wenn Sie nichts sagen, kommt alles um!« flehte das Gericht sie an. »Wie können Sie nach dem, was passiert ist, weiterleben? Diese Bilder und Ikonen sind doch nicht nur das Eigentum Rußlands, Weißrußlands und der Ukraine, sondern das Eigentum der ganzen Menschheit! Sie sind doch ein kultivierter Mensch, wir bitten Sie, Polina Arkadjewna...« Polina Arkadjewna schwieg oder murmelte: »Alles verbrannt, alles verbrannt.« Sie wurde zu zehn Jahren

Lagerhaft verurteilt. Nicht eine Minute hat man ihr erlassen. Danach ging sie nach Kostroma und arbeitete dort einige Jahre im Museum als Putzfrau. Eine Kunsthistorikerin ersten Ranges als Putzfrau! Es verging kein Tag, an dem sie nicht der Museumsdirektor und die Mitarbeiter um Rat gefragt hätten. Zu guter Letzt erhielt sie eine Stelle als einfache wissenschaftliche Mitarbeiterin, höher ist sie anscheinend nicht aufgestiegen. Sie veröffentlichte jedoch viele Artikel in der örtlichen Zeitung »Das Wolga-Neuland«. Sie schrieb über Künstler, die Dekabristen, über Puschkin und Turgenjew. »Mich kennt das ganze gebildete Kostroma«, sagt sie zuweilen stolz.

Als in Kaliningrad die Suche nach dem Bernsteinzimmer begann, versuchte man, sich mit ihr zu treffen. Mit Erfolg. Sie erzählte ein wenig von sich, fügte aber hinzu, daß das nicht für die Presse bestimmt sei. Und daß sie sich erst vorbereiten müsse, um ein längeres Gespräch führen zu können. Über sich. Über die Kiewer Schätze und deren Schicksal... Aber in der Zeitung erschien trotzdem ein Artikel über das Gespräch mit ihr. Polina Arkadjewna schäumte vor Wut und Enttäuschung. Man hatte sie betrogen! Und seit dieser Zeit redete sie mit niemanden mehr über dieses Thema, kein Wort!

Ich schaue auf die Uhr. Wir haben noch Zeit. »Jelena Jewgenjewna«, frage ich, »als Ihre archäologische Expedition die Arbeit aufnahm, haben Sie da versucht, sich mit ihr zu treffen?«

»Ja. Awenir Petrowitsch und eine Mitarbeiterin der Expedition, Ina Iwanowna Mirontschuk, fuhren nach Kostroma, aber leider...«

»Lassen Sie mich erzählen, wie es war«, mischt sich Owsjanow in das Gespräch ein. »Damals stand Polina Arkadjewna immer noch unter der Aufsicht des KGB. Als uns alle Fragen genehmigt worden waren, erhielt ich die Erlaubnis, mich mit ihr zu treffen. Wir hatten uns eine Geschichte ausgedacht. Wir sagten, daß ein sehr alter Bekannter von ihr mich ihr als entfernter Verwandter ihrer Kostromaer Freundin Iljina Polina Jefimowna empfohlen hat.« Owsjanow lacht, steht auf und öffnet das Fenster. »Es war bekannt, daß Polina Arkadjewna einmal in der Woche vom Altenheim des Dorfes Oktjabrskoje nach Kostroma fuhr, um sich die Fernseh-Serie »Eremitage« anzusehen, die vom Akademiemitglied Pjotrowski kommentiert wurde. Sie schaute sich die Sendung bei ihrer Jugendfreundin Polina Jefimowna an. Dorthin ging ich. Auf dem Tisch stand ein Samowar und Pfefferkuchen. Polina Arkadjewna kam. Sie war 88, sah aber hervorragend aus, war modisch gekleidet und wirkte nicht wie eine Frau aus einem Altenheim in der Provinz, sondern eher wie eine Dame aus Europa. Sie trug einen Hut mit Schleier, ein elegantes, ausgezeichnet sitzendes Jäckchen, eine Schleife, schwarze Strümpfe, Pumps und eine modische Gürtelschnalle. Sie war zierlich und lebhaft und stieg in den fünften Stock, ohne außer Atem zu kommen. Sie war ganz Intelligenz mit einem Hauch französischen Parfüms. Sie blickte mich scharf und durchdringend an und sagt: »Ich weiß schon, warum Sie gekommen sind. Man hat mich einmal hereingelegt. Ein zweites Mal sage ich nichts.« Wir schwiegen und tranken Tee.

Dann sagte sie zu ihrer Freundin: »Polenka, alles soll dort bleiben, wo es ist.« Was heißt »alles«? Wo ist »dort«? »Und dein Archiv und die Dokumente?« fragt Polina Jefimowna nach kurzem Zögern, »du hast doch so viele!« Polina Arkadjewna schob ihr Glas beiseite und sagte: »Alles ist schon dort, wo es hingehört.« Dann erklärte Polina Jefimowna, daß etwa ein Jahr vor unserem Treffen Polina Arkadjewna tatsächlich eine große Anzahl Dokumente einem gewissen Belokon nach Kiew geschickt habe, aber wer das ist und wo er wohnt, konnte ich nicht herausbringen. Nach einigen Jahren starb Polina Arkadjewna. Sie nahm das Geheimnis der »Kiewer Schätze« mit ins Grab. Inzwischen weiß man, daß sie sie in das Schloß der Grafen von Schwerin gebracht hatte…

Einen Moment bitte. In dem Buch steht, wie das war: »Die Kisten kamen nach Wildenhof, das etwa 70 Kilometer von Königsberg entfernte Gut der Grafen von Schwerin. Das prächtige, im 18. Jahrhundert erbaute Schloß lag in einem alten Park. Eine Seite ging auf einen riesigen Teich hinaus. Dort, in dem dämmrigen gräflichen Speisezimmer traf sich die Rudenko mit

Rohde. »Frau Rudenko«, sagte Rohde feierlich, »Großdeutschland vertraut Ihnen sein Volksvermögen an. Hier«, und der Doktor deutete mit einer theatralischen Geste auf die Stapel von Kisten, die entlang der Wände aufgestellt waren, »hier befinden sich einzigartige Werke aus den Königsberger Sammlungen. Sie haben nicht das Recht, die Kisten zu öffnen und ihren Inhalt zu erfahren...«

»Ist das Bernsteinzimmer hier?« die Rudenko konnte die Frage nicht zurückhalten.

»Das Bernsteinzimmer? Das Bernsteinzimmer ist die größte Kostbarkeit! Es muß in Sicherheit gebracht werden, koste es was es wolle«, Rohde wich einer direkten Anwort aus.

In dem Buch wird auch folgende Episode berichtet: »An den langen Winterabenden saßen die beiden älteren Frauen – die deutsche Gräfin und die Kandidatin der Kunstgeschichte, die ihre Heimat verloren hatte – in dem mit Stoff tapezierten Salon und legten endlose Patiencen, unterhielten sich leise bei einer Tasse Kaffee oder lasen dicke französische Romane in abgegriffenen Ledereinbänden mit dem Monogramm der Grafen von Schwerin.« Ob diese Idylle während der blutigen ostpreußischen Kämpfe so stattgefunden hat oder nicht, ist für uns nicht so wichtig, für uns ist Folgendes wichtig: »Bald waren Maschinengewehrsalven zu hören. Ganz in der Nähe war ein Kampf entbrannt... Plötzlich stieg über dem Dach des Schlosses eine riesige Flamme empor. Die Rudenko sah, wie Soldaten Fackeln in die Fenster warfen. Sofort stand das ganze Schloß in Flammen...

Das Schloß brannte nieder! Aber unsere Heldin teilte dem sowjetischen Kommandanten des Städtchens Landsberg mit, welche Schätze sich in dem Schloß befanden, und daß man jemand hinschicken müsse, da eventuell noch etwas erhalten sei. Am 15. März fuhr man zum Schloß. Die Rudenko und einige Arbeiter stiegen in den Keller hinab. Dort war alles verbrannt, was brennen konnte. Alles war mit Asche bedeckt. Sie trugen die dicke Schicht Asche ab und entdeckten angekohlte Teile von Kisten und Ikonen. Die Sammlungen waren verbrannt. Die Bilder und Ikonen der Kiewer Museen waren verbrannt, die Kisten mit den Exponaten der ›Königsberger Kunstsammlungen‹, deren Inhalt nur Doktor Rohde bekannt war… Ihr Geheimnis blieb unentdeckt und wird es wohl auch immer bleiben«.

»Alles verbrannte, was brennen konnte!« Owsjanow lächelte. Vermutlich wußte er, an was ich dachte, als ich diesen Satz wiederholte, aber er schwieg. »Und Inna Iwanowna Mirontschuk?« frage ich, »hat sie mit Polina Arkadjewna gesprochen, Jelena Jewgenjewna?«

»Ja, sogar mehrmals. Polina Arkadjewna erzählte gerne von ihrer Zeit in Königsberg und davon, wie sie in einem der Schloßsäle Ikonen-Ausstellungen und andere Schätzen aus Kiew aufgebaut hat… Sie machten zusammen Ausflüge und hatten viel Spaß miteinander, aber wenn sich Inna in ihren Gesprächen besagtem Thema näherte, Vermutungen darüber anstellte, wo diese ganzen Schätze hingeraten sein könnten, verstummte Polina Arkadjewna sofort. Nur einmal, als Inna von der Arbeit unserer Expedition erzählte, schaute sie sie scharf an und sagte mit fester Stimme: »Ihr müßt tiefer graben!« Aber wo sollten wir tiefer graben? Als Inna abreisen mußte, sagte sie noch, als würde sie das Gespräch fortsetzen: »Wenn ich fühle, daß der Tod vor der Tür steht, sage ich dir ›Wo‹!« Aber Polina Arkadjewna starb bald, ohne jemandem etwas mitgeteilt zu haben. Hatte sie es gar nicht vorgehabt? Oder hatte sie nicht gemerkt, daß der Tod schon neben ihr stand? Vielleicht hatte sie auch versucht, jemandem etwas zu sagen, vielleicht schrieb sie eine Mitteilung auf einen Fetzen Papier, der dann verloren ging? Angeblich sollen drei junge Männer ins Altenheim gekommen sein, als sie gestorben war. Vom KGB. Sie durchsuchten das ganze Zimmer. Die Tote lag noch im Bett, also legten sie sie auf den Boden, durchwühlten das ganze Bett und schlitzten die Matratze und die Kisten auf. Was suchten sie? Wer waren diese Leute? Wie sich später herausstellte, hatten diese gewandten und kräftigen jungen Männer nichts mit der örtlichen Abteilung des KGB zu tun.

»Was soll das mit dem Papierfetzen? Vielleicht hat sie etwas aufgeschrieben und der Papierfetzen wurde einfach weggeworfen…«, sagt Wassili Mitrofanowitsch ärgerlich. Er schaut auf die

Uhr. Er beginnt, die Dokumente in seine Aktentasche zu packen. »Diese Naivität! Ich war einmal in Polessk, im ehemaligen Schloß Labiau. Dort ist jetzt eine Fabrik drin. Der Leiter der Kaderabteilung erzählte mir, daß man einmal die Decke reparieren mußte. Einige Bretter lösten sich und es fielen Hunderte von dicken deutschen Aktenordnern, vollgestopft mit Dokumenten heraus. Ihr habt Vorstellungen – ein Stück Papier!«

»Und was waren das für Dokumente? Wo sind sie?«

»Wo, wo?... Sie haben alles auf den Hof hinausgetragen und verbrannt! Müssen wir nicht fahren?«

»Einen Moment noch!« Owsjanow lächelt und reibt sich zufrieden die Hände. Anscheinend will er uns jetzt etwas Interessantes sagen. »Also: es verbrannte alles, was brennen konnte, ja? Es sieht ganz so aus, als sei Schloß Wildenhof niedergebrannt. Doch unser vergeßlicher Professor Alexander Jakowlewitsch Brjussow berichtet in seinem Tagebuch über seinen Besuch im Schloß etwas anderes. Erinnern Sie sich?« Awenir Petrowitsch öffnet seine Aktenmappe, holt einige Blätter hervor, betrachtet sie und liest mit erhobenem Finger vor: »Ich hatte die Gelegenheit nach Wildenhof zu fahren. Das Schloß der Schweriner Grafen war vollkommen zerstört.« Hören Sie? Nicht niedergebrannt, sondern zerstört! Weiter: »Es wurden keine Spuren eines Abtransportes von Kunstschätzen gefunden... aber in drei Kellerräumen lag das Archiv verstreut herum – Handschriften, Briefwechsel, geschäftliche und juristische Papiere aus dem 16. Jahrhundert. Alles war abgeheftet und durchnumeriert...« Verstehen Sie, im Keller war nicht »alles mit Asche bedeckt«, sondern es lagen eine Menge unversehrter, nicht verbrannter Papiere aus dem gräflichen Archiv herum! Nein, ich spreche nicht von diesen oder jenen Ungenauigkeiten in dem Buch, sondern davon, daß Rohde und die Kulschenko es schafften, »alle nach Wildenhof gebrachten Schätze irgendwo zu verstecken, sie woanders hinzubringen oder...« Owsjanow machte eine Pause: »oder, wenn nicht alle Schätze, so doch wenigstens einen Teil davon. Diese Schätze waren in unseren Händen, aber...«

»Aber was?«

»… aber sie wurden nicht an Museen zurückgegeben, sondern zieren jetzt irgendwelche Privatsammlungen. Ein Beispiel? Bitte. Ein Museum in Perm erwarb von einem Bürger ein Gemälde, von dem sich später herausstellte, daß es aus den Sammlungen der Kiewer Museen stammte, die von Polina Arkadjewna nach Königsberg gebracht worden waren! Es gibt Berichte, denen zufolge auch andere Bilder, die angeblich in Schloß Wildenhof verbrannten, ebenfalls wieder aufgetaucht sind und sich in Privatsammlungen befinden.«

Polina Arkadjewna wußte viel, sie war »eine sehr gebildete russische Dame, eine Kunsthistorikerin«, wie sich die letzte Besitzerin von Schloß Wildenhof, die Gräfin von Schwerin, die das Schloß verlassen hatte, als es noch vollkommen unversehrt war, noch nach dreißig Jahren gut erinnerte: »Ja, es war sie, Frau Kulschenko, die den Auftrag von Erich Koch persönlich ausgeführt hat und eine umfangreiche Sammlung Kiewer Kunstschätze, die in 85 Kisten verpackt waren, 57 Aktenordner und eine riesige und schwere, in eine Plane eingewickelte Rolle mit Stichen ins Schloß brachte.«

So viele Geheimnisse! Ereignisse, die auf geradezu phantastische Weise miteinander in Zusammenhang stehen und mit dem Verstecken und der Suche einer unglaublichen Menge von Schätzen und dem Bernsteinzimmer verbunden sind. Grafen, Barone, Doktoren aller möglicher Wissenschaften, Frau Kulschenko und ein gewisser Otto oder Georg Ringel, geheimnisvolle Figuren, die immer dann auftauchen, wenn es um Bilder, Kostbarkeiten und Bernstein geht, fast schon mythische Gestalten, die die Einbildungskraft des Obstbauers Georg Stein aus dem Städtchen Stelle so beschäftigten…

Dann tauchte noch eine weitere, uns bereits bekannte Figur auf. Ein Mann, der Alfred Rohde sehr gut kannte. Doktor Gerhard Strauß. Es ist merkwürdig, aber, wie Arseni Wladimirowitsch Maximow bestätigt, trat in diesem Zusammenhang dann plötzlich noch eine Person auf, schrecklich und majestätisch, ein irdischer Gott: der »große Führer der Völker« höchstpersönlich: Iossif Wissarionowitsch Stalin!

Damit verhielt es sich so: 1949 kam eine Gruppe Wissenschaftler aus Leningrad, Historiker und Kunsthistoriker, die auf der Suche nach in unserem Land gestohlenen Kultur- und Kunstschätzen war, nach Berlin. Sie haben auch Doktor Strauß in die Mangel genommen, der damals im Ministerium für Volksbildung in der DDR tätig war. In einem Gespräch sagte der deutsche Gelehrte, daß er ganz genau wisse, wo in Königsberg russische Kunstschätze versteckt seien, das Bernsteinzimmer und andere Schätze.

Welch eine Mitteilung! Jemand, der weiß, wo man suchen muß! Doch Kaliningrad war bereits »verplombt«. Nicht einmal das Ministerium für Kultur der UdSSR konnte den Deutschen in die gesperrte und verschlossene Stadt bringen. Obwohl der ja nicht aus Westdeutschland, sondern aus »unserem« Deutschland, der DDR kam. Nur der Führer selbst konnte die Erlaubnis zur Einreise nach Königsberg geben.

Die Wissenschaftler beschlossen, das Wagnis einzugehen. Sie schrieben an Stalin. Das Schreiben wurde ihm vorgelegt und er schrieb, den duftenden Tabak »Herzegowina Flor« schmauchend, seine Entscheidung auf ein Blatt Papier: »Doktor Strauß nach Königsberg bringen!« Dann dachte er ein wenig nach, stocherte mit einem Streichholz in der Pfeife rum und schrieb dazu: »Wohin das Bernsteinzimmer zu bringen ist, wird noch bestimmt!« Wußte Strauß davon, daß Stalin mit von der Partie war? Ob er es wußte oder nicht, jedenfalls wurde er bald darauf nach Kaliningrad gebracht. Der aufgeregte Vorsitzende der Staatlichen Kommission zur Suche des Bernsteinzimmers W. D. Krolewski rief seine Mitarbeiter zusammen. Die Kommission bestand damals aus Krolewski selbst, Kutschumow, dem Chef der Gebietsabteilung der örtlichen Luftabwehr Jakubowitsch, dem Generalmajor Demin, dem Oberst Fedotow und dem Chronisten und Stadtarchitekten A. W. Maximow, einem aufmerksamen und gründlichen Berichterstatter dieser Ereignisse. Und was waren das für Ereignisse! Alle waren davon überzeugt, daß das Bernsteinzimmer dieses Mal gefunden und seiner Bestimmung zugeführt wird. Iosif Wissarionowitsch und der deutsche Wissenschaftler, der noch vor wenigen Jahren nicht im Ministerium für Volksbildung in Berlin, sondern im Königsberger Schloß gearbeitet hat, werden jetzt die Sache in die Hand nehmen! Natürlich weiß Strauß alles! Er wird mit dem Finger darauf deuten: »grabt hier« und schon ist das Bernsteinzimmer da! Und er wird einen schriftlichen Bericht für den lieben und geliebten Iosif Wissarionowitsch abfassen, daß es so und so war... Man muß nur noch ganz schnell Kisten anfertigen, um das Bernsteinzimmer und die anderen gefundenen Kostbarkeiten dahin zu schicken, wohin es der Führer befiehlt...

Und was passierte wirklich? Strauß verbreitete einen ganzen Monat lang eine hektische Betriebsamkeit, die jedoch ohne Ergebnis blieb. Jeden Tag kam er mit neuen Versionen an, zeigte neue Orte, wo man suchen sollte. Es wurde aber nichts gefunden. Oder er sagte: »Es war hier, aber ihr habt ja alles gesprengt! Jetzt muß man hier jahrelang graben, um alle diese Keller wieder freizulegen!« Er ging den Leuten fürchterlich auf die Nerven. Als Arseni Wladimirowitsch ihn fragte, ob es nicht möglich wäre, daß das Bernsteinzimmer im Schloßhof versteckt wurde, erwiderte Strauß bösartig: »Sucht doch, wenn ihr wollt! Aber die Mühe ist umsonst. Ihr werdet nur die Reste der alten Fundamente des Schlosses ausgraben.« Stimmte das? Maximow berichtet, daß er, nachdem Strauß abgefahren war, das Pflaster im Schloßhof von Feuerwehrleuten aufreißen ließ und dabei bemerkte, daß die Steine an dieser Stelle, ungleichmäßig angeordnet waren, als ob dort eilig eine Öffnung zugeschüttet wurde. Außerdem fand man in einem Meter Tiefe einen ledernen deutschen Offiziershandschuh! Heißt das, daß hier etwas versteckt wurde? Wenn ja, dann konnte das noch nicht so lange her sein, da das Leder noch ganz fest war, also vielleicht in den letzten Kriegsmonaten oder -tagen! Hier muß man weitersuchen! Aber die Feuerwehrleute wurden plötzlich abberufen, um irgendwo ein Feuer zu löschen, und es gelang nicht mehr, eine neue Grabung zu organisieren.

Schade, nicht wahr? Es ist, als würde ein starker Wille, eine jenseits des menschlichen Bewußtseins stehende Kraft die Schätze bewachen: Professor Brjussow hatte seine fünf Sinne nicht

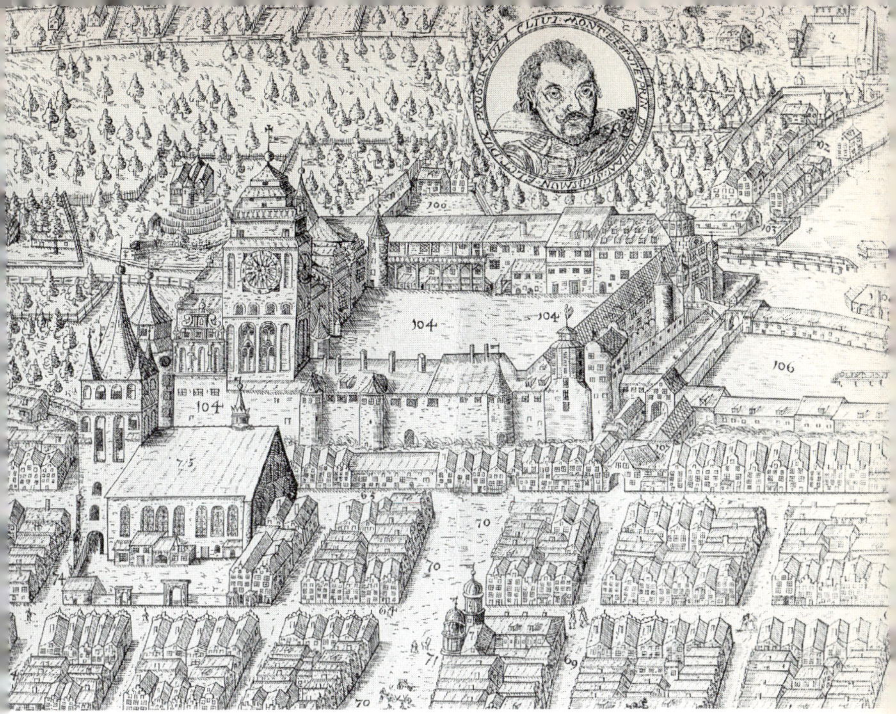

Ausschnitt aus dem Bering'schen Stadtplan von Königsberg 1613

Blick auf das zerstörte Königsberg (April 1945)

Wohnhaus von Kant in Königsberg (Vordergrund) nach einer Zeichnung um 1840

Das Schiller-Denkmal im heutigen Kaliningrad

Das Königsberger Schloß

Blick in die
Königsberger
Domruine

Gedenkstein für
Julius Rupp,
Theologe und
Begründer der
freien evangeli-
schen Gemeinde in
Königsberg, an der
Domruine

Die große Halle im Blutgericht (Königsberg)

Die Albertina, Universität zu Königsberg

Die Juditter Kirche, älteste Kirche des Samlandes (1288 erbaut)

Bernsteinförderung in Palmnicken

Vom Bernstein eingeschlossene Fliege

Ruine der
Ordensburg Balga
am Frischen Haff

„Hochmeisterstein“ für Ulrich von Jungingen, zum Gedenken an die Niederlage des Deutschen Ordens bei Tannenberg (1410)

Memel: Simon-Dach-Brunnen mit Denkmal für Ännchen von Tharau

beisammen und er konnte auf dem Stadtplan nicht angeben, wo der Bunker mit den Schätzen lag, den ihm Alfred Rohde gezeigt hatte. Jetzt mußten die Feuerwehrleute plötzlich die Grabung abbrechen und es wurden keine Soldaten zugeteilt, obwohl es versprochen worden war. Hier mußte tief gegraben werden, und man hatte nur einen Grabenbagger mittlerer Stärke der Stadtwerke zur Verfügung. Was war nur mit dem deutschen Wissenschaftler, der soviel wußte und soviel versprochen hatte, los! In Kaliningrad hatte sich zwar viel verändert, aber doch nicht alles! Das Stadtzentrum war fast so, wie im März–April 1945: viele, mit zerbrochenen Ziegeln übersäte freie Plätze, Trümmer und Ruinen.

Doktor Strauß benahm sich sehr komisch. Als er Arseni Wladimirowitsch an die verschiedenen Stellen führte, wo etwas vergraben sein sollte, wollte er nicht so sehr etwas zeigen, als sich vielmehr davon überzeugen, daß diese geheiligten Orte, über die er alles wußte, von den Russen nicht angetastet worden waren. Und das ist das Seltsame: ihn zog es die ganze Zeit zu den Universitätskliniken, wo noch viele massive, schöne Gebäude erhalten waren. Nachdenklich schlenderte er durch die Drumm-Straße, Kopernikusstraße und Wagnerstraße, betrachtete die Ruinen der Neuroßgärter Kirche und ging immer wieder in die Lange Reihe, wo er förmlich auflebte, sehr oft stehenblieb, die erhaltenen Häuser intensiv betrachtete und in Torwege und Höfe hineinschaute. Hier befand sich ja auch die berühmte Bernsteinsammlung. Aber es schien, als hätte Strauß etwas beschlossen: an der Kreuzung zweier schmaler Straßen (offensichtlich Lange Reihe–Ecke Wagnerstraße, Verf.) zeigte er mit dem Finger auf ein gut erhaltenes Gebäude und sagte: »In diesem Haus war das Geologische Museum.« Maximow schreibt dazu: »Ich für meinen Teil wußte sehr genau, wo die Museen und anderen öffentlichen Gebäude der Deutschen lagen. So wußte ich auch, daß das benachbarte Eckhaus das ›Bernsteinmuseum‹ war, das Strauß aus irgendeinem Grunde nicht erwähnte.« Ich fragte ihn: »Und in dem Haus an der Ecke war doch das Bernsteinmuseum, oder?« Strauß war wie vom Donner gerührt. Er wußte im ersten Moment nicht, was er antworten sollte, dann lächelte er fein und sagte: »Nein«. Warum »nein!«? Ich wiederholte härtnäckig, daß eben in diesem Haus das Bernsteinmuseum war. Strauß wandte sich verärgert Krolewski zu und sagte: »Wer kennt Königsberg besser, ich oder Ihr russischer Architekt?« Abends, als sich alle Mitglieder der Kommission bei Krolewski versammelt hatten, zeigte ich ihnen zwei deutsche Stadtpläne von Königsberg, auf denen alle öffentlichen und administrativen Gebäude klar erkennbar mit ihren deutschen Namen eingezeichnet waren, darunter auch das Bernsteinmuseum und das geologische Museum. Hat Strauß gelogen? Ein Doktor, ein Wissenschaftler, der einen Namen hatte? Mußte er das tun? Aber für wen?

Wenig später fuhr Strauß wieder ab. Der vaterländische Auftrag des Führers wurde nicht erfüllt. Die Kommission und vor allem ihr Vorsitzender waren entsetzt: das Bernsteinzimmer wurde nicht seinem »Bestimmungsort« zugeführt. Gott sei Dank dachte man im Kreml nicht mehr daran. Der Führer hatte andere Sorgen: es gab einen neuen Höhepunkt im erbitterten Kampf mit schädlichen Subjekten, Spionen und Saboteuren. Doch die Straflager waren bereits mit »russischen Ausländern« mit Soldaten und Offizieren, die in belgischen, französischen, italienischen und norwegischen Widerstandstruppen gekämpft hatten, überfüllt. Man hatte also wirklich Besseres zu tun, als sich den Kopf über das Bernsteinzimmer zu zerbrechen!

Hier muß man anmerken, daß der Hof des Geologischen Museums und des Bernsteinmuseums, obwohl sie mitten in der Stadt lagen, vor fremden Blicken vollständig geschützt war, liest Owsjanow weiter aus der »Version« von Maximow vor. »Man konnte im Hof also gut im Verborgenen arbeiten. Der Hof hatte noch eine weitere Besonderheit: dort befand sich eine unterirdische Garage der Gestapo, in die auch Lastwagen reinfahren konnten. Dort konnte man unbeobachtet Erdarbeiten durchführen, die Erde wurde von den Lastwagen weggefahren. Übrigens, bevor sie Königsberg verließen, fuhren die Gestapoleute einige mit Benzinfässern beladene Lastwagen in die Garage und zündeten sie an. Vielleicht um irgendwelche geheimen Erdarbeiten, die dort durchgeführt wurden, und einen unterirdischen Gang zwischen Garage und dem Museum zu verbergen.« Owsjanow schließt den Ordner.

»Und was ist mit dir, Bernsteinspürnase?« frage ich Jelena Jewgenjewna. Sie lacht und zuckt mit den Achseln. Es scheint, als wolle sie etwas sagen, aber sie hält sich zurück. »Wir müssen jetzt fahren!« sage ich. Vielleicht ist in dem Versteck in Tharau zwar nicht das Bernsteinzimmer, aber doch die Bernsteinsammlung aus der Langen Reihe 4. Obwohl, verzeihen Sie, hier ist noch ein interessanter Brief:

Mit dem Ziel, die Effektivität der Suche zu erhöhen, wende ich mich mit dem Angebot an Sie, an der Arbeit Ihrer Expedition teilzunehmen, da ich die Gabe der Biosuche besitze. Sechs Sommerurlaube verbrachte ich im archäologischen Naturschutzpark »TANAIS« der Republik und vervollkommnete dort meine Biofähigkeiten. Die Biosuche ist universal; sie wird dort angewendet, wo die raffiniertesten Methoden nichts bewirken. Damit kann man zum Beispiel ein Stück Sprengstoff ohne Hülle in 3–5 Metern Tiefe entdecken, was nicht einmal mit modernen elektronischen Geräten oder Erdsonden möglich ist. Die Biosuche kann (ohne Grabungen) den Umfang eines Objekts bestimmen und es interpretieren… Hohlräume, Mauerwerk, Holzvorkommen, Metallvorkommen (zwischen Bunt- und Schwarzmetallen unterscheidend), Skelette, Edelsteine, Papier, Plastik Wasser, Glas… Sie werden jetzt sicher ungläubig lächeln und fragen: »na und?«

»Na und?« fragt Wassili Mitrofanowitsch lächelnd.

»Na und?« wiederhole ich und lese weiter: »Meine letzte Arbeit im ›Tanais‹ war folgende: Auf einem freien Feld stellte ich folgende Prognose: an dem von mir bezeichneten Platz liegt ein menschliches Skelett in Ost-West-Ausrichtung (mit dem Schädel nach Osten). Am Schädel, dem Brustbein und zwischen Handgelenk und Fingern ist gelbes Metall befestigt, wahrscheinlich Gold. Zwischen dem Skelett und der Erdoberfläche ist eine Schicht Holz. Die Archäologen öffneten das von mir angegebene Grab und dann?…«

»Und dann?« sagte Jelena Jewgenjewna amüsiert. »Na?«

»... wurde in anderthalb Metern Tiefe unter einer Lage versteinerten Holzes das Skelett eines dreizehnjährigen Mädchens entdeckt. Zwischen den Zähnen hatte sie eine goldene Scheibe, an den Gelenken der über die Brust gelegten Hände hatte sie zwei ringförmige, goldene Armbänder und an den Füßen hatte sie zwei goldene Schuhschnallen. Das Alter des Grabes betrug 2000–2500 Jahre. Lassen Sie mich wissen, wenn Sie an meinem Vorschlag interessiert sind, ich komme. Hochachtungsvoll, Walentin Logwinow.«

»Lächeln Sie nicht so skeptisch, das ist ein durchaus seriöses Angebot«, sagt Awenir Petrowitsch. »Nur wenige wissen, daß in der amerikanischen Armee Biosucher auch zu militärischen Zwecken eingesetzt werden. In Vietnam ›schauten‹ sie in die Erde und konnten so Zehntausende von Minen unschädlich machen. Geben Sie mir die Adresse von diesem Logwinow, ich möchte sie mir notieren. Ist das alles? Also fahren wir nach Tharau!«

Ännchen von Tharau. »Krankheit, Verfolgung, Betrübnis und Pein, soll unsrer Liebe Verknotigung sein«, deklamiert Wassili Mitrofanowitsch. »Recht als ein Palmenbaum über sich steigt, je mehr ihn Hagel und Regen anficht, so wird die Lieb in uns mächtig und groß, durchkreuzt durch Leiden, durch allerlei Not.« Wo ist sie eigentlich begraben? In Tharau? Ich habe gehört, daß ihr und Simon Dach irgendwo ein Denkmal errichtet worden sein soll.

»Gestorben ist sie 1689 in Insterburg. Das Leben hat es nicht gut mit ihr gemeint, dreimal wurde sie Witwe. Das Simon-Dach-Denkmal stand aber in Memel und wird in wenigen Monaten dort wieder stehen, also in Klaipėda. Deutsche und Litauer haben gemeinsam dafür gesorgt. Das Denkmal war nämlich gleich nach dem Krieg als ›künstlerisch und historisch nicht wertvoll‹ eingestuft und zerstört worden... Freunde, fahren wir! Ob wir in der Geheimkammer etwas finden werden?«

Nach Wladimirowo, dem ehemaligen Tharau, ist es auf der ehemaligen Friedländer Landstraße nur eine halbe Stunde Fahrt. Wir fahren an der äußeren Verteidigungslinie von Königsberg vorbei, mit ihren riesigen Forts, die während der Jahrhunderte dicht an dicht in die Felder und Waldlichtungen hineingebaut wurden, biegen in einen holprigen Feldweg ein und sehen bald den grünen, mit uralten Bäumen bewachsenen Hügel, auf dem sich der rote Turm der Kirche von Tharau erhebt. Jetzt sind wir da. Rechts neben der Kirche sieht man Zelte und Menschen jeden Alters: die Abenteuerlust vereint alle. Autos, Bulldozer und Bohrvorrichtungen. Es sind auch Milizionäre in leichter Sommeruniform mit dem gelben Symbol der Suchexpedition an den Hemden anwesend. Die Rigaer haben auch ihre Miliz mitgebracht und das, wie sich noch zeigen wird, nicht ohne Grund. Auf dem Hügel gegenüber der Kirche sieht man die kleine Gruppe der Expeditionsleiter stehen: den energischen Wiktor Alexandrowitsch Paramonow, er ist der Chef dieser geräuschvollen Gesellschaft, Wolodja Schulakow, einen Mitarbeiter der Rigaer Zeitschrift »Sowjetische Jugend«, sowie Vertreter verschiedener Rigaer Industrieorganisationen, die die Suchaktion finanziell unterstützen... Lärm, Motorengeräusch und eine Stimme aus einem Megaphon: »Ich bitte alle Unbefugten, nicht an die Arbeitsstätte heranzugehen!« Hundegebell. Dann eine Jungenstimme: »Sie haben etwas gefunden!«

»Wir sind ganz zufällig auf das Grab gestoßen«, erzählt Wolodja, während wir den Hügel hinaufsteigen. »Sonst wurden keinerlei Grabgegenstände gefunden. Genauer gesagt, die anderen Gräber waren bereits geöffnet worden. Die Einheimischen haben hier schon gründlich aufgeräumt... Bevor wir die Geheimkammer öffnen, möchten wir Sie kurz über unsere übrigen Funde in Tharau informieren. Wiktor, bitte!«

»Es gibt viele und sehr interessante Funde«, sagt Paramonow aufgeregt, ein großer, sportlicher Mann – übrigens Major der Miliz. Er geht auf und ab und wirft hin und wieder einen Blick auf die Kirche. »Auf dem Speicher eines der Kirche benachbarten Hauses fand man Briefe an einen gewissen Rohde, die in Hamburg aufgegeben wurden, wo Alfred und Ilse Rohde, die wir ja kennen, gewohnt haben... Ob sie übersetzt wurden? Ja. Und man fand heraus, daß die Tharauer Rohdes Bergarbeiter waren, verstehen Sie?«

»Auch wenn sie nicht mit ›unserem‹ Rohde verwandt waren, konnten sie ihm doch für den Bau eines Bunkers unter der Kirche nützlich sein« fügt Wolodja Schulakow hinzu. »Das ist doch logisch, oder? Weiter: eine Figur, die immer verdächtiger und interessanter wird, ist Paul Boldt, der Kantor der Kirche Tharau. Erstens wurde sein Sparbuch gefunden, aus dem hervorgeht, daß Ende 1944 eine beträchtliche Summe auf sein Konto einging. Woher hatte er das Geld? Bekam er es für irgendwelche Gefälligkeiten, für die Erfüllung einer wichtigen Aufgabe? Man weiß zum Beispiel, daß damals alle, außer dem Kantor, dem Gemeindevorsteher und noch einer, bis jetzt noch nicht identifizierten Person, aus dem Ort ausgesiedelt wurden. Welche Dienste hat er wem erwiesen? Gewährte er Einblick in die Baupläne der Kirche? Weiter wurde bestätigt, daß es zwischen Paul Boldt und der Familie Rohde verwandtschaftliche Beziehungen gab. Aber das ist noch nicht alles. Es tauchten noch weitere, unglaublich interessante Einzelheiten auf, über die ich später berichten werde, weil ich Ihnen dabei etwas zeigen möchte.

Die Einwohner von Wladimirowo haben schon an die fünfzig Mal den Friedhof durchwühlt. Das ist ihre Lieblingsbeschäftigung, eine Ablenkung im grauen Alltag, eine Arbeit für ›Haus und Familie‹. Sobald es Abend wird, fangen sie zu graben an, mal hier, mal dort. Das haben sie uns gegeben!« Wolodja holt aus einer Tasche ein Kuvert, aus dem er ein Blatt Papier hervorzieht. Er liest: »Wenn ihr euch nicht aus dem Staub macht, dann graben wir euch alle ein. Das ist unser Friedhof! Stört unser Leben nicht!« Er steckt das Blatt wieder ein und zeigt auf die Milizionäre: »Sehen Sie den mit dem Verband um den Kopf? Gestern nacht hielten sie bei den Zelten Wache, saßen am Feuer, und plötzlich kommen aus der Dunkelheit fünf Mann angesprungen, maskiert mit über das Gesicht gezogenen Damenstrümpfen. Einer hatte sogar einen Säbel dabei! Gott sei Dank können alle drei Jungs Judo, einer ist sogar Meister des Sports. Sie verjagten die Angreifer, nahmen dem einen den Säbel ab, den sie heute der Miliz übergaben. Und vorgestern? Mitten in der Nacht kommt ein seltsamer Laut aus der Kirche. Das Weinen eines Kindes! Mond. Dunkle Schatten. Die

Haare standen einem zu Berge! Wir gingen in die Kirche. Ja, jemand weinte. Aber woher kam es? Aus dem Schacht, den wir dort fünf Meter tief angelegt hatten. Dort brennt auch ein Licht! Wir schauen hinein. Unten waren ein Mann und eine Frau. Der Mann gräbt mit einem Spaten in der Erde, die Frau hält ein Kind von etwa zwei Jahren auf dem Arm!«

»Ist keine Munition aufgetaucht?« fragt der Oberst. »Wenn etwas gefunden wird, bitte nicht anfassen, obwohl wir auch Pioniere dabeihaben. Damit sollen sich zivile Spezialisten beschäftigen, einverstanden?«

»Einverstanden.«

»Gehen wir jetzt, ich zeige Ihnen was.« Wir steigen den Hügel hinab, gehen aber nicht zur Kirche, sondern zu einer kleinen Kantine, die am Fuß des Hügels liegt. Die Sonne brennt. Überall liegt Staub. Verschlafene, dreckige Hühner sitzen im Gras. Ein Welpe mit einem abgerissenen Stück Schnur um den Hals stromert herum. Will Wolodja Schulakow jetzt etwa zum Mittagessen gehen und die Öffnung des Verstecks verschieben? Wolodja führt uns zur Kantine und bleibt auf einer Platte stehen, die dort statt einer Stufe liegt. Er nimmt einen zerfledderten Besen, fegt den Staub von der Platte und sagt:

»Das ist eine Grabplatte. Keine schlechte Stufe, nicht wahr? Aber sehen Sie nur, wer einst unter dieser Platte lag: Karl von Gramazki aus Tapiau, 1779–1842, und Susanna Gramazki-Frossat. Sagt Ihnen der Name Gramazki nichts? Sie haben sich doch mit Alfred Rohde beschäftigt. Hier ist noch eine Platte. Darunter lag ein weiterer, 1911 verstorbener Gramazki und seine reizende Gattin Anna Kordula Magdalena von Bork.«

»Moment, gleich hab ich's. Ah, das Buch von Alfred Rohde ›Künstler und Pferde‹!«

»Eine genauere Übersetzung wäre: ›Künstler sehen Pferde‹. Das Buch erschien 1932 in Königsberg und wurde nochmals aufgelegt, als ganz Europa in Flammen stand. Dieses Buch wurde von Alfred Rohde zusammen mit einem gewissen F. Gramazki verfaßt. Ist das ein weiterer Zufall? Oder lebte der letzte Gramazki, der Mitautor des Buches, hier in Tharau und sagte zu Rohde:

›Mein Freund, warum schaust du dir nicht einmal die Kirche in Tharau an? Sie steht auf einem Hügel, der Boden ist sandig, da kannst du graben, soviel und so tief du willst...‹ Aber gehen wir.«

Dicke, weiße Wolken ziehen über den blauen Himmel. Vor der Kirche stehen Sucharbeiter mit Vorschlaghämmern und Meißeln. Sie haben gelbe Helme auf und tragen gelbe Embleme auf den grünen Jacken. Sie warten alle auf das Signal. Paramonow nickt ihnen zu: »Fangt an, Jungs!« Wir gehen etwas zur Seite. Es ertönen dumpfe Schläge. Die alten Meister bauten gute Mauern! Diese Mauern halten Jahrhunderte, ein solches Gebäude übersteht das heftigste Erdbeben. Wer mischte diesen dem scharfen Meißel widerstehenden Mörtel an?

Der erste Ziegel fällt aus der Mauer, dann der zweite, dann der dritte. Die Öffnung verbreitert sich zusehends, aber die Wand des Verstecks ist sehr dick. Es vergeht eine halbe Stunde, eine Stunde. Jetzt hört man eine Stimme:

»Die Mauer ist durchbrochen! Gebt eine Taschenlampe!«

»Macht die Öffnung noch breiter«, sagt Paramonow. Der Stapel der aus der Mauer herausgelösten Ziegel wächst schnell. Noch einige Schläge. Das Loch wird größer. Das Versteck ist mit irgend etwas gefüllt. Man kann es noch nicht erkennen, es sieht seltsam aus. Noch ein Schlag und noch einer. Plötzlich kullern mit einem merkwürdigen trockenen Klang gelbe Kugeln aus dem Versteck... Schädel! Sie kullern und kullern. Offenbar ist das Versteck bis obenhin voll davon! Von unseren Kriminalisten wurde festgestellt, daß das Alter dieser traurigen menschlichen Überreste einige hundert Jahre beträgt.

Ännchen von Tharau. »Würdest du gleich einmal von mir getrennt, lebtest da, wo man die Sonne kaum kennt; ich will dir folgen durch Wälder, durch Meer, durch Eis, durch Eisen, durch feindliches Heer!« Wo ist ihr Grab? Wo die Grabplatte mit ihrem Namen? Wer streift sich auf ihr die Schuhe ab, wie man sich hier die Schuhe auf der Grabplatte von Karl von Gramazki aus Tapiau und seiner Frau abstreift? Wer wird unsere Gräber auf der Suche nach Goldkronen umgraben und unsere Asche in den Wind streuen? Wer wird sich die Schuhe auf unseren Grabplatten abstreifen? Das ist alles so traurig. Das Leben. Der Tod. Was bleibt? Eine Grabplatte als Stufe, darauf Eierschalen und Scherben von Schnapsflaschen.

7. Die Pferde von Schloß Georgenburg

An
Gräfin Marion Dönhoff
DIE ZEIT
Hamburg

Die Schätze in den »Glaskästen« nehmen mich mehr und mehr gefangen. Es ist von einer enormen Sammlung altrussischer Kirchengegenstände von großem historischen und materiellen Wert die Rede: von Ikonen mit Goldbeschlägen, verziert mit Edelsteinen und Brillanten, goldbestickten Bischofskronen, liturgischen Gewändern, Kelchen aus Gold und Silber und so weiter und so fort. Alles wurde in einer russischen Kathedrale aufbewahrt und von den »Kunstkennern« der ersten Kompanie des Bataillons zur besonderen Verwendung des Baron von Künsberg entdeckt, aber es kam nicht zur Behörde Ribbentrops, sondern zum Einsatzstab Alfred Rosenberg nach Riga. Von dort aus wurde es teils nach Sachsen verfrachtet und in Schächten versteckt, teils in ein kleines Schloß im Südwesten Deutschlands gebracht... Es ist alles unklar, nebelhaft, vage. Jetzt aber zur Sache. Wir haben uns ausführlich mit der »Königsberger Version« auseinandergesetzt, die, wie ich glaube, die bedeutsamste unter allen Hauptversionen ist. Obwohl es keine gesicherten Beweise gibt, bin ich davon überzeugt, daß sich das Bernsteinzimmer oder wenigstens ein Teil von ihm noch auf dem Territorium des heutigen Kaliningrader Gebiets befindet! Soviel kurz für heute. Die Glaskästen, die darin enthaltenen Schätze! Ich komme nicht los von ihnen. Wenn sie uns nur nicht entgleiten! Wenn ich sie ausfindig mache, dann bekomme ich nicht nur eine moralische, sondern auch, davon bin ich überzeugt, eine bedeutende materielle Entschädigung, denn nach ungefährer Schätzung sind diese Schätze mehr als eine Million Dollar wert. Sie kennen mich. Geld benötige ich nur für zwei Dinge: um die Suche nach dem Bernsteinzimmer fortsetzen zu können und um meine zerrüttete Wirtschaft wieder etwas aufzubauen. Neulich hatte ich ein Gespräch mit einem der Herren von der Botschaft der »Sowjets«. Er sagte mir, daß ich, falls ich diese Schätze entdecke, eine gebührende Belohnung erhalten würde. Ihr Georg Stein.

Aus dem Georg-Stein-Archiv

An den
Vorsitzenden des Kulturfonds
236000 Kaliningrad

Sehr geehrter Herr Vorsitzender,
ich setze Sie davon in Kenntnis, daß in Litauen die Gesellschaft »PRUSSA« gegründet wurde. Zu deren Hochmeister wurde das Akademiemitglied Professor Vytautas Mažiulis gewählt, zum Kanzler – der wissenschaftliche Mitarbeiter der Universität Vilnius, Kandidat der philologischen Wissenschaften L. Palmaitis. Ich bitte Sie, sich bei allen Fragen, die Kleinlitauen (Teil des ehemaligen Ostpreußens von der Memel bis zur Deime) und die Geschichte, Kultur und Sprache der Prussen betreffen, allein an uns zu wenden.

Der Kwisus (Kanzler) der Prussen sendet Ihnen seinen Gruß!
Lėtis Palmaitis

Mir schwirrt schon der Kopf und ich begreife bald gar nichts mehr. Von welchen »Glaskästen« schreibt Georg Stein Marion Gräfin Dönhoff? Wieso »Glas«? Möglicherweise handelt es sich um Sammlungen, die in einem Museum in Glasvitrinen aufbewahrt wurden, aber in welchem? Und dann dieser litauische

»Kanzler« der Prussen. Ist das ein Witz oder meint er es ernst? Sehr seltsam… Ich erinnere mich, daß Ende der fünfziger Jahre irgendwelche Doktoren in einer Kaliningrader Zeitung einen langen Artikel veröffentlichten, in dem bewiesen wurde, daß auf dem Gebiet des ehemaligen Ostpreußens slawische Stämme siedelten und daß etwa dort unser ganzes großes Mütterchen Rußland seinen Anfang nahm. Und jetzt stellt sich heraus, daß ein großer Teil Ostpreußens Litauen gehört haben soll! Was war dieses »Kleinlitauen«? Was steckt hinter dieser Mitteilung? Vielleicht wollen unsere lieben Nachbarn diese alten litauischen Gebiete wieder mit »Großlitauen«, das einmal »von der Ostsee bis zum Schwarzen Meer« reichte, vereinigen?

Lietuva! Lietuva! Lietuva! Wir fahren mit dem Bus nach Tschistye Prudy in der Nähe des ehemaligen Gumbinnen zu einer russisch-litauischen Veranstaltung im Rahmen des »Frühlings der Poesie«. Ich schaue aus dem Busfenster auf die vorbeiflitzende Landschaft, die alten Ziegeldächer, auf die Krähen am Wegesrand. In Gedanken versunken sehe ich den großen mit Menschen überfüllten Saal des Wilnaer Sportpalasts, ein riesiges Transparent, auf dem die Worte prangen: »Für unsere und eure Freiheit«. Ich sehe, wie vor dem Hintergrund einer riesigen gelb-grün-roten Fahne der Dichter Justinas Marcinkevičius die Bühne betritt. Die Delegierten des Sąjūdis-Kongresses erheben sich und schwenken Standarten, auf denen Wildschweine, Kronen, Schwäne, Schwerter und ein Reiter auf einem weißen Pferd, der »Vytis«, der ein Schwert über den Kopf hält, abgebildet sind. »Litauen! Litauen!! Litauen!!!« rufen die Menschen. Justinas Marcinkevičius hebt die Hand und bittet um Ruhe. Es wird still. Spannung. Er verkündet: »Der konstituierende Kongreß des Sąjūdis, der litauischen Bewegung zur Unterstützung der Perestroika, ist eröffnet!« Lietuva! Lietuva! Lietuva! skandiert der ganze Saal.

Heute fahren wir durch »Kleinlitauen«, das sich, wie der Kanzler der Prussen L. Palmaitis versichert, einst von der Memel bis zur Deime erstreckte, in dem der alte Name jedes Flüßchens, jedes Hügels und jedes Waldes an die prussische Herkunft erinnert, wie auch die Namen vieler Siedlungen und Städte dort prussischer oder litauischer Herkunft sind. In Kleinlitauen lagen die Städte Labguva (und nicht »Labiau«, wie die barbarische Bezeichnung der Deutschen lautete, und natürlich auch nicht »Polessk«, das ihr Russen euch ausgedacht habt, als ihr 1945 in dieses Gebiet gekommen seid!), Tilžė (nicht »Tilsit« und nicht »Sowjetsk«, sondern eben Tilžė!) und Karaliaučiai (selbstverständlich nicht »Königsberg« und schon gar nicht »Kaliningrad«). Ja, obwohl diese Stadt nicht zu Kleinlitauen gehörte, nannte man sie litauisch »Karaliaučius«.

Mein Gott, wie viele unerwartete Probleme entstehen da. Ein Wirrwarr aus deutscher, polnischer, litauischer und russischer Geschichte. In vielen Jahrhunderten hat sich hier eine Kultur mit komplizierten Lebensformen und Gewohnheiten entwickelt. Im Jahre 1945 wurden aus den vom Krieg zerstörten Dörfern um Smolensk und Pskow, aus Mordwinien und Tschuwaschien Leute aus Holzhäusern mit Strohdächern und Lehmfußböden in ziegelgedeckte Villen mit Parkettböden gebracht, in Häuser mit Kaminen und Badezimmern, deren Existenz die Menschen im fernen Rußland sich nicht einmal vorstellen konnten. Alles hat sich vermischt. Die alten Wurzeln dieses Landes verschwanden in der 700jährigen Tiefe ihrer Geschichte und wir, die wir in dieses Land gekommen sind, versuchen unsere Wurzeln loszulassen und mit ihm zu verwachsen, hier für immer Fuß zu fassen... Aus dem Westen hört man hin und wieder Stimmen, die behaupten, daß das Potsdamer Abkommen, nach dem das ehemalige Ostpreußen Teil der Russischen Föderation wurde, nicht rechtsgültig sei, andererseits propagieren die litauischen »Prussen« und die Aktivisten der »Freiheitsliga« eine Vereinigung von Klein- und Großlitauen. Und dann gibt es noch die Polen, von denen es bis 1939 hier ziemlich viele gab und die von den Schlägern Erich Kochs entweder in Konzentrationslager verschleppt oder aus Ostpreußen vertrieben wurden. Jetzt würden sie gerne in ihr Heimatland zurückkehren. Und dann ist da noch dieser Walter Müller, der sich unbedingt sein Vaterhaus in Kaliningrad ansehen möchte. Der Sąjūdis. Die Perestroika. Sie beruhigt und beunruhigt gleichermaßen.

Es ist Frühling, und wir, Kaliningrader und litauische Schriftsteller und Dichter, Künstler und Musiker, oder auch einfach Liebhaber der Dichtkunst, fahren wieder in eine der schönsten Ecken des Kaliningrader Gebiets, in ein Dorf, das von alters her Tolminkiemis hieß. Hier lebte im 18. Jahrhundert ein bedeutender Mann, erfüllt von seltener Schaffenskraft, Glaube und Liebe zu den einfachen Menschen, zu den litauischen Scharwerksbauern, Pfarrer in Tollmingkehmen im Amt Stallupönen (heute Kreis Nestorowo), aber zum Dichter berufen, Begründer der litauischen weltlichen Literatur: Kristijonas Donelaitis.

Gitarrenklänge und jugendliche Stimmen sind zu hören. Die Jungen und Mädchen aus unserem Chor sitzen im Heck des Busses zusammen und lachen immer wieder laut auf. Der »Ikarus« schaukelt über die schmale Chaussee. Alte dicke Linden, Ulmen und Kastanien huschen vorbei. Grüne Felder öffnen sich dem Blick, etwas weiter steil ansteigende Hügel, Waldstücke, Baumgruppen. Hier glitzert ein See, dort schlängelt sich ein Flüßchen durch die Landschaft. Dies ist die Welt, an der sich Kristijonas Donelaitis erfreute, als er sein berühmtes Poem »Die Jahreszeiten« schrieb:

Wiederum stieg die Sonne herauf und weckte die Welt auf,
Lachte der Werke des kalten Winters und warf sie in Trümmer.
Leicht dem Eise zerrann, was der Frost phantastisch erbaute,
Und der schäumende Schnee verwandelte rings in ein nichts sich.
Lauer schon wehten die Lüfte und brachten Labung den Fluren,
Weckten zur Auferstehung die Blumen aus traurigen Gräbern.

Übersetzung von L. Passarge, 1894

Wenn wir im Frühling 1945, als wir das Frauenburger Archiv suchten, etwas von der Existenz dieses Donelaitis und seines Poems »Die Jahreszeiten« gewußt hätten, hätten wir die Handschrift schon damals finden können, aber wir wußten nichts, weder von dem Poem, noch von Kristijonas Donelaitis. Wir suchten im Schloß Lochstädt nur nach diesem Archiv, während sich dort viele andere, sehr wertvolle Dokumente und Papiere befanden! Auch die Handschrift der »Jahreszeiten« von Kristijonas

Donelaitis. So war es auch dem liebenswerten, zerstreuten Professor Brjussow nicht in den Sinn gekommen, daß er sich, als er die Bilder der Kiewer Museen und die Ausstattung aus den Schlössern in der Umgebung von Leningrad suchte, ganz in der Nähe des Bernsteinzimmers befand.

Wir passieren Gwardeisk, das ehemalige Tapiau. Rechts sieht man über dem Fluß die massiven Mauern und Türme eines alten Gebäudes aus dem 14. Jahrhundert, des Tapiauer Schlosses. 1541 hielt sich dort, in den riesigen Räumen schrecklich frierend , der polnische Astronom Nikolaus Kopernikus einige Tage auf. Er war nicht nur ein großer »Sterndeuter«, sondern auch ein geschickter Arzt. Kopernikus war auf dem Weg nach Königsberg, um Herzog Albrecht in »medizinischen Fragen« zu beraten. Jetzt ist in dem alten Ordensschloß ein Gefängnis – wie die zahlreichen Insassen berichten –, so kalt, wie zu Zeiten des preußischen Herzogtums. Eine hallende Brücke. Bleigrau kräuselt sich die Deime in ihrem silbrigen Panzerhemd unter dem frischen Wind. Von Frühlingswassern überschwemmte Felder. Ein Schwanenpaar hat seine Flügel wie Segel erhoben, ein Reiher steht zur Säule erstarrt und schaut auf die trägen, gerade erst aus dem Winterschlaf erwachten Frösche im kalten Wasser…

Im Bus sitzt mir schräg gegenüber der Direktor des kunsthistorischen Museums, Oberst der Miliz a. D., ein großer, grauhaariger, lauter und lächelnder Schönling. Er verhandelt mit seinem Nachbarn über irgend etwas. Ich höre seine Stimme und mir kommen die Zeilen in dem Buch über das Bernsteinzimmer in den Sinn, die die Autoren Angelina Pawlowna Rudenko in den Mund gelegt haben: »Zu Museumsdirektoren machten die Bolschewisten Leute, die von Kunst keinerlei Ahnung hatten.« So machten sie es früher, so machen sie es heute. Sie ernennen nicht nur Offiziere der Miliz und Armee zu Museumsdirektoren, sondern auch Admiräle a. D. zu Sekretären von Künstlerverbänden, vom Schriftstellerverband zum Beispiel. Übrigens, die Gesellschaft für Denkmalschutz leitet in unserem Gebiet ein Marinesoldat, ein Kapitän ersten Ranges im Ruhestand, ein durchaus sympathischer und fleißiger Mann. Aber der Miliz-Oberst und Museumsdirektor hat, selbst wenn er lacht, einen so durchdringenden Blick, daß man unwillkürlich strammstehen will und in sich hineinmurmelt: »Ich bin unschuldig.« Vielleicht habe auch nur ich dieses Gefühl, als schreckliche Erinnerung an den Jungen auf dem Leningrader Markt, der der Miliz in die Hände gefallen war: »Wenn ich dich noch einmal mit deinen »Drei Kärtchen« erwische, prügle ich dir die Seele aus dem Leib!« Aber was sollte ich denn machen? Diese drei zerknitterten Spielkarten, die mir mein Kellerchef und Wohltäter Pjotr Lukitsch Rakitin gegeben hatte, retteten mich in dieser schrecklichen Zeit vor dem Hungertod, und nicht nur mich!

Das Schillerdenkmal in Kaliningrad ließ unser Kapitän a. D. vor kurzem mit schwarzer Farbe »auffrischen«. Jetzt glänzt der Klassiker der Weltliteratur wie mit Grütze übergossen. Es ist bekannt, daß Marinesoldaten liebend gern alles anmalen, was aus Eisen ist. Das Denkmal war allerdings nicht aus Eisen, sondern aus Bronze, und man hätte es abreiben können, wie man auch die Messingschilder auf den Schiffen unserer wunderbaren rotbeflaggten Baltischen Flotte blank reibt, bei der unser sympathischer Denkmalschützer den größten Teil seines Lebens verbracht hat, aber ein Verein ist eben kein Kriegsschiff, auf dem man immer genug Leute zum Putzen hat.

Jetzt haben wir schon die Hälfte des Weges hinter uns und nähern uns Tschernjachowsk, dem ehemaligen Insterburg, das auf litauisch Įsrutė heißt, nach dem Fluß, über dem diese Stadt der alten Prussen liegt... Im Frühling 1945 rollte unsere kleine Expedition, unser »Willys« mit einem Verdeck aus Segeltuch und der Dodge mit dem Begleitschutz, durch diese Felder, die damals mit zerstörtem Kriegsgerät übersät waren. Es war sehr heiß. Die Luft flimmerte über den Feldern. Es roch süß und bitter zugleich: nach blühenden Linden, Rauch und Leichen. Vom Auto aus sahen wir Feuer, in denen deutsche Kriegsgefangene alles, was auf den Feldern herumlag, verbrannten: Patronenschachteln, zerrissene Mäntel mit braunen Blutflecken, zerfetzte Planen, Tarnkappen, lehm- und blutverschmierte Schalbretter aus den jetzt wassergefüllten Schützengräben. Die Soldaten von gestern gingen langsam über die von Bombentrichtern aufgewühlte Erde, setzten sich ans

Feuer, kochten etwas in Kesseln, rösteten Brotscheiben, zogen die grauen Hemden aus, zerdrückten die Läuse und wuschen sie dann in den mit Wasser gefüllten Bombentrichtern. Einer schlief in einer Munitionskiste für die deutschen sechsrohrigen Granatwerfer, die anderen schaufelten riesige Gruben und trugen alles zu bestimmten Plätzen, die sie im Schatten eingerichtet hatten, liegengelassene Gewehre, Granatwerfer, Maschinengewehrgurte und die niemals fehlenden Maschinengewehre »MG-34«. Hier und da waren neben Gräbern zusammengetragene Tote zu sehen. Die einen wurden getragen, die anderen an Seilen gezogen: dann hinterließen sie dunkle Spuren auf der Erde. Das Leben und der Tod!...

Lächelnd hielt Ljudka ihr während der Reise braungebranntes, hübsches Gesichtchen in die Sonne und den heißen Wind. Fedja Rybin flüsterte ihr etwas ins rosige Öhrchen und Ljudka fauchte wie eine zornige Katze: »Wieso braucht es mir nicht peinlich zu sein? Laß mich in Ruhe...« Sie zog die Augenbrauen über den schönen grauen Augen zusammen und wickelte eine goldene Haarsträhne um ihren Finger. Ihr Haar glänzte wunderschön. Die Augenbrauen glätteten sich aber schnell wieder und Fedja rückte wieder dichter an sie heran und begann wieder etwas zu flüstern. Ich beneidete und haßte Fedja, er war ein richtiger Mann, und ich war erst ein »Jüngelchen«, wie mich Ljudka manchmal nannte.

»Genosse Oberst, ich habe die Karte aufmerksam studiert«, sagte Fedja, als wir über die Grenze nach Insterburg fuhren. »Gleich hinter der Brücke, gegenüber der Kirche, müssen wir links abbiegen. Dann am Insterburger Schloß vorbei und noch drei Kilometer. Dort liegt das Schloß Georgenburg. Soll ich Ihnen die Karte geben?« Der Vater nickte. Fedja holte die Karte aus seiner Ledertasche mit dem Kompaß und gab sie meinem Vater, der sie auf den Knien ausbreitete.

Der Bus fährt in die Stadt ein. Hier ist ja noch alles da! Die kleine Brücke, die Pflastersteine, der kleine Platz. Dort drüben erhob sich die mächtige steinerne Insterburger Kathedrale. »Erhob sich«, sage ich deshalb, weil dort jetzt nichts mehr ist, Leere. Verlassen und ausgeraubt stand die Kathedrale zwanzig Jahre lang da, dann brach plötzlich ein Feuer aus und sie brannte aus. Nur das steinerne Tor, das in den Hof der Kathedrale führte, war übriggeblieben. Es gab ein Tor, aber keine Kathedrale mehr. Das Tor ins Nichts!

Unser »Ikarus« biegt links ab, dann rechts, und wir fahren an den riesigen Mauern der Insterburger Festung und ihren massiven Türmen, die drohend über der Stadt schwebten, vorbei. Die Mauern sind bis heute erhalten, die Türme nicht. Hier steht noch ein riesiges rotes Gebäude im gotischen Stil aus alter Zeit. Was es früher war, weiß ich nicht, aber was es jetzt ist, weiß ich dafür umso besser: ein psychiatrisches Krankenhaus des Innenministeriums. Vor ungefähr zehn–zwölf Jahren hatte ich Gelegenheit, mich dort mit meinen Lesern zu treffen, nein, nicht mit den »Patienten«, sondern mit dem dort arbeitenden Personal: Ärzten, Krankenschwestern und auch einigen Zivilisten.

Als wir 1945 zum Schloß Georgenburg fuhren, war dieses riesige Gebäude mit deutschen gefangenen Offizieren des erstürmten Königsbergs vollgestopft, darunter Otto Lasch und vielen anderen Kommandeuren der Divisionen und Regimenter, die Königsberg verteidigt hatten. Nachdem die Verhöre im Stab der Front beendet waren, stand Otto Lasch, den Mitarbeitern seines Stabes und den Oberkommandeuren der erstürmten Festung Königsberg ein Flug in einer amerikanischen »Douglas« nach Moskau bevor, wo sie aber statt in das von der Führung der 3. Weißrussischen Front versprochene »Sanitätslager« in das enge, stinkende, feuchte Gefängnis »Butyrka« kamen, wo es eine »Fischsuppe« gab, an die sich Otto Lasch, wie er in seinen Erinnerungen schreibt, ein Lebenlang erinnerte. Aber was soll man machen, Gefängnis ist Gefängnis! Etwas später, Ende Mai, als alle deutschen Gefangenen in Flugzeugen, Viehwaggons oder auf Schusters Rappen nach Rußland geschickt worden waren, füllte sich das riesige, finstere Gebäude mit anderen vorübergehenden Mietern. Es waren russische Kriegsgefangene, die von der Roten Armee aus den zahlreichen preußischen Stammlagern befreit worden waren und nun von rauhen, scharfsinnigen Untersuchungsführern zur »Säuberung« hierher gebracht wurden. Es gelang nur wenigen, sich zu »säubern«! Und es rollten wieder Güterzüge nach Osten, jetzt vollgestopft mit Russen, die in der deutschen Hölle überlebt hatten und nun in ihre eigene, russische Hölle geschickt wurden: in die Bergwerke und Steinbrüche des Kusbass, die Waldarbeiterlager Sibiriens, ins ewige Eis der Lager von Kolyma und Workuta.

Immer wieder kehren die Gedanken in dieses Jahr 1945 zurück. Eine Böschung, eine Kurve. Eine Anhöhe. Das Schloß wird sichtbar. Es erhebt sich mit seinen weißen Mauern und Türmen über dem steilen Abhang und der schmalen Straße, die sich um seinen Fuß windet. Wir fahren mit heulenden Motoren den steilen Hügel hinauf zum Schloßtor, über dessen Bogen ein grünoxydiertes Elchgeweih mit drei Enden befestigt ist. Am Tor hat sich ein kleiner, schmalgesichtiger Rotarmist in einem langen, schlechtsitzenden, mit einem Tuch umgürteten Mantel und einem Gewehr in den Händen aufgebaut. Wie er den Oberst sieht, steht er stramm, dann schaut er sich um, schnaubt durch die Nase, bringt das Gewehr in Anschlag und ruft mit dünner Stimme: »Halt! Wer kommt? Wer ist das?« Er wartet die Anwort nicht ab und ruft: »Genosse Sergeant! Hier kommt jemand!« Fedja springt aus dem Wagen, schiebt den Rotarmisten beiseite, schaut in den Hof und winkt: »Fahrt rein!« Wir rollen in den kleinen, gepflasterten Schloßhof. Der kleine, rotgesichtige Sergeant kommt angelaufen. Er bringt dabei sein Hemd in Ordnung, das aus dem Gürtel gerutscht ist. Sein aufgedunsenes Gesicht glänzt vor Hitze, die kleinen Augen blinzeln, als wäre er gerade aus einem langen Schlaf erwacht. »Sergeant Wolodin!« meldet er. »Ich bin für die Bewachung dieses Schlosses verantwortlich. Die Gruppe besteht aus mir und fünf Soldaten!« Nach dem Befehl sich zu »rühren« fragt er vorsichtig: »Und was wollen Sie, Genosse Oberst? Kommen Sie dienstlich oder nur so, aus Neugierde? Hier kommen viele Neugierige her.«

»Dienstlich. Vom Stab der Front«, sagt mein Vater und zeigt dem Sergeanten ein Papier. Aber er schaut gar nicht hin, sondern nickt nur: »Alles klar. Bitte, werden Sie das Schloß besichtigen?«

»Was ist denn das da?« fragt mein Vater. In einer Ecke des

Hofes stehen, mit einer Plane bedeckt, drei riesige Pferde. Unter der Plane schauen ihre Köpfe und Beine hervor. Ein schwarzer, ein weißer und ein rotbrauner Hengst. Daneben lehnen Ritterrüstungen an der Mauer. »Das sind sozusagen Museumsstücke!« beeilt sich der Sergeant zu erklären. Er läuft zu den Pferden und nimmt die graue Plane ab. Die Pferde sind gesattelt und sogar beschlagen. Jetzt springen auch unsere Soldaten aus dem Wagen, um sich etwas Bewegung zu verschaffen. Sie rauchen, stampfen mit den Füßen auf und der kleine Schloßhof füllt sich mit aufgeregtem Getöse. Leutnant Sascha Lobow, der Kommandeur der Jungs, bringt Mantel, Gürtel und Käppi in Ordnung und kommt zu uns. Er ist groß, genau und sehr streng. Ljudka hüpft aus dem »Willys«, läuft zu den Pferden und streichelt die rauhe Schnauze des schwarzen Pferdes. Fedja Rybin brüllt irgend etwas, schwingt sich geschickt in den Sattel des roten Pferdes, zieht die Zügel an und ruft: »Gaaalopp!«

»Woher sind die?« fragt mein Vater den Sergeanten. Er raucht und betrachtet die Pferde. Der Sergeant eilt zu den Rüstungen und hebt ein Visier hoch. Heraus schaut ein menschliches Gesicht! Große Nase, graue Augen, ein golden glänzender Schnurrbart. Rasselnd läßt er das Visier wieder fallen und erklärt: »Wie ich schon gesagt habe, das sind Exponate, äh, also aus einem Museum. Hier im Schloß war ein Museum, sozusagen ein Pferdemuseum. Hinter dieser Mauer da war ein Gestüt, sehr alt, irgendeine besondere Rasse. Dann kam der Befehl: ›Pferde und Ritter aus dem Museum werfen, auf die Straße!‹ Man wollte sie in irgendeine »Eremitage« nach Leningrad bringen… Es gibt hier einen Deutschen, der im Schloß gearbeitet hat. Man hat ihn hiergelassen, damit er allen, die sich für das Schloß und das Gestüt interessieren, alles genau erzählt, der obersten Heeresleitung zum Beispiel.« Der Sergeant rief: »Kowalow, hol man schnell den Fritz Iwanowitsch!«

Fedja sprang vom Pferd. Unser Chauffeur Kostja Schurygin trat gegen die Reifen des »Willys«, setzte sich hin, betrachtete sie finster und schüttelte den Kopf: »Nein, mit diesen Reifen kommen wir nicht mehr weit…« Der ausgezehrte, blasse Rotarmist verschwand mit seinem langen Gewehr im Schloß und brachte kurz darauf den großen, grauhaarigen Fritz Iwanowitsch zu uns, dessen weicher Schnurrbart wie bei einem Ritter herunterhing und der eine schlechtsitzende Samtjacke mit Tressen über der Brust anhatte.

»Antworte, was man dich fragt!« brüllte ihn der Sergeant an. »Hier, dem Oberst! Sie wollen was über das Schloß und die Ritter wissen, kapiert?« Der Alte nahm Haltung an, schlug die Hacken zusammen und kreischte erfreut: »Jawoll, Pan Kommandant! Was belieben der Pan Oberst zu wissen?« Mein Vater steckte sich eine Zigarette an, streckte dem Alten die Zigarettenschachtel hin. Dann sagte er »rühren!« und fragte: »Pole?« Der Alte zündete sich eine Zigarette an, entspannte sich und nickte: »So ist es, Pan Oberst. Ich habe hier gedient. Im Schloß. Bei den Pferden! Da kenne ich mich aus. Und auf der Jagd... Der Großfeldmarschall Hermann Göring war manchmal hier, Pan Oberst. Wir organisierten hier Jagden für ihn.« Er rauchte genüßlich, zog den Rauch tief ein und blinzelte: »Als die Deutschen davonliefen, Pan Oberst, blieb ich hier. Bei den Pferden. Aber mein Haus, meine Familie ist in Rastenburg, Pan Oberst. Ich bin hiergeblieben, um nach dem Rechten zu sehen. Nach dem Museum und den Pferden, die hier zurückgelassen wurden.« Mein Vater ging zu einem der Ritter, hob dessen Visier hoch und schaute in die eiserne Rundung des Helms. Dann fragte er: »Woher können Sie Russisch?« Der Pole, der meinem Vater gefolgt war und anscheinend ungeduldig auf diese Frage gewartet hatte, erklärte: »Ich war in Gefangenschaft. Damals im Bürgerkrieg, 1920, fiel ich den Russen in die Hände. 1925 haben sie mich wieder freigelassen.

»Und warum heißen Sie Fritz Iwanowitsch?« Der Pole zuckte mit den Schultern: »Wie soll ich das wissen, Pan Oberst. Ich habe ihnen gesagt: ›Ich heiße Jacek‹ und sie sagen zu mir: ›Von wegen Jacek! Du bist ein Fritz, weil du hier gelebt hast!‹«

»Ist es alt?« fragte mein Vater und nickte zu den Schloßtürmen hinüber. »Aus welchem Jahrhundert?«

»Oh, Pan Oberst, bardzo alt. Es wurde 1264 erbaut... Früher

gehörte es dem samländischen Episkopat, und im Jahre 1500 ging es in den Besitz des Herzogs Albrecht über.«

Plötzlich stößt Ljudka einen Schrei aus. Fedja hatte sie hochgehoben und in den Sattel eines der Museumspferde gesetzt. Ihr kurzer Rock war hochgerutscht und Ljudka wollte ihn wieder herunterziehen, aber irgendwie klappte es nicht. Der Vater runzelte die Stirn und fragte: »Was ist das für ein Schloß? Erzählen Sie ein wenig.« Dann drehte er sich um und brüllte: »Was geht da vor? Rybin, lassen Sie das sofort sein!« Fedja nahm lässig Haltung an: »Jawohl, Genosse Oberst!« Fedja ging zu den Pferden zurück und Ljudka sprang, scherzhaft ächzend, in seine ausgestreckten Arme.

»Dieses Schloß ist eines der ältesten in Preußen«, fuhr Jacek Fritz Iwanowitsch fort. »Seine Rolle in vielen Kriegen und sein Gestüt sind sehr berühmt.« Der Vater nickte, warf den Zigarettenstummel weg und sagte: »Sergeant, wir bleiben hier zwei Tage. Zeigen Sie uns und den Soldaten, wo wir uns einrichten können.«

Wir blieben drei Tage im Schloß. Wir krochen in jeden Winkel und sahen uns alles an. In dem finsteren Saal waren die Wände von oben bis unten mit Bildern in schweren Goldrahmen behangen. Alles Porträts. Aber nicht von Menschen, sondern von berühmten Pferden. Es gab auch Schlachtengemälde, an denen Ritter auf Pferden aus der Insterburger Gegend teilgenommen hatten. Hier ist die Schlacht von Tannenberg. Die Ritter dringen wie ein Keil mit ihren gepanzerten Pferden in die Reihen der polnisch-litauischen Truppen ein. Die Schlacht bei Friedland: schwere preußische Kürassiere in glänzenden Harnischen jagen auf die französischen Husaren zu, daß die Erde erbebt. Die blutige Schlacht bei Tannenberg im August 1914: die preußische Kavallerie metzelte die fliehenden russischen Soldaten der südlichen Narew-Armee unter General Samsonow ab…

Wir versuchten auch noch etwas über das Fromborker Archiv zu erfahren. »Nein, von einem Archiv habe ich hier nichts gehört. Wie sagten Sie, Genosse Oberst, Fromborker Kapitel? 112 Kisten mit Dokumenten? Nein, Genosse Oberst, davon weiß ich nichts«, sagte der Sergeant und breitet bedauernd seine kurzen Arme mit pfotenähnlichen Händen aus. »Hier gibt es nur eine Menge Bücher. Sehen Sie sich selbst um!«

Und wieviel Bücher es hier gab! Wahrscheinlich war das die größte Bibliothek Europas über Pferdezucht. Riesige, alte Bücher mit dicken gelben Blättern und lustigen Stichen: Pferde, Pferde, Pferde. Es gab auch Bücher mit bunten Zeichnungen und Fotografien. »Pferdeatlanten« nannte sie der Sergeant, der aus den Regalen immer neue, schwere Folianten herauszog. Es gab handgeschriebene Bücher, dünne und dicke, in Leder eingebundene und in hölzernen Einbänden mit Pressungen. Es gab noch eine Menge von Mappen mit Stapeln von Diplomen und Urkunden, Verzeichnissen von Preisen, die die Georgenburger Pferdezüchter auf internationalen Ausstellungen gewonnen haten. Und hier waren auch die Preise selber. Der Hauptfeldwebel zog aus einem dunklen, kleinen Lagerraum eine lederbeschlagene Kiste hervor, voll mit großen und kleinen Medaillen. »Hier, sehen Sie! Leider sind keine goldenen Medaillen dabei. Wahrscheinlich ist es den Fritzen gelungen, sie rechtzeitig wegzuschaffen.«

»Ja, und von den Kisten mit dem Archiv des, wie hieß das doch gleich deutsch?, ah... Frauenburger Kapitels, da weiß er also nichts darüber?«

»Tut mir leid, Genosse Oberst. Aber vielleicht wird das Sie interessieren: nicht weit vom Schloß entfernt, steht ein Denkmal irgendeines russischen Generals.«

»Dreißig Minuten Pause!« brachte mich die Stimme unseres Busfahrers aus der Vergangenheit in die Gegenwart zurück. »Wer, hm, wer etwas zu erledigen hat, äh... das ist dort hinter dem Denkmal von Tschernjakowski.«

Was war dieses Insterburg einmal für eine schöne Stadt. Steile, matt glänzende Ziegeldächer. Niedrige Häuser mit reichen Verzierungen an den Fassaden. Kunstvoll geteilte Fensterkreuze. Alte, schöne Eingänge. Blumenbeete. Rosen. Spitze Kirchtürme. Natürlich ist auch jetzt noch etwas davon erhalten, aber wie in Kaliningrad schoben sich auch hier in die Reihen der alten Häuser unsere grauen, fünfstöckigen Wohnsilos, die genauso nackt und kalt sind, wie die Seelen ihrer Erbauer. Eine Kirche ist jetzt eine

Turnhalle, in einer anderen, wahrscheinlich der schönsten Kirche mit einer leichten, elegant in den Himmel aufstrebenden Turmspitze, ist ein Lager für Militärbesitz. Haufen von verschimmelten Schnürschuhen, Stiefeln, Mänteln, Gürteln und Kisten mit irgendwelchem, da man für seine Lagerung ein so schönes Gebäude hernahm, offenbar noch sehr wichtigem, amerikanischem Eigentum. Leider verschont die Zeit nichts. Wenn in einem Haus niemand mehr wohnt, dauert es nicht lange, bis es abgerissen wird. Ein Teil der Verkleidung der Kirchturmspitze ist bereits abgerisssen, die schwarzen Eichenbalken starren in den Himmel... Wie lange werden sie durchhalten? Schon mehrmals haben sich öffentliche Organisationen an die örtlichen Behörden gewandt, an den Stadtsowjet, dessen Gebäude sich direkt gegenüber der Kirche befindet, aber die Antwort war Schweigen. Was sind diese Stadtväter nur für Menschen? Sehen sie nichts? Sagen sie, das ist nicht unser, sondern fremdes Gut? Oder ist ihnen lediglich der Sinn für die Schönheit, die da vor ihren Augen zugrunde geht, abhanden gekommen? Der »Kornett Alexandrow«, also unser »Kavalleristen-Mädchen« Nadeschda Durowa, das im Litauischen Insterburger Ulanenregiment diente, war entzückt von dieser Kirche. Sie schrieb in ihren Aufzeichnungen: »Was ist das für eine elegante, schlanke, sich ganz in die Höhe, in die geheimnisvolle Ewigkeit reckende Kirche! Man kann sich an ihr nicht satt sehen.«

»Sind wieder alle da?« fragte der Busfahrer. »Fehlt keiner? Also fahren wir!«

Das sanfte Summen der Räder. Das Schwanken und Schaukeln der riesigen Blechkiste. Die Stimmen der Studenten der Musikhochschule, die sich wieder im Heck des »Ikarus« versammelt haben. Eine ruhige, spröde Baßstimme, Gitarrenklänge... Die Gedanken gehen wieder zurück in die Vergangenheit: »Pan Oberst, ich bin nicht nur Deutsch-Pole, ich bin auch noch Litauer. Jaja, so ist es Pan Oberst«, vertraute uns Fritz Jacek Iwanowitsch am Abend im Schloß an. »Mein Großvater war Litauer, Pan Oberst, so kam das alles. Aber ist das so schlecht? Ich bin ganz ›international‹...«

Er führte uns durch das Gestüt, die riesigen, hellen Pferdeställe. In der Mitte des riesigen viereckigen Hofes war ein Rosengarten und ein Denkmal, das ein galoppierendes Pferd mit flatternder Mähne und langem, schwingendem Schwanz darstellte. Die Türen der Pferdeställe, die mit kunstvollen Schnitzereien verziert waren, gingen auf diesen Platz hinaus. Aber die Ställe selber waren leer: fast alle Pferde waren schon im Oktober 1944 evakuiert worden, nur drei Pferde, die wertvollsten Deckhengste – die »Elite«, wie Fritz Jacek Iwanowitsch sagte – waren hiergeblieben. Sie warteten auf einen Spezialtransport. Aber dann kam der Winter. Preußen wurde von Deutschland von den Truppen der Roten Armee, die auf die Ostsee zumarschierten, abgeschnitten, und bald danach waren die »Roten« ganz unerwartet auch hier aufgetaucht. Statt der Pferde wohnten jetzt die Soldaten des Versorgungszuges der in Insterburg stationierten Division in den warmen Boxen. Auf Heuballen waren Matratzen, Decken und Federbetten, die offenbar aus den Nachbarhäusern stammen, ausgebreitet. In einer Ecke des zertrampelten, von Rädern zerfurchten Platzes dampfte die Feldküche. Man hörte das Klopfen eines Hammers auf dem Amboß und jemand rief zornig: »Halt fest, bist du eingeschlafen oder was ist?!« Ein alter Deutscher mit tief in die Augen gezogenem Mützchen kam uns entgegen. Sein sorgfältig rasiertes Gesicht mit den eingefallenen Wangen sah unglücklich aus. Er murmelte hastig etwas vor sich hin und zeigte uns schon von weitem die Zügel, die er aus irgendeinem Grund in den Händen hielt. Plötzlich stürzte er auf die Knie und bat verzweifelt: »Herr Oberst, Herr Oberst!« Mehr zu sagen, war er nicht imstande. Fritz Jacek Iwanowitsch hob ihn auf und schob ihn weg: »Geh doch, geh!« Der Deutsche schleppte sich gebückt davon. »Er leidet wegen seiner Pferde, Pan Oberst«, sagte Fritz Jacek Iwanowitsch und seufzte tief. »Mein, ich bitte um Verzeihung, geistiges Inneres auch bardzo schmerzt.« Der Vater blieb stehen. Sie steckten sich eine Zigarette an. Dann fuhr Fritz Iwanowitsch mit seiner Erzählung fort: »Diese drei Elitepferde, die hiergeblieben sind, diese in vielen hundert Jahren herangezüchteten Deckhengste, werden vor schwere Fuhrwerke gespannt, verstehen Sie?

Mit ihnen wird alles von den Feldern geholt: Tote, Kampfausrüstungen und Waffen. Und, Pan Oberst, sie sind Hundertausende in Gold wert! Diese Pferde, Pan Oberst, sind, entschuldigen Sie bitte, mehr wert als Ihr ganzes Frauenburger Archiv. Ich bitte Sie Pan, setzen Sie sich doch für die Pferde bei eurem Oberkommando ein.«

Unsere Begleitsoldaten aus dem Dodge hatten sich mit Leutnant Sascha Lobow im ersten Stock in drei mit alten Möbeln vollgestellten Zimmern eingerichtet. Mein Vater, Fedja Rybin und ich schliefen im »Grafensaal«, in dessen Mitte ein breites Bett unter einem Baldachin stand. Ljudka Schilowa quartierte sich im Nachbarzimmer ein, einem kleinen »Boudoir«, in dem sich die Gräfin »schön machte«, wie Fritz Iwanowitsch uns erklärte, bevor sie zum Grafen ins Bett ging.

»Fritz Iwanowitsch bat um Jod und Binden, um die Pferde verarzten zu können«, sagte Ljudka am Abend zu mir. »Gehen wir zusammen runter zum Gestüt.« Ich wollte grob zu ihr sein und sagen: »Geh doch mit deinem Fedja, dem du die ganze Zeit hinterherläufst«, doch mein Herz begann schneller zu schlagen und ich stimmte eilig zu. Ljudka holte den Sanitätsbeutel aus ihrer Tasche, ich nahm meine Maschinenpistole und wir gingen aus dem Schloß. »Dein Vater und Fedja durchwühlen den Dachboden«, sagte Ljudka, als wolle sie mir erklären, warum sie mich, und nicht Fedja aufgefordert hatte, sie zu begleiten. Wir überquerten auf einem Balken eine Pfütze. Ljudka rief plötzlich »Oh je!« und schwankte, doch ich bekam ihre Hand zu fassen und ging, sie stützend, mitten durch die Pfütze. Neben meinem Gesicht sah ich ihre schmalen Augen, ihre Wimpern kitzelten mich an der Wange. All das dauerte nur einen Augenblick. Ljudka drückte mir die Hand und ich hielt sie fest. Einfach so. Unfreiwillig. In diesem Moment dachte ich gar nichts. Ljudka blieb stehen und schaute mich mit großen Augen an. Ich lächelte, ließ ihre Hand los, stürzte vorwärts und begann zu pfeifen. Ljudka lachte und lief, ihre Tasche festhaltend, hinterher. Die Sonne verschwand am Horizont. Über dem runden Schloßturm kreisten Tauben als wären sie mit einem unsichtbaren Faden an ihm festgebunden. Von den Feldern kehrten riesige, grüne Wagen zurück, vor die die drei wunderschönen Pferde gespannt waren. Aus dem Tor lief ihnen der alte Deutsche entgegen. Er sah unglücklich aus.

Das Abendessen richteten uns Fritz Jacek Iwanowitsch und der Schloßkommandant, der Sergeant Wolodin, im gräflichen Speisesaal her. Auf dem langen Tisch lag ein goldbesticktes Tischtuch mit Monogramm. Das gräfliche Familiensilber war jetzt zwar verschwunden, aber den Deutschen war es nicht gelungen, es fortzuschaffen, das wußte Fritz Iwanowitsch ganz genau: die riesige Kiste mit dem Silber stand noch zwei Tage vor der Ankunft der »Roten« im Hauptsaal. Es muß noch irgendwo hier sein. »Man muß ganz genau danach suchen, Pan Oberst!« Aber auch ohne Familiensilber war der Tisch prächtig gedeckt. Teller, Tassen und Weingläser mit Wappen, Kronen und Schwertern und ineinander verschränkten Hufeisen verziert. Ljudka kam in einem langen Brokatkleid und offenem, bis auf die Schulter fallendem Haar zum Abendessen. Wir fielen fast in Ohnmacht, als sie hereinkam, nein, sie kam nicht, sie erschien in dem von Kerzen erleuchteten Speisesaal. Fedja sprang vom Tisch auf, aber der »Pan Oberst« hielt ihn mit der Hand zurück, sagte »setz dich«, erhob sich, ging auf Ljudka zu und streckte ihr die Hand entgegen. Ljudka gab ihm die ihre und schaute ihn mit einem seltsamen Lächeln an. »Verdammtes Biest«, knurrte Fedja neben mir. Leutnant Sascha Lobow stand auf, fing an zu lachen, schob einen Stuhl vom Tisch zurück, verbeugte sich und sagte: »Setzen Sie sich, Gräfin!«

Bei Tisch erzählte Fritz Jacek Iwanowitsch, daß der Deutsche, der Alte vom Gestüt, der bekannteste Pferdezüchter in Deutschland sei und daß auch sein Vater und Großvater berühmte Pferdezüchter gewesen seien. Er wurde in einer Pferdebox im Heu geboren, wie das bei echten Pferdezüchtern so üblich war: vor der Entbindung ging eine Frau aus einer Pferdezüchterfamilie in den Pferdestall. Fritz erzählte auch, daß die Pferde des Alten auf verschiedenen internationalen Ausstellungen Preise gewonnen haben... Er hatte seine ganze Familie bereits im Oktober mit den Pferden nach Deutschland geschickt. Er selber war hiergeblieben, er konnte doch diese drei Pferde nicht allein lassen.

»Er ist im Schmutz rumgekrochen und hat die Beine seiner Pferde mit Jod eingerieben und verbunden«, fügte Ljudka hinzu. »Er hat geweint.« Sie drehte sich zu meinem Vater hin und sagte streng: »Kolja, sag dort im Stab Bescheid...« Dann räusperte sie sich und lachte etwas gekünstelt. Fedja und ich schauten sie und den »Pan Oberst« an. Unser Chauffeur Kostja Schurygin lächelte und zog die Weinflasche zu sich heran. Ljudka verbesserte sich: »Genosse Oberst, sagen Sie dort Bescheid?«

»Niech zyje przyjaźń prusko-polska!« rief Fritz Jacek Iwanowitsch aus, »die preußisch-polnische Freundschaft lebe hoch!« und rettete damit die Situation. Fedja kicherte, dann machte er ein grimmiges Gesicht und griff nach der Maschinenpistole. Der deutsch-polnische Litauer erbleichte und rief: »Das war nur ein Scherz, bitte, Panowie, ein Scherz. Nicht die preußisch-polnische, sondern die polnisch-sowjetische Freundschaft möge leben, Panowie!«

Die Nacht war endlos. Irgendwo wurde geschossen. Der Wind blies heulend und pfeifend durch die undichten Dächer. Mitten in der Nacht begann Ljudka fürchterlich zu schreien, kam aus ihrem »Boudoir« gerannt und sprang zu uns in unser riesiges Bett, in dem wir zu dritt schliefen. »Dort, dort liegen Tote!« rief sie. Sie hatte die Toilette gesucht, in ein Zimmerchen hineingeblickt und dort lagen ein toter Mann und eine tote Frau, mit Teppichen bedeckt, nur die vier Beine schauten raus. Es stellte sich heraus, daß das keine Toten, sondern Ausstellungspuppen waren, ein Kürassier und eine Amazone, die einst zusammen mit den Rittern den Hauptsaal geschmückt hatten. Wie sollte man nach diesen Ereignissen noch schlafen? Wir tranken starken Tee, der einen Beigeschmack von Tabak hatte (in dem Beutel von Fedja Rybin, in dem der Tee war, wurde auch Papirosy der Marke »Belomorkanal« lose aufbewahrt). Die verrußte Teekane stand mitten auf dem Tisch in einer Kristallschale.

Vor der Abreise aus Schloß Georgenburg besuchten wir in Begleitung von Fritz Jacek Iwanowitsch das drei Kilometer vom Schloß entfernte Nachbarstädtchen Geswethen, wo völlig unversehrt das Denkmal »eines russischen Generals« stand. Dieser russische General war der 1761 in Livland geborene große russische Heerführer Michail Bogdanowitsch Barclay de Tolly, der, wie auf dem Denkmal auf russisch und deutsch zu lesen stand, in Insterburg auf dem kleinen Gut seiner Schwester am 25. Mai 1818 gestorben ist. Wie uns Fritz Jacek erklärte, war er von seinem Gut in Kurland unterwegs nach Süddeutschland zur Kur gewesen, aber das Herz des Feldmarschalls, der gegen Türken und Schweden, bei Eylau und Borodino, Leipzig und Paris mit Auszeichnung gekämpft hatte, hatte die anstrengende Reise nicht ausgehalten.

Bewundernd und ehrfürchtig betrachteten wir das prächtige, mit Adlern und Kriegssymbolen verzierte Denkmal, das auf Befehl des preußischen Königs Friedrich Wilhelm III. gegossen wurde. »Fürst... russischer Feldmarschall, Oberbefehlshaber der russischen Armee...«, las Sascha Lobow laut und feierlich, las und schaute uns an: »Mitglied des Staatsrates, Träger des russischen Ordens der Heiligen Anna, des Aleksander-Newski-Ordens, Träger des preußischen Roten Adlerordens, des Schwarzen Adlerordens, Komtur der österreichischen Kaiserin Maria Theresia.« Er las nicht zu Ende, wandte sich um und zuckte ratlos mit den Schultern: »Was heißt das?« Genosse Oberst? Die Deutschen, unsere ewigen Feinde, haben einem russischen Feldmarschall ein Denkmal errichtet?! Warum? Und sie haben es nicht zerstört, weder 1914 noch in diesem, unserem Krieg? Und sehen Sie, wie sauber gekehrt hier alles ist... Hast du dich darum gekümmert, Fritz Iwanowitsch?«

»Aber woher denn, Panowie!« erschrak unser Begleiter. Er wurde sichtbar kleiner und zog seinen Kopf in den aufgestellten Kragen seiner Jägerjoppe ein: »Hier jest tut sawsegda aufgeräumt...« Vor lauter Aufregung brachte er ein solches Satzungeheuer hervor. »Ich bitte Sie, Panowie, hier räumt immer einer auf. Es gab auch verschiedene Exkursionen hierher. So ist es in der zivilisieren Welt üblich, Panowie...« Er holte Luft. »Hier... Hier ist nur sein Herz begraben, der Leichnam wurde nach Estland gebracht. In Königsberg wurde ihm ein Denkmal zbudowane... gebaut, nicht wahr? Für 25 000 Taler...«

An diese Unterhaltung vor dem Denkmal des Barclay de Tolly,

an Sascha Lobow und sein vor Aufregung erblaßtes Gesicht denke ich oft, besonders dann, wenn ich zerstörte, geplünderte, von Bulldozern plattgewalzte Friedhöfe sehe, nicht nur deutsche, auch russische, die von den Deutschen gebaut und gepflegt wurden, bis wir in dieses Land kamen, Friedhöfe unserer Vorfahren, Soldaten und Offiziere der Ersten und Zweiten West-Armee, die 1914–1915 im Ersten Weltkrieg in Ostpreußen gefallen sind...

Wir fahren durch Gusew, das ehemalige Gumbinnen. In einer Stunde werden wir da sein. In dem Dorf Tschistye Prudy, das einst Tolminkiemis oder, wie die Deutschen es nannten, Tollmingkehmen hieß, dort, wo der Pfarrer Kristijonas Donelaitis lebte, sein erhabenes geistliches Amt ausführte und sein wunderbares Poem »Die Jahreszeiten« schuf. »Lietuva! Lietuva! Lietuva!« Mir ist, als säße ich wieder im riesigen Rund des Sportpalastes in Vilnius. »So ein Unsinn! Das ist Barbarei. Wo sind denn da Tschistye Prudy, saubere Teiche? Höchstens ein Teich ist da, aber keine Teiche. Und der ist nicht sauber, sondern dreckig und verkommen!« flüsterte mir ein Aktivist der »Freiheitsliga« beim Gründungskongreß des »Sąjūdis« in einer Pause zu. »Tolminkiemis! So heißt das Dorf! Wir fordern, hören Sie, wir fordern, daß es wieder umbenannt wird. Zuerst wurden auf Befehl Hitlers die Orte in Ostpreußen, die litauische und prussische Namen trugen, verdeutscht, und nach 1945 wurden auf Befehl Stalins die ehemaligen litauischen Namen erneut geändert, diesmal in russische: Tschistye Prudy! Und Tilžė – in Sowjetsk! Soll man statt »Tilsiter Frieden« jetzt etwa »Sowjetsker Frieden« sagen? Und Kaliningrad! Die Stadt trägt den Namen des Mannes, der die schrecklichsten Dekrete unterschrieben hat: Über die grausame »OSO« (Sondertagung), die Trojka um Berija, die Erschießung von Kindern, die beim Diebstahl von Getreidekörnern erwischt wurden! Wie können Sie in einer Stadt mit diesem Namen leben?

In dieser Woche erhielt ich einen Anruf aus Klaipėda: »Wir, Russen, Mitglieder der Interfront, sahen, daß Sie in Vilnius an einem Donelaitis-Abend teilgenommen und über die Notwendigkeit und Möglichkeit einer Umbenennung des Ortes Tschistye Prudy in ›Tolminkiemis‹ gesprochen haben. Wie konnten Sie so etwas tun?! Man unterdrückt uns hier, zwingt uns, litauisch zu lernen! Mit uns reden sie nicht russisch und Sie blasen mit ihnen in ein Horn! Damit beschäftigt sich also der Kulturfonds!« In meinem Kopf geht alles durcheinander! »Hallo, hier ist der Kanzler der Prussen!« – höre ich die Stimme von L. Palmaitis. Er ruft mich fast jede Woche an. »Also, das sind unsere Vorschläge: erstens, die Umbenennung von Tschistye Prudy in Tolminkiemis, zweitens, die umgehende Instandsetzung der Kirche in Pobethen, wo im 16. Jahrhundert der Pfarrer Abel Will den Katechismus ins Altpreußische übersetzte. Dann soll der Name Mažvydas verewigt werden, der Name des Verfassers des ersten, 1547 erschienenen, litauischen Buches. Er lebte in Ostpreußen, in Ragainė (von den Deutschen zu ›Ragnit‹ verballhornt, heute ›Neman‹ genannt), dann...« Danke, Kanzler, danke sehr. Ich werde Kontakte knüpfen, Mitstreiter suchen. Lietuva! Lietuva! Lietuva!

Ah, wir sind da. Wieder sind in dieses Dorf der Frühling und helle, junge Stimmen eingezogen. Sei gegrüßt, du Land des Kristijonas Donelaitis, wohin wir immer wieder kommen, um die von ihm geschaffenen litauischen Hexameter, alte Musik und die schönen litauischen Volkslieder zu hören. Und die Gedichte, die dir, Donelaitis, gewidmet sind, deinem litauischen Vaterland. Während der Fahrt kamen mir viele Bilder verschiedener Menschen und ihr verwickeltes Schicksal in den Sinn. Hier ist noch ein Schicksal: Kristijonas Donelaitis, über den wir so wenig wissen. Die Hauptsache ist aber, daß du, Donelaitis, gelebt hast und in deinem Poem so dauerhaft, wahrhaft und liebevoll über die Menschen erzählt hast, die du liebtest und die du vor den gierigen deutschen Gutsbesitzern verteidigt hast.

Menschliche Schicksale, die aus dem Nichts emportauchen... Ende der sechziger Jahre war ich als Mitglied einer kleinen Kommission hier in Tschistye Prudy, um abzuklären, ob es möglich wäre, die gegen Ende des Krieges zerstörte Kirche, in der Donelaitis gepredigt hat, wiederaufzubauen. Es war ein abscheulicher Herbsttag. Es regnete. Auf den feuchten, glitschigen Hügeln standen die trostlosen Ruinen. Es gab kein einziges unversehrtes Gebäude mehr. Die Stille, die herrschte, wurde nur durch das Krächzen der aufgestörten Raben unterbrochen. Verödung und Trauer! Es war schwierig zu glauben, daß man Kräfte und Möglichkeiten finden könnte, um die Kirche, in der einst die Stimme des großen Dichters erklang, aus Staub und Moder wieder aufzurichten. »Ich weiß nicht mehr, wie viele Büros ich abklapperte, in wie vielen Empfangszimmern ich erwartungsvoll saß: wird mich der hohe Beamte des Kaliningrader Gebiets oder in Moskau empfangen oder nicht?« erzählte der litauische Dichter Eduardas Meželaitis, einer derjenigen, die beherzt und hartnäckig bei verschiedenen Behörden, in Vilnius, Moskau und Kaliningrad, die Erlaubnis für den Wiederaufbau der Kirche erwirkten. Und dann bemühte er sich um Gelder und Baumaterial. Wieviel Kraft verwandte er, seine eigene dichterische Arbeit vernachlässigend, auf dieses Vorhaben. Eines muß man wissen: die Trägheit der Bürokratie, das elementare Unwissen und Unverständnis einiger »verantwortlicher« Leute, die die Bedeutung des Kristijonas Donelaitis nicht nur für die litauische, sondern auch für unsere ganze vaterländische Literatur, ja sogar für die Weltliteratur nicht erkennen wollten, waren nicht leicht zu überwinden. Aber haben heute alle seine Bedeutung begriffen?

Helle Kinderstimmen sind zu hören. Wir haben es geschafft. Die Kirche ist wieder neu erstanden. Weiße Steinmauern, schmale, hohe Fenster mit Glasmalereien, ein Turm, von dessen Spitze man eine herrliche Aussicht hat. Ein Sonnenstrahl fällt schräg durchs Fenster. Das Leben! Die Poesie, deren lebensspendender Faden niemals abreißt, weder in der Hungersnot, noch in der Pestzeit, noch im Tosen des Krieges. Die Kirche ist voller Menschen. Litauer und Russen. Ernste Gesichter, die der Musik und den Worten lauschen. Welch ein Wunder! Welch eine Entdekkung ist dieses Gebäude, diese Sprache, diese Musik, dieses Denkmal, eine Entdeckung, die mehr wert ist als viele Schätze. Durch die weitgeöffnete Türe kann man das der Kirche gegenüberliegende Pfarrhaus sehen. Auch das wurde inzwischen wiederaufgebaut, die frischen Ziegel glänzen matt in der Sonne. Hier wird ein besonders schönes und bedeutendes Eckchen des alten litauischen Landes entstehen – Tolminkiemis, alles deutet darauf hin.

Mit dem Schicksal des Dichters Donelaitis waren die Schicksale anderer Menschen verflochten. Zum Beispiel das des im nahen Walterkehmen lebenden Freundes der Familie, des Pastors Johann Gottfried Jordan. Nach dem Tode des Dichters übergab ihm die kinderlose Witwe Anna Regina die Handschriften ihres Mannes. Donelaitis hatte seine Dichtungen zu Lebzeiten nicht gedruckt sehen wollen. Nur wenige Freunde wußten überhaupt von ihrer Existenz. Ein Pastor Hohlfeldt aus dem benachbarten Gerwischken sah dann die Handschriften des Donelaitis bei Pastor Jordan und fertigte eine Abschrift an. So blieben auch zwei Gesänge der »Jahreszeiten« der Nachwelt erhalten, deren Originalhandschrift im Krieg 1812 verloren ging. Ludwig Rhesa von der Kurischen Nehrung, ein bedeutender deutscher Gelehrter und Professor an der Universität Königsberg, übersetzte dann das Poem von Donelaitis ins Deutsche und gab es auf eigene Kosten erstmals 1818 in Königsberg heraus.

Es ertönen litauische und russische Lieder. Also, was nun? Tolminkiemis? Tschistye Prudy? Wenn wir Russen »Jasnaja Poljana« sagen, dann meinen wir damit den großen Tolstoi. Wenn wir »Michailowskoje« sagen, dann wissen wir, daß dort Puschkin lebte und seine großartigen Werke schuf. So ist auch der Name »Tolminkiemis« fest mit dem Namen des Kristijonas Donelaitis verbunden. Und was bedeutet uns der Name »Tschistye Prudy«? Auch er bedeutet uns viel! »Viele von uns sind hier gefallen, viele haben hier ihr ganzes Leben verbracht. Hier wurden unsere Kinder geboren, diese brachten auch Kinder zur Welt, unsere Enkel«, heißt es in einem Brief, den der Kulturfonds bekam. »Wir sind an den Namen »Tschistye Prudy« gewöhnt. Obwohl wir die Bedeutung des Donelaitis anerkennen, sind wir kategorisch gegen eine Umbenennung des Ortes!«

Was tun? Man darf nichts überstürzen. Man soll nichts übereilen, wir wollen einander nicht des Unverständnisses, der Unwissenheit und Nichtachtung beschuldigen. Wir werden »geduldig und tolerant« sein, so, wie es die Leute sein sollten, über die

Kristijonas Donelaitis in seinem Poem schreibt. Man soll nicht alles kurzerhand und sofort erledigen, man muß abwarten, bis diese Idee nicht nur im Schriftstellerverband in Vilnius und in der Akademie der Wissenschaften herangereift ist, sondern auch dort »unten«, unter den russischen Bauern von Tschistye Prudy.

»Der Brunnen, aus dem Kristijonas Donelaitis Wasser holte, ist gesäubert worden«, sagt einer der Restaurateure des Pfarrhauses zu mir. »Probieren Sie, was für ein köstliches, Leben spendendes Wasser das ist.« Es ist wirklich erstaunlich. Der zugeschüttete, von den Menschen vergessene Brunnen hat für uns, Litauer und Russen, für Deutsche, Ukrainer, Letten und Weißrussen – für alle, die sich an Donelaitis erinnern, ihn und sein Werk verehren, die daran glauben, daß Poesie nicht trennt, sondern die Völker verbindet, sauberes, belebendes Wasser aufbewahrt! Laßt uns doch aus dieser Quelle trinken.

»Die Handschrift der ›Jahreszeiten‹ von Kristijonas Donelaitis wurde im brennenden Schloß Lochstädt gefunden«, erzähle ich Eduardas Jonušas. Wir stehen auf der hohen Gelben Düne auf der Kurischen Nehrung, von wo aus Meer und Haff zu sehen sind. Man sieht auch die Ziegeldächer der kleinen Häuser von Pervelka nahe dem von Dünensand verschütteten Fischerdorf Karwaiten, in dem Ludwig Rhesa geboren wurde. Dieser Nachkomme der alten Kuren hatte als junger Mann diesen einsamen, von den baltischen Winden gepeitschten Ort verlassen und war nach Königsberg gegangen, um dort Jahre später Gelehrter und Professor der Königsberger Universität zu werden. Er war bekannt für seinen Einsatz für die litauische Kultur. Um seine Verbundenheit mit den Litauern zu dokumentieren, ersetzte er seinen zweiten Vornamen Martin durch den Namen des litauischen Großfürsten Gediminas und hieß fortan Ludwig Jedimin Rhesa. Hinter unseren Schultern steht er: streng, mit scharfgeschnittenen Gesichtszügen und feuchten, vom Wind zerzausten Haaren. Eine eindrucksvolle Holzskulptur. »Handschriften brennen nicht, wie du, Eduardas, natürlich weißt. Ein getöteter Offizier hielt sie in der Hand…«

»Das hast du dir doch ausgedacht, oder?«

»Wieso sollte ich mir so etwas ausdenken? Irgendwann lese ich dir mal den kurzen Bericht des Akademiemitglieds Pakarklis vor, der direkt nach Beendigung der Kampfhandlungen in Ostpreußen bei der Suche nach den Handschriften des Poems »Die Jahreszeiten« dabei war. Schau, die Möwen fliegen vom Meer zum Haff. Es wird Sturm geben, oder?«

»Und was ist aus diesen Pferden von Schloß Georgenburg geworden?«

»Mein Vater erstattete im Stab über den Wert dieser Pferde Meldung, aber was aus ihnen geworden ist, weiß ich nicht. Sie wurden irgendwohin gebracht. Heute wird auf dem Gestüt eine neue Pferderasse gezüchtet. Letztes Jahr bezahlten Amerikaner auf Auktionen tausend Dollar für so ein Pferdchen, aber es ist schade, daß die Gestütsgebäude selbst verfallen. Das Gestüt verdient viel Geld, sogar Devisen, aber alles fließt nach Moskau, für eine Renovierung gibt es kein Geld. Das Schloß? Es gehört jetzt niemandem! Ja, stell dir vor, es gehört schlicht und einfach niemandem. Niemand ist zuständig. Dort wohnen zwar ungefähr zehn Familien, aber das Schloß verfällt. Der Turm bröckelt ab, die Dächer stürzen ein, und von dem alten Balkon, von dem man einen herrlichen Blick auf die Felder, die Wälder und das Tal beim ehemaligen Gut der Schwester des Barclay de Tolly, hat, werden das Spülwasser und der Abfall von den Bewohnern des Schlosses direkt in den ehemals so schönen Park geschüttet... Im Augenblick verhandeln wir mit der örtlichen Verwaltung über den Tourismus. Wenn man das ganze Schloß wiederaufbauen würde, dann würden Touristen selbst aus Wladiwostok angereist kommen, allein schon, um in einem echten Schloß eine Nacht zu verbringen! Übrigens, auf dem Gestüt gibt es auch Pferde, die man nicht ins Ausland verkaufen kann: bitte, diese Pferde könnten wir kaufen und auf ihnen Ausritte in die wunderschöne Landschaft organisieren. Dorthin, wo Hindenburg einst seine Manöver abhielt.«

»Und was ist aus dem Alten, dem deutschen Pferdezüchter geworden?«

»Als die Pferde abtransportiert wurden, flehte er: ›Nehmt mich mit, ich bin doch für sie wie ein Vater, sie sind mir teurer als meine Kinder!‹ Sie nahmen ihn aber nicht mit. Er war doch Ausländer! Als die Pferde aus den Ställen rausgeführt wurden, hat er sich erhängt.«

Der Professor der Königsberger Universität, Ludwig Jedimin Rhesa, schaut mit uns von der hohen Düne herab in die Ferne, er lauscht dem Rauschen des Windes, dem Plätschern der Wellen, dem feinen Pfeifen der Sandkörner, die schon soviel unter sich begraben haben. Der alte Gelehrte schaut in die Vergangenheit und die Gegenwart, er denkt über die Zukunft nach. Sein Gesicht ist traurig.

8. Die letzte Fahrt der »Wilhelm Gustloff«

Sehr verehrte Gräfin, fassen wir also die Ergebnisse unserer Nachforschungen zusammen. Nachdem Hunderte von Briefen, Dokumenten, Anfragen und Auskünften von verschiedenster Seite eingegangen sind und von uns gesichtet und ausgewertet wurden (es war doch eine hervorragende Idee, über die »Großfahndung nach dem Bernsteinzimmer« in der »ZEIT« Informationen über den Verbleib des Zimmers zu bekommen), ergibt sich ein recht klares Bild von den »Hauptversionen«. Es sind vier: 1. die Königsberger Version (das Bernsteinzimmer ist, wie eine große Anzahl anderer historischer und kultureller Werte auch, in Königsberg geblieben). 2. die Meer-Version (das Bernsteinzimmer hat Königsberg auf dem Seeweg verlassen, jedoch Danzig, Kiel, Hamburg oder einen anderen deutschen Hafen nicht erreicht. Das Schiff ist also gesunken und der Bernstein zurückgekehrt, woher ihn die Menschen einmal genommen haben). 3. die Bergwerk-Version (das Bernsteinzimmer hat – zu Wasser oder zu Lande – Deutschland wohlbehalten erreicht und wurde in einem Bergwerk in Sachsen eingelagert, dessen Stollen dann zugesprengt wurden). 4. die Amerika-Version (das Zimmer hat über die Ostsee einen Hafen in Deutschland erreicht, ist dort von den Amerikanern abgefangen und auf die Reise nach Übersee geschickt worden). Das sind sie also, die vier Hauptversionen. Und wie mir scheint, kann es eine weitere, fünfte Version nicht geben. Also, mit neuer Kraft an die Arbeit!

Was die »Glaskisten« betrifft, so wird die Stimme, von der ich Ihnen berichtet habe, immer lauter und deutlicher. Wie Sie wissen, war ich als Soldat bei den Pionieren. Wieviel Minen habe ich entschärft! Und nun gehe ich wieder wie mit einem Minensuchgerät und höre die Stimme schon ganz klar und deutlich, die Stimme der Sache, die ich suche…

Ihr Georg Stein.

Sehr geehrter Herr Georg Stein!

Wunschgemäß teile ich Ihnen mit, was in Sachen des Obersturmbannführers der SS Ringel bekannt ist. Der Text seines Funkspruchs lautet:

Bernstein-Zimmer von Wachen übernommen und in das bekannte BSCH eingelagert. Obere Gebäudeteile durch Sprengung zerstört. Eigene Verluste durch Feindberührung. Begebe mich an den vereinbarten Ort. Erwarte weitere Weisungen.

gez.: Otto Ringel SS OStuf.

Der Funkspruch wurde von russischer Seite datiert auf den 29./30. 1. 1945.

Ihre E. Storoschenko

Sehr geehrte Frau Dr. Storoschenko!

Ich danke Ihnen für die Angaben über Otto Ringel. Sie erwähnen die unsichere Quelle (Kommission Krolewski), doch ich habe da meine eigenen Vorstellungen. Gemäß des von uns vereinbarten Informationsaustauschs teile ich Ihnen mit, daß der Funkspruch nach meinen Erkenntnissen mit großer Wahrscheinlichkeit von der SS-Funkstelle auf der »Mantelburg« bei Ludwigstadt in Nordbayern gesendet wurde, denn von dort gab es eine direkte Funkbrücke nach Fribourg bei Bern in der Schweiz, wo eine spezielle Arbeitsgruppe der SS für die Überführung von NS-Besitz in die Schweiz arbeitete. Mit gleicher Post schicke ich Ihnen einige interessante Dokumente, besonders den Bericht über die Operation »Bergung«.

Ihr Georg Stein

An die 5. August 84
Direktion der Hapag-Lloyd AG
Ballindamm 25
2000 Hamburg 1

Sehr geehrte Damen und Herren!
Im Zuge einer Untersuchung zur Frage des verschollenen Bernstein-Kabinetts aus dem Rastrelli-Schloß Zarskoje Selo, heute Puschkin, bin ich nun auf das früher Ihrer Reederei gehörige Schiff Patria gestoßen. Das Schiff lag am 22. Januar (1945) als Wohn- und Befehlsschiff der Deutschen Kriegsmarine im Hafen Pillau. Es übernahm am 24./26. Januar 1945 die Sarkophage des Generalfeldmarschalls v. Hindenburg und dessen Gemahlin vom Leichten Kreuzer Emden mit einer noch nicht näher identifizierten Sonderladung. Das sehr schnelle Schiff, erbaut für Ihre Reederei um 1938/39, nahm dann Kurs auf Swinemünde und Stettin. Die Särge kamen über Potsdam nach Bernterode auf dem Eichsfeld, der Sondertransport »Kunstschätze« gelangte nur zum Teil dorthin, ein Teil ist noch ungeklärt. Ich bitte Sie, mir unverzüglich alles zur Verfügung zu stellen, was Sie noch an Aktenunterlagen über das Schiff, besonders aber über die damalige Besatzung wissen, ich erbitte möglichst umgehend eine Liste der noch lebenden Offiziere und Besatzungsmitglieder. Ich stehe Ihren Fachleuten gerne sowohl fernmündlich als auch persönlich zur Erörterung dieser Fragen jederzeit zur Verfügung. Mit besten Grüßen
stets Ihr Georg Stein

An den
Kulturfonds Kaliningrad
SU-236017 Kaliningrad

Ich werde Ihnen demnächst ausführlich über unsere traurigen Angelegenheiten schreiben, jetzt kann ich nur soviel sagen, daß unser Vater, Georg Stein, in den letzten Jahren immer gereizter und unzugänglicher geworden war. Sein Charakter änderte sich zusehends. Bald war er fröhlich, sang und lachte unnatürlich laut über alles und jedes, dann wurde er mürrisch und grob, warf mit

Möbeln und Geschirr um sich, schloß sich in sein Zimmer ein und trank bis zur Bewußtlosigkeit.

Ihr Gebhardt Stein

Lieber Juri Nikolajewitsch!

Wir treffen uns in Gdańsk! Ich freue mich, daß Sie eine Möglichkeit gefunden haben, nach Polen zu kommen. Geben Sie sofort, wenn Sie in Gdańsk sind, »postlagernd« eine Postkarte mit der Adresse Ihres Hotels auf. Ich werde Ihnen alles sagen, was ich über die Schiffe »Patria«, »Wilhelm Gustloff« und »General von Steuben« weiß und wie die Expedition unter dem Decknamen »Akula« durchgeführt wurde. Sie werden mir dafür alle Ihre Unterlagen über die in der Ostsee versenkten deutschen Schiffe übergeben. Wenn Sie irgend etwas über unser Treffen schreiben oder in Gesprächen erwähnen, dann ist mein Name »Marek«. Meinerseits garantiere ich, daß ich Ihren richtigen Namen ebenfalls nicht nennen werde, wenn ich irgendwelche Informationen über unser Treffen weitergebe. Also bis bald in Gdańsk!

Ihr Marek

Langsam rollt der Zug aus dem Bahnhof, über dessen graue Bahnsteige ein naßkalter Winterwind fegt. Jemand winkt, jemand läuft eilig irgendwohin, die Gepäckträger – graue, unfreundliche Gestalten – schieben ihre leeren Karren fort. Nasser Schnee fällt vom Himmel. Der Zug wird immer schneller und der Bahnsteig, der Weißrussische Bahnhof, Moskau, alles bleibt hinter der weißen Wand des immer stärker werdenden Schneefalls zurück. Die Auslandskommission unseres Schriftstellerverbandes hatte schließlich meiner Bitte entsprochen und mich ernsthaft unterstützt, und nun fahre ich nach Polen. Zuerst nach Warschau, wo ich versuchen will, die Pläne dieser »Sammelkästen«, die auf Plätzen und Bahnhöfen und in Hotels stehen, zu bekommen und mich über ihren Bau, Wartung und Bewachung informieren will, dann nach Marienburg, heute Malbork, zu der größten Burg Europas, in die Höhle des Deutschen Ordens, wo sozusagen einer der Unsrigen, Ulrich von Jungingen, zu Beginn des 15. Jahrhunderts Hochmeister des Ordens war. Dann geht es weiter nach Olsztyn, wo ich den Kriminalkommissar Nuwel, von dem mir Wacław geschrieben hat, zu treffen hoffe. Und schließlich noch nach Gdańsk zu diesem »Marek«.

Wir sind zu dritt in dem engen Abteil und mühen uns ab, irgendwie unser nicht sehr großes Reisegepäck zu verstauen. Unsere Schlafwagen sind schon etwas größer als diese polnischen! Na, schließlich haben wir es dann doch noch geschafft. »Wünschen die Herren Tee?« erkundigt sich der Schaffner. Die Herren wünschen Tee. Der Schaffner bringt den Tee und bittet, sofort zu bezahlen: »Nein, Panowie, der Tee kostet nicht fünf Kopeken, sondern fünfzig, prosze bardzo. Hier ist nicht mehr Rußland. Ich danke sehr, und wenn jemand noch Tee wünscht, bitte ich an meine Tür zu klopfen. Zu jeder Zeit, Panowie, doch in der Nacht kostet der Tee einen Rubel, ja ja, in der Nacht der doppelte Preis, meine Herren, das ist in ganz Europa so…«

Es wird schnell dunkel. Der Zug rollt auf Brest zu. Wir sind alle müde und beschließen uns hinzulegen, was noch immer besser ist als zu sitzen. Nachdem wir das System von Hebeln, Federn und breiten Riemen studiert haben, gelingt es uns, noch zwei Betten aufzubauen, eins über dem anderen. Ich, als der leichteste, klettere oben rauf, während sich meine Reisegefährten, beide beleibt und kraftlos, mit gewissen Schwierigkeiten unten in die Betten zwängen.

Ich knipse die Leselampe über mir an und nehme einen Stapel Papiere aus meiner Dokumentenmappe. Ich werde vor dem Einschlafen noch etwas lesen, die Reise ist lang und ich will alles in meinem Gedächtnis wachhalten, was mir über die zweite Version Georg Steins bekannt ist. Schwache Lichter huschen am Fenster vorbei. Eigentlich will ich nach Westen, doch zunächst mußte ich von Kaliningrad aus nach Osten fahren, nach Moskau, und nun fahren wir nach Süd-Westen. Zwei Tage bin ich schon unterwegs und muß noch einen weiteren ganzen Tag in diesem engen und stickigen Abteil verbringen. Idiotisch! Wenn man mit dem Wagen auf der ehemaligen Reichsautobahn Nr. 1 von Kaliningrad nach Gdańsk fahren könnte, würde die ganze Fahrt zwei Stunden dauern. Dreißig Kilometer bis zur Grenze, und dann noch einmal sechzig. Zwei Stunden! Und jetzt drei Tage. Ich war bei verschiedenen Behörden unseres Gebiets und habe gebeten: »Laßt mich mit meinem Wagen fahren. Was hat das für einen Sinn, hin und zurück ganze sechs Tage statt vier bis fünf Stunden zu brauchen?« »Es ist verboten!« »Warum ist es verboten?« »Es ist verboten, weil es verboten ist, und basta!« Zum Teufel, dann fahre ich eben mit dem Zug. Aber warum müssen einige zehntausend Tonnen Güter für das Baltikum aus Polen, der DDR und anderen europäischen Ländern auf diesem Weg über Brest gefahren werden, wo man alles auf direktem Wege über Kaliningrad transportieren könnte? Es ist verboten! Man sagt, der Geizige muß doppelt bezahlen. Der Unvernünftige vermutlich dreifach! Zum Teufel mit diesen Majoren, Obersten, Vorsitzenden und Sekretären, diesen Stäben und Ämtern. Für sie besteht im Verbieten der Sinn ihrer Arbeit und des Lebens. Würden sie mal etwas erlauben, würde sich nämlich herausstellen, daß eine Menge Leute völlig überflüssig da rumsitzt. Ich werde trotzdem versuchen, auf der Rückreise den direkten Weg zu nehmen, und nicht über Moskau zu fahren. Ich werde meine polnischen Freunde bitten, mich mit dem Wagen zur Grenze zu bringen, meine Papiere sind in Ordnung, vielleicht lassen sie mich durch. Warum soll ich es nicht versuchen?

Also, was wissen wir bereits über die äußerst wichtige zweite Version, die Meer-Version Georg Steins?

Hapag-Lloyd AG
Postfach
2000 Hamburg 1 23. 08. 1984

Sehr geehrter Herr Stein,
wir nehmen Bezug auf Ihr Schreiben vom 05. d. M., worin Sie um zur Verfügungstellung unserer Aktenunterlagen über das Schiff »Patria« sowie Bekanntgabe der Anschriften der noch lebenden Offiziere und Besatzungsmitglieder dieses Schiffes bitten.

Wir sind aus naheliegenden Gründen und auch mit Rücksicht auf das Datenschutzgesetz nicht bereit, interne Akten außenstehenden Personen zu übersenden und Adressen der in unserem Unternehmen tätigen Mitarbeiter oder früheren Mitarbeiter bekanntzugeben.

Da der von Ihnen untersuchte Fall, der uns im übrigen nicht näher bekannt ist, in die Periode des Dritten Reiches fällt, sehen wir ohne Kenntnis der Person umso weniger einen Anlaß, über diese Periode irgendwelche Auskünfte zu erteilen.

Da es sich im übrigen um eine von der damaligen Reichsregierung veranlaßte Aktion handelte, empfehlen wir Ihnen, sich an das Institut für Zeitgeschichte in München und/oder an das Marinearchiv im Militärarchiv in 7800 Freiburg i. Br. / St. Georgen zu wenden.

Mit freundlichen Grüßen
Unterschrift
Schiffahrtspolitik und Planung
Hapag-Lloyd AG

Ist das aber ein »freundlicher« Gruß! Ich kann mir die Ungeduld vorstellen, mit der Georg Stein auf die Antwort von der Hapag-Lloyd gewartet hat, und dann seine Enttäuschung über den Brief. Er schrieb gleich wieder an die Hapag:

Sehr geehrte Herren!

Bislang sind mir noch keine Menschen wie Ihr Herr S. begegnet, der die Frechheit hat, so mit uns umzugehen… Ihr Schreiben vom 23. August 1984 ist eine einzige Schande…

Mit freundlichen Grüßen
G. Stein

Allem Anschein nach hat Stein keine weiteren Schreiben von der Hapag-Lloyd AG erhalten. Irgendwas ist mit ihm. Immer öfter stoße ich in seinem Archiv auf Briefe, die mir fremd vorkommen, als seien sie nicht von ihm, diesem freundlichen, humorvollen und geduldigen Mann, geschrieben. In seinen Briefen zeigen sich Verdruß und Gereiztheit. Es ist ja auch verständlich: jemand weiß etwas, schweigt aber und hält nicht nur für Stein, sondern für die ganze Menschheit wichtige Informationen zurück. Alles wird geheimgehalten, verschlossen und mit dem schwarzen Stempel »Streng geheim!« versiegelt. Sicher, er bekommt Antwort von vielen Ämtern, Archiven und Instituten, manchmal sogar ausführliche und höfliche, doch man legt sich nicht fest. Immer sind es nur Andeutungen. Und die Zeit vergeht, Steins Kräfte schwinden, die Schulden wachsen, bis seine Nerven die Belastung nicht mehr aushalten. Und so flucht Georg Stein über diesen Herrn S. von der Hapag-Lloyd und seinen Rat, an den Leiter des Marinearchivs im Militärarchiv Freiburg zu schreiben, denn dorthin hatte er bereits 1976 geschrieben:

Sehr geehrter Herr Oberstleutnant!

In der Anlage überreiche ich eine kurze Notiz zum letzten Stand der Untersuchung in Sachen Bernstein-Kabinett aus Puschkin. Es interessiert mich jetzt das Schiff »Brandenburg«, dieses hat in der nördl. Ostsee herumgeschippert. Am 12. Oktober 1944 verließ es Libau mit Kurs und Ziel westl. Ostsee. Das Schiff wird sowohl als Truppentransporter als auch Lazarettschiff geführt. Gibt es in Ihrer Marineabteilung Unterlagen über diesen Kahn? Vielleicht Ladelisten vom Oktober 1944? Wohin lief der Kahn? Nach Pillau, Swinemünde oder Kiel (Saßnitz)?

Inzwischen haben die Russen begonnen, das Bernsteinmosaik in Riga neu zu bauen, das scheint jetzt zuverlässig zu sein. Wir führen die Untersuchung weiter, zudem das Archiv des Auswärtigen Amts in Bonn mir sehr wertvolle Hinweise zum Einsatzstab Eduard von Künsberg, der auch in den Zarenresidenzen südlich von Leningrad tätig gewesen ist, gegeben hat. Wenn Sie helfen können und dürfen, schreiben Sie mir bitte bald.

Mit freundlichen Grüßen
Georg Stein

Hat Stein eine Antwort erhalten? Bis jetzt haben wir keine Briefe vom Militärarchiv in seinem Archiv gefunden. Doch Stein schrieb wieder nach Freiburg. Jetzt interessierten ihn die Schiffe »Wilhelm Gustloff«, »General von Steuben« und »Monte Rosa«. »Diese Schiffe«, so schreibt Stein dem Leiter des Archivs, »die nach Zeugenaussagen hoffnungslos überladen waren, brachten nicht nur die Menschen aus dem brennenden Preußen, sondern hatten auch große Frachtmengen an Bord. Zum Kai, an dem die Schiffe festgemacht hatten, kamen ununterbrochen Lkws. Sie wurden gewöhnlich von SS-Soldaten begleitet und bewacht. Unmengen von Kisten verschiedenster Größe wurden auf die Schiffe verladen. Was enthielten sie? Die Kais waren von Menschenmengen überfüllt: verwundete Soldaten, Frauen, Kinder, sie durften nicht auf die Schiffe, aber die Kisten! Wären es Munitionskisten gewesen, wären sie alle gleich gewesen; grün oder grau mit den üblichen schwarzen Kennzeichnungen. Zeugen berichten, daß die untersten Schiffsfenster beim Auslaufen der Schiffe wegen der Überladung unter Wasser lagen.« Stein fragt dann an, ob es im Archiv die Ladelisten der Schiffe gäbe und bittet um diesbezügliche Nachricht.

Und hier ist noch ein Dokument, das auf jeden Fall zu der »Meer-Version« Georg Steins paßt. Es handelt sich um die Erklärung eines gewissen Jerzy Jastrebski aus dem Städtchen Balczy: »Kraft bestimmer Umstände war ich eine Zeitlang in Königsberg bei einer Spezialeinheit der SS und später bei der Gestapo. Ich war zu den Werkstätten bei der Verwaltung der Königsberger Kunstsammlungen abkommandiert, deren Direktor Dr. Alfred Rohde war. Im April 1945, das genaue Datum ist mir entfallen, es muß aber kurz vor dem Sturm auf Königsberg gewesen sein, bekam ich den Befehl, sieben Lkws mit auch mir unbekannter, geheimer Ladung zum Hafen Pillau (heute heißt er russisch Baltijsk) zu bringen. Die Ladung bestand aus speziellen, verschieden großen und gut gebauten Kisten und wurde von Soldaten begleitet, die ein Gestapo-Offizier kommandierte. Meine Aufgabe war aufzupassen, daß man die Kisten nicht umkippt und rumschmeißt. Kurz und gut: man sollte vorsichtig mit ihnen umgehen. Durch die Flüchtlingsströme, vorbei an zerbombten Lkws, Schützenwagen und Panzern, und unter ständigem Beschuß, bahnten wir uns mit großer Mühe den Weg nach Pillau, wobei wir auch manchmal die Straße verlassen mußten. Wir erreichten dann den brennenden, mit Verwundeten, Frauen, Kindern, Pferden und Fuhrwerken überfüllten Hafen, aber an diesem Tag lief kein Schiff aus. Uns wurde befohlen, wieder umzukehren. Unter den gleichen Schwierigkeiten fuhren wir wieder nach Königsberg zurück, das sich zur Verteidigung vorbereitete. Die Ladung wurde an ihren Ausgangspunkt, das Gefängnis, zurückgebracht. Drei Tage später, einen Tag vor der Erstürmung der Stadt durch die Russen, wurden sie dann in einem Bunker an der Gefängnismauer eingelagert und der Eingang zum Bunker zusammen mit einem Teil des Gefängnisses gesprengt.«

Mein Gott, wieviel Informationen und Versionen! Ich habe wohl noch nie in meinem Leben so viele Briefe und Dokumente gelesen. Sie liegen stapelweise bei mir zu Hause auf dem Schreibtisch. Und nun noch dieser Jerzy Jastrebski, der sich als Spediteur geheimnisvoller Kisten auf der Strecke Königsberg–Pillau herumgetrieben haben will. Zu welchem Gefängnis hat er die Kisten gebracht? Dem Untersuchungsgefängnis in der ehemaligen Bernekerstraße, das noch heute »arbeitet«, oder zu dem großen Gefängnis in der Nähe der Universität, ich glaube in der Pulverstraße? Vor kurzem wurden da irgendwelche Kabel verlegt. Wie lautet die Adresse von diesem Jerzy Jastrebski? Vielleicht weiß Marek, mit dem ich mich in Gdańsk treffen will, etwas über ihn. Hier gibt es noch eine Aktennotiz: »1973 berichtete Erich Koch dem polnischen Gericht, daß das Bernsteinzimmer auf seinen Befehl von Königsberg nach Danzig transportiert worden sei, wo es auf ein Frachtschiff zum Weitertransport nach Deutschland verladen wurde (Anmerkung Steins: Auf welches Schiff? Konnte dieser Dummkopf nicht den Namen des Schiffs nennen? Das hätten die Polen doch von ihm rauskriegen können. Hat das Bernsteinzimmer sein Ziel erreicht? War es nach Sachsen unterwegs? An einen anderen Ort?). Der Auftrag sei von einer Sondereinheit aus besonders zuverlässigen Personen ausgeführt worden, die unter dem Befehl von R. stand (Anmerkung Steins: War das Ringel!? Jemand hat behauptet, dieser Name sei gefälscht).« Wie furchtbar doch dieser Mensch unter mir schnarcht!

»Haben Sie sich unsere Sammelkästen angesehen?« fragt mich

der Direktor des Warschauer Königsschlosses, Professor Aleksander Gejstor.

»Ja, natürlich. Nicht nur angesehen, sondern auch von allen Seiten fotografiert. Vielleicht lassen wir uns genau solche machen.«

»Der Gedanke, solche Kästen für die Sammlung von Geld zum Wiederaufbau des im Krieg zerstörten Schlosses aufzustellen, entstand 1970. Im darauffolgenden Jahr standen sie schon. Wieviel Geld zusammengekommen ist? Einen Moment…« Der Professor nimmt ein dickes Journal aus seinem Schreibtisch. Er ist hager, sorgfältig gekleidet, sein Hemd ist schneeweiß und seine Krawatte gekonnt gebunden. Er spricht ein hervorragendes Russisch, doch er beherrscht nicht nur Russisch, sondern auch Englisch und Deutsch, und kann sich dazu auch noch auf Spanisch und Französisch verständigen.

Er blättert in dem Journal: »Wissen Sie, wir haben keine vollständigen Angaben darüber, wieviel Geld in den Sammelkästen bis zum heutigen Tag zusammengekommen ist. Doch von 1971 bis 1984 betrugen die Spenden zum Beipiel, hmm… also eine Milliarde fünfzehn Millionen vierhunderteinundzwanzigtausend und dreiundneunzig Złoty…« Er sieht mich an. »Wenn der Złoty auch keine sehr hohe Kaufkraft hat, die Inflation…, trotzdem ist es eine Milliarde!« Er schaut wieder in das Buch: »Und dann sind da noch eine Million achthunderteinundzwanzigtausend zweihundertsechsundzwanzig Dollar.«

Er legt das Journal zurück und erläutert: »Es muß betont werden, daß wir die meisten Spenden ganz am Anfang unserer Aktion erhielten, als die Polen und die Touristen noch die Ruinen des Warschauer Schlosses sahen. Kaum standen die Wände, war das Dach gedeckt und Scheiben in den Fenstern, da gingen die Spenden zurück.«

»Wurde das Schloß allein von diesen Spenden wieder aufgebaut?«

»Nein, das Geld hätte niemals gereicht. Der Staat hat viel Geld in den Wiederaufbau gesteckt. Wie es jetzt aussieht? Jährlich werden vier, fünf Millionen Złoty gespendet. Die Spendenfreudigkeit ist aus irgendeinem Grund zurückgegangen, aber trotzdem... Wie die Sammelkästen gesichert sind? Überhaupt nicht. Es gibt keine Bewachung. Keine Alarmanlage. Ob schon jemand versucht hat, das Geld zu rauben? Ich bitte Sie, nein. Sollte das überhaupt möglich sein? Wie das Geld entnommen wird? Das macht seit Jahren eine Gruppe älterer Menschen, Kriegsveteranen. Gewöhnlich einmal im Vierteljahr. Die Kommission besteht aus neun Mitgliedern. Das Geld wird in einen Sack gefüllt, hier in dieses Zimmer gebracht, auf den Tischen ausgeschüttet und gezählt. Dann wird ein Protokoll angefertigt und das Geld zur Bank gebracht.« Er nimmt die Brille ab, haucht gegen die Gläser und wischt sie mit einem Wildledertüchlein sauber. »Ja, die Spenden sind zurückgegangen und der Unterhalt des Schlosses ist so teuer! Dazu kommt noch die Restaurierung einer großen Zahl von Sälen. Haben Sie schon das Schloß besichtigt?«

»Es ist wie ein Wunder...«

»Alles ist so wahnsinnig teuer! Das ausgesuchte Holz für das Parkett, die Spiegel, der Marmor, die Möbel, die Vergoldungen, und auf unserem Bankkonto sind nur noch wenige Złoty. Jetzt überlegen wir, wie wir noch zu Geld kommen könnten? Gerade gründen wir die ›Gesellschaft der Freunde des Königlichen Schlosses‹. Jedes Mitglied zahlt eine bestimmte Summe ein. Dafür gibt es gewisse Privilegien: Jeder ›Freund‹ kann das Schloß an jedem Tag und zu jeder Stunde besuchen. Sie haben gesehen, was für eine Schlange an der Schloßkasse stand? Fünfhunderttausend Touristen jedes Jahr! Wenn die Warschauer ins Schloß wollen, müssen sie sich die Eintrittskarten einen Monat im voraus kaufen.« Der Direktor wirft einen kurzen Blick auf die Uhr, und ich verstehe, daß unser Gespräch dem Ende zugeht. Er sagt: »Stellen Sie bei sich auch so einen Sammelkasten auf. Die Menschen wollen seit jeher irgendwie mithelfen, daß das eine oder andere Denkmal erhalten bleibt, und sei es auch nur mit einem kleinen Betrag. Aber auf die Post zu gehen, um zwei- oder dreihundert Złoty, das ist ungefähr ein Rubel, zu überweisen, ist irgendwie lächerlich, nicht wahr? Und irgendwie schämt man sich auch. Und dann ist auf der Post noch eine lange Schlange, und schon ist die

die Lust weg. Ist es nicht so? Dagegen sieht er hier das wiederaufgebaute Schloß, den Sammelkasten voller Geld, na und dann nimmt auch er ein oder zwei Scheine und steckt sie rein.«

»Danke. Wir werden es auch versuchen, wenn man es uns erlaubt.«

»Aber wer kann so etwas verbieten?« Er nimmt die Brille ab, reibt sich die Augen und sagt: »Ich möchte Sie noch um etwas bitten. Wußten Sie, daß bis 1939 in Königsberg viele Polen gelebt haben?«

»Ja. Es gab dort auch eine polnische Kirche, ein polnisches Gymnasium, das ›Polnische Haus‹, ein Kulturzentrum besonderer Art, und es erschien eine polnische Zeitung.«

»Dann wissen Sie sicher auch, daß während der ›Bluttaufe‹ 1939 fast alle Königsberger Polen aus ihren Wohnungen und Häusern geworfen und umgesiedelt oder in Konzentrationslager getrieben und umgebracht wurden. Das Zeitungsgebäude wurde verwüstet, ebenso das ›Polnische Haus‹, das Gymnasium...«

»Sie wollten mir etwas vorschlagen?«

»Könnte nicht Ihr Kulturfonds ein kleines Denkmal für die Königsberger Polen aufstellen? Das könnte auch nur ein steinernes Kreuz mit dem polnischen Adler und nur einer Jahreszahl sein: ›1939‹. Wissen Sie, das Jahr 1939 war so ein schwieriges Jahr in den sowjetisch-polnischen Beziehungen! Katyń... Die Militärparade der sowjetischen und deutschen Truppen in Lwów... Ich hoffe, Sie verstehen mich richtig?«

»Natürlich. Wir haben auch schon daran gedacht, doch wir brauchen Hilfe: ein oder zwei Briefe von öffentlichen Organisationen aus Polen mit diesem Vorschlag. Als ich mich in dieser Sache an unsere Behörden gewandt habe, haben sie mir gesagt: ›Sie machen sich Gedanken und die Polen schweigen. Sollten die mit einer solchen Bitte an uns herantreten, dann werden wir uns schon etwas einfallen lassen.‹ Ich hoffe, Sie haben mich auch richtig verstanden?«

»Ich danke Ihnen. Diese Briefe werden Sie bekommen. Und ich wünsche Ihnen viel Erfolg. Stellen Sie nicht nur einen Sammelkasten auf, sondern gleich zwei oder drei. Und gehen Sie ruhig noch durch unser Schloß und schauen Sie sich alles an, ja?«

Ich gehe von einem Saal zum anderen. Leise Gespräche, leise Schritte unzähliger Füße. Was für Säle! Der Thronsaal, der Audienzsaal, ... Bronzen, Kristall, Gemälde. Und dort hängen sogar die Landschaften »unseres« Malers, des Königsbergers Lovis Corinth, über den Alfred Rohde mitten im Krieg das Buch »Der junge Corinth« geschrieben hat und dessen Bilder im Schloß in einer eigenen Galerie gezeigt wurden. Dieser Maler war so berühmt, daß der Königsberger Bildhauer Stanislaus Cauer seinen Kopf zusammen mit den Flachreliefs des großen Astronomen Nikolaus Kopernikus, des ebenso großen Philosophen Immanuel Kant und des Gelehrten und Denkers Gottfried Herder schuf. Diese vier Köpfe aus grauem Stein waren über dem Eingang der Burgschule angebracht, die ich 1945 und 1946 besucht habe. Und was wurde aus den Gemälden von Lovis Corinth? Januar 1945 waren sie in Kisten verpackt und sind dann ebenfalls verschwunden! Irgendwo habe ich die Nachricht eines Gustav Mende aus der Bundesrepublik, der im Schloß angestellt war, gelesen, daß die Gemälde in dem Sarkophag Albrechts von Brandenburg im Königsberger Dom versteckt worden seien. Als dort die Grabungen durchgeführt wurden, hat man da den Sarkophag geöffnet? Ich muß Jelena Jewgenjewna Storoschenko danach fragen oder Inna Iwanowna Mirontschuk.

Ja, welch ein Wunder, dieses Königsschloß! So könnten »unser« Schloß Georgenburg oder das Königsberger Schloß auch aussehen, wenn man es nicht Ende der fünfziger Jahre abgerissen hätte, und ebenso die vielen anderen Schlösser und Kirchen, deren Mauern noch heute überall in unserem schönen, doch leider so vernachlässigten Kaliningrader Gebiet mit seinen Seen, Wiesen und Wäldern und dem Meer stehen.

Beim Verlassen des Schlosses schaue ich mir noch einmal aufmerksam den Sammelkasten an. Er ist voller Geld. Irgendwie sieht er nicht gerade sehr solide aus, mit diesen Wänden aus Glas. Man schlägt einmal dagegen und schon fließt das Geld. Aber wozu erst die Scheibe einschlagen? Man kann ihn gleich einfach so in ein Auto einladen und ab geht's. Nein, diese Sammelkästen sind wohl doch nichts für uns, denke ich.

Hanna, meine Dolmetscherin, die mich in Polen begleitet, kommt und sagt mir, daß die Fahrkarten nach Gdańsk gekauft sind, das Zimmer im Hotel bestellt ist, und wir sofort losfahren sollten, um schon heute an der Küste übernachten zu können. Kurze Zeit später sitzen wir bereits in dem Schnellzug »Neptun« nach Gdańsk. Die Sessel lassen sich zum Schlafen ausziehen. Ich mache mir einige Notizen, Hanna hat sich gemütlich in ihren Pelz eingewickelt und macht ein Schläfchen. Sie ist eine liebe, gute und sehr besorgte Polin, die auch ihre eigenen Wohnungs-, Alltags- und Herzensnöte hat und deren Leben nur aus ewigen Reisen, Ausflügen, Hotels, Restaurants und Gästen aus Rußland besteht, die zuweilen glauben, daß die sowjetische Auslandskommission nicht nur Fahrkosten, Unterkunft und Verpflegung, sondern auch noch andere Dienste dieser freundlichen Frau bezahlt hat, und denen sie immerzu taktvoll, aber sehr nachdrücklich erklären muß, daß das überhaupt nicht stimmt, und daß es bei dem Tagegeld, das sie bekommen, einfach unmöglich ist, irgendwo »gemütlich zu sitzen«, wie sie ihr zuweilen vorschlagen – nicht einmal in einem nicht sehr teuren Lokal und auch dann nicht, wenn sie ihr ganzes Geld an einem einzigen Abend ausgeben würden. Die Zeitung »Przegląd Katolicki« fällt von Hannas Schoß auf den Boden. Ich hebe sie auf und schaue sie mir an. Auf der letzten Seite findet sich folgende Notiz: in Warschau gibt es heute 122 Kirchen und 34 werden noch gebaut...

Wo bleibt nur mein Herr Marek? Zwei Tage sind wir nun schon in Gdańsk und warten auf ihn... Alles andere ist bereits erledigt, auch in dem hiesigen Verlag »Morze«, der mein Buch »Ewige Wiederkehr« herausgebracht hat, war ich schon. Jetzt steht nur noch das Treffen mit diesem Marek aus.

Vom zehnten Stock des Hotels »Heweliusz« hat man einen eindrucksvollen Blick über die alte polnische Stadt, die wegen der komplizierten politischen Entwicklung einige Male zu der deutschen »Freien Stadt Danzig« geworden war. Ich besitze sogar eine Münze aus dieser Zeit. Ja, was für eine Aussicht von hier oben!

Die spitzen, jetzt schwarz scheinenden Ziegeldächer, die roten kantigen Mauern, Türme und Kirchturmspitzen. Es ist noch nicht sieben und schon fast dunkel. Die Straßenlampen gehen an und beleuchten die engen Gassen und roten Ziegelsteinfassaden der Gebäude. Ganz in der Nähe des »Heweliusz« sieht man das riesige Dach der Brigittenkirche, nur wenig weiter steht wie ein Fels im tosenden Meer die Marienkirche, und noch etwas weiter erhebt sich der schlanke, in eine zierliche Spitze auslaufende Turm des Magistrats. Wenn man nach links schaut, kann man die Hallen, Kräne, Schornsteine und Gebäude der Leninwerft, der Geburtsstätte der »Solidarność« erkennen, und etwas näher – drei gewaltige mit Ketten aneinandergeschmiedete Stockanker. Dieses Denkmal wurde an der Stelle errichtet, an der Arbeiter der Werft bei der Niederschlagung einer Demonstration getötet wurden.

Doch wo dieser Marek nur bleibt? Soll ich noch warten oder abreisen? Ich mache es mir in einem Sessel am Fenster bequem und beginne den Artikel des Kaliningrader Schriftstellers Wiktor Gemanow »Eine Heldentat, die nicht ihresgleichen hat« über das U-Boot S-13, das die »Wilhelm Gustloff« versenkt hat, zu lesen:

»Im letzten Kriegsjahr hatte die deutsche Kriegsmarine in der Ostsee die größten Aufgaben zu lösen. Die Seeoperationen wurden hier nach der jeweiligen Situation auf dem Festland festgelegt. In den von der Küste entfernteren Abschnitten kamen die Russen immer schneller voran als an der Küste, wo sie zunächst nur einzelne Gebiete von ihrem Umland abschnitten, die dann von der Marine versorgt oder auch evakuiert werden mußten. Am 20. Januar fand im Hauptquartier Hitlers eine Lagebesprechung statt. Es wurde beschlossen, in kürzester Zeit in der Danziger Bucht so viele Transportschiffe wie möglich zusammenzuziehen, um hohe Gefolgsleute und Flüchtlinge unter starkem Begleitschutz in westliche Häfen zu bringen. Wie sich später zeigte, gab es noch einen zweiten Grund für diesen Beschluß, der selbst vor den Chefs der Heeresleitung sorgsam verborgen wurde, doch darüber später… Schon nach vier Tagen konnte der Befehl des Hauptquartiers ausgeführt und mit der Einschiffung begonnen werden. Der Kai in Gotenhafen, so hatten die Nazis Gdingen umbenannt, wurde von einer doppelten Kette Soldaten umstellt, vor der riesigen ›Wilhelm Gustloff‹ war die Bewachung noch strenger. Ununterbrochen fuhren Personenwagen vor, Parteigrößen der verschiedensten Ränge, Generäle und Offiziere stiegen aus. In ihren schwarzen Ledermänteln trafen die Kreisleiter aus Ostpreußen und Pommern ein. Jeder von ihnen wurde von Soldaten mit Koffern, Kisten und Ballen begleitet. Wahrscheinlich hatten sie da ihre ›Kriegstrophäen‹ drin: Gemälde, Goldschmuck, Edelsteine, Pelze und Porzellan…«

Das Telefon läutet. Vielleicht Marek? Ich nehme ab.

»Dobry wieczór«, vernehme ich eine angenehme Frauenstimme.

»Der Herr aus Rußland möchte vielleicht den Abend angenehm verbringen? Sie hören, ja?«

»Ja ja, ich höre. Was schlagen Sie vor?«

»Der Herr ist zum erstenmal in Gdańsk?«

»Nein, nicht zum erstenmal.«

»Der Herr weiß aber offenbar noch nicht, daß wir unten in unserem Hotel eine Sex-Bar mit Show haben, wo der Herr interessant die Zeit verbringen kann. Die Administration und die Künstler der Bar würden sich freuen, Sie in der Bar begrüßen zu dürfen. Ich lade Sie bardzo herzlich ein…« Tu-tu-tuuut…

»In schwarzen Ledermänteln trafen die Kreisleiter aus Ostpreußen und Pommern ein.« Hat sich das Wiktor Gemanow nur so ausgedacht oder hat er darüber etwas gefunden? Erich Koch war mit dem Gauleiter von Pommern gut befreundet, doch lag er mit den Parteikommissaren Danzigs in ständigem Kampf. Wenn er also hierher gekommen war, warum? Wollte er seine persönlichen Sachen in Sicherheit bringen? Oder das Bernsteinzimmer? Schon am zweiten Tag der Einschiffung begann man, in den Zwei- bis Vierbettkabinen zusätzliche Pasagiere unterzubringen. Die Bequemlichkeit der hohen Herren mußte etwas eingeschränkt werden, denn die Zahl derer, die fort wollten, war weit größer als man angenommen hatte. Man mußte sich in der ehemaligen Festhalle und der Turnhalle, der Musikhalle und dem Wintergarten, den Laderäumen und Gängen und selbst im Schwimmbad, in dem man eine Notunterkunft eingerichtet hat, Platz suchen. Das Einschiffen wurde nicht eine Minute unterbrochen... An Bord waren bereits viel mehr Menschen, als es die Manövrierfähigkeit des Schiffes und die Sicherheitsbestimmungen erlaubt hätten.

Die 25 000 BRT große »Wilhelm Gustloff« war einmal das schönste Passagierschiff der Deutschen gewesen. Am 5. Mai 1937 war sie in Hamburg von Stapel gelaufen und von der Witwe des Landesgruppenleiters Schweiz der NSDAP, Wilhelm Gustloff, getauft worden. Gustloff war im Februar 1936 in Davos von einem David Frankfurter erschossen worden, der sich als »Kurier« aus Jugoslawien ausgegeben hatte. Als man Frankfurter in das Arbeitszimmer Gustloffs vorließ, feuerte er sofort fünf Kugeln aus seiner Pistole auf den Faschisten ab. Gustloff wurde mit ebensolchem Pomp zu Grabe getragen, wie der Held des Ersten Weltkriegs Paul von Hindenburg. »Teurer Freund, dein Tod war nicht umsonst«, hat Hitler auf den Trauerfeierlichkeiten gesagt, »und deine Mörder, die Juden, die schuld sind an allem Unglück, das unsere Heimat seit 1918 getroffen hat, wird grausame Vergeltung treffen...« Zum Stapellauf der »Gustloff« war nun der »Führer« eigens nach Hamburg gekommen, wo er von »50 000 deutschen Männern und Frauen« stürmisch begrüßt wurde. Die Taufrede hielt der »Gründer« der Staatsgewerkschaft »Deutsche Arbeitsfront« und der NS-Gemeinschaft »Kraft durch Freude«, Dr. Robert Ley: »Deutsche Menschen!« hat er gesagt, »Der heutige Tag ist für uns alle und für mich im besonderen ein gewaltiger Tag. Was gestern noch Gedanken waren, ist zur Tatsache geworden. Es ist etwas unerhört Großes, es ist einmalig und erstmalig in der Welt, daß es ein Staat unternimmt, für seine Arbeiter ein so großes Schiff zu bauen. Nicht alte Kästen nehmen wir Deutschen für unsere Arbeiter, sondern das Beste ist gerade gut genug für unsere deutschen Arbeiter.« Na, zehn Jahre später wußte man es besser!... Ja, und dann hat er noch gesagt, daß alles, was es in Deutschland gäbe, alles für das Volk sei! Der Volkswagen und die neuen Autobahnen ebenso wie die neue Organisation »Kraft durch Freude«, die den Tourismus, Erholungsstätten und Theaterbesuche für dich, den einfachen Deutschen, organisiert. Und auch dieses herrliche Schiff, die »Wilhelm Gustloff« sei nicht für die Großen und Reichen gebaut worden, sondern für den Schmied aus Nürnberg, den Briefträger aus Köln und die Garderobiere aus Bremen. Aus diesem Grund gäbe es auf dem Schiff auch keine Luxuskabinen und keine Klassen, alles und alle seien gleich.

Die »Gustloff« fuhr nur 17 Monate als KdF-Schiff, bei Kriegsbeginn 1939 wurde sie als »Hilfsbeischiff« der Kriegsmarine unterstellt und in Hamburg zu einem Lazarettschiff umgebaut. Im November 1940 wurde sie dann nach Gotenhafen-Oxthöft verlegt, bekam einen grauen Tarnanstrich und diente nun der in Gotenhafen stationierten 2. U-Boot-Lehrdivision als Kaserne. Ende Januar 1945 traf ein Funkspruch ein, der nur aus einem Wort bestand: »Hannibal«. Dies war der vereinbarte Kode aus Kiel von Großadmiral Karl Dönitz, der den Befehl zur sofortigen Evakuierung der U-Boot-Lehrdivisionen, die sich auf den Fahrgastschiffen »Hamburg«, »Hansa«, »Deutschland« und »Wilhelm Gustloff« befanden, in Kraft setzte.

In Gotenhafen brach der vierte Tag an. Am Morgen versiegte der Strom der ankommenden Wagen. War die Einschiffung beendet? Wie man gleich sieht, noch nicht. Es handelte sich nur um eine kurze Verschnaufpause. Durch das Hafentor drängt sich eine gewaltige dunkle Marschkolonne. Rhythmisch knallen die eisenbeschlagenen Stiefel gegen das Pflaster des Kais. Der Wind bläst die schwarzen Rockschöße der schwarzen Mäntel auseinander. Es kommen die Lieblinge des Oberbefehlshabers der deutschen Kriegsmarine Großadmiral Karl Dönitz. Jene, die sich des persönlichen Wohlwollens des Führers erfreuen. Die Piraten der Tiefe wurden schon im Ersten Weltkrieg mit besonderen Ehren bedacht: wenn sie in ein Theater oder Kino kamen, oder ein Restaurant oder eine Bar betraten, hatten sich alle Anwesenden zu erheben. Ihr Anteil an den deutschen Siegen war beträchtlich. Der Reihe nach versenkten sie Kriegs- und Lazarettschiffe, Transport- und Passagierschiffe, Frachtschiffe und Fischerkähne. 1 000 U-Boot-Soldaten, der ganze Bestand der 2. U-Boot-Lehrdivision, kamen auf die »Wilhelm Gustloff« zurück. Jetzt wurde es natürlich eng: die Zwischendecks und Werkstätten, Laboratorien und

Unterrichtsräume, alles war nun belegt. Doch das war nicht so schlimm. Das Schiff hatte nicht weit zu fahren, nur bis nach Flensburg und Kiel, alles in allem eine Fahrt von nur wenigen Stunden. Die Evakuierung der U-Boot-Fahrer, die über alle drei Brücken an Bord gekommen waren, war der Hauptzweck der Mission der »Wilhelm Gustloff«: nach ihrer Verschiffung zu den westlichen Basen des Landes, sollten sie die Besatzungen der neuesten U-Boote des Reiches bilden. Der totale U-Boot-Krieg – das war ihre zukünftige Aufgabe. Das ehemalige »Kraft-durch-Freude-Schiff« »Wilhelm Gustloff« sollte die Retter des Dritten Reichs retten! Außer ihnen und der zivilen Besatzung des Schiffes waren noch 375 Marinehelferinnen, 162 Schwerverletzte und über 5 000 Flüchtlinge an Bord.

Fast gleichzeitig mit dem Auslaufen der »Gustloff« aus Gotenhafen erhielt der Kommandant des sowjetischen U-Boots S-13, Alexander Marinesko, folgenden Funkspruch: »In Zusammenhang mit dem Angriff der Roten Armee auf Ostpreußen werden verstärkte feindliche Transporte aus Königsberg, Pillau und Danzig erwartet. Sie haben den Abschnitt Danzig zu sperren.« Sturm und Kälte. Irgendwo dort im Dunkel liegt Danzig, dort muß der Leuchtturm Rixhöft sein. Plötzlich ein Lichtstrahl! Jemand ist also aus der Danziger Bucht ausgelaufen. Es war die »Wilhelm Gustloff«, die ihre Lichter nicht gelöscht hatte. Sie wurde von mehreren Kriegsschiffen begleitet. Der Wachoffizier Lew Petrowitsch Jefremenko ruft den Kommandanten der aufgetauchten S-13 auf den Turm. »Sehr wohl, irgendwelche Schiffe sind aus der Bucht ausgelaufen!« »Gefechtsalarm! Klar zum Torpedieren!« befiehlt der Kommandant.

Das Telefon klingelt. Wahrscheinlich wieder das Restaurant. Eine Einladung in die Sex-Bar.

»Hier spricht Marek«, höre ich eine tiefe Baßstimme. »Verzeihen Sie, ich war verreist. Komme gerade vom Bahnhof. Wir treffen uns um neun bei der Königskapelle. Bringen Sie alles mit, was Sie haben. Halten Sie eine Zeitung in der rechten Hand. Ich werde eine in der linken…« Tu-tu-tuut…

»An welcher Königskapelle?« schreie ich. »Wo ist die?« Teufel auch. Vielleicht weiß Hanna das. Ihr Zimmer antwortet nicht. Sie ist wahrscheinlich weggegangen. Dann werde ich mich also auch auf den Weg machen müssen und die Kapelle suchen…

»Position: 24 km NNO Leuchtturm Stilo. Torpedoboot voraus. Dahinter ein Fahrgastschiff. Dichter Schnee versperrt die Sicht. Plötzlich ist er wie weggeblasen und Marinesko sieht den riesigen Dampfer. Ewas weiter kann er die Silhouetten der Schiffe des Geleitschutzes erahnen. Das U-Boot Marineskos befindet sich zwischen der Küste und der ›Gustloff‹, während das Begleitschiff sie von der offenen See sichert. ›Angreifen! Versenken!‹ beschließt der Kommandant der S-13. ›Aufgetaucht bleiben! Bis wir runter sind, ist das Schiff weg.‹ Die S-13 geht auf Gefechtskurs. Der Erste Offizier Jefremenko drückt sich an das Nachtzielgerät und nimmt die ›Gustloff‹ ins Visier. Jetzt! Feuer! 30. Januar 1945, Donnerstag, 21 Uhr 8 Minuten…«

Eine Heldentat, deren Erwähnung auch Bitterkeit hervorruft: zusammen mit den U-Boot-Soldaten des Reiches, den Parteigenossen und Führern aller Art hat das schwarze eisige Wasser auch unzählige, vom Krieg bereits gezeichnete Flüchtlinge verschlungen. 5 348 Menschen fanden den Tod, darunter etwa 3 000 Kinder. 30. Januar… Vor zwölf Jahren hatten die Nazis an diesem Tag in Deutschland die Macht »ergriffen«…

Mit Mühe habe ich die Königskapelle gefunden. Vor dem Eingang steht eine überschaubare Menschenmenge und drängt in die Kirche. Kardinal Glemb ist in Gdańsk und wird heute die Messe halten. Dort schwenkt ein Mann eine Zeitung und schaut mich aufmerksam an. Ist er das? Ich strecke meine rechte Hand mit der Zeitung aus… Marek faßt mich am Arm und wir versuchen aus der Menschenmenge rauszukommen. Wir gehen durch irgendwelche engen Gassen und kommen bald darauf auf die allerschönste und geheimnisvollste Straße in Gdańsk, die Mariacka. Hier war ich schon gewesen, aber bei Tag, jetzt sieht hier alles noch phantastischer aus. Kein Bäumchen steht hier, alles ist aus Stein und Ziegeln, die gewaltige Marienkirche, die wohl die größte Kirche Polens oder sogar Europas ist, die Stufen zu den alten

Geschäften, Restaurants und Cafés. Wohin führt er mich, dieser Marek? Er ist groß, hat eine schwarze Baskenmütze auf und einen schwarzen Schal um den Hals. Die Straßen sind wie leergefegt. Keine Menschenseele. Alle sind sie in der Kirche, in der jetzt Kardinal Glemb predigt.

»Hierlang«, sagt Marek. »Hier ist es still, keine Musik.«

»Bierstube« lese ich auf einem kleinen Fäßchen, das an Ketten über dem Eingang hängt. Der Wirt, ein kräftiger Mann im Pullover, nickt uns zu und erkundigt sich, was wir trinken und essen wollen. Marek hebt zwei Finger und deutet dann auf einen massiven, dunklen Eichentisch mit schweren Sesseln darum.

»Was haben Sie mitgebracht?« fragt Marek. Der Wirt stellt zwei große Bierkrüge und etwas zu essen auf den Tisch. »Alles, was Sie versprochen haben?«

»Ja, die Namen der Schiffe, die Pillau Ende vierundvierzig Anfang fünfundvierzig verlassen haben. Die Namen der versenkten Schiffe. Die vermutliche Fracht dieser Schiffe. Ein Schreiben unseres Kulturfonds, in dem wir vorschlagen, die Arbeiten zur Überprüfung der ›Meer-Version‹ gemeinsam durchzuführen.«

»Haben Sie noch mehr?«

»Wir kennen in etwa fünfzig Fällen die Koordinaten der Stellen, an denen die Schiffe gesunken sind. Ein Beispiel: Der Transporter ›Warnemünde‹ ist aus Pillau am 20. Januar 1945 ausgelaufen, Größe 8 000 BRT, am darauffolgenden Tag wurde er 40 Meilen nördlich der Frischen Nehrung versenkt…«

»Nennen Sie das Koordinaten?«

»Wir verfügen über die genauen Koordinaten. Breite und Länge. Die vermutliche Ladung: Motoren für Klein-U-Boote und ›schwere Kisten gleicher Größe und Fabrikation‹ mit unbekanntem Inhalt. Weiter: der Motorsegler ›Gloria‹ mit 3 000 BRT, ein Privatschiff mit Menschen und Fracht, vermutlich wertvoller Privatbesitz, voll bis an den Rand. Der Transporter ›H-29‹, 11 000 BRT, Länge 126 Meter, Breite 16 Meter. Lief am 12. Februar aus und wurde am nächsten Tag von unseren Kampffliegern versenkt. Wieder im Seegebiet vor der Frischen Nehrung. Hier sind Länge und Breite, das Schiff liegt in 90 Meter Tiefe. Hier haben wir noch folgende Nachricht: Am Tage des dreizehnten Februar hat ein Patrouillenboot des Verteidigungsabschnitts Pillau einen Mann aufgefischt, der sich als Maschinist des von den Russen versenkten Transporters ›H-29‹ bezeichnete. Im einzelnen erklärte er, daß das Schiff den Besitz der ›Königsberger Allgemeinen Zeitung‹ und des Verlages ›Gräfe und Unzer‹, Drehbänke aus unterirdischen Munitionsfabriken sowie einige Zehn lange, flache Kisten, die in einem besonderen Teil des Schiffes standen und rund um die Uhr von drei Männern bewacht wurden, an Bord gehabt habe. Unter der Mannschaft sei das Gerücht umgegangen, es handele sich um den Besitz des Gauleiters Erich Koch. Schon diese kurze Aufzählung zeigt, welche Reichtümer noch auf dem Meeresboden ruhen.«

»Sie sollen sich Schätze im Himmel sammeln und nicht im Meer«, beginnt Marek zu lachen.

»Hier habe ich noch verschiedene andere Informationen über versenkte Schiffe.«

»Was die Organisation der Bergungsarbeiten betrifft, welche Möglichkeiten haben Sie da?«

»Beträchtliche. Die Kaliningrader Abteilung des Ozeanologischen Instituts ›Schirschow‹ will uns helfen. Das Institut verfügt über viele Ortungsschiffe. Ein Schiff arbeitet ständig in der Ostsee. Es ist mit modernsten Geräten ausgerüstet. Auf dem Monitor der Unterwasser-Kamera können Sie sehen, was da auf dem Grund liegt. Außerdem besitzt das Institut zwei selbstfahrende Tauchgeräte vom Typ ›Paisis‹ und die nötigen Spezialisten für diese Arbeiten.«

»Warum suchen Sie nicht selbst?«

»Uns interessieren zur Zeit die größeren Schiffe, die in der Ostsee versenkt wurden, in erster Linie die ›Wilhelm Gustloff‹ und die ›General Steuben‹, die Alexander Marinesko Ende Januar fünfundvierzig versenkt hat. Diese Schiffe liegen in Ihrem Bereich. Außerdem haben wir keine Karten und Ihre Taucher waren ja schon dort unten bei der ›Gustloff‹ und können uns nützliche Hinweise geben.«

»Und bei der ›Steuben‹ waren wir auch! Welche Bergungseinrichtungen haben Sie?«

»In Kaliningrad ist die Firma ›Neftemorgasraswedka‹, die einen starken Schwimmkran hat. Ein kleineres Schiff kann der so wie es ist an die Oberfläche holen. Wenn wir also etwas finden, können wir es auch hochholen. Aber warum erzähle ich Ihnen das alles? Was haben Sie eigentlich?«

»Erlauben Sie mir, noch einen Blick in Ihre Unterlagen zu werfen, Sie entschuldigen, doch in der Spalte ›Koordinaten‹ ist nichts eingetragen. Wie darf ich das verstehen?«

»Warum sollte ich Ihnen jetzt schon die Hauptsache der ganzen Angelegenheit mitteilen? Wenn wir uns einig werden, treffen wir uns nicht mehr in einer Bierstube, sondern, sagen wir, im ›Schiffssaal‹ Ihres Meeresmuseums – wie Sie mir schrieben, arbeiten Sie doch dort? – und dann werde ich schon... Klar?«

»Einverstanden. Hier ist ein Dokument, das für Sie von Nutzen ist. Eine Xero-Kopie. Es ist auf deutsch, doch ich lese es russisch vor:

A. Schmidt

Falkenstr. 3
Amerdingen
20. 4. 87

Anfang Juli 1944 wurde ich in Kiel zur Kriegsmarine eingezogen. Am 20. Juli 1944 (das Datum habe ich mir gemerkt, weil dies der Tag des Attentats auf Hitler war) wurde eine Sondergruppe aufgestellt, zu der auch ich abkommandiert wurde. Wir fuhren auf dem Seeweg nach Pillau, wo unsere Gruppe mit einer anderen Sondergruppe vereinigt wurde. In der Nähe von Pillau lag in Richtung Königsberg auf einem bewaldeten Hügel nordöstlich des Hafens ein riesiger Bunker, der mehr als dreißig Meter tief in die Erde ging. In dem Bunker waren ungefähr zwanzig Leute ständig als Dienst- und Wachpersonal tätig. Ihre Aufgabe bestand darin, aus dem Bunker verschiedenes Kriegsgerät zu holen – Einmannboote, Seeminen, Raketen vom Typ V-1 und V-2, Zünder für alle mögliche Munition usw. Alles wurde auf Lastwagen geladen und weggefahren. Anfang August haben dann Lastwagen schwere

Kisten angeliefert, die wir abluden und auf kleinen Wagen in das Innere des Bunkers fuhren. Auf den Kisten stand ›Streng geheim!‹ und alles wurde streng bewacht. Dann wurde der Ort weiträumig abgesperrt… Niemand wußte, was sich in den Kisten befand. Auch wieviel Kisten es waren, weiß ich nicht, mindestens aber einige zehn Stück. Offenbar ist das alles gesprengt worden.

A. Schmidt«

»Na? ein brauchbares Papier, was? Es ist doch Ihre ›Koordinaten‹ wert, oder?

»Ist es, wenn wir von diesem Bunker die genaue Lage bekommen. Was haben Sie noch? Über die ›Wilhelm Gustloff‹ und die ›General von Steuben‹? Über das KdF-Schiff ›Robert Ley‹? Die Schiffe ›Patria‹ und ›Brandenburg‹? Die Dampfer ›Hansa‹ und ›Göttingen‹, die beide am 2. oder 3. Februar fünfundvierzig aus Danzig ausgelaufen sind?«

»Einen Augenblick. Hier habe ich die Mitteilung eines gewissen A. Hilke: Ungeachtet meines hohen Alters wurde ich Mitte vierundvierzig in Danzig zur Armee eingezogen. Da ich von Beruf Lkw-Fahrer war, fuhr ich die unterschiedlichsten Ladungen mit Lastwagen vom Typ ›Skoda‹ und ›Büssing‹ und ab Ende vierundvierzig Anfang fünfundvierzig habe ich dann auf einem Schlepper der Marke ›Pinguin‹ im Hafen beim Beladen gearbeitet. Drei Tage vor dem Auslaufen der ›Wilhelm Gustloff‹ erschien auf dem Kai, an dem das Schiff vertäut lag, eine Grupe Zivilpersonen mit einem Offizier der Gestapo in Uniform, der allen, die sich bei dem Schiff aufhielten, befahl, das Gebiet zu verlassen. Mit Unterstützung von SS-Soldaten wurde das Gebiet von unbefugten Personen gesäubert, alle Menschen, die sich schon auf dem Schiff befanden, wurden ins Innere getrieben, alle Scheinwerfer, die den Kai beleuchteten, wurden in die Höhe gerichtet. Dann fuhren Lastwagen an das Schiff heran, von denen mit einem Portalkran ziemlich große und solide mit Eisen beschlagene Kisten an Bord gehoben und in einem der Laderäume verstaut wurden. Ich half beim Umladen, holte die Kisten von den Lastwagen runter. Was war nun auffällig? Die Größe der Kisten war beträchtlich, etwa zwei Meter lang und anderthalb Meter hoch, und mir fiel auf, daß sie sehr leicht waren. Und noch etwas. Mir schien, als hätte die ›Gustloff‹ auf diese Fracht gewartet. Sofort nachdem die Kisten verstaut waren, kamen die U-Boot-Fahrer an Bord und die ›Gustloff‹ machte die Leinen los…«

»Nicht schlecht. Das ›Gold der Ostsee‹ befand sich demnach in den Laderäumen der ›Gustloff‹? Sagen Sie, Marek, war Erich Koch zu dieser Zeit in Danzig?«

»Sofort. Noch etwas zum Bernstein, ich habe hier noch eine weitere Mitteilung. Ein gewisser B. Tomaschek teilt mit: Ich wurde Zeuge, wie ein Transport aus acht bis zehn Lastwagen zum Hafen kam, der von einigen Pkws und zwei Schützenpanzern begleitet wurde. Alle Wagen waren völlig verdreckt, als hätten sie einen weiten Weg hinter sich gehabt. Ich arbeitete an den Gleisen. Wir reparierten den Brückenkran ›Hans‹, der eine Woche zuvor nach einem Sabotageakt zusammengestürzt war. Als man uns alle von dem Kai wegtrieb, gingen wir in unseren Bauwagen, in den man uns einsperrte, doch wir konnten durch ein Fensterchen sehen, was auf dem Kai vorging. Von den Lastwagen wurden Kisten abgeladen, die dann auf das Schiff gehoben wurden. Dann wurde die Aktion plötzlich unterbrochen. Irgendwelche Militärs stritten über irgend etwas. Einer von ihnen war klein und stämmig und jemand von uns rief: ›Das ist Erich Koch! Und die schöne Frau dort im Auto, das ist seine Frau Klara!‹ Die Verladung der Kisten wurde abgebrochen, nur die Ladung von zwei Lastwagen war auf das Schiff gebracht worden. Kurze Zeit später fuhren alle weg und man ließ uns wieder raus.«

»Je mehr Dokumente, desto schwieriger wird alles. Was haben Sie noch?«

»Das zum Beispiel, den Bericht des Rentners August Bendix gegenüber einem Reporter der Zeitung ›Kurier‹: Ende Januar fünfundvierzig wurde ich als Hafenarbeiter zur Beladung der ›Wilhelm Gustloff‹ eingeteilt. Wir haben sehr viel auf ihr verstaut. Drehbänke, Flugzeugmotoren, offenbar aus zerstörten Werken, sehr viel Privatbesitz, der in Behältern verschiedener Größe und

Gewicht verpackt war. Am 29. Januar kam gegen Abend eine Lastwagenkolonne in den Hafen gefahren. Ungefähr acht bis zwölf Wagen. Aus ihnen wurden unter strengster Bewachung Kisten ausgeladen. Kurz vor dem Auslaufen des Schiffes hat mir der Oberbootsmann der ›Wilhelm Gustloff‹, Erich Witter, mit dem ich bekannt war, weil wir im Lazarett nebeneinander lagen, im Vertrauen gesagt: ›In den Kisten sind auf die ›Gustloff‹ ungeheure Schätze gekommen.‹ Dieser Bootsmann stammt aus Lothringen. Er haßte die Nazis, weil sie seinen Bruder auf bestialische Weise ermordet haben. Dann hat er mir noch erzählt, daß diese Schätze aus irgendwelchen russischen Palästen stammten. Nützt Ihnen das was?«

»Marek, Sie waren doch selbst unten bei der ›Gustloff‹. Was haben Sie da gesehen?«

»Felix, noch zwei Bier«, ruft Marek dem Wirt zu, nimmt seine Baskenmütze ab und streicht sich mit der Hand das graue, grobe Haar glatt. Auch sein Gesicht ist grob und scharf geschnitten. Vorstehende Backenknochen und Kinn, dichte graue Augenbrauen und kleine hellgraue Augen. Auf dem rechten Arm über der Hand ein blauer Anker, auf dem linken Arm ist »Maria« eintätowiert. Der Wirt bringt das Bier. Marek nimmt seinen schwarzen Schal ab und wirft ihn auf den Sessel. Er hat auch ein schwarzes Hemd an. Trägt er vielleicht Trauer? Marek schiebt mir das Bier hin: »Trinken Sie, das ist echtes bayrisches Bier, es kommt in plombierten Fässern her.« Er trinkt selber einen kräftigen Schluck und leckt sich die schmalen Lippen ab. Dann angelt er sich eine bereits halbaufgerauchte Zigarre aus der Tasche, zündet sie mit einem Feuerzeug an und sagt, die Augen von dem Rauch zusammenkneifend: »Wir haben uns vor zehn Jahren zusammengetan: alles Abenteurer und Draufgänger, Liebhaber besonderer Erlebnisse. Wie heißt es in diesem Lied bei Ihnen: ›Trinken wir auf die Zornigen und Unangepaßten‹, ja? ›… die den billigen Komfort verachten.‹ In dem Unterwassersuchklub schmiedete uns der Ingenieur Jerzy Jankowicz zusammen und dann haben wir uns auf einer Versammlung den Namen ›Hai‹ für den Club ausgedacht. Irgendwie trieben wir auch so etwas wie eine Ausrüstung auf, Geld, Karten und ein Schiff. Vom Militär bekamen wir Hilfe, ebenso unterstützten uns Historiker, Wissenschaftler und die Schiffsbauer von der Technischen Fakultät der Universität Gdańsk. Von denen haben wir die Pläne der ›Wilhelm Gustloff‹ bekommen. Aus dem Meeresinstitut bekamen wir die Meeresbodenkarten der Stolpebank. Es wurde festgestellt, daß die ›Wilhelm Gustloff‹ von drei Torpedos getroffen wurde und beim Sinken in drei Teile auseinandergebrochen ist.«

»In welcher Tiefe liegt das Wrack?«

»In sechzig Metern. Die Sicht ist schlecht, der riesige zerbrochene Schiffsrumpf ist gute zehn Meter in den Schlamm eingesunken. Eigentlich waren wir nicht schlecht für die Arbeit ausgerüstet, doch die Ostsee hatte sich noch besser vorbereitet. Es war, als wolle uns der Teufel, genauer, der Meeresgott in die Quere kommen. Kaum waren wir auf das Meer hinausgefahren, da fing er mit seinem Dreizack an, in der Tiefe rumzuwühlen. Regen, Kälte. Eisiges Wasser. Wir hatten uns schon warm angezogen, doch nach einer halben Stunde unter Wasser hielten wir es nicht mehr aus. Na, und die Tiefe! Sechzig Meter!«

»Was haben Sie gesehen?«

»Ich war mehrere Male unten bei der ›Gustloff‹. Stellen Sie sich einen Koloß von der Größe eines zehnstöckigen Hauses vor. Und das ist nur eins der drei Teile der ›Gustloff‹. Rostiges, verbogenes Eisen, abstehende Laufstege, Rettungsboote, die noch in den Davids hängen, der riesige Schornstein ragt aus dem Schlamm, gleich daneben liegt der Bug des Schiffes auf der Seite. Man kann sich nur schwer orientieren, da alles auf der Seite liegt. Die Türen der Kabinen haben sich verkeilt. Eine haben wir geöffnet, da kam uns irgendwelches Zeug entgegengeschwommen, und so eigenartige große und kleine Bälle. Zuerst wußte ich nicht, was das war. Es waren Schädel, von Erwachsenen und von Kindern.« Marek schweigt, streckt zwei Finger in die Höhe, »Felix, noch zwei Bier!« nimmt den Schal und wickelt ihn sich um den Hals. »Aber Sie interessiert natürlich das Ergebnis? Es ist gleich Null! Alle Expeditionen zusammengenommen waren wir keine zehn Stunden auf dem Schiff. Was kann man in dieser Zeit schon rausbekommen? Eins steht aber fest: irgend jemand war schon vor uns dort. Irgendeine geheime Expedition, denn niemand hat auch nur ein Wort darüber geschrieben. Die Expedition muß bestens ausgerüstet gewesen sein. An vielen Stellen ist der Schiffsrumpf aufgeschnitten, damit man direkt durch die Schiffswand und nicht erst über die Decks zu den Laderäumen kommt.«

»Das heißt, die ›Gustloff‹ wurde ausgeraubt?«

»Ausgeraubt? Es besteht kein Zweifel, daß sie da ganz anständig aufgeräumt haben, doch sie ganz auszuräumen, dazu fehlte ihnen wohl doch die Zeit. Das Schiff ist so groß, daß man mehrere Monate bräuchte, um alle Laderäume zu inspizieren. Wir haben zum Beispiel zwei Räume gefunden, in denen noch niemand war… Also, geben Sie mir Ihre Unterlagen, hier sind meine. Wir werden Ihnen schreiben. Wir machen dann aus, wo wir uns treffen, ja? Ach so, was die ›Göttingen‹ und die ›Hansa‹ betrifft, da sind uns keine Details bekannt. Und die ‹Steuben‹ liegt nicht weit von der ›Gustloff‹. Dort liegt auch noch ein anderes riesiges Schiff, die ›Goya‹. Wissen Sie etwas über die?«

»Sie wurde in Pillau drei Tage lang beladen und ist wahrscheinlich im März ausgelaufen. Haben Sie Trauer?«

»Ja. Geben Sie mir doch bitte meine Baskenmütze. Die Leninwerft, auf der ich jetzt arbeite, wird geschlossen. Sie ist nicht mehr rentabel, wie zweihundert andere Betriebe in Polen auch. Man will uns alle zwölftausend Werftarbeiter irgendwo in andere Betriebe stecken. Stellen Sie sich das vor! Er trinkt sein Bier aus, schiebt die Baskenmütze tief in die Stirn. – Einfach irgendwo hineinstecken! Ich will in meinem Gdańsk leben und hier auf meiner Werft arbeiten!«

»Den Boden den Bauern, die Fabriken den Arbeitern!«

»Genau. Wir haben das auch beschlossen. Es wurde ein Komitee zur Erhaltung der Werft gebildet. Die »Solidarność« nimmt das jetzt in die Hände. Und die Werft wird rentabel arbeiten, wenn wir die tausend ›leitenden Herren‹ aus der Werft rausschmeißen, die uns hier rumkommandieren.«

»Für die gilt wahrscheinlich, was schon vor Zeiten einer unserer alten russischen Schriftsteller, Sumarokow, gesagt hat: ›Sie mühen sich ab, und ihr freßt ihre Arbeit auf.‹«

»Genauso ist es. Sie fressen unsere Arbeit auf. Und was tun sie selbst, außer uns auf jeder Versammlung zur Vollendung unserer sozialistischen Wirtschaft aufzurufen? Und was ist das, diese ›sozialistische Wirtschaft‹? Wissen Sie das? Etwas Unbestimmtes, wie ein Meerschweinchen, das weder Meer noch Schweinchen ist. Die gescheit sind, kutschieren mit ihrem Mercedes rum und wohnen in Villen mit Swimmingpool. In allen Zeitungen werden die Spekulanten beschimpft und kritisiert, aber wer geht ihnen schon an den Kragen, wo sie für Polen die Computer aus den USA beschaffen. Niemand schlachtet ein Huhn, das goldene Eier legt! Ach ja, was die ›Robert Ley‹ betrifft: Das ehemalige Flaggschiff der KdF-Flotte hat am 25. Januar 1945 den Hafen Pillau mit mehr als 5 000 Menschen an Bord verlassen und seinen Zielhafen Warnemünde sicher erreicht. Dann ist die ›Ley‹ nach Hamburg verlegt worden, wo sie am 24. März 1945 von einem Bombenangriff der Briten erwischt wurde und vollständig ausbrannte.«

»Einen Augenblick noch. Von der ›schwarzen Aktentasche‹ des Kriminalkommissars Nuwel in Olsztyn haben Sie nichts gehört?«

»Von dieser geheimnisvollen Aktentasche, in der sich angeblich das Protokoll der sensationellen Aussagen Erich Kochs befunden haben soll, haben wir auch gehört. Eins ist daran nur seltsam: unsere Jungens sind nach Olsztyn gefahren und haben versucht, den Kommissar zu finden, doch es ist ihnen nicht gelungen, obwohl sie ziemlich hartnäckig waren. Vielleicht gibt es ihn überhaupt nicht. Irgendeine mystische Person, vielleicht aber auch der Phantasie entsprungen, dieser Kriminalkommissar.« Marek steht auf:

»Möglich, daß sich wegen der Brisanz der Dokumente jemand anderes hinter diesem Namen verbirgt?«

»Mich interessiert die Sache ebenfalls sehr. In Olsztyn habe ich Freunde. Ich fahre morgen hin und werde versuchen, etwas darüber zu erfahren. Gehen Sie? Ich bleibe noch ein bißchen hier sitzen. – Do widzenia!«

Kaum war Marek aus der Tür, machte auch ich mich auf den Weg. Ich wollte einfach nur noch einmal alleine und ungestört durch diese wunderbare Stadt, diese phantastische »Märchenstadt« gehen. Nachdem es schon fast aufgehört hatte, begann es wieder zu schneien, was den hohen, geflochtenen Fenstern, Simsen, Häusern, den erstarrten steinernen Figuren und Meeresdämonen mit aufgerissenen steinernen Rachen besonderen Reiz und Schönheit gab. Plötzlich begannen die Glocken der Marienkirche zu läuten und andere Glocken antworteten überall in der Stadt. Man kann es kaum glauben, daß vor gerade erst fünfundvierzig Jahren an der Stelle dieser märchenhaften Architektur nichts als ein Haufen Trümmer lag und nur hier und dort die nackten Skelette der zerstörten Häuser in den Himmel ragten. Es war eine schreckliche tote Stadt, eine »Totenstadt«, genauso schrecklich, wie es Königsberg nach dem Krieg war. Unvorstellbar, daß es die Menschen hier gewagt haben, die Stadt wieder so aufzubauen wie sie war. Ich beneide sie darum. Solche Menschen, solche Funktionäre gab es in unserer Stadt nicht. Obwohl, wie die Kaliningrader berichten, die von Anfang an da waren, hat es einen solchen Funktionär doch gegeben: den allerersten Sekretär des Kaliningrader Gebietes, Iwanow. Er vertrat die Ansicht, daß wenn man schon nicht ganz Königsberg wieder so aufbauen könne, wie es einmal war, dann müsse aber wenigstens das Zentrum der Stadt mit dem Dom, den anderen Kirchen und dem Schloß wiederaufgebaut werden. Koste es, was es wolle! Wie es aufgebaut werden soll? Sagen wir mit Hilfe der Wolgadeutschen, es ist doch deutsches Land! Mit diesem Plan machte er sich nach Moskau auf den Weg. Um zwei Uhr nachts brachte man ihn in den Kreml. Stalin hörte sich Iwanow an. Was er ihm dann geantwortet hat, ist nicht bekannt. Doch als Iwanow gegen Morgen in sein Hotel zurückkam, war er um zehn Jahre gealtert. Er schwieg, beantwortete keine Frage. Als er wieder in Kaliningrad war, ließ er seinen zweiten Sekretär zu sich kommen, übergab ihm die Papiere, fuhr nach Hause und erschoß sich…

Am nächsten Morgen fuhr ich mit Hanna mit dem Zug »Kormoran« nach Olsztyn. Dort sagte man mir, daß Kriminalkommissar Nuwel bei einem Autounfall ums Leben gekommen sei. Angeblich habe er seine Unterlagen und Protokolle über die Gespräche mit Koch geordnet, sie auf der Schreibmaschine abgeschrieben und sich dann mit seiner schwarzen Aktentasche, die nun noch dicker war, nach Warschau auf den Weg gemacht, um seine Obrigkeit über die Gespräche mit Koch zu unterrichten. Auf der Autobahn wurde der »Polonez« des Kommissars von einem Mercedes angefahren. Der Kommissar war auf der Stelle tot, die schwarze Aktentasche wurde nicht gefunden…

Von Olsztyn fuhren meine Freunde mit mir nach Barczewo zu dem Friedhof, auf dem der ehemalige Gauleiter und spätere »Lebenslängliche« Erich Koch begraben liegt. Mir wurde in einer abgelegenen Ecke ein Feld mit zehn kleinen Grabhügeln gezeigt, auf denen jeweils ein Betonpfosten mit einem Blechschild stand, auf dem nur zwei Buchstaben standen: »N. W.«, daß heißt »Name unbekannt«. Solche Aufschriften stellt man auf die Gräber der Verbrecher, die nicht von ihren Verwandten bestattet wurden. In welchem der zehn Gräber Koch liegt? Niemand weiß es…

Ach so, ich beschloß also, auf der Heimreise nach Kaliningrad nicht den weiten Umweg mit dem Zug über Warschau–Brest–Moskau–Vilnius zu machen, sondern den direkten Weg auf der Autostraße Nr. 51, die beim Grenzpunkt Mamonowo an das Kaliningrader Gebiet stößt, zu wählen. Früh am Morgen fährt vor meinem Hotel in Elbląg, wo ich den letzten Tag meiner Dienstreise nach Polen verbracht hatte, der kleine, blaue Fiat polski meines Freundes und Übersetzers Andrezej Wasilewski vor. Hanna wird in einer Stunde nach Warschau zurückfahren. Ich winke ihr noch einmal zu: – spassibo bolschoje, dann heult der kleine Fiat wie ein schwerer KAMAZ auf und setzt sich stotternd in Bewegung.

Nach vierzig Minuten waren wir an der Grenze. Der polnische Grenzsoldat, rund und gesund mit rosa Bäckchen, trank in seiner Wachbude Kaffee und sah fern. Wir stellten uns kurz vor, erklärten, worum es geht, Pan Jurek verstand alles, sah sich meinen Paß an und sagte, daß es von seiner, also polnischer Seite keinerlei Probleme gäbe: möge der Pan Schriftsteller nur zu sich nach Hause gehen. Er holte sein Schlüsselbund mit Wohnungs-, Wagen-, Garagen- und noch anderen großen und kleinen Schlüsseln aus der Hosentasche, fand den Schlüssel für die Grenze und schloß das große Vorhängeschloß auf, das an dem Schlagbaum hing. Bis zu meinem Vaterland waren es nur noch neun Schritte! Doch dort stand ein zweiter Schlagbaum, an dem ein junger Bursche mit einer grünen Uniformmütze auf dem Kopf lehnte und wachsam zu uns rüber sah. An dem Fahnenmast wehte unsere rote Fahne, die allerdings schon etwas ausgeblichen war, und daneben standen auf einem großen Transparent, das offenbar erst kurz zuvor erneuert worden war, die Worte: »Das Vaterland grüßt euch!«

Welch ein feierlicher Augenblick! Noch ein paar Schritte und ich kann niederknien und mit Tränen in den Augen sagen: »Vaterland! Ich bin zurückgekommen!« Doch die »grüne Mütze«, unser russisches, wenn man so sagen darf, naives Gesicht, verfinsterte sich und geriet in Aufregung: »Halt! Zurück!« »Ich will nach Hause, gleich hier in der Nähe, dreißig Kilometer nur!« rief ich und hielt meinen aufgeklappten sowjetischen Paß, um den uns nach Majakowski »die ganze Welt« beneiden soll, in die Höhe. »Zurück!« rief die »grüne Mütze« noch einmal drohend, beruhigte sich dann aber, denn ich hatte verstanden, daß es wohl besser war, kehrt zu machen.

Nun rief Pan Jurek bei uns an, daß heißt über die Grenze, in die Sowjetunion. Das Telefon funktionierte nicht richtig, und so kam er immer wieder aus seinem Wachhäuschen raus und rief: »Wolodja! Bei eurem Schriftsteller ist doch alles in Ordnung. Pan Iwanow fühlt sich nicht...« Und aus dem verschneiten Gebüsch schrie es zurück: »Es geht nicht! Der Herr Schriftsteller Iwanow, der uns hier allen gut bekannt ist, soll von Elbląg aus den Oberst Kusmin in Kaliningrad anrufen, und wenn der es erlaubt, und er erlaubt es ganz sicher nicht... Pan Jurek, werden Sie nicht persönlich, es gibt allgemeine Bestimmungen! Hier ist kein öffentlicher Grenzübergang, Pan Jurek, warum dann ›Arsch‹, Pan Jurek?«

Drei Tage später stieg ich auf dem lauten, verschneiten, schmutzignassen Weißrussischen Bahnhof in Moskau aus. Auf die Knie zu fallen, hatte ich keine Lust mehr.

9. Ein altes Zimmer im europäischen Haus

»Hallo! Hier spricht der Major. Wir werden das Geld morgen um sieben holen, dann ist noch nicht so viel auf den Straßen los. Haben Sie alles vorbereitet?«

»Ja. Wir sind bereit. Sorgen Sie für den Geleitschutz?«

»Für die Bewachung ist gesorgt. Zwei bewaffnete Jungs. Also bis morgen.«

… Es ist Viertel vor sieben. Ich parke meinen Wagen vor dem Künstlerhaus und gehe zum Eingang des Stadtparks, wo der Kulturfonds nach polnischem Vorbild einen Sammelpunkt für die »Denkmalspende« eingerichtet hat. Unsere »Sammelbüchse« unterscheidet sich allerdings beträchtlich von denen, die ich in der Warschauer Altstadt gesehen hatte: Erstens wiegt sie fast eine Tonne, und um sie zu entführen, bräuchte man einen Kran. Zweitens kann man das Geld nur entnehmen, wenn sie mit einem Kran angehoben wird: erst dann kann an ihrem Boden ein kompliziert konstruiertes Türchen geöffnet werden. Drittens ist sie mit einer Alarmanlage ausgerüstet und viertens wird sie von einem Scheinwerfer angestrahlt. Und schließlich und endlich wird sie auch noch rund um die Uhr von der für diesen Stadtteil zuständigen Miliz bewacht.

O ja, es hat sich gezeigt, daß meine Befürchtungen nicht unbegründet waren! Schon zweimal wurde versucht, die »Sammelbüchse« zu knacken. Aber unsere Miliz hat wunderbar funktioniert! Sicherheitshalber haben wir aber doch noch ein Eisengitter vor dem Panzerglas anbringen lassen. Wenn man mit aller Kraft mit einem Vorschlaghammer draufschlägt, hält das selbst unser kugelsicheres Glas nicht aus. Aber da kommt bereits der Major, ein junger Mann in dunkelblauem, sportlichen Jackett, mit seinen Jungs, die bis jetzt an den Rändern des Plätzchens gestanden haben. Meine getreue Helferin bei unseren Angelegenheiten in Sachen »Kulturfonds«, Nina Petrowna Peretjaka, eine hochgewachsene, sympathische Frau, bringt schnell den gestreiften Sack für die »Kasse«. Ein Autokran rollt heran. Der Kran hebt die »Sammelbüchse« an und der Sack wird, wie ein Futtersack über das Maul des Pferdes, über ihren Boden gezogen. Eine Drehung am Geheimriegel und mit dumpfem Rauschen ergießen sich die »Devisen» in den Sack. Die ganze Operation hat gerade ganze fünfzehn Minuten gedauert. Die Jungs des Majors helfen uns noch, das Geld in ein Zimmerchen des Puppentheaters, also der ehemaligen Luisenkirche, zu tragen. Kalinin, genauer – sein großer, rauchgrau angestrichener Gipskopf, mit Brille und Ziegenbart, verfolgt unser Tun mit zusammengekniffenen Augen und teuflisch aufmerksamem Blick. Er steht an der gleichen Stelle, an der einmal die Heilige Jungfrau Maria stand.

Ans Werk! Nina Petrowna verteilt auf dem langen Tisch zehn dunkelblaue Plastikschüsselchen. Oha, was für ein Säckchen! Mit Hilfe der Miliz heben wir es auf den Tisch, dann wird sein Inhalt auf die Schüsselchen verteilt. »Geizhälse!« denke ich, während ich zusehe, wie sich die Schüsselchen mit Kupfer- und Nickelmünzen füllen, »da war ihnen ihr Geld für den Wiederaufbau des Doms, für die Restaurierung des Kanthäuschens, für die Puschkinbüste und ein Denkmal für unsere »Afghanistaner« offenbar zu schade! Aber jetzt fallen auch Rubel, Dreirubel- und rote Zehnrubelscheinchen in die Schüsselchen. Die Münzen klappern, flimmernde gelbe und silberne Kreise…

Ja, so haben auch wir, obdachlose Leningrader Kinder, vor Jahren unsere Beute gezählt, im eisigen Keller der »Stekljaschka«, die im September 1941 in Flammen aufging, verglühte und zerschmolz. Dort, im Keller des »gläsernen« Theaters, das sich im »Haus des Volkes« befand, lebten wir Kinder als Kommune oder

»Haufen«, wie uns unser »Oberfeldwebel« und »Vater« nannte, ein riesiger, bärtiger »Matrose« von dem Heldenkreuzer »Waräger« – als der gab er sich jedenfalls aus, der einbeinige, auf einem quietschenden Holzbein gehende Pjotr Lukitsch Rakitin. Er hatte uns elternlose Jungen und Mädchen aufgesammelt und, wie er sich ausdrückte, »zu einem Haufen gemacht«, dort, in diesem Keller, an dessen eisigen Wänden sich vom Ruß schwarzer Rauhreif sammelte, während in der Mitte eine goldene Funken versprühende »Burschuika«, ein Kanonenofen also, glühte. »Haufen! Hört einem alten Matrosen zu!« sagte unser »heldenhafter Matrose« oft zu uns. »Um am Leben zu bleiben, muß man arbeiten. Wer nicht arbeitet, krepiert!« Wir »arbeiten« auf dem Lebensmittelmarkt. Wir organisierten dort, was wir konnten. Einer klaute, einer sang, einer spielte »Drei Kärtchen« und »Riemchen und Schlingchen«, die Mädchen spielten Zigeunerinnen und einer bettelte: »Meine arme Muuutter ist gestorben – vor Huuunger... Meine arme Schwester stirbt zu Hauuuse... mein aaarmer Bruder hat sich die Füße erfrooooren...« Und Pjotr Lukitsch Rakitin sang. Er stand dort auf seine Krücke gestützt, den Kopf mit einem schwarzen Lappen umwickelt und die Tellermütze tief ins Gesicht gezogen, damit ihm die Ohren nicht erfrören. Seine kurze Pelzjacke war aber weit geöffnet, damit man darunter sein blau-weiß gestreiftes Matrosenhemd sehen konnte. Er sang nicht, sondern er krächzte und brüllte und stieß dabei weiße Dampfwolken aus: »Allle auf die Plllätze, die llletzte Parrrade beginnnt!« Von Zeit zu Zeit schnappte er sich jemanden aus der Menge, zog ihn zu sich heran und ließ ihn nicht eher wieder los, bevor er nicht einen zerknitterten Dreier oder wenigstens einen Rubel in seinen Kupferkessel mit der Aufschrift »Waräger« geworfen hatte. Wenn es dunkel wurde, krochen wir, hungrig und halbtot vor Kälte und Müdigkeit, wieder in unseren Keller. »Krrk, krrk!« knarrte das Holzbein von Pjotr Rakitin. Je strenger der Frost war, desto lauter knarrte es. Im Keller glühten schon die Holzscheite im Ofen, zum Empfang war etwas Eßbares aufgewärmt, schon gluckste es in dem riesigen schwarzen Topf, in dem eine Brühe aus Fettresten kochte. Bevor wir aber zu den Löffeln griffen, schütteten wir unsere Beute auf den riesigen Tisch: Kupfer- und Nickelmünzen, manchmal auch einen Schein. »Haufen!« sagte dann Pjotr Lukitsch krächzend, »wir arbeiten schlecht! Wir legen zu wenig Seele in die Angelegenheit! Hier, du zum Beispiel – er zeigte mit seinem dicken, dreckigen Finger auf mich – wie hast du heute ›geschluchzt‹, hä? ›Meine Maama ist gestorben!‹ Man muß so schluchzen, daß einem die Tränen aus den Augen stürzen, und du?« »Hier sind tausend, hier sind nochmal tausend...« war die Stimme des bebrillten Lewka Gorbunow zu hören, eines »Philosophiestudenten«, den es zu uns verschlagen hatte, und der sich um das Zählen des Geldes kümmerte, bevor es Pjotr Lukitsch gegeben wurde.

»Hier sind hundert«, höre ich die Stimme unserer »halben« Buchhalterin Ljuba, die in unserem Fonds für halben Lohn arbeitet. Es stellte sich heraus, daß der Direktor des Warschauer Königsschlosses recht hatte: Nach der ersten, ziemlich ertragreichen »Ernte« von fast viertausend Rubeln ging die Spendenbereitschaft zurück und in die Sammelkiste begann weniger zu fallen. Aber was wir haben, haben wir. Ob ich mir je hätte vorstellen können, daß ich nach so vielen Jahren wieder Kupfermünzen sammeln würde? Dieses Mal für die Tätigkeit des Kulturfonds? Auf jeden Fall ist diese Zählerei eine langwierige Angelegenheit und ich erwarte heute Gäste: Baron Bengt von zur Mühlen und seine Gattin. Ich muß mich zu ihrem Empfang vorbereiten, die Zeit ist knapp...

Ja, die Zeit ist knapp! Der elegante, rotwangige Bengt von zur Mühlen, vor Gesundheit und dauerhaftem Wohlstand strotzend, schaut ständig auf seine Uhr und filmt ohne Ende. Von Zeit zu Zeit spricht er kurz und schnell, seine reizende Frau hält ein Diktiergerät in der Hand, macht sich Notizen und ergänzt den Baron mit eigenen Beobachtungen. Der Baron ist der Besitzer der Chronos-Film in West-Berlin. Er ist Journalist, Publizist, Kameramann und Filmregisseur, seine Frau Irmgard ist seine Mitarbeiterin, Drehbuchautorin und Cutterin. Sie drehen jetzt einen langen, anscheinend zwanzigteiligen Film »Das zwanzigste Jahrhundert« und sind die ersten aus der BRD, die sich unter unglaublichen Anstrengungen und ausgeklügelten Tricks nach Kaliningrad »durchgeschlagen« haben, um hier einen Videofilm über Vergangenheit und Gegenwart unserer Stadt zu drehen.

Die Zeit ist knapp. Der Aufenthalt in unserem, für Menschen aus dem Westen so »geheimnisvollen« Land, in dieser für sie so eigenartigen »terra icognita«, ist äußerst kurz bemessen und man möchte so viel wie möglich sehen. Wir rasen durch die Straßen und Plätze der Stadt. Der Baron legt die Videokamera nicht aus der Hand, filmt alles ohne Ausnahme: Häuser, Geschäfte, Straßenbahnhaltestellen, rostige, überquellende Abfalleimer, Kioske, irgendwohin eilende Mengen, die sich in die Straßenbahn quetschenden Leute. Die ganze Zeit holpert unser Auto furchtbar über die Straßen... Wie sehr sich der Chauffeur auch bemüht, die Räder plumpsen ab und zu doch in die Schlaglöcher im Asphalt, unter dem gleichmäßige, mattglänzende graue Pflastersteine zum Vorschein kommen.

Der Baron schüttelt verwundert den Kopf. Wahrscheinlich denkt er: – Wie ist das zu verstehen? Wo haben denn die örtlichen Behörden ihre Augen? Fahren sie etwa nicht mit dem Auto durch die Stadt? Fliegen sie vielleicht mit Hubschraubern hier rum? Wenn so etwas in West-Berlin vorkäme, und sei es auch nur ein einziges solches Loch, säße der Bürgermeister vermutlich nicht mehr lange auf seinem Stuhl! Ob er so denkt oder nicht, auf jeden Fall fragt er mich, warum die Pflastersteine, aus Schweden oder Norwegen importierter Granit, mit Asphalt übergossen wurden. »Entschuldigen Sie, aber das ist doch... hm, also zum Beispiel das gleiche, als würde man einen Rahmen aus echtem schönen Holz mit Silberbronze überstreichen. Ein Quadratmeter Pflastersteine kostet doch genausoviel wie einige hundert Quadratmeter Asphalt!« Mein Gott, was kann ich ihm antworten? Diese Frage quält mich schon seit langem: Warum? Dabei reicht der Asphalt nicht einmal für die neuen Straßen! Aber womit soll man, bitte schön, die Löcher zugießen, wo der Asphalt nun schon einmal drauf ist? »Und hier, sehen Sie«, lenke ich den Baron ab, »das ist der ehemalige Südbahnhof. Er ist ganz so, wie er schon immer war.«

Der Baron wirft einen Blick auf die Uhr und filmt pausenlos

weiter. Er filmt die grauen fünfstöckigen Betonkästen, die sogenannten »Pjatietaschki«, diese ganze trostlose, glattfassadige Dürftigkeit, wo sich das Auge an nichts festhalten kann, unsere unverhältnismäßig breite und deshalb noch deprimierender wirkende Hauptstraße, den ehemaligen Steindamm, heute Leninprospekt. »Aber, verzeihen Sie, warum Leninprospekt?« wundert sich der Baron. »Verzeihen Sie nochmals, aber diese Straßen mit diesen, hm, barackenartigen Häusern, ist das etwa ein Symbol des Leninismus?! Ich verstehe überhaupt nichts, oder ist das Ihr, verzeihen Sie, östlicher, sowjetischer Humor?« »Herr Baron, ich habe ebenfalls keine Ahnung, was in den Köpfen unserer Stadtväter vorgegangen ist, als sie dieser widerwärtigen Straße diesen Namen gegeben haben. Und was die Architektur betrifft, so ist das ganze Land mit ähnlichen fünfstöckigen Häusern bebaut, ab und zu ragen trostlose zehnstöckige Häuser hervor. Aber wissen Sie, hier war alles zerstört, zerschlagen, die englische Armee hat sich 1944 sehr bemüht, und die Unsrigen haben bei der Erstürmung der Stadt noch das ihrige dazu getan. Es war eine absolute Wüste! Sozusagen eine Mondlandschaft mit großen und kleinen Kratern. Und es gab soviel Schwierigkeiten, das halbe Land lag in Schutt und Asche, wer dachte da noch an Schönheit?!«

Ich hätte mir unseren »Leninprospekt« gar nicht so genau angeschaut, wenn nicht jeder Gast, ob er von weit her kommt, oder ein Moskauer Bekannter ist, immer haargenau das gleiche fragen würde, und es führt nun mal kein anderer Weg ins Zentrum. Und das Interessante daran ist, daß es sogar ausgezeichnete Projekte für eine Umgestaltung des Prospekts gibt! Aber sind wir in den letzten Jahren vielleicht reicher geworden? »Aber sehen Sie, Herr Baron, und Sie, liebe Irmgard, das ist die ehemalige katholische Kirche ›Zur heiligen Familie‹, ist das Gebäude nicht wirklich hervorragend wiederaufgebaut? Und dort rechts, das ist die ehemalige Börse, ebenfalls wiederaufgebaut. Die beiden Löwen am Eingang halten riesige Wappenschilder, ja, auf ihnen waren die Wappen Königsbergs. Warum sie jetzt nicht mehr da sind? Wir hatten hier einen Chef, einen Kenner der Wappenkunde, er befahl sie abzuschlagen.« Ja, leider befahl er auch, das schönste Gebäude der Stadt, die Lutherkirche abzureißen (das sagte ich dem Baron nicht, ich dachte daran nur mit Bitterkeit). Wir hatten hier einen 1. Sekretär des Gebietskomitees, der davon träumte, aus dieser alten Stadt mit ihrer seltenen, vielfach erhaltenen Architektur eine »russische Vorzeigestadt« zu machen. Und er hätte es geschafft, wenn sich nicht Leute der unteren Ebene dem widersetzt hätten. Sowohl öffentlich, als auch im Verborgenen...

Der Baron filmt und filmt. Irmgard schreibt seine kurzen Äußerungen auf. Manchmal legt sie das Diktiergerät weg und raschelt mit einer Karte von Königsberg aus der Vorkriegszeit, die im vergangenen Jahr in Westdeutschland nachgedruckt wurde. »Ja, ja, wir werden später noch, morgen, am Dom sein, filmen Sie solange von hier oben, von der großen Pfeilerbrücke aus, die sich über den alten und den neuen Pregel, Verzeihung – Pregol, schwingt. Kolja, fahr schneller!«

Unter uns liegt eine grüne Insel, auf der einst eine der drei Städte lag, die später zur Stadt Königsberg vereinigt wurden: der Kneiphof. Als Breschnew einmal in Kaliningrad war und den Dom sah, hat er über die Schulter zum »Obersten Chef« unseres Gebietes gebrummt: »Und was ist das hier noch für ein fauler Zahn des vergangenen Krieges? Abreißen! Und bauen Sie hier etwas...«, er bewegte die dicken Finger, »etwas im Geiste unserer großen Zeit, des von uns geschaffenen... e-eh... entwickelten Sozialismus. Was haben Sie gesagt? Auf der Liste der architektonisch bedeutsamen Bauten? Ich werde es denen sagen... Von der Liste streichen!«

Manchmal denke ich, man muß die Menschen unter bestimmten Umständen nicht nur in Kluge und Dumme, in überhebliche und einfache, in schlechte und gute, sondern auch in Schöpfer und Zerstörer einteilen. Und das Wort »Schöpfer« darf sich nicht nur auf Künstler, Dichter, Bildhauer und Architekten beziehen, nein, es bezieht sich eben auf alle. Unser »Oberster Parteichef« hielt sich für einen Schöpfer. Er wollte, daß hier alles wie in Rußland sei: alles riesig, aus Beton, glatt, ohne jedes »schmückende« Beiwerk. Den Hauptbahnhof, den alten Königsberger Südbahnhof also, verschonte er, aber es wurde befohlen, ein Umbauprojekt auszuarbeiten, damit er nicht so deutsch aussähe. Als unser Parteichef seine neue, sozialistische Stadt »schuf», forderte er, daß hier nichts mehr an die Vergangenheit erinnere. Er hielt sich für den Erbauer von etwas Neuem, das mit unserer »progressiven, stürmischen Zeit« harmoniert. Und so schoben sich in die alten erhaltenen Bezirke der Altstadt Ungeheuer aus Beton. Von den Dächern wurden die Ziegel runtergeworfen, und man bedeckte sie mit Kunstschieferplatten... Oder man baute (und baut auch heute noch), wie überall in der Sowjetunion, Flachdächer. Und das ausgerechnet hier, in einem Land am Meer, mit rauhen, schneereichen Wintern und sintflutartigen Regengüssen! Jeden Sommer kann man in der Stadt das gleiche Bild sehen: auf den flachen Dächern gehen Männer umher und bedecken den Stadtsowjet mit Flüchen und das Dach mit Dachpappe und begießen es mit Teer. Jeden Sommer! In diese Dächer wurde schon so viel Geld gesteckt, daß man davon Kupferdächer hätte bauen können!

Unser »Oberster Chef« mochte auch unsere litauischen Nachbarn nicht, weil sie auf dem gleichen Boden, den wir haben, wesentlich höhere Ernten einbringen, und weil man, wenn man von Litauen aus in unser Gebiet fährt, nicht fragen muß, ob man Litauen schon verlassen hat: die kaputte Straße, die kaputten Dächer der ehemaligen, prächtigen Gutshäuser und Bauernhöfe, die abbröckelnden Fassaden und das Unkraut am Straßenrand in unserem Gebiet springen sofort ins Auge. Auch die Polen mochte er nicht, weil diese, noch ärmer als wir und noch mit Pferden pflügend, es fertigbrachten, in dem nach dem Krieg an sie übergegangenen Teil Ostpreußens, in den heutigen Woiwodschaften Olsztyn und Elbląg, alle Schlösser wieder aufzubauen, mit Hilfe der Franzosen erstklassige Hotels für ausländische Gäste zu bauen und die Schnellstraßen und Städte in einem ausgezeichneten, europäischen Zustand zu erhalten. Dieses Stückchen Erde, durch das die unzuverlässigen und rauhen baltischen Winde fegen und das vom heißen Atem des Golfstroms erwärmt wird, war einmal für Litauer und Polen ein eigenartiges Mekka: zu Tausenden wanderten sie aus ihren armen strohgedeckten Dörfern in diese große, moderne – eine der ersten Straßenbahnen in Europa fuhr in

Königsberg – und gelehrte Stadt aus. Hierher, »zu uns«, kamen früher die Nachbarn, um sich in Wissenschaft und Handwerk Kenntnisse anzueignen, um hier litauische Zeitungen und Bücher herauszugeben, um Geld zu verdienen, um daheim seltene Waren einzukaufen. Jetzt fahren wir wegen der verdammten Wurst, Butter und Käse nach Litauen.

»Verzeihung, ja-ja, jetzt sind wir mitten im Stadtzentrum.« Dieses Gebäude hier ist der frühere Nordbahnhof, und hier das rote Gebäude ist das »Polizeipräsidium«. Was jetzt drin ist? Hmm, auch eine Polizeibehörde... Und dieses Gebäude da ist der ehemalige »Gerichtshof«, und dieses, in dem unten die Geschäfte drin sind, das ist der ehemalige »Neue Magistrat«. Schauen Sie, Herr Baron, ich habe eine Fotografie mitgenommen, eine alte Postkarte, sehen Sie, alles, wie es war. Die Engländer haben hauptsächlich das Zentrum und den Südosten der Stadt, wo wir gerade waren, bombardiert, dort fanden auch die schrecklichsten Kämpfe statt, hier, im nordwestlichen Teil hat die Stadt fast nicht gelitten. Und wissen Sie, wenn es auch schwierig war, gelang es doch, die Mehrzahl der Gebäude wieder aufzubauen. Einige Deutsche, alte Königsberger, sagten zu mir: »Mein Gott, alles wie es war!«

»Wonach stehen die Menschen dort an?« fragt der Baron. Ein ungeheurer Haufen aufgeregter Menschen drängelt sich am Erdgeschoß des »Magistrats«. Milizionäre zerren jemanden aus der Schlange heraus. Man sieht rote, erboste Gesichter. Ein wenig weiter ist eine riesige Kinohalle zu sehen, die natürlich »Rossija« heißt, und der Baron fragt: »Was ist das für ein ungewöhnlich interessantes Kino? Bekommt man dort so schwer Karten?« Was soll das? Ist das vielleicht schwarzer westlicher Humor? »Ah«, errät der Baron, »die stehen nach Butter an.« »Baron, wann wird in unseren Geschäften schon Butter verkauft? Aber was stehen wir hier herum? Ach, die Ampel ist rot...« Plötzlich fällt direkt neben unserem Wagen ein zerlumpter Junge mit einer Flasche »Bormotucha« in der Hand auf die Straße. »Na, fahren Sie doch!«

Diese Szene filmt der Baron nicht. Er sitzt in düstere Gedanken versunken da. »Also los Kolja, fahren wir! Das ist der Siegesplatz, der frühere Hansaplatz, vor dem Krieg hieß er Adolf-Hitler-Platz.

Ja, das habe ich schon gesagt, das Landgericht, hier fand 1903 der berühmte Iskra-Prozeß statt, Karl Liebknecht hat dort gesprochen. Die bronzenen, kämpfenden Wisente des Bildhauers August Kaul stehen hier, als ob sie hier immer gestanden hätten.«

Der Baron bat, etwas langsamer zu fahren, er hatte aber meinem Ausdruck »als ob« keine Beachtung geschenkt, sonst hätte ich erklären müssen, was ich damit meinte. »Als ob« deshalb, weil sofort nach dem Krieg diese bemerkenswerten Wisente, die hier im November 1912 aufgestellt worden waren, vom Postament genommen und vor dem Gebäude der ehemaligen Finanzverwaltung von Ostpreußen aufgestellt wurden, in der sich inzwischen der Stab des Sondermilitärbezirks und seine Politische Leitung niedergelassen hatten. Die Wisente schmückten das Gebäude einige Jahre, obwohl böse Zungen aus der Armee behaupteten, daß sie nicht den Kampf des Bösen mit dem Guten symbolisierten, sondern den Kampf zwischen dem Stab und der Politischen Leitung. Als der Militärbezirk aufgelöst wurde und in das wunderbar erhaltene, unter uralten Kastanienbäumen stehende Gebäude das Gebietskomitee der KPdSU und das Gebietsexekutivkomitee einzogen, behauptete jemand gehässig, daß die starken, kraftvollen Tiere auf die Opposition zwischen Gebietsparteikomitee und Gebietsexekutivkomitee anspielten. Aber das ist dummes Zeug: es gab keine oppositionelle Ansicht, die das Gebietsexekutivkomitee dem Gebietsparteikomitee gegenüber hätte vertreten können. Trotzdem nahm man die Wisente dort weg, brachte sie aber nicht an ihren angestammten Platz zurück, sondern verfrachtete sie zusammen mit zwei Bronze-Elchen, von denen einer vor dem europaweit bekannten Verlag »Gräfe und Unzer« gestanden hatte, in den Zoo…

Den Platz vor dem Gebietsparteikomitee bzw. dem Gebietsexekutivkomitee nahm ein neues Arrangement ein: Lenin und Stalin sitzen auf einem Bänkchen und unterhalten sich. Die Führer wurden regelmäßig, gewöhnlich zu den Mai- und Oktoberfeierlichkeiten, mit silbriger Farbe aufgefrischt – wie ich selbst gesehen habe, wurde für den Schnurrbart ein besonderes Pinselchen genommen! – und sie glänzten wie neu. Der Sockel, auf dem die

Wisente standen, blieb jedoch unbewohnt. Und das ziemlich lange, obwohl die Einwohner Vorschläge machten, die Wisente wieder hierher zu holen. Aber unserer Führung schien es anstößig zu sein, wenn einfach so auf der Hauptstraße die zwei Wisente auftauchten! Ein Symbol des Kampfes des Guten mit dem Bösen? Welches Bösen? Welches Guten? Und außerdem steht etwas weiter, auf einem Platz, Iossif Wissarionowitsch Stalin in bronzenem Mantel und bronzenen Stiefeln, und dann – Wisente! Wie würde das alles vom Zentrum aufgenommen werden?

Eines Nachts zog Iossif Wissarionowitsch auf einen anderen Platz etwas weiter um und überließ seinen Platz auf dem gräulichen Sockel, der etwas von einem Mausoleum hatte, Wladimir Iljitsch Lenin. Die Leute, die in den Häusern an diesem Platz wohnten, behaupteten, daß sie seine schweren bronzenen Schritte gehört hätten. Allerdings hat sich der seines Ruhmes beraubte Führer nicht sehr lange auf dem Platz gegenüber dem Kaufhaus »Majak« gehalten. Wie er kam, so verschwand er auch in einer schwarzen, regnerischen Nacht. Wohin ist er gegangen? Wer hat ihn beherbergt oder heimlich versteckt? Dies kann heute keiner genau sagen. Einige Zeit lag dann aber der große und schreckliche Führer im Wirtschaftshof eines Weingeschäfts und vertrieb sich die Zeit mit den örtlichen Saufkumpanen, die sich auf seine bronzene Brust setzten, Eier auf der Nase des »Führers aller Zeiten und Völker« aufschlugen und Flaschen gegen seinen Kopf schmetterten. Alles war mit Eierschalen und spitzen, grünen Splittern übersät. Wieviel verbirgt sich hinter dieser kleinen, aber beeindruckenden Geschichte! Stalin, sein schreckliches Leben, das Unwesen des Stalinismus, sein seltsamer Tod, die hiesigen, kleinen Führer, die sich mit der Bitte, ihm ein Denkmal in Kaliningrad errichten zu dürfen, an die Regierung in Moskau gewandt hatten, und die nervösen Kunstausschüsse: »Ist der Schnurrbart auch wirklich ähnlich... Ist der Mantel nicht zu lang?« Und dann die positive Entscheidung aus Moskau, das Entzücken in der örtlichen Presse: »Ja, ein Denkmal muß sein!« Und die Weisung von oben: »Das Metall ist an Ort und Stelle ausfindig zu machen!« Und wieder ist es schwierig, es genau zu sagen, aber angeblich flossen in diese viele Meter hohe Figur, den Kopf, die Hände, die Stiefel eine »an Ort und Stelle aufgespürte« nackte Frau aus Bronze, die mit einer Garbe in der Hand – dem Symbol der Fruchtbarkeit und des Wohlstandes – am Eingang zur Ostpreußischen Raiffeisenbank in der ehemaligen Stresemannstraße Ecke Beethovenstraße stand, eine Skulpturengruppe mit dem Namen »Frieden«, eine Skulptur von Walter Rosenberg und der »Deutsche Michel«, der beim Wrangelturm stand.

Stalin ist auch von der Bank verschwunden, auf der er einige Jahre zusammen mit Wladimir Iljitsch thronte. Und das ist bemerkenswert: Stalin ist verschwunden, aber Lenin blieb, er sitzt wie er saß und statt des »treuen Mitarbeiters« ist neben ihm Leere, Luft! Irgendwie schien es unangebracht, zusammen mit Stalin sofort auch Lenin wegzubringen, was hätte das Volk gedacht?

Aha, da kommt der Baron zurück, er hat die Wisente gefilmt, die hier, an ihrem gewohnten, ursprünglichen Platz, wieder aufgetaucht sind, ebenfalls in einer schwarzen Augustnacht, gleichzeitig mit der Ankunft des neuen Vorsitzenden Wiktor Wassiljewitsch Denissow im Stadtsowjet. Als er auf seinen Vorschlag, die Wisente an ihren alten Platz zurückzubringen, die Antwort bekam: »Aber was wird die Öffentlichkeit dazu sagen? Und was werden ›die da oben‹ sagen? Außerdem muß das gut überlegt werden, man muß sich beraten, konferieren!«, fragte Denissow niemanden mehr, beriet sich mit niemandem mehr, sondern stellte eines Nachts, um keine Aufmerksamkeit zu erregen, die Wisente dahin, wo sie 33 Jahre gestanden hatten. Was für schöne Tiere! Wasser rauscht aus zwei steinernen Muscheln in ein breites Bekken, in dessen Wasser sich die straffen, kraftvollen Körper spiegeln. Jeden Frühling, an Ostern, treiben die Studenten der Hochschule für Fischereiwesen, die sich heute im ehemaligen Gerichtshof eingerichtet haben, Unsinn: sie malen mit Mennige oder weißer Farbe kräftige Kreise zwischen die Hinterbeine der Stiere. Das Rektorat erteilt bedrohliche Befehle, organisiert einen Nachtdienst, angeblich wurde sogar einer wegen dieser Streiche vom Institut verwiesen, aber Tradition ist Tradition. Und die Studenten haben sie schon seit fünfundzwanzig Jahren nicht gebrochen.

Die Zeit, die Zeit! »Fahren wir weiter? Ja, ja, hier war das alte deutsche Theater, es ist abgebrannt. Jetzt sehen Sie dort ein neues. Ja, es ist dem Bolschoi-Theater etwas ähnlich. Und wie Schiller hier stand, 1903 von Stanislaw Cauer aufgestellt, so steht er hier immer noch. Übrigens hat mir sein Enkel, Walter, einen Brief geschrieben und mich gebeten, ihm mitzuteilen, ob in der Stadt noch einige seiner Skulpturen erhalten sind. Es fand sich eine bemerkenswerte Nacktfigur, weißer Marmor, die ›Nach dem Bade‹ heißt, dann wurde die Skulptur ›Mutter und Kind‹, die gerade restauriert wird, wiedergefunden, dann das wunderbare Relief ›Herkules‹ und die ›Fliegenden Nymphen‹ an der Fassade der ehemaligen Ostpreußischen Akademie der Künste, in der heute eine Schule ist. Apropos, dort studierte auch der Kosmonaut Alexei Leonow, er war unter anderem ein guter Maler und hat einmal diese Nymphen gemalt. Vielleicht haben sie ihn in den Kosmos gerufen? Es hat sich auch der wunderbare ›Putenbrunnen‹ von Cauer gefunden. Wunderschöner, weißer Stein. Allerdings hat ihn jemand angemalt und es fließt kein Wasser mehr, aber das ist eine Sache, die wieder gutgemacht werden kann, oder?«

»Ja, ja, natürlich!« Der Baron filmt, Lena, die hübsche Intourist-Übersetzerin, übersetzt unsere Gespräche. Irmgard schaut mal in die Karte, kontrolliert mal, ob sich das Tonband im Diktiergerät dreht. »Hier rechts ist jetzt das Stadion ›Baltika‹, der ehemalige Erich-Koch-Platz, und links ist der Tiergarten. Im Krieg, beim Sturm auf Königsberg, kamen alle Tiere um, nur das Nilpferd Hans blieb am Leben, obwohl es ganz von Kugeln durchlöchert war, aber das, Herr Baron, ist eine besondere Geschichte… Und hier, sehen Sie den Vogel auf der Kirchturmspitze? Das ist die ehemalige Luisenkirche, man wollte sie sprengen, aber erinnern Sie sich, was ich über den Bürgermeister Denissow erzählt habe? Er verteidigte die Kirche. Ich weiß nicht, wie er die höchsten Stellen hier und in Moskau überredet hat, aber er erhielt das nötige Baumaterial, sogar Kupfer für die Turmspitze, und Geld, und so rettete er dieses herrliche Gebäude. Wie bitte? Jetzt ist dort ein Puppentheater für Kinder… Ja, ich verstehe Sie schon, aber ein Puppentheater ist doch besser als ein Haufen Trümmer!« sage ich.

»Und jetzt kommen wir in die gemütlichste Ecke der Stadt, in den ehemaligen Stadtteil Amalienau, hier ist fast alles noch so, wie es war: Alte Kastanien, grüne Rasenflächen, die schönen Häuser mit ihrer originellen Architektur. Sie fragen, welche Straße das ist? Das ist die Puschkinstraße. Ach, wie sie früher hieß? Das war die Goethestraße.« Der Baron läßt die Kamera sinken. Er dreht sich um. Er konnte kein Wort herausbringen. Mein Gott, natürlich, das ist wieder so ein unerträglicher Unsinn, ein absurdes Theater, wieviel ist darüber schon palavert und verhandelt worden, wie viele empörte Briefe sind auch bei uns im Kulturfonds eingegangen: Warum wurde die Beethovenstraße zur Kirowstraße, die Mozartstraße zur Repinstraße, die Bachstraße zur Georgi-Dimitrow-Straße? Die Straße, die den Namen des großen Künstlers A. Dürer trug, wurde zur Waldparkstraße, und die Hoffmannstraße zur Epron-Straße (hier mußte ich versuchen, dem Baron und Irmgard zu erklären, was »Epron« bedeutet. Ich versuchte es und schaffte es nicht. Ich erinnere mich, daß es irgendwie mit Taucherarbeiten zusammenhängt, aber wie ist das Wort »Epron« aufzulösen?) Seien sie versichert, verehrte Gäste, daß auch uns das Kummer bereitet, wir leben doch nicht in einem Land von Idioten. Aber erstens – wie könnte man das milde ausdrücken – gibt es unter uns so viele dumme Menschen, solche waren auch unter denen, die sich so etwas ausgedacht haben, allerdings weder heute noch gestern, sondern damals, als die Stadt sich gerade erst wieder aus Schutt und Asche erhob. Vielleicht hatten sie noch nie etwas von Beethoven, Bach und Mozart gehört, und erst recht nicht von Dürer oder Hoffmann. Zweitens habe ich zwar gesagt: »Das bereitet uns auch Kummer«, aber das ist auch nicht ganz richtig, auch heute meinen noch viele, daß es damit schon seine Richtigkeit habe. Einmal hat doch ein Hauptmann ersten Ranges im Ruhestand in unserer Gebietszeitung geschrieben: »Es ist völlig ausgeschlossen dem zuzustimmen, daß der große deutsche Dichter und Denker J. W. Goethe einem russischen Dichters A. S. Puschkin...« Dieser Mensch hat nicht verstanden, daß groß groß ist, daß es lächerlich und dumm ist, einen russischen Landsmann höher einzuschätzen als einen anderen großen Menschen, nur weil er Russe ist! Kultur kann nicht »mein« oder »dein«, »eigen« oder »fremd« sein, Kultur gibt es oder es gibt sie nicht… Auf russisch nennen wir das »Kwas-Patriotismus«. Und was die Größe Alexander Sergejewitsch Puschkins angeht, so glaube ich, daß es für ihn sehr bitter wäre zu erfahren, daß jemand versucht, ihn und den von ihm verehrten Goethe miteinander zu vergleichen, um festzustellen, wer größer sei.

»Jetzt fahren wir über die ehemalige Hufen-Allee zu mir in die Leutnant-Katin-Straße, die ehemalige Steffeckstraße. Karl Steffeck war ein großartiger Tier- und Porträtmaler, Präsident der Kunstakademie. Hier sind wir schon in ›meiner‹ Straße. Übrigens, wir haben das Thema ›Bernsteinzimmer‹ ausgelassen. Also hier, sehen Sie den See, rechts und links der Straße? Dies ist der Hammerteich. In einem der Dokumente schreibt Georg Stein, daß man hier gründlich suchen müsse, angeblich wurden hier irgendwelche Metallkisten versenkt, hier oder im Fürstenteich, der ist dort, etwas nördlicher, hinter diesen Bäumen. Der ganze Bezirk, er heißt Landgraben, alle diese Felder haben praktisch Erich Koch gehört, er ging hier auf Hasen- und Entenjagd. Etwas weiter nördlich befand sich sein Gut Friedrichsberg. Angeblich wurden von dort irgendwelche in wasserdichte Kisten verpackte Kostbarkeiten abtransportiert und in diesen Seen versenkt. Aus dem Hammerteich wurde einmal das Wasser abgelassen, aber außer ein paar Schrauben hat man im Schlamm nichts gefunden. Im Fürstenteich wurden noch keine Sucharbeiten durchgeführt… Ah, da sind wir ja schon. Haben Sie keine Angst, meine Dackel bellen zwar fürchterlich, aber sie beißen nicht. Das Haus? Ich wohne hier schon viele Jahre, die Hausnummer ist dieselbe geblieben. Hier hat die Familie Franz Ferdinand Müller gewohnt, ich glaube, ich habe Ihnen das schon erzählt. Hier geht's lang, machen Sie es sich bequem. Meine Frau wird gleich etwas zu essen machen. Wir unterhalten uns so lange… Ach, es ist schon alles fertig, dann unterhalten wir uns eben bei Tisch.«

»Oh, russischer Wodka? Man sagt doch, daß es den in Rußland überhaupt nicht mehr gibt.«

»Zwei Flaschen von diesem Fusel, eine Büchse löslichen Kaffee und ein Stück geräucherte Wurst hat mir mein guter Bekannter, der Vorsitzende des Bezirksexekutivkomitees, verehrt. Natürlich gegen Bezahlung... Solange mich Barone und Gräfinnen besuchen, werde ich nicht zugrunde gehen.«

»Also lügen die ›Stimmen im Westen‹, wenn sie behaupten, daß es hier nichts gibt?«

»Unser prächtiges Land ist reich, es herrscht nur keine Ordnung. Herr Baron, darf ich um Ihr Glas bitten? Also, na sdarowje!«

»Ah, ich verstehe. Also, na sdarowje!«

Wir prosten uns zu. Der Baron hat bis jetzt der Tatsache, daß er von einem Teller des Restaurants »Blutgericht« ißt, keine Aufmerksamkeit geschenkt. Auf ihm ist das Königsberger Schloß abgebildet, der preußische Adler und es steht darauf: Weinstuben BLUTGERICHT.

Er ißt auch mit einer einzigartigen Gabel. Auf ihrem Stiel ist »A. H.« eingraviert, »Adolf Hitler«. Den Teller hat mir ein Bulldozerfahrer, der die Trümmer des Schlosses weggeschaufelt hat, geschenkt, die Gabel habe ich von meiner Schwester Lena bekommen. Mit sechzehn Jahren war sie, ausgebildete Krankenschwester und schon Leutnant des medizinischen Dienstes, bis nach Berlin gekommen. Aber die Gabel hat sie nicht selber erstanden, sondern ihr zukünftiger Ehemann hat ihr dieses »Führersilber« als Hochzeitsgeschenk überreicht. »Aber Verzeihung, Baron, Sie wollten von Ihrer Firma erzählen?«

»Die Chronos-Film wurde vor vierundzwanzig Jahren gegründet. Unser Studio verfügt in Europa über die größte Anzahl an Filmdokumenten über den Zweiten Weltkrieg. Ihrer bedienen sich sehr viele Dokumentarfilmer, darunter auch sowjetische, deswegen bin ich ja auch hier... Oo-oh, was für Salzgurken! Ah, Sie haben die selbst gemacht? Also ›Schriftstellergurken‹?

Wir haben die Filme ›Auschwitz‹ und ›Die Befreiung von Oświęcim‹ gedreht, dann den ›Prozeß von Krasnodarsk‹, ›Majdanek‹ und ›Moskau während des Krieges‹. Das sind Szenen, schreckliche Bilder, die von diesen schrecklichen Ereignissen Zeugnis ablegen. Wir haben eine kleine, familiäre Kooperative, wir beide machen fast alles allein. Ich bin der Direktor, der Verwalter, der Kameramann, der Finanzier und Organisator des Verleihs unserer Filme. Irmgard ist meine Drehbuchautorin, sie hat schon dreißig Drehbücher geschrieben. Außerdem ist sie Schriftstellerin, Malerin – ihre Bilder werden auf angesehenen Ausstellungen gezeigt –, Ehefrau, Mutter von zwei Töchtern, Hausfrau, Lebensmitteleinkäuferin, Erzieherin…«

»Ich bin eine Sklavin des Kinos!« sagt Irmgard lächelnd, sie ist bezaubernd – ich schreibe ein Drehbuch im Monat und manchmal bin ich so müde, daß ich nicht mehr leben möchte. Baronesse, das klingt nur so schön. Und er, er ist auch der Sklave seines Kinos.«

»Herr Baron, Sie sind der zweite Baron, den ich in meinem Leben kennengelernt habe. Der erste war der berühmte Baron Münchhausen, der zweite sind Sie…«

»Oh, das ist gut! So ist das. Ich bin tatsächlich eine Art Münchhausen. Nun, ich träumte, daß ich nach Kaliningrad kommen würde, und ich bin hier. Ich drehe diesen Film. Und, wissen Sie, ich bin zufrieden. Ich hatte große Angst, eine ganz entsetzliche, schreckliche Stadt zu sehen, um so mehr, als ich sehr gut weiß, wie es hier nach dem Krieg ausgesehen hat. Ja, natürlich, das hier ist nicht Königsberg, und es ist weiß Gott keine westliche, mit ihrem Reichtum und funkelnden Schaufenstern prahlende, saubergeleckte Stadt. Ja, hier gibt es viele abscheuliche Gebäude, diese ›Pjatietaschki‹, stimmts? Aber es ist eine Stadt. Groß und lebendig. Und in gewisser Weise sehr anziehend, besonders im nordwestlichen Teil. Wissen Sie, ich mag keine Schönfärberei, aber ich bin auch kein Schwarzmaler. So möchte ich diese Stadt dem westlichen Zuschauer zeigen, diese alte Stadt, die zu einer sozialistischen Stadt geworden ist…«

»Und wie ist Ihr Verhältnis zum Sozialismus?«

»Oh, ich mag den Sozialismus sehr, wirklich, aber ich ziehe es trotzdem vor, in einer kapitalistischen Gesellschaft zu leben. Warum? Hier ein kleines Beispiel. Gestern haben wir zu Abend gegessen, und meine Frau sagt: ›Jetzt möchte ich noch ein Eis.‹

Ich rufe die Bedienung heran, aber sie nimmt die Bestellung nicht an, obwohl es Eis gibt, und sagt: ›Warum haben Sie das nicht vorher bestellt?‹ Aber vorher wollten wir nicht! Aber das ist nur eine Kleinigkeit. Das Schlimmste ist, daß ihr andauernd baut und baut und schafft… Dies ist der Sozialismus, dann kommt der ›entwickelte Sozialismus‹, der Kommunismus… Aber man muß doch einfach das Leben bauen. Ein normales. Ein gutes, sicheres, ruhiges Leben, verstehen Sie? Und warum führen Sie immerzu irgendwelche Experimente mit sich durch? Mal den ›großen Aufbau‹, mal den ›Weg des Jahrhunderts‹, mal die ›Umlenkung der Flüsse‹, mal noch etwas anderes. Man soll nicht mit sich experimentieren. Es gibt doch eine jahrhundertelange Menschheitserfahrung. Die Erfahrung Europas. Wir leben doch so, daß wir keinen Kommunismus brauchen. Wie? Wir müssen fahren? Gut… Wie bitte? Nein, das Bernsteinzimmer interessiert mich nicht sehr. Dieses Land, seine Natur, seine alte Geschichte, die zerstörten Schlösser und Kirchen, das ist der wichtigste Reichtum dieses, sagen wir mal, Zimmers im großen russischen Haus. Aber etwas gibt es noch, das mich interessiert: Ihre Beziehung zu Herrn Walter Müller. Ich habe den Kurzfilm ›Der Brief‹ gesehen, in ihm wurde von ihm erzählt. Schreibt er Ihnen noch?«

»Eine Minute… Hier ist sein letzter Brief. Mein Keller war überschwemmt und ich fragte ihn, woran es liegen kann. Er riet mir, den Bach, der entlang des Landgraben-Kanals fließt, zu säubern. Jetzt ist der Keller trocken. Er möchte herkommen und sich ›sein‹ Haus anschauen.«

»Jetzt müssen wir aber wirklich fahren. Hm, also, das ist Ihr Haus und doch nicht Ihres… Und weiter?«

»Er schrieb an alle Instanzen, bat um ein Visum, aber man hat ihm keins gegeben: unser Gebiet ist Sperrgebiet. Soll er kommen, ich werde mich nicht mit ihm prügeln. Aber die Behörden erlauben es nicht.

»Ich verstehe das irgendwie nicht: Was soll das, ›Sperrgebiet‹? Wer schließt euch hier ein? Gibt es das etwa in der sowjetischen Verfassung, Sperrzonen? Geschlossene Städte, Gebiete? Das ist doch – ungesetzlich. Ich kann das einfach nicht verstehen, also wer würde in Deutschland beschließen, eine Stadt, ein Gebiet zu sperren? Die Regierung würde sehr schnell abgelöst werden, wenn so etwas passierte!« Der Baron zögerte ein wenig: »Hmm, dieses Haus... dieses hmm, Grundstück? Haben Sie nicht das Gefühl, daß Sie sich da etwas genommen haben, was anderen Leuten gehört?«

»So ein Gefühl habe ich nicht, lieber Baron. Februar 1942 ist unser Haus in Leningrad abgebrannt. Es wurde von mehreren Brandbomben getroffen. Es gab niemanden zum Löschen, die Feuerwehrleute waren schon fast verhungert. Außerdem gab es kein Wasser, die Wasserleitungen waren zerstört. Wissen Sie, wir haben damals alle schrecklich gefroren. Und ich erinnere mich, daß meine Mutter und ich nur in dieser einen Nacht richtig warm wurden. Wir standen auf der Straße und schauten zu, wie unser altes, fünfstöckiges Haus brannte, und meine Mutter streckt die Hände zum Feuer und sagte: ›Wie gut, so schön warm...‹ Wissen Sie, vor Hunger war sie im Kopf nicht mehr ganz richtig, erst nach einem Jahr ist das wieder verschwunden. Alles ist verbrannt! Unsere Wohnung, unsere paar Sachen. Ich sage ›paar Sachen‹, weil alles, was man verkaufen konnte, schon verkauft war, und alles, was man in einem kleinen Kanonenofen verheizen konnte, verheizt war.«

»Das ist ja schrecklich. Ja, ich habe Sie verstanden. Verzeihen Sie.«

»Aber das ist noch nicht alles. Otto Müller, der ältere Bruder von Walter, war Bordfunker in einer ›Ju 87‹ und seine Flugstaffel war auf dem Flughafen von Gattschina stationiert. Von dort sind es fünf bis acht Flugminuten bis nach Leningard. Sein Flugzeug wurde 1942 bei einem nächtlichen Angriff auf die Stadt abgeschossen. Natürlich kann man sich kaum vorstellen, daß ausgerechnet eine Bombe aus seinem Flugzeug auf unser Haus gefallen ist, aber immerhin, es hätte doch so sein können, stimmts? Obwohl, ist das so wichtig? Was meinen Sie, habe ich dieses Haus vielleicht nicht rechtmäßig übernommen? Das habe ich auch Herrn Walter Müller geschrieben. Und er stimmt mir zu. Also, zum letzten Mal: fahren wir!«

»Ja, für uns wird es Zeit, aber ich habe noch eine, nein zwei Fragen, darf ich? Sie sind doch seit 1945 hier? Wir wissen natürlich, wie mühsam, wie schwer es die Deutschen hier hatten. Es herrschte eine schreckliche Hungersnot, stimmts? In einer Mitteilung eines Königsberger Augenzeugen stehen Sachen wie die, daß in der Stadt alle Katzen und Hunde für's Essen geschlachtet wurden, daß auf dem Markt Frikadellen aus Menschenfleisch verkauft wurden... Was wissen Sie darüber?«

»Es gibt ein Sprichwort: Not kennt kein Gebot! Ob es eine Hungersnot gab? Ob die Einwohner daran gestorben sind? Natürlich. Auf allen Königsberger Friedhöfen lagen, wie in Leningrad während der Blockade, Hunderte von Leichen, eingewickelt in Laken, Lappen und Säcke, wie Kartoffelsäcke mit Stricken oder Drähten zugeschnürt. Die Zeit war eben so! Hunderte von Städte in Schutt und Asche, im ganzen Land Lebensmittelkarten, ganz Rußland hungerte...«

»Aber war die örtliche Bevölkerung nicht ganz und gar der Willkür des Schicksals ausgeliefert?«

»Kürzlich habe ich im Gebietsarchiv Dokumente über diese schrecklichen Jahre erhalten...«

»Ich habe ebenfalls von dort verschiedene Dokumente erhalten. Hier: in Übereinstimmung mit der Anweisung der Militärkommandantur der Stadt wurden ab 3. Juni 1945 für die Ernährung der deutschen Bevölkerung 50 Tonnen Butter ausgegeben, 90 Tonnen getrocknete Kartoffeln, 200 Tonnen Roggen und 50 Tonnen Graupen sowie 50 Kühe. In einer anderen Anweisung wurden die etwa hunderttausend Einwohner von Königsberg in drei Kategorien eingeteilt, nämlich 45 000 Kranke, Kinder und Arbeitsunfähige erhielten jeder 200 Gramm Brot... Jeder 200 Gramm! Und wieviel haben Sie während der Blockade bekommen?«

»Ich erhielt 125 Gramm.«

»35 000 ungelernte Arbeiter erhielten jeder 400 Gramm. Für 20 000 qualifizierte Arbeiter gab es für jeden 600 Gramm... Es wurden einige Anordnungen getroffen und die Krankenhäuser und Waisenhäuser versorgt, man ordnete die Verbesserung der Ernährung und der medizinischen Betreuung an, in einer der Anweisungen vom 30. März 1946 war von der Einrichtung eines Kindergartens mit 200 Schlafplätzen für Waisenkinder die Rede, aber war es denn tatsächlich so?«

»Wissen Sie«, sage ich, »für uns war das Leben hier doch auch nicht leicht. Aber wir halfen den deutschen Kindern, so gut es ging. Bei uns im Haus wohnte ein junges Mädchen, Lotta. Einmal brachte sie einen siebenjährigen Jungen und sagte: ›Das ist mein Neffe. Kann er kommen, kann ich das, was auf meinem Teller ist, mit ihm teilen?‹ Dann schleppte sie eine ›Nichte‹ an, danach den Sohn ihrer Freundin, dann noch zwei kleine Mädchen, die bei ihrer Großmutter lebten. Manchmal waren in unserer Küche sechs bis acht Kinder versammelt. Aber schauen wir, was noch in dem Papier steht. Im Sommer 1946 verpflichtete die Sowjetische Administration in der Anweisung Nr. 325 die Deutschen, also die provisorische bürgerliche Verwaltung, in jedem Rajon ein ›Kulturhaus‹ einzurichten. Hunger, Armut – und dann ein ›Kulturhaus‹! … am 15. November wurde eine Kammermusikgruppe gebildet, die der deutschen Bevölkerung mit Konzerten, Kleinkunst und Zirkusvorstellungen zur Verfügung stand…«

»Es gibt Aussagen hiesiger Einwohner, daß die Zirkusvorstellungen auch in Kirchen stattfanden, und eure ›Kleinkunst‹ ein ›Varieté‹ war. Stimmt das?«

»Nach der Anweisung Nr. 302 wurden in Königsberg deutsche Schulen eingerichtet, am 10. Oktober 1946 wurden 40 Grund- und 10 Mittelschulen eröffnet unter Heranziehung deutscher Lehrer. Aber die Direktoren waren Russen… Es kamen zwei deutschsprachige Zeitungen heraus, die ›Neue Zeit‹ und die ›Tägliche Rundschau‹…

»Haben Sie sie mal gesehen, diese Zeitungen?«

»Mein Gott, Herr Baron, mir war nicht nach Zeitungen!«

»Aber wieviel Deutsche sind trotz allem in Königsberg verhungert? Nach den Angaben des deutschen Autors Starlinger haben bei der Kapitulation Königsbergs dort noch etwa hunderttausend Menschen gelebt, und in der Zeit von 1946 bis 1948 wurden nur 25 000 Menschen weggebracht. Daraus folgt, daß 75 000 an Hunger und Schwäche gestorben sind, oder?«

»Nach den Daten, über die ich verfüge, sind 40 000 nach Deutschland gefahren…«

»Das heißt, daß trotzdem noch 60 000 umgekommen sind?! Das ist doch schrecklich! Wie ist das zu verstehen? Wer, meinen Sie, ist schuld daran, daß…«

»… daß in Leningrad mehr als eine Million Menschen verhungert sind? Wer ist schuld daran, Herr Baron? Wo soll man die Anfänge suchen? Vielleicht lohnt es sich, an den ›großen‹ Tag von Potsdam zu erinnern, als der alte, halbtaube ›Held‹ des Ersten Weltkrieges, Paul von Hindenburg, dem Reichspräsidenten Adolf Hitler die Macht übertrug? Oder erinnern wir uns an den ›Historischen Fackelzug‹ am 30. Januar 1933! Wieviel Fackeln, von denen bald ganz Europa im riesigen Feuer des Zweiten Weltkrieges auflodern, sich vor Schmerzen winden und verkohlen sollte!…«

»Ja, stimmt, ich bin einverstanden, wie heißt das auf russisch: ›Schau dir die Wurzel an‹, ja? Und noch eine letzte kleine Frage. Kehren wir zu unseren Kunstschätzen zurück. Was gibt es in Tharau? Werden Sie die Version ›Ponarth‹ untersuchen? Außerdem habe ich gehört, daß Sie jetzt irgendwohin gefahren sind und bei Darkehmen einige Kunstschätze gefunden haben. Kann man darüber etwas erfahren?«

»In Tharau wurden in neun Metern Tiefe starke Betongewölbe gefunden. Man kann noch nicht sagen, ob es sich um die Decke des Geheimbunkers handelt, den wir suchen. Nächstes Jahr werden wir es wissen. In den Schacht ist nämlich Wasser eingedrungen, und selbst eine starke Pumpe wird damit nicht fertig… Die Version ›Ponarth‹ untersuchen wir. Es ist nicht ausgeschlossen, daß wir dort bald mit den Sucharbeiten beginnen. Nach Osjorsk, dem ehemaligen Darkehmen, bin ich gefahren, um den dort entdeckten Friedhof für deutsche und russische Soldaten, die 1914 im Ersten Weltkrieg gefallen sind, zu besichtigen. Die Sucharbeiten wurden abgebrochen, weil die Kirche als architektonisches und historisches Denkmal und Kultstätte wiederaufgebaut wird.«

»Und?…«

»Der Friedhof? Rechts sind Steinkreuze mit deutschen Familiennamen, links sind russische Kreuze. Wir haben einen Plan des

Friedhofs und ein Schema, in das wir alle Familiennamen eingetragen haben, aufgestellt. Wir, ich meine der Kulturfonds, wollen alle Gräber aus dem Ersten Weltkrieg ausfindig machen, um sie zu erfassen und in unsere Obhut zu nehmen…«

»Entschuldigen Sie, aber ich habe noch eine letzte Frage: was passiert mit dem Dom? Wird er wiederaufgebaut werden?«

»Die Wände und der Turm wurden konserviert. Das hat die Stadt schon mehr als zwei Millionen Rubel gekostet. Zur Zeit prüft der Stadtsowjet die Frage seiner Rekonstruktion, es soll wenigstens sein Äußeres, der Turm, die Fassaden und das Dach, wiederhergestellt werden… Dort sollen dann das Kant-Museum und der städtische Lesesaal eingerichtet werden. Vielleicht wird auch die berühmte Wallenrodtsche Bibliothek im Dom wieder aufgestellt. Es besteht die Hoffnung, daß die gegen Ende des Krieges verschwundenen, höchst wertvollen Bücher dieser Bibliothek wieder auftauchen. Aber, Herr Baron, dafür braucht man sehr viel Geld, und woher sollen wir es nehmen? Im Namen unseres Kulturfonds habe ich mich in der Zeitschrift DIE ZEIT an Marion Gräfin Dönhoff mit der Bitte gewandt, uns bei der Gründung eines Komitees in Westdeutschland zu helfen, das uns bei unseren Bemühungen, bei der Sammlung von Mitteln für die Restaurierung des Doms, unterstützen könnte. Stoßen wir noch ein letztes Mal an?«

Wir verabschieden uns. Der Baron sagt, er hoffe, daß in kurzer Zeit unser »gesperrtes Gebiet« allen zugänglich sein wird, daß, wenn Gorbatschow sich daran macht, das »gemeinsame europäische Haus« zu bauen, hier die Tür dieses Hauses sein wird, sperrangelweit offen für alle, und nicht hinter einem Stacheldrahtzaun und mit riesigen, eisernen Riegeln verschlossen. Ach ja, wir hatten noch nicht über Schloß Lochstädt gesprochen. Er hatte irgendwo gelesen, daß man dort nach Kostbarkeiten aus Bernstein und anderen Kunstschätzen suchen soll. Was ist dort wirklich? Aber die Zeit, die Zeit, noch so viele Verabredungen, und es muß noch soviel gefilmt werden!

Es ist spät am Abend. Im Haus ist alles verstummt. Die Sterne. Die Mondsichel steht am Himmel. Es ist die Zeit, um nachzudenken. »Der gestirnte Himmel über mir und das moralische Gesetz in mir…« Schaffende, schöpferische Menschen und zerstörerische Menschen. Ich sah, wie in Leningrad auf dem ehemaligen Heuplatz, der von Krestowski in dem Roman »Petersburger Winkel« so einprägsam beschrieben wurde, eine prachtvolle, vollkommen erhaltene Kathedrale abgerissen wurde. Wie standhaft hatte sich das alte, starke, für Jahrhunderte gebaute Gebäude, frei von Diebstählen und Aufschriften, gehalten. Mit welchem fürchterlichen Gebrüll bewegten sich dann die Panzer (ihre Türme waren abmontiert) vorwärts, zogen sie die wie Saiten gespannten Stahltrossen. Ächzend, mit einem irgendwie lebendigen Knirschen, stürzten die Türme und Mauern ein… Und dieser Stadtteil verödete. Es war, als hätte die Kathedrale die Umgegend »zusammengehalten«. Sogar tot, totgeprügelt, lebte sie mehr oder weniger ihr unerklärliches geheimes Leben, erhob sich über die Häuser und Straßen und zog den Blick auf sich. Natürlich wurde dann kein ungewöhnliches, modernes, dem »Geist unserer stürmischen, lebensbejahenden Zeit entsprechendes« Gebäude, wie es die Zeitungen versprochen hatten, an Stelle der Kathedrale errichtet, wenn man das grauenhafte Gehäuse aus Glas und Aluminium der Metro nicht zählt.

Ebensoschwer kann man vergessen, wie das Königsberger Schloß zerstört wurde. Zuerst wurde der größte Turm gesprengt. Nach einer anfangs kaum hörbaren Detonation begann der Turm zu schwanken, und »legte« sich dann, eingehüllt von einer rötlichen Wolke (so erzählte mir es einer der Sprengleute), genau in den weitläufigen Schloßhof. Der junge Architekt Wolodja Ossipow filmte mit einer Amateurkamera den Mord an dem Schloß und zeigte seinen kurzen Film auf dem ersten Abend des in unserer Stadt kurz zuvor gegründeten »Klubs der schöpferischen Intelligenz«. Er schlug vor, einen Brief an das Zentralkomitee der Partei zu schreiben, denn bis auf das Dach war fast noch der ganze westliche Flügel des Schlosses übrig. In ihm befand sich der einst größte Schloßsaal Europas, der Moskowiter Saal, in dem es an einem Tag des Jahres 1813 so laut und fröhlich zugegangen war: »Napoleon ist besiegt!« Der Ball tobte und die jungen russischen

Offiziere tanzten mit den hübschen Königsberger Mädchen... Wir setzten ein Schreiben auf. Unter die vielen Unterschriften setzten auch wir zwei Schriftsteller unseren Namen: ich, ein »Neuling«, gerade erst in den Schriftstellerverband der Sowjetunion aufgenommen, und ein Science-Fiction-Schriftsteller, mein strenger Lehrer Sergei Snegow. Wie naiv wir waren! Der Brief hat Moskau anscheinend nie erreicht. Wolodjas Film wurde von Mitarbeitern des KGB konfisziert, und wir, die wir den Brief an das ZK unterschrieben hatten, wurden alle von verschiedenen Instanzen zu »Gesprächen eingeladen«.Ich hatte in meiner Tasche meinen Seepaß, ich mußte nach Kuba fliegen, wo mein Thunfischfänger gerade repariert wurde. Man »unterhielt« sich mit mir täglich aufs neue: »Wie konnten Sie, der Sie die Leningrader Blockade erlebt haben, Zögling der Armee, das tun?!« redeten sie auf mich ein. »Sie haben soviel von den Deutschen erlitten und haben diesen Brief unterschrieben?! Dieses Schloß ist ein Symbol des Militarismus, des Preußentums, der ewigen Bedrohung unseres friedliebenden Landes!... Was, Sie müssen nach Kuba? Bevor Sie ihre Unterschrift nicht zurückgenommen haben, wird es für Sie keine Ozeane und Meere mehr geben. Geben Sie noch heute Ihren Seepaß in der Kaderabteilung ab.«

Mein Gott, wie sehr ich nach Kuba wollte! Dorthin, wo es Palmen und Korallenriffe gab, wo ich, falls ein freier Tag herausspringen sollte, tauchen konnte. Dort tobt jetzt der Karneval, ach, diese Mulattenschönheiten, dort liegt, wenn man gerade an den Felsen des finsteren Schlosses Morro vorbeigefahren ist, der endlose Ozean, auf dem ich als gelernter Matrose zu Hause bin, von dem ich jede Nacht träume... Es verging ein Monat, es vergingen zwei Monate... Ich weiß nicht, wie ich es ausgehalten habe, aber ich habe meine Unterschrift nicht zurückgenommen. »Sie wollten doch nach Kuba fliegen?« hörte ich dann irgendwann eine rauhe, eisige Stimme aus der Kaderabteilung am Telefon. »Kommen Sie unverzüglich ins Kontor und holen Sie Ihren Paß und das Ticket ab. Sie fliegen morgen...«

Das Schloß wurde gesprengt! Eine Mauer nach der anderen wurde abgerissen. Jahrelang fuhren Lastwagen die Mauerstücke weg, die jedoch für den Bau neuer Wohnungen ganz ungeeignet waren, denn die Ziegel entsprachen nicht unserer Norm, hatten »Übergröße«, und dann war der Mörtel so hart, daß es unmöglich war, die Brocken in einzelne Ziegel zu zerschlagen. Wir, der »Klub der schöpferischen Intelligenz«, haben uns nie mehr versammelt. Dieser skandalöse Abend war in unserer Stadt der erste und der letzte. Schöpfer... Zerstörer... Wenn nicht der Vorsitzende des Stadtexekutivkomitees Denissow gewesen wäre, hätte man auch den Dom abgerissen. Nur seiner unglaublichen Energie, seiner Liebe zu dieser Stadt ist es zu verdanken, daß heute Trolleybusse in der Stadt fahren, Kinos erbaut, vier Wärmekraftwerke errichtet wurden und die Stadt an eine Ferngasleitung angeschlossen wurde. Aber das Wichtigste, ohne das Denissow sich eine moderne Stadt nicht vorstellen konnte, das waren die Kulturzentren. Ihnen gehörte seine besondere Liebe. Denn wo es keine Kultur gebe, herrsche Leere und Geistlosigkeit. Diese Kulturzentren sollen nach Denissows Vorstellung in alten, bis jetzt als Lagerräume genutzten, halbzerstörten oder zum Abriß bestimmten Gebäuden entstehen: in Forts, Kathedralen, Kirchen.

»Du solltest dich um den Bau von Wohnungen kümmern! und was machst du?!« entrüstete sich der »Oberste Chef« unseres Landes, als er von den neuen Ideen Denissows erfuhr. »Wage es nicht! Ich verbiete es!« Denissow hörte bis zum Schluß zu und schwieg. Er nickte: »Gut, ich habe verstanden.« Und dann setzte er seine Tätigkeit fort. Er kümmerte sich um die Dinge, restaurierte Türme und Kasematten, bestellte, ohne daß die oberste Gebietsleitung davon erfuhr, bei verschiedenen Firmen schmiedeeiserne Tore für den Eingang, besorgte Eichenholz für die Türen, Kupfer und Bronze. Und plötzlich war aus dem finsteren Dohna-Turm ein prachtvolles Bernsteinmuseum geworden! Und schon war die Idee, in Kaliningrad eine Kopie des Bernsteinzimmers zu schaffen, die ein Fünftel der Originalgröße haben sollte, entstanden und ein weiterer Plan entstand: ein Orgelsaal sollte in der halbzerstörten Kirche zur Heiligen Familie, eingerichtet werden. Aber wo und wie sollte man das nötige Geld für diesen Bau beschaffen? Wie konnte man die Rechnungen über die Bank begleichen, wenn die so pingelig darüber wacht, daß auch nicht eine Kopeke für nicht in der Planung vorgesehene und von »oben« nicht genehmigte Bauvorhaben »auf die Seite« geschafft wird?

Harry Grotberg! Bach! Man mußte noch das Geld für die Orgel zusammenbringen, und man mußte noch mit dem Ministerium für Kultur übereinkommen, daß es diese Orgel bei einer der besten Orgelbaufirmen in Europa bestellt! Und es mußte noch ein Moment gefunden werden, um dem »Obersten Chef« zu sagen, daß die Stadt diesen Orgelsaal braucht. Man durfte es ihm aber erst sagen, nachdem die meisten Arbeiten schon gemacht waren. Natürlich ging das alles nur, wenn ihm bis dahin keine Gerüchte zu Ohren gekommen waren. Aber auch wenn er davon hören sollte, konnte man hoffen, daß er nicht begreifen würde, um was es ging, denn laut offizieller Version wurden an dem Gebäude, das früher die Kirche zur Heiligen Familie war, nur prophylaktische Arbeiten durchgeführt, damit das »baufällige Gebäude« nicht auf benachbarte Wohnhäuser stürze.

Der »Oberste Chef« erfuhr trotzdem davon. Und er verstand sofort alles. Er kannte sich genau aus. Er schlug mit der Faust auf den Tisch, zeigte mit dem Finger auf den Beschluß des ZK über das Verbot, Gebäude zu kulturellen Zwecken zu errichten: Museen, Ausstellungsräume, Konzertsäle, Gemäldegalerien. Dabei wußte er noch nicht, daß in den wie durch ein Wunder unversehrt gebliebenen Mauern der Königsberger Stadthalle auch schon Architekten und Planer am Werk waren. Dort wurde, wie Denissow vorgeschlagen hatte, nach der vollständigen Rekonstruktion ein kunsthistorisches Museum eingerichtet. Und auf dem Moskowski-Prospekt war man dabei, eine riesige, fast 11 000 Quadratmeter große Gemäldegalerie zu bauen, die als »Möbelsalon« deklariert war. Und er wußte auch nicht, daß eine Gruppe von Planern eine Dokumentation für die Errichtung eines Ozeanariums in dem ehemaligen Wrangelturm vorbereitete, daß Verhandlungen mit der Akademie der Wissenschaften über den ständigen Verbleib des berühmten, zum »Zersägen« verurteilten Forschungsschiffs »Witjas« in Kaliningrad geführt wurden, um auf ihm ein Museum der Weltmeere einzurichten. Am Pregel wurde dafür schon ein spezieller Pier gebaut, mitten in der Stadt...

In unsere »Sammelbüchsen« floß immer weniger Geld. »Dieses Mal waren es 2300 Rubel«, so lautete der letzte Bericht der Kommission, »und immer mehr Kleingeld, Kupfer- und Silbermünzen.« Man sollte doch meinen, daß die Menschen Halbrubelstücke und Rubel besitzen!?... »Wenn uns jeder, der auf den Markt kommt, nur zehn Kopeken gibt, könnten wir bis zum Frühling überleben, Kinderchen...« hatte der »Matrosenheld« Pjotr Lukitsch Rakitin zu uns gesagt, aber die Leute knauserten und geizten, obwohl ein Rubel nichts wert ist, wenn ein Laib Brot tausend Rubel kostet. Ich weiß nicht, ob wir bis zum Frühling überlebt hätten, wenn wir nicht in eine Razzia geraten wären. Man war eigentlich nicht hinter uns her, sondern hinter einer Bande aus dem benachbarten Kellerabteil, die einen Handel mit Menschenfleisch aufgezogen hatte. Wir schrieen, kreischten und kratzten wie wild, doch die Marinesoldaten trieben uns in einer Ecke zusammen. Pjotr Lukitsch konnte, mit seiner Krücke um sich schlagend, zunächst entkommen, doch der Kommandeur der Einsatzgruppe schoß ihm eine Kugel direkt in die Stirn...

Das Telefon klingelt. Ich zucke zusammen. Mein Gott, es ist Nacht und immer noch ruft jemand an. »Ich bin's, Olga!« war durch das Knistern und Rauschen des Telefons eine aufgeregte Stimme zu hören. »Entschuldigen Sie, daß ich noch so spät anrufe, aber ich bin so froh: Ich habe die Bücher der berühmten Wallenrodtschen Bibliothek gefunden, sechs Säcke mit Büchern, seltene wertvolle Folianten! Wenn Sie können, kommen Sie, ich bin allein, ich habe kein Geld mehr, ich habe meinen Schal verkauft, Zug Nr. 29, Wagen Nr. ... tut-tut-tut ...« Kling-kling-kling schlägt die Uhr die volle Stunde. Es ist Mitternacht. Das Telefon schweigt. Wahrscheinlich hat sie tatsächlich keine Kopeke mehr. Ist das möglich: die Wallenrodtsche Bibliothek? Im Feuer des Krieges verschwunden und plötzlich wie aus dem Nichts wieder aufgetaucht.

... Ein Baron ist und bleibt ein Baron! Er versprach, einen anständigen, guten und sogar schönen Film zu drehen, und genau so einen drehte er auch. Man glaubt einfach nicht, daß dies die Stadt

Kaliningrad ist, meine Stadt, die Stadt, in der ich lebe: Springbrunnen, Blumen, grüne, schattige Alleen, hier ist auch die Kastanien-Allee in Amalienau. Aber wie hat er es nur fertiggebracht, so zu filmen, daß kein einziges Loch im Asphalt zu sehen ist? Der Dom, das Kant-Mausoleum, neben dem schweigend eine Gruppe Touristen steht, die starken Wisente, eine Taube, die Wasser aus dem Bassin trinkt, herumlaufende Kinder, der volle Saal in der Kirche zur Heiligen Familie, die gewaltige, ewige Musik Johann Sebastian Bachs. Wenig später erhielt ich auch den zweiten Film. Darin gab es viele Interviews, es wurde das vielseitige und interessante Leben unserer Stadt gezeigt. Und dann veröffentlichte Baron Bengt von zur Mühlen in einer Nummer seines Wochenblattes einen ausführlichen, unbarmherzigen und realistischen Bericht über die Reise in unser Land. Alles war wahrheitsgetreu beschrieben. Sowohl, daß wir viel bewahrt haben, als auch, daß wir viel verloren haben, die Ärmlichkeit und der Schmutz vieler Straßen, Plätze und auch ganzer Stadtbezirke. Seinen Text nannte der Baron: »Ein sehr altes Zimmer im Haus Gorbatschows.« Er hat vollkommen recht: es ist sehr alt und sehr verödet, dieses Zimmer.

10. Der Schatz von Petschory

Hat der Landwirt Georg Stein sich mit Übereifer auf eine komplizierte, sachfremde Materie geworfen und – in subjektiv guter Absicht – für die Wiedergutmachung eines Unrechts eingesetzt, das so lupenrein gar nicht wiedergutzumachen ist? Hat er dabei die Sorgfaltspflicht der beteiligten Bonner Stellen ebenso gering veranschlagt, wie er deren Zuständigkeit offenbar nicht gekannt oder doch mißachtet hat?

Deutsches Allgemeines Sonntagsblatt, 24. Dezember 1974

An
Kloster Agiou Panteleimonos
auf dem Hl. Berg Athos

Stelle, im Juli 1971

Hochwürdigster Herr Abt, Euer Eminenz!

Dieser Brief wird in weiter Ferne – in Deutschland geschrieben und ich bitte, Hochwürdigster Herr Abt, diese Zeilen aufmerksam zu lesen.

Vor etwa 8 Monaten, wurde in meinem Land ein großer Kirchenschatz der Ostkirche Rußlands gefunden. Dieser Kirchenschatz, der sich aus etwa 3 000 Einzelteilen zusammensetzt, ist im Jahre 1945 aus dem Kloster »Petrusch« in Estland nach Deutschland gebracht worden. Hier ist niemand in der Lage den Besitzstand dieser Kirchenschätze zu klären. Da ich selber, ein einfacher Christenmensch in Deutschland, wesentlich zur Auffindung dieser Kirchenschätze beigetragen habe, bin ich verpflichtet, meiner

Regierung zu helfen, Licht in das Dunkel der ganzen Sache zu bringen. (...)

Nun möchte ich Sie, hochwürdigster Herr Abt, sehr herzlich bitten uns zu helfen, damit wir hier bei den notwendigen Entscheidungen auch so befinden können, daß wir alle in dem, was wir tun und tun müssen, vor Gott bestehen können. (...)

Bitte überlegen Sie auch, ob diese Kirchenschätze dem würdigsten Herrn Metropoliten der Russischen Kirche übergeben werden können, sollen oder müssen. (...)

Georg Stein

Hamburg/Stelle, 4. August 1973

Ein kleiner Landwirt aus Stelle vor Hamburgs Toren hat ein großes Hobby: er sucht alte Schätze. Den schönsten hat er kürzlich aufgestöbert: den Schatz des Klosters Petschory bei Pleskov in der Sowjetunion. Er sorgte dafür, daß das Kloster sein Eigentum zurückbekam. Dafür wurde Bauer Georg Stein (50) mit dem höchsten Orden ausgezeichnet, den die Russisch-Orthodoxe Kirche zu vergeben hat: dem Stern des Wladimirs-Ordens.

Aus der Lokalpresse

Die Sonne sengt. Stille. Plötzlich flattern Tauben von der hohen, weißen Mauer herab und fliegen, laut mit den Flügeln schlagend, in dem weiten Hof umher. Novizen, junge, bärtige Burschen, errichten an einer der Klostermauern hölzerne Lastenkörbe, vermutlich wollen sie die Mauern neu kalken. Mit einem von ihnen habe ich mich gerade unterhalten. Er heißt Sergei und ist Arbeiter in einem Leningrader Bauunternehmen. Schon den dritten Sommer kommt er seinen ganzen Urlaub hierher ins Kloster und arbeitet hier unentgeltlich, »im Namen Christi des Erlösers«. Ob er gläubig ist, frage ich. »Und wie kann man ohne Glauben leben? Und was heißt das: ›an Gott glauben‹? Jeder hat seinen Gott. Nicht auf einer Ikone, nicht an der Wand, nicht im Himmel – in der Seele. Wissen Sie, ohne Glauben geht es nicht. Es wäre, als wäre ein Loch in dir, wenn du nicht an etwas glaubst, das höher ist als du, das in dir entstanden und doch über dir steht, damit du dich in einer schweren Stunde innerlich an den wenden kannst, der höher ist als du, und du in ihm Kraft findest und dein Geist gestärkt wird. Nein, hier werden alle Arbeiten kostenlos ausgeführt. Man gibt den Arbeitern nur zu essen und gewährt ihnen eine Unterkunft in den Mönchszellen. Wissen Sie, das ist ein unbeschreibliches Gefühl, so eine Nacht in einer Mönchszelle, wo schon vor hundert, zweihundert, dreihundert Jahren viele, viele Menschen geschlafen, gelebt und über den Sinn des Lebens nachgedacht haben. Dieser da, der gesunde Kerl, ist ein Saxophonist aus Orenburg, der Rothaarige da, er heißt Nikolai Nikolajewitsch, ist Dozent bei der Gesellschaft ›Snanija‹ in Smolensk, und der Dürre da, Fedja, ist irgendein Konstrukteur. Warum wir nicht nach Solowki fahren? Wissen Sie, wir waren auch dort. Da ist alles so unorganisiert. Eins baut man auf, das andere stürzt ein. Es werden Pläne aufgestellt: mach das heute, in einer Woche, in zwei, in was weiß ich wieviel Wochen! Es ist schrecklich, obwohl man bezahlt wird. Und hier fragt niemand, wieviel du gemacht hast und ob du es gut gemacht hast. Wer nicht für Geld, sondern für sein Gewissen arbeitet, der macht seine Sache immer gut.«

Sergei schaut in meine Richtung und winkt. Ich warte hier nun schon drei Stunden. Ein Mönch, mit dem er mich bekannt gemacht hat, wollte meine Papiere zum Abt, dem Archemandriten Vater Pawel, bringen. Es ist ein Brief vom Kulturfonds mit der Bitte, mir die Schätze in den »Glaskästen« zu zeigen. Mein Gott, wie schön war dieses Männerkloster, das Pskower Petschory-Kloster! Wieviele Jahrhunderte haben diese Mauern, Türme und Wetterfahnen schon erlebt! An wieviel Ereignisse, an wieviel Menschen erinnern diese mächtigen, unbezwingbaren Mauern! Wer weilte nicht alles in ihnen! Der große polnische König Stefan Batory selbst jagte, den Säbel schwingend, sein Heer auf die Klostermauern und rief mit heiserer Stimme: »Los geht's, żolnierze! Matka Boska z nami!« Die Belagerung dauerte zweieinhalb Monate; die Polen drangen zwar ins Kloster ein, konnten es aber nicht halten. Der Pskower Heerführer Juri Netschajew schlug die Feinde und verjagte sie aus diesen weißen, damals rauchgeschwärzten, mit Pech und Blut übergossenen Mauern... Wenn man an den festungsartigen Klostermauern herumgraben würde, was würde man nicht alles finden! Peter der Große zeichnete das Kloster als unbezwingbare Festung an der russischen Westgrenze mit einem vergoldeten russischen Wappen aus, sowie dem »prapor«, der vergoldeten Wetterfahne auf dem Hauptturm, die da matt in der Sonne glitzert.

Aber was ist mit dem Mönch? Was ist mit dem Abt? Ein Mann liegt an einer Mauer auf den Knien, die Stirn an den Stein gelehnt, eine Gruppe von Frauen mit Päckchen und Bündeln steht beisammen, ebenfalls Novizinnen, und wartet darauf, daß man ihnen sagt, wohin sie gehen sollen, wo sie sich einrichten sollen. Zahlreiche Touristen drängen sich neben einem Vordach, unter dem ein hölzerner Wagen zu sehen ist. Angeblich kam Katharina, die russische Zarin, in diesem Wagen in das Kloster. Aber was ist denn nun mit dem Abt? Ist er so beschäftigt, daß er den Mönch mit meinem Schreiben nicht empfangen kann? Ich will ja nur einen Blick auf die Schätze werfen! Der Abt soll vorher ein Oberst gewesen sein, kurz vor dem Ruhestand, ein kampferprobter Offizier, ganz mit Orden behangen und voller Schrammen. Vor zwanzig Jahren soll er jedoch seine Familie, das weltliche Leben, das Fernsehen, den Wodka, die Parteiversammlungen und die ganze sinnlose Großstadthektik verlassen haben und in diese Mauern gekommen sein: zunächst war er ein einfacher Novize, dann wurde er Mönch, und so ist er immer weiter aufgestiegen. Aber ob das stimmt? Es ist ja auch egal.

Ah, der Mönch kommt. Er schüttelt schon von weitem den Kopf, breitet die Hände aus, nein, nein, es sei unmöglich, die Kostbarkeiten zu sehen, er habe es mir ja gleich gesagt, das sei hier doch kein Museum. »Sie müssen entschuldigen. Ja, das ist die endgültige Antwort. Gott sei mit Ihnen. Aber es gibt gleich Mittagessen, wenn Sie wollen, gehen wir in den Speisesaal. Das Essen ist hier einfach, aber sättigend: Erbsen mit Fleisch, Kartoffeln und Moosbeerenkissel.«

»Moosbeerenkissel? Verzeihen Sie. Was soll das? Bin ich also für nichts und wieder nichts in meinem kleinen ›Schiguli‹ fast vierhundert Kilometer gefahren? Obwohl, meinetwegen, Sie sagen Erbsen mit Fleisch? Ja, ich komme mit Ihnen.«

Wo, wann und wie stieß Georg Stein auf die gegen Ende des Zweiten Weltkrieges verschwundenen Schätze des Pskower Petschory-Klosters? Wer hat ihm einen entsprechenden Hinweis gegeben? Die Sache war ganz einfach! Hier ist eine Zusammenstellung der Ereignisse aus dem Stein-Archiv:

20. August 1970
Herr Georg Stein ersucht den Minister H. Ehmke im Bundeskanzleramt / Bonn die Bundesarchive zur Frage des verschollenen Bernstein-Zimmers zu überprüfen.

9. Oktober 1970
Dr. D. bestätigt im Auftrage des Bundeskanzlers den Eingang des Schreibens vom 20. 8. und teilt mit, daß Akten über die Königsberger Kunstschätze nicht in Bundesarchiven vorhanden sind.

17. Oktober 1970
Herr Georg Stein fragt fernmündlich bei Dr. D. zurück, ob auch alle Möglichkeiten ausgeschöpft wurden und weist auf das Archiv der früheren Abteilung »Fremde Heere Ost« hin. Herr Dr. D. unterrichtet Herrn Stein darüber, daß die Angelegenheit von der Kulturabteilung des Auswärtigen Amtes, dort von Herrn Dr. B. weiter bearbeitet wird.

28. Oktober 1970
Herr Stein erreicht Herrn Dr. B. fernmündlich und wird wie folgt unterrichtet:

a) Über das »Bernsteinzimmer« gäbe es keine Akten. Im Bundesarchiv sei aber auf Grund der Hinweise vom 20. 8. eine Akte gefunden worden, aus der sich ergibt, daß ein »Kirchenschatz«, der während des Zweiten Weltkrieges in der »Baltischen Provinz in einem Kloster aufbewahrt worden ist«, in der Bundesrepublik in einem Museum aufbewahrt werde.

b) Es müsse nun von der »Rechtsabteilung des Auswärtigen Amtes« geprüft werden, wohin dieser Kirchenschatz gehöre. Dabei müsse auch beachtet werden, ob die existenten »Baltischen

Exilregierungen« in London und New York Prioritätsrechte hätten. Das wäre deshalb notwendig, weil die Kirchenschätze vorübergehend in der Baltischen Provinz gestanden hätten und weil die Bundesregierung die »Annexion der Baltischen Staaten« durch die Sowjetunion nicht anerkannt hätte. Im Übrigen, müsse er, Dr.B., als Jurist des A. A. den Status quo auch de Jure beachten.

29. Dezember 1970

Herr Stein versucht Herrn Dr. B. beim A. A. zu erreichen. Da dieser bis zum 7. Januar 1971 verreist ist, gibt die Sekretärin des Herrn Dr. B. den Standort des baltischen Kirchenschatzes bekannt. Es ist das Ikonenmuseum in Recklinghausen.

Damit war ein Klosterschatz gefunden, von dem man nicht recht wußte, wem er gehört. Stein begann die »Reise« des Klosterschatzes nach Deutschland zu rekonstruieren. »Vielleicht sollte ich die Bemühungen um das Bernsteinzimmer zurückstellen und versuchen, die Spuren dieser ominösen ›Glaskästen‹ zu verfolgen? Obwohl, nein, man muß alles parallel durchführen, obwohl, dieser Klosterschatz, mein Gott, vielleicht habe ich damit Glück?! Wie lange soll ich noch vergebens arbeiten? Ja, man muß einen Plan aufstellen, eine Liste von Archiven, Personen… Vielleicht weiß ja jemand etwas darüber, aber wer? Die russisch-orthodoxe Kirche in Deutschland? Die russische Kirche… hmm, irgendwas habe ich mal gehört, wie hieß das doch gleich? Ach ja, wahrscheinlich das russische Kloster des heiligen Petrus?… Nein, nicht Petrus, sondern so ein seltsamer Name, ach, Panteleimon in Griechenland, auf einem Berg namens Athos. Ich muß Briefe schreiben, mich an alle Instanzen wenden! ›Sehr geehrter Herr Bock!‹, ›Sehr geehrte Damen und Herren‹. Aber wo beginnen? Was ist das da bei Pleskow für ein Kloster namens ›Petschur‹? Man muß in Rußland anfragen, im Moskauer Patriarchat.«

Aber es gab nur ganz wenige Dokumente: eine Bescheinigung, zum Beispiel, daß, entsprechend der Erlaubnis des Kommandanten von Pleskow, im Schatzzimmer von einem gewissen Arnold Tomaschewski, einem Übersetzer, die unten aufgeführten Gegenstände für den Gottesdienst übergeben wurden: 2 Bischofsstäbe, 3 Silbertabletts, ein vergoldeter Silberteller, ein alter silberner Weihwasserkessel, ein silbernes Kreuz. Ein Pawel Gorschkow unterschrieb, daß er sich verpflichte, alles sofort nach Ablauf des Feiertages zurückzugeben. Heißt das, daß der Schatz schon nicht mehr in den Händen des Klosters war, wobei ein gewisser Arnold Tomaschewski als Übersetzer und Bewahrer der Schätze auftrat? Aber trotz allem, was waren das dort für Kostbarkeiten? Was waren das für Glaskästen?

Ein Dr. Volberg hatte anscheinend die Schlüssel erhalten und alles photographiert, anscheinend hat er auch seine Eindrücke vom Besuch des »Schatzzimmers« jemandem mitgeteilt: »Nach einer langen und unerklärlichen Verzögerung, gelangte ich – auf massiven Druck des Herrn Gebietskommissars Woeching – endlich in das Allerheiligste dieser riesigen, düsteren und scheinbar uneinnehmbaren Klosterfestung. Schwere, massive, eisenbeschlagene Türen fielen hinter mir zu. Schlösser klirrten und knirschten, die Stempel wurden überprüft und dann führte man mich in eines der Zimmer. Niedrige Steingewölbe, trockene, wie mir schien, hölzerne Luft, die nach heißem Wachs roch, Licht von hoch aufgestellten Kerzen, der matte Glanz der Glasvitrinen. Dunkler Samt, in dessen Tiefe Edelsteine funkelten, mit denen die goldenen Kreuze, Ketten und andere Gegenstände besetzt waren. Mir schien der Boden unter meinen Füßen zu schwinden. Wieviel Schätze gab es hier! Die Augen gingen einem über. Und das alles fast nebenan, nur einige Stunden Fahrt von Riga entfernt! Und das alles befindet sich noch hier?« Wer schrieb das? Warum ist der Text unvollendet? Ließ man Stein nur einen Blick auf das Papier werfen, ließ man ihn keine Kopie machen? Konnte er das Wichtigste abschreiben? Hat er es aus dem Gedächtnis niedergeschrieben?

Bald verfügte Stein aber über weitere Dokumente. Er hatte auch nicht den geringsten Zweifel gehabt, daß noch weitere Dokumente existieren müssen und daß der Einsatzstab Reichsleiter Rosenberg diesen herrlichen Glasvitrinen voller Gold, Edelsteinen und Silber die gebührende Aufmerksamkeit geschenkt hatte. Er sollte sich nicht täuschen. Stein notiert später: »Bei meinen Gesprächen im Konvent des Klosters Petschory wurde ich mit Vorgängen konfrontiert, die bislang kaum bekannt waren. Es war die Rede von Mitgliedern des »Einsatzstabes Reichsleiter Rosenberg«, die dort den Klosterschatz in ziemlich ruppiger Art und Weise abtransportiert hatten...«

»Aber warum schweigt der Moskauer Patriarch? Wissen die, was dort war? Wo bleibt die Liste der Schätze? Warum schweigt der Athos?« begann sich Stein zu sorgen. »Wenn das alles durch meine Bemühungen dorthin zurückgebracht wird, mit welcher Belohnung kann ich rechnen? Ich muß doch meine Schulden begleichen! Mein Gott, hilf mir!«

Kräfte und Geld sind erschöpft, die Schulden drücken, zu Hause ist es die reine Hölle, es herrscht Unfrieden und hagelt Vorwürfe. Allerdings hilft der ältere Sohn, er unterstützt den Vater. Nachts malt er Bilder auf Bestellung, er macht für verschiedene Geldsäcke Kopien, er versucht, Aufschub für die Zahlung der Schulden zu bekommen, die wie ein Schneeball wachsen, ach, was heißt Schneeball, wie eine Lawine, die Stein unter sich begraben wird...

Mein Gott, hilf da herauszukommen, wo jede Minute, die ganze Kraft, die letzte Mark für diese unsinnige Suche, diese unheimliche Jagd nach den Schätzen verwendet wird. Wieviel Stücke sind es denn insgesamt? Was ist ihr Gesamtwert? Welche Summe wird die orthodoxe Kirche im Falle ihrer Rückgabe erstatten? Mit wem hat er es überhaupt zu tun? Mit der russisch-orthodoxen Kirche? Mit der Exilkirche? Oder soll man mehr Hoffnungen auf den Athos setzen? Schließlich kommt von dort ein Schreiben. Auf deutsch!

Russisches Monaster Panteleimonos
auf dem Heiligen Berg Athos
14. August 1971

... So, lieber Herr Stein, die ganze Frage, um die es sich handelt, worüber Sie uns geschrieben haben, ist doch ganz völlig gewiß, weil bei uns im Kloster gegenwärtig 4 Mönche sind, die früher im Kloster Petrusch lebten, und aus welchem Kloster sind auch die genannten Kirchensachen exportiert geworden. (...) Wir bringen Ihnen unsere tiefste Dankbarkeit für Ihre christliche Aktionen und betrachten Sie, Herr Stein, wahrlich als ein Gottesprovidenzorgan, und durch Ihnen der Herrgott will die Heiligtümer der Kirche Christi retten, sonst alles wird dem Weltmuseum anheim fallen, dort wo die zuständige und würdenvolle Ehre wird nicht mehr gegeben sein... Es sollte uns unendlich freuen, Sie bei uns hier als sehr geliebten Gast in Christo zu sehen. Amen.

Und Stein telegrafierte zurück:

Brief v. 14. 8. dankend erhalten / Nehme Einladung an / Eintreffe Thessaloniki 3. 9. / Athos 4.–5. 9. / Hilfestellung bei Einreise Republik Athos erwünscht / Etwaige Nachrichten bitte an Deutsches Konsulat Thessaloniki / Georg Stein

Finden, zurückgeben, nicht weggeben, übergeben, nicht entweihen, aber niemanden interessiert es, welche Ausgaben dahinterstecken! Diese endlosen Fahrten von Stadt zu Stadt, Übernachtungen in Hotels, Züge, Flugzeuge, Busse, Taxis?! Seine ermüdende, tägliche, unsinnige Arbeit, dafür bekommt Stein keinen Pfennig und keine Kopeke, was aber außer ihn offenbar niemanden zu stören scheint. Die Suche nach Informanten, die auch nur irgend etwas wissen; seltsame, komplizierte Verhandlungen; jemand, der etwas weiß, aber den Mund fest verschlossen hält. Stein malt auf ein Stück Papier eine mehrstellige Ziffer für Belohnungen für diese oder jene Auskünfte, er hat schon alles verkauft, was man verkaufen kann, schon alles verpfändet, was man verpfänden kann, er hat keine Einkünfte, sondern nur endlose Ausgaben, ... und endlose Liebesversicherungen, Segen und Freundschaftsbezeugungen (»Wir beten für Sie, Georg Stein«). Endlich kommt eine mehrere Seite lange Liste mit den wichtigsten Einzelheiten. Oh, was gab es da nicht alles! »Liste der Klosterschätze von Petschory« (sogar eine deutsche Übersetzung war angefertigt worden! Anmerkung von Georg Stein), »Sammlung der Schatzkammer«: Silberne Pokale, Kännchen aus Gold, Kelche, Löffel, Schalen, vergoldete Schalen aus altem Silber, silberne Teller.

Gemälde: »Jefrosinja Polozkaja«, »Die Heilige Maria«, »Jesus Christus«, dann Ringe und Bischofskronen. Eine einzigartige Kollektion von Silbertalern von 1723 bis 1840. Eine Silberkette, zwei Meter lang. Ein viereckiger Brillant, 9 auf 10 mm. Medallions. Ein Panhagion in Silber mit dem Bild des Erlösers, Ikonenbeschläge und Ketten mit vielen Steinen. Münzen und Medaillen aus verschiedenen Metallen und von verschiedenem Wert, insgesamt 65 Kilo!

Schließlich kam dann auch der langerwartete Brief mit der Aufforderung, zu Verhandlungen nach Moskau zu kommen. Hier ist die deutsche Übersetzung aus dem Stein-Archiv:

Moskauer Patriarchat
Der Heilige Synod der
russisch-orthodoxen Kirche
Kirchliches Außenamt

Moskwa G–34
ul. Rylejewa 18/2

Sehr geehrter Herr Stein!
Christus ist wahrhaftig auferstanden!

Wir danken Ihnen für Ihre laufenden Berichte über den Stand der Dinge mit der Rückgabe der Schätze seiner Sakristei an das Kloster Pskow/Petschory.

Wir empfinden tiefe Genugtuung und Freude darüber, daß die vom Kloster jahrhundertelang gesammelten Heiligtümer und historischen Schätze ihren Platz in der Mönchswohnstätte wieder einnehmen und ihrem geistlichen Zweck dienen werden. Zugleich sind wir uns in vollem Maße bewußt Ihres persönlichen Einsatzes für die Lösung dieser für unsere Kirche wichtigen Frage, denn gerade Ihr guter Wille, Ihre Energie und Beharrlichkeit haben dies ermöglicht. Wir stimmen mit Ihnen darin überein, daß die günstige Lösung dieses Problems ein wesentlicher Beitrag zur Überwindung der unguten Folgen des Zweiten Weltkrieges und zur Festigung der freundschaftlichen Beziehungen zwischen der Bundesrepublik und der Sowjetunion ist.

Persönliche Erkenntlichkeit Ihnen gegenüber empfindend, lieber Herr Stein, möchten wir Ihnen das Gebührende erstatten, und mit dieser Absicht laden wir Sie, Ihre Gattin und Kinder ein, am 8. Juni nach Moskau zu kommen…

Mit bleibender Liebe zu Ihnen
im Auferstandenen Herrn

Nun müssen Berichte in den Zeitungen erscheinen, ja, Stein weiß jetzt schon so viel! Wann die Schätze geraubt wurden, von wem, was genau geraubt wurde. Aus diesen ganzen Details wird bei den Lesern von selbst der Eindruck entstehen, daß ihm, Georg Stein, auch bekannt ist, wo sich das Geraubte befindet. Und daß dieser ganze Reichtum nach Rußland zurückgebracht werden muß, das ist selbstverständlich.

Man muß handeln, man darf den Glauben nicht verlieren, muß sich bis zum Ende durchschlagen, man darf allen diesen Überfällen von randalierenden Jugendlichen keine Aufmerksamkeit schenken… Ja, man hat ihn schon wieder verprügeln wollen, man wollte ihn erschrecken und hat ihm ein Messer an die Kehle gesetzt… Aber wer kann ihn, einen alten preußischen Soldaten, schon erschrecken? Unsere Völker, das deutsche und das russische, dürfen sich nicht endlos bekriegen, einander hassen. Möge, wie der Metropolit Juvenali in seinem Brief sagt, »die Sonne der Wahrheit heller scheinen, möge Christus unser Gott uns allen Seinen Frieden geben, der höher ist als alle Vernunft«. Man muß die Sünde besiegen, die Sünde des vergangenen Krieges, des Hasses, der Verdächtigungen…

Ach, wenn ihn doch das Finanzamt und die Banken eine kurze Zeit in Ruhe lassen würden! Diese ganzen Beamten, Bürokraten, Schreibtischhengste! Er hat ihnen doch gesagt, daß er alles bezahlen wird, daß er auf den »Hauptgewinn« wartet, auf ein kolossales Honorar. Ja, er wird seine Steuern davon bezahlen, von der zukünftigen Belohnung. Im Vertrauen, meine Herren, diese Kostbarkeiten dort sind wahrscheinlich fünf bis sechs Millionen Dollar wert, nicht Mark, sondern Dollar, meine Herren Schuldeneintreiber! Und von der Belohnung wird Stein auch alle seine Schulden bezahlen, alles bis auf den letzten Pfenning, aber bitte, laßt ihn noch ein wenig in Ruhe, jetzt muß er nach Griechenland, zum Athos fahren, dann wieder nach Moskau, dann… Was? Die Schulden wachsen? Es sind schon fast 200 000 DM?

»Auf dem Athos lag ich auf den Knien und betete: Lieber Gott, ich werde verfolgt. Ich werde gehetzt. Lieber Gott, Du, der Du alles siehst, Du Allwissender, Du weißt, das ich niemanden betrüge. Ich suche diese Schätze, den Bernstein, die Gemälde, diesen heiligen Kirchenschatz nicht zu meiner persönlichen Bereicherung, sondern um meiner Seele willen, aus Mitgefühl, um der Gerechtigkeit willen. Was geraubt wurde, muß zurückgegeben werden! Mein Gott! Ich bin ruiniert. Der Haushalt hat sich in Nichts aufgelöst. Meine Frau ist seelisch schwer krank. Ich fürchte, daß sie den Verstand verlieren wird. Lieber Gott, hilf mir! Ich werde Deine Schätze finden, ich bin sogar bereit, mein Leben für sie hinzugeben, aber hilf mir, laß mich nicht unter den Verfolgungen meiner Gläubiger sterben, laß nicht zu, daß meine Familie in Armut gerät.«

Hoffnung und Verzweiflung, Momente voller Kraft und Energie, dann wieder tiefe Niedergeschlagenheit. Zusammenhanglose Gedanken, Worte auf Papierfetzen, auf Quittungen und den Rückseiten der Dokumente. Und Zahlen, Zahlen. Was er diesem verdammten, teuflischen Finanzamt und den Banken schuldet, der Wert der Schätze, der mögliche Betrag des Honorars, der die Schulden deckt, die sich angehäuft haben, und auch ein bescheidener Lohn für die langen Monate der Suche, für seine Arbeit, die Ausgaben für die langen, teuren Reisen wird übrigbleiben.

Dann: »Sieg. Victory! Großer Gott, du hast meine Gebete erhört. Elsa, ein sauberes Hemd und eine Krawatte, die mit den Pünktchen, ja, ja, ich trage normalerweise keine Krawatten, aber das hier ist ein besonderer Fall, und die Hosen, bügle die Hosen! Was? Rechnung? Steuerbescheid? Wieviel ist es denn schon? 20 000? Macht nichts, meine Liebe, man muß sich noch ein wenig gedulden, auch diese Banditen vom Finanzamt werden sich gedulden müssen, bald sind alle unsere Probleme gelöst, alle, hörst du, Elsa? Sieg! Ein Sieg der Moral, ich habe das gefunden, was gestohlen wurde, ich allein habe den ganzen Stab Alfred Rosenberg besiegt, mit all seinen Doktoren als Sturmbannführern, ja, in erster Linie ist es ein moralischer Sieg, für den ich nicht ungern einen russischen Orden bekomme, wie man mir dort in Moskau gesagt hat und eine bestimmte Summe, die mich vor dem Schuldturm bewahren wird! Elsa, hast du mein Hemd gebügelt? Meinetwegen, die Hosen müssen nicht gebügelt werden, es geht auch so. Das Petschory-Kloster bekommt seinen Schatz zurück!«

Über die nächsten, entscheidenden Monate berichtet Stein in seinem Archiv: »Bereits sechs Wochen später, am 20. Juni 1972, konnte ich in Begleitung eines Legationsrates des Auswärtigen Amtes den Klosterschatz im Ikonenmuseum von Recklinghausen besichtigen. Es kam dann zu einem langwierigen Schriftwechsel mit den Bonner Regierungsbehörden, der sich bis Ende des Jahres 1972 hinzog, denn die dortigen Behörden setzten immer neue Bedenken und erst als Herr Staatssekretär von B. eingriff, wurde die Rückgabe eingeleitet. Man konnte sich meinen Argumenten nicht verschließen... Es dauerte dann doch bis April 1973 bis der Deutsche Generalkonsul Dr. Blumenfeld die Klostergüter in einem feierlichen Staatsakt auf dem Klosterhof übergab, Erzbischof Johann von Pskow war dabei. Dabei waren auch die Herren Direktoren des Recklinghausener Museums und das ZDF. Nicht dabei war Georg Stein!...

Ein Orden für den Mann, der den Klosterschatz rettete

Hamburg/Stelle, 4. August 1973
W. W.

Georg Stein, verheiratet, Vater von vier Kindern, hatte viel über wertvolle Altertümer und Kunstschätze gelesen. Plötzlich packte ihn das Jagdfieber. Er suchte selbst nach solchen »Antiquitäten« (...)

Zufällig stieß er bei seiner Suche im Recklinghausener Ikonenmuseum auf den Klosterschatz. Er besteht u. a. aus sakralen Gefäßen, die fast alle 600 Jahre alt sind. Außerdem gehören dazu: zehn Kirchenkronen (die älteste ist von 1560), mehrere Gold- und

Silbergefäße und eine Holzschale aus dem neunten Jahrhundert. Die 632 Einzelteile sind Millionen wert.

Nach mehreren Eingaben beim Auswärtigen Amt in Bonn erreichte Georg Stein schließlich, daß der Schatz an das russische Kloster zurückgegeben wurde (...)

Am 12. Juni wurde Georg Stein, der sich so für die Kirche in Rußland eingesetzt hatte, offiziell vom Oberhaupt der orthodoxen Kirche, Patriarch Pimen, empfangen. Ihm wurde als erstem Westeuropäer der »Stern des Wladimir-Ordens« verliehen. Damit wird der kleine Bauer Georg Stein in die Geschichte der russisch-orthodoxen Kirche eingehen.

Wenn ein Mensch etwas sehr lange und hartnäckig sucht, dann muß er irgendwann irgendetwas finden, sonst verlassen ihn die Kräfte und er verliert den Mut. Es kommt allerdings auch vor, daß man etwas Bestimmtes sucht und etwas ganz anderes findet, wie es eben Stein passiert ist, der das Bernsteinzimmer suchte und den Klosterschatz von Petschory fand.

Georg Stein 2093 Stelle

ABRECHNUNG
für das Außenamt der russisch-orthodoxen Kirche des Moskauer Patriarchats

Hiermit übersende ich Ihnen die Abrechnung für meine Aufwendungen während der Periode meiner Tätigkeit als Bevollmächtigter der russisch-orthodoxen Kirche (31 Monate):

1. Zusicherung des Außenamtes vom 1. Juli 1972.

Drei Teile des Klosterschatzes von Petschur, und zwar Listen-Nr. 105 (Silberkanne v. 1682), 45 (Silbergefäß 17. Jh.), 236 (Ikone frühes 17. Jh.).

Der Wert dieser Teile war von mir mit ca. 280 000 Rubel gleich ca. 900 000 DM geschätzt.

Das Außenamt hat diese Teile bis heute nicht übergeben. Die russisch-orthodoxe Kirche möge diese Teile herausgeben oder sie in Valuta ausgleichen oder gleiche Sachwerte in der beschriebenen Wertrelation zum Ersatz stellen, und zwar frei Stelle-Buchwedel.

2. Die aus der Verhandlungsführung vom 13. April 1972 bis zum 13. November 1974 hier entstandenen und von mir getragenen Kosten.

Kontostand per 1. 1. 1975	Soll	DM	104 932,09
zuzüglich Zinsen für Jan. 75		DM	1 049,33
		DM	105 981,42
Sonderabrechnung per 1. 9. 74		DM	6 922,40
zuzüglich Zinsen		DM	415,38
Gesamtstand der Auslagen:		DM	113 219,20

An das Russische Kloster Sankt Panteleimon
auf dem Hl. Berg Athos.
An Mönch Dawil, Wirtschafter
Persönlich!

… Endlich ist es mir gelungen, die Schätze des Petschory-Klosters zurückzugeben, das somit sein kostbares Eigentum wiedergewonnen hat. Als Belohnung für meine Bemühungen um die Rückgabe der Kostbarkeiten hat mir die russisch-orthodoxe Kirche folgendes versprochen:

1. Offizielle Ehrung mit Übergabe eines Ordens.
2. Lebenslang während Rußlandreisen Gast der russisch-orthodoxen Kirche zu sein.
3. Als Andenken: drei Stücke meiner Wahl aus dem Schatz des Petschory-Klosters.

Die Forderungen, die aus meiner Eigenschaft als Bevollmächtigter der Kirche entstanden sind, wurden von mir beachtet und erfüllt. Die Schätze des Petschory-Klosters wurden an ihren früheren Platz zurückgebracht und von Experten auf ca. 800 Millionen Deutsche Mark geschätzt. Ich habe mich mehrmals mit der Bitte an den Herrn Metropoliten Juvenali gewandt, die mir zustehende Summe auszuzahlen, aber ich habe noch keine Antwort bekommen... Hochverehrter Abt! Bitte schreiben Sie Seiner Exellenz, Patriarch Pimen, dem Haupt der russisch-orthodoxen Kirche, ob man beabsichtigt, sich an das erwähnte Abkommen zu halten oder nicht.

Friede sei auf Erden!

Georg Stein

Herrn

Henri S. Rubeschow, Rechtsanwalt

INNOJURKOLLEGIUM

Moskau, UdSSR.

Sehr verehrter Herr Rubeschow!

Die Garantie über die Auszahlung einer Belohnung wurde mir von einer verantwortlichen Person des Sekretariats des Kirchlichen Außenamtes, also einem Rechtsorgan, gegeben. Herr Bujewski, der diese Versicherung mir gegenüber abgegeben hat, bestreitet nun, daß er mir dieses Versprechen als sein heiliges Versprechen unter Eid, wie in der orthodoxen Kirche üblich, gegeben hat... Nun ist klar geworden, daß der Funktionär der russisch-orthodoxen Kirche bewußt das Wesen der Sache und das Recht verdreht... Die enorme Arbeit, die mir unglaubliche materielle Verluste einbrachte, wird zunichte gemacht...

Mit freundlichen Grüßen

verbleibe ich Ihr

Georg Stein

Moskau, 30. September 1982

Sehr geehrter Herr Georg Stein!

Ich habe Ihren Brief vom 20. August dieses Jahres erhalten, der

Ihre unbegründeten Ansprüche an die Leitung des Moskauer Patriarchats betrifft. Die Hilfe, die Sie unserer Kirche in der Angelegenheit der Rückgabe der Gegenstände aus der Sakristei des Pskower Petschory-Klosters, die im Zweiten Weltkrieg von den deutschen Okkupationsgruppen abtransportiert wurden, gewährt haben, hatte nach Ihrer eigenen Aussage uneigennützigen Charakter und ging ausschließlich von dem dankenswerten Antrieb aus, die Wiederherstellung der Gerechtigkeit zu unterstützen, und dem Ziel einer Verbesserung der Beziehungen zwischen der BRD und der UdSSR, was sie als Deutscher für Ihre Pflicht hielten. Ihre freiwilligen Verdienste wurden von der russisch-orthodoxen Kirche entsprechend belohnt, insbesondere wurden Sie mit dem Orden des Heiligen apostolischen Fürsten Wladimir ausgezeichnet. Außerdem wurden Ihnen und Ihrer Familie zum Zeichen unserer Dankbarkeit für Ihre Bemühungen in unserem Lande mehrmals Aufmerksamkeiten erwiesen, und das in einer Art, wie sie wichtigen Gästen und Ehrengästen zuteil wird. Die Tatsache, daß Sie plötzlich und für uns ganz unerwartet die Frage nach einer Entschädigung Ihrer Mühen aufwerfen, hat uns, ich verberge es nicht, sehr betrübt, weil Ihre Forderungen jeglicher Grundlage entbehren und die Argumente, die Sie anführen, nicht den Tatsachen entsprechen.

Hochachtungsvoll
Der Vorsitzende des Kirchlichen Außenamtes
des Moskauer Patriarchats

Georg Stein hat seine gute Tat, die Rückführung der Klosterschätze, teuer bezahlen müssen. Und doch gab er die Suche nach dem Bernsteinzimmer nicht auf. Der Mensch soll danach streben, seine Pläne, Vorhaben, Träume zu verwirklichen, seine Ideen zu verwirklichen! Man darf nicht davon abkommen. Man darf seinen Traum nicht verraten!

Ich denke daran, wenn ich das gerötete, glückliche Gesicht von Olga Feodosjewna Krupina betrachte. Wir sitzen mit ihr in dem kleinen, nur aus einem Raum bestehenden Kant-Museum an einem mit Büchern überhäuften Tisch. Ein Blick darauf genügt, um das Herz schneller schlagen zu lassen: wie lange ist das alles her! Geschichte, Schicksale von irgendwelchen Menschen. Wer hat diese riesigen, mehrere Pud schweren Folianten schon alles in den Händen gehalten? Wer hat sie aus den Trümmern des Doms geborgen? Die Bücher der berühmten Wallenrodtschen Bibliothek! Kanzler Martin von Wallenrodt (1570–1632) gründete 1629 für sein Geschlecht eine große Bibliothek mit alten, wertvollen Büchern und verfügte vor seinem Tod, daß sie ständig ergänzt werden solle. Sein Sohn Johann Ernst führte diesen Auftrag aus und ergänzte die Bibliothek unermüdlich. Nachdem er an der Albertina Jura und alte Sprachen studiert hatte, hielt er sich wenig in Königsberg und Tapiau, wo sich der Sitz der Familie Wallenrodt befand, auf. Er bereiste fast ganz Europa und Nordafrika. Nachdem er sich die Welt angeschaut hatte, ihre Größe und Weisheit gesehen hatte, kehrte er in die heimischen Lande zurück und wurde 1660 Landhofmeister in Königsberg. Man beschreibt ihn als einen weisen Staatsmann, der alles, was man ihm auftrug, nach bestem Gewissen ausführte. Aber im Grunde seines Herzens war Johann von Wallenrodt nicht ein verantwortungsvoller Beamter, sondern ein Bücherliebhaber, ein Bücherfanatiker, der ständig auf der Suche nach seltenen Drucken war und die Bibliothek seines Vaters unermüdlich mit immer neuen, seltenen Büchern auffüllte und dafür Unsummen ausgab.

So entstand diese Bibliothek, die im Jahre 1650 in zwei Räumen im Südturm des Doms untergebracht wurde. Dorthin wurden auch aus fernen Ländern mitgebrachte Souvenirs und verschiedene amüsante, die Phantasie anregende Gegenstände gebracht: Bilder, Globen, Atlanten, Alltagsgegenstände afrikanischer Völker, Werkzeuge und Kleidungsstücke. Auf diese Weise entstand nicht nur eine Bibliothek, sondern auch ein seltenes Museum, geschmückt mit prächtigen, goldverzierten Schnitzereien, Statuen, Palmen und Ornamenten. Die beiden Räume hatten solch eine geheimnisvolle Ausstrahlung, daß Ernst Theodor Amadeus Hoffmann seinen Archivarius Lindhorst in ihnen ansiedelte. 1673 wurde diese herrliche Sammlung einzigartiger Inkunabeln und Folianten den Bewohnern der Stadt öffentlich zugänglich gemacht, 1721 kam sie unter staatliche Aufsicht und 1908 wurde sie der Königlichen Staatsbibliothek unterstellt. Olga streicht sich die Haare aus dem Gesicht, sie ist glücklich. Sie lacht: »Ich dachte, ich sterbe mit diesen Büchern. Sechs Säcke! Die Vorstellung, jemand könne sie mir wieder nehmen... Ich nahm mir schnell ein Taxi. Der Fahrer war ein Oberbandit, böse, unrasiert und ungepflegt, riesig: »Was soll das, zum Teufel! Schlepp diese Säcke selber! Ich pfeif auf Bücher, ich habe schon eins gelesen, und das, als ich noch ein kleiner Junge war. Du wirst das Doppelte zahlen müssen, Tantchen! Sonst wird's zu schwer, ha, ha!« Ich sitze im Auto, hungrig, ich hatte zwei Tage nichts gegessen, und in der Tasche nur die Zugfahrkarte und etwas Kleingeld. Wir fahren und ich erzähle ihm alles über diese Bücher. Zuerst grummelte er, zuckte mit den Achseln, aber dann hörte er zu und fuhr zivilisierter. Dann gestand ich ihm auch, daß ich kein Geld hatte: »Kolja, sage ich – wir hatten uns inzwischen bekannt gemacht – Kolja, ich habe kein Geld, keine einzige Kopeke. Hilf mir, ich laß dir meinen Paß da, ich schicke dir dann alles.« Na, denke ich, jetzt fliege ich gleich mitsamt meinen Büchern aus dem Auto. Dann lächelte er. Er half mir! Er lief und regelte die Formalitäten, schleppte die Säcke in den Gepäckwagen; dann kaufte er mir Piroschki für die Fahrt. Er dreht sich um, zieht aus der Tasche ein Tuch und lächelt schief. Aber warum, warum versuchte er erst so böse und grob zu erscheinen?...«

»Und wie ist dieser ganze Reichtum von Königsberg nach Moskau gekommen?«

»Das weiß niemand so genau. Angeblich sah ein Militärarzt diese Bücher in den Trümmern liegen, hat sie eingesammelt und in einen Sanitätswagen geladen. Und als seine Sanitätsabteilung von Königsberg nach Moskau verlegt wurde, nahm er auch die Bücher mit. Da lagen sie nun zusammen mit Tausenden von Büchern aus verschiedenen anderen Bibliotheken in einer verfallenen, kleinen Kapelle auf dem Territorium der militärisch-medizinischen Abteilung am Stadtrand von Moskau. Was für ein Glück, nicht wahr, daß die Bücher nicht verbrannt sind, daß sie nicht verschwunden sind, daß ein Teil von ihnen in ihre Heimat zurückgekeht ist? Ja, noch etwas, ich habe gehört, daß sich unsere Gebietsverwaltung angeblich mit der Bitte an die Regierung gewandt hat, in Kaliningrad ein Kantdenkmal aufzustellen. Sind das nur Gerüchte oder…?«

»Warum Gerüchte? Ein entsprechendes Dokument ist bereits nach Moskau geschickt worden. Und angeblich wird es schon in den Abteilungen des ZK bearbeitet. Die Mehrheit ist dafür.«

»Kennen Sie Sascha Nowik? Ein sympathischer junger Mann, Historiker, ein Heimatkundler aus dem Musik- und Tanzemsemble ›Latyr‹. Er hat die Bären von Albrecht entdeckt!«

»Die steinernen Bären von Albrecht?! Die, die auf der Eingangstreppe zum alten Magistrat in Kneiphof standen? Vor denen Kant, wenn er an ihnen vorbeiging, immer den Hut abgenommen und ihnen zugelächelt hat.«

»Sie stehen friedlich im Garten eines Einfamilienhauses in der Thälmannstraße. Angeblich wohnt dort ein Oberst a. D., der sie anscheinend in den Trümmern entdeckt hatte. Aber ob er sie uns gibt? Gehen wir nachschauen, oder?« Sie klappt eines der Bücher zu und plötzlich fällt aus seiner Mitte eine zarte, gepreßte Blüte heraus, eine weiße Kamillenblüte. Olga legt sie vorsichtig, als würde sie eine Libelle aus dem Gras aufheben, in ihre Hand. Woher kommt sie? Wer hat die Blüte in das Buch gelegt?

Der Oberst hackte im Garten Holz. Die Axt flog nur so über dem grauen, runden, ratzekahl geschorenen Kopf. Krach-krach, die scharfe Schneide schlug zu und die Holzscheite flogen in allen Richtungen. Dem Oberst war heiß, er stand im Hof zwischen Haufen von nach Harz riechenden Holzscheiten, verschwitzt, rot im Gesicht. Hoffentlich erkältet er sich nicht! Aber der Oberst im Ruhestand ist offensichtlich noch rüstig, und außerdem ist Holzhacken eine bewährte Ruhestandsbeschäftigung. Ob er sich erkältet oder nicht, das wichtigste ist, daß in diesem kleinen Garten, nur wenige Meter von der Straße entfernt, zwischen sich spreizenden schwarzen Johannisbeersträuchern, vielleicht auch noch Stachelbeeren, die riesigen, steinernen, auf den Hinterbeinen stehenden Bären zu sehen sind. In den Pfoten halten sie Wappenschilder. Auf dem einen Schild ist das Wappen der alten, widerspenstigen

Stadt Kneiphof: ein Arm hält eine Krone, die von zwei Jagdhörner flankiert wird, auf dem anderen Schild ist das neue Stadtwappen zu sehen: die drei Wappen der zur Stadt Königsberg vereinten Städte unter dem preußischen Adler. Auf dem Kopf des einen Bären sitzt ein schwarzer SS-Helm. Nach den zerdellten, noch grünen Äpfeln, die um die Bären herum liegen, zu urteilen, zielt wahrscheinlich der Enkel des Oberst, vielleicht auch der Herr Oberst a. D. selber, von Zeit zu Zeit mit Äpfeln auf diesen schiefsitzenden Topf.

»Wo willst du hin, Olga?«

»Später, später, wir müssen uns erst etwas ausdenken, wie wir diese Bären bekommen. Das wichtigste ist, daß sie überhaupt da sind, das ist schon ein sehr seltener Fund! Diese steinernen Tiere sind ungefähr 300 Jahre alt. Gehen wir auf die Insel, wo der alte Kneiphof lag…

Auf der Insel ist es still und öde. Ein Stein, grauer Granit, wie eine riesige Speerspitze aus der Erde ragend. Darauf ein Bronzerelief und die Worte: Julius Rupp 1809–1884 »Wer nach der Wahrheit, die er bekennt, nicht lebt, ist der gefährlichste Feind der Wahrheit selbst«. Der Königsberger Theologe Rupp hatte sich 1844 von der Kirche losgesagt und 1846 mit Gleichgesinnten die Freie evangelische Gemeinde gegründet. Das Relief wurde von seiner Enkelin Käthe Kollwitz geschaffen. Noch heute berühren ihre Lithographien: »Der Weberaufstand«, »Hunger«, »Krieg». Sie lebte gegenüber des Doms, dort, auf der Anhöhe. Sie war oft hier, im Haus ihres Großvaters. Später kaufte sie das Stückchen Erde und stellte hier das Denkmal auf. Allerdings ist das heute nicht mehr das Relief von Käthe Kollwitz, das ist nach 1945 verschwunden, und es ist auch nicht Julius Rupp, der hier abgebildet ist, sondern sein Onkel Karl (oder ein anderer Verwandter?). Als für den Stein ein neues Relief in Auftrag gegeben wurde, passierte es, daß in unserem Kulturamt die Fotografien verwechselt wurden. Aber jetzt wird ein neues Relief hergestellt, mit dem männlich rauhen, von einem Backenbart umgebenen Gesicht Julius Rupps.

Über der Insel erhebt sich der steinerne Koloß des alten Doms.

Und dort ist auch das Mausoleum Immanuel Kants, ein Sarkophag (eigentlich ein Kenotaph) und darüber eine Säulenhalle auf zwölf viereckigen Säulen aus rotem Porphyr. Zu dem Neubau des Kant-Grabmals entschloß man sich anläßlich der großen, internationalen Kantfeier 1924. Der Entwurf stammt vom Direktor der Kunstakademie Friedrich Lahrs. Ein Bus fährt heran, Touristen steigen aus und legen Blumen auf den Sarkophag.

1945 war hier auf der Insel zwar alles ausgebrannt, aber äußerlich waren die Häuser noch weitgehend erhalten. Die Engländer hatten 1944 keine Sprengbomben geworfen, sondern übersäten den Kneiphof mit Brandbomben, Phosphor- und Napalmbomben. Ach, wenn man doch sorgsam mit dieser Insel umgegangen wäre, mit dieser ausgebrannten Stadt, es hätte doch vieles wiederaufgebaut werden können, und vieles war überhaupt nicht zerstört: das Straßenpflaster, die Bürgersteige, die Steinbrunnen und Steinbänke auf den kleinen gemütlichen Plätzen! Aber alles wurde zerlegt. Entlang der Insel, am Pregel, lagen riesige, dickbäuchige Lastkähne. Man zerstörte die Häuser und lud die Ziegel auf die Lastkähne. Hier, neben dem Kant-Mausoleum, war ein Zelt zu sehen, in dem ein seltsamer Mensch lebte. Wir nannten ihn den »Onkel Hans«. Wenn er nicht gewesen wäre, wäre wahrscheinlich auch vom Dom nichts übriggeblieben. Wie der Dichter und Infanterieoffizier Lew Kopelew das Schillerdenkmal rettete, indem er allen erklärte, daß es das Schillerdenkmal sei, so rettete »Onkel Hans« Immanuel Kant und mit ihm den ganzen Dom...

»Drei Menschen haben den Dom gerettet«, sagt Olga Feodosjewna: »Kant selbst, sein Geist, sein Name, dann Hans Weinhardt und schließlich der dickköpfige Denissow, der Breschnew und anderen hohen Beamten standhielt. Haben Sie Weinhardt vielleicht gekannt?«

»Ich habe mich mit ihm einige Male unterhalten. Er erzählte jedem, der auch nur von Ferne auftauchte, daß das hier Kant war. Glaubst du, daß ich vor dem Krieg irgendwann einmal etwas von Kant gehört hätte? Er erzählte uns von ihm, mir, Kolka Kusnezow und Tolik Pelikanow. Wir suchten in diesen Jahren, wie alle Jungen, Schätze und Waffen, und dabei stießen wir auch auf Onkel

Hans in dem Zelt. Weißt du, die Platten des Sarkophags waren zerbrochen und er versuchte selbst, sie zusammenzuschieben, wieder richtig hinzulegen. Er hatte solche Angst, daß man sie fortschleppen würde! Er war schrecklich dürr und hungrig. Er hatte Angst, sich von dort zu entfernen, und wer seine Erzählungen gehört hatte, brachte ihm etwas zu essen. Auch wir haben ihm am nächsten Tag etwas gebracht... Erst kürzlich habe ich etwas Genaueres über ihn erfahren. Er war ein Gelehrter, ein Philosoph, gebürtiger Königsberger und hatte sich wegen irgend etwas mit den Nazis überworfen. Sie steckten ihn ins KZ Stutthof. 1944 floh er von dort und kehrte nach Königsberg zurück. Das Haus, in dem er gewohnt hatte, war zerstört, die Angehörigen umgekommen, und Weinhardt siedelte sich hier neben Kant an. Alles um ihn herum brannte, Kämpfe waren im Gange, es wurde geschossen, und er saß in seinem Zelt.«

»Und dann?«

»Ende 1945 griff man ihn als Menschen ohne feste Beschäftigung auf und schickte ihn nach Kolyma. Jetzt liegt er dort in einer Eisgrube mit einem Nummernschildchen am Fuß... Ja, die ganze alte Insel Kneiphof war in dieser furchtbaren Augustnacht 1944 niedergebrannt. Die Hitze war so schrecklich, daß die größte Glocke Ostpreußens, die »Marienglocke«, zerschmolz. Ein guter Bekannter von mir, Boris, der als junger Mann bei einer Buntmetallerfassungsstelle arbeitete, erzählte mir von diesem Bronzeklumpen, den man nur mit Mühe und mit Hilfe eines Panzers aus dem Dom schleppen konnte. Aber folgendes ist interessant: ein Großteil der historischen Kunstschätze, die im Dom und in den tiefen Kellern der»Albertina« aufbewahrt wurden, wurden im März 1945 von dem langjährigen Kurator der Universität Friedrich Hoffmann nach Greifswald und später nach Göttingen transportiert. Es ist auch bekannt, daß der Königsberger Bildhauer Paul Kimritz nach diesem schrecklichen Bombardement einen Großteil der herrlichen Skulpturen des Doms in der Fürstengruft sicherte. Und noch etwas: in den Dokumenten von Georg Stein entdeckte ich eine Mitteilung darüber, daß Alfred Rohde angeblich in der Gruft von Herzog Albrecht alle Bilder von Lovis

Corinth versteckte. Aber wie mir Inna Inwanowna erzählte, wurde, als man zur Überprüfung dieser Version die Gruft von Albert, seiner Gattin und ihren sechs, schon früh verstorbenen Kindern öffnete, kein einziges Bild gefunden, aber... aber die Gruft war nicht leer, sondern mit sterblichen Überresten von Menschen gefüllt. Aus den Papieren, die dabei lagen, ging hervor, daß es sich um die Bewohner von Kneiphof handelte, die bei der schrecklichen Pest Anfang des 18. Jahrhunderts umgekommen waren.«

»Vielleicht gibt es noch eine andere, geheime Gruft?« sagte Olga. »So etwas gab es doch auch schon: ein scheinbares und ein echtes Versteck. Und außerdem gibt es Informationen, nach denen es einen unterirdischen Geheimgang aus dem Dom unter dem Pregel hindurch ins Schloß gegeben hat, durch den die zum Tode Verurteilten aus dem Schloßgefängnis in den Dom zu ihrem letzten Gespräch mit Gott geführt wurden. Man hat diesen Gang aber nicht gefunden. Hat man nicht gründlich genug gesucht?...«

»Das kann schon sein. Wir haben damals auch noch ein Versteck gefunden, das nicht entdeckt worden war. Wir schauten uns die Tür, die nur notdürftig hinter groben Verputz verborgen war, genau an. Mein Namensvetter Juri Makarow, dem ein halbes Jahr später auf einer Tanzveranstaltung wegen eines Mädchens die Kehle durchgeschnitten wurde, zog aus seiner Tasche einen kleinen Sprengkörper in einer Zigarettenschachtel, steckte in den Zünder ein Stück Zündschnur, ein grünes, etwa zwanzig Zentimeter langes Restchen. Wir zündeten uns Zigaretten an. Juri hängte den Sprengkörper an die Tür und zündete ihn mit seiner Zigarette. Wir liefen weg und legten uns flach auf den Boden. Es tat einen dumpfen, schweren Schlag und die Tür flog heraus. Ziegel fielen von ganz oben von den Mauern herunter, sie hätten uns fast erschlagen. Wir rannten zu der Tür, zogen sie beiseite und sahen einen eisernen Raum, einen Meter breit, also so breit wie die Mauer dick war, der vollgestopft war mit Stoffballen und Gegenständen aus glänzendem Metall. In dem Versteck waren noch etwa zehn kleine, feingearbeitete Silbertellerchen ohne jede Verzierung, dann silberne Abendmahlskelche, ferner eine Schatulle zum 600jährigen Jubiläum des Domes und eine riesige Bibel in Leder mit Silber gebunden.«

»Aus der ›Silberbibliothek‹?« fragt Olga.

»Nein. In der ›Silberbibliothek‹ waren alte illustrierte Bücher, und diese Bibel war überhaupt nicht alt, von Doré illustriert. Dann gab es dort einen prächtigen, massiven Pokal, den Jurka Makarow bekam, Tischdecken aus Samt und Kisten aus Eisen mit großen geschmiedeten Nägeln. Die Stoffballen, eine Art Tischdecken, waren schon angeschimmelt, irgendwo tröpfelte Wasser. Wir gaben sie Onkel Hans, nur eine nahm ich mir selber. Auf dem Rand des Tuches war etwas eingestickt, das mein Freund ›Makarytsch‹, der gut deutsch konnte, so übersetzte: ›Zunft der Königsberger Waffenschmiede‹. Ja, und die Porzellanvase, die du bei mir gesehen hast, mit dem Wappen von Königsberg auf der einen und dem Gebäude des alten Kneiphofer Magistrats mit den Bären Albrechts auf der anderen Seite. Wo das alles geblieben ist? Die Schatulle nahm sich Tolik Pelikanow und noch einen Teil der Teller und Kerzenständer. Ja, Kerzenständer gab es dort auch. Ich bekam die Bibel, ich habe sie bei Zipin – erinnerst du dich an den Heimatkundler, der mal bei uns war – gegen einen ›Reiseführer durch Königsberg‹ eingetauscht. Jurka bekam, wie schon gesagt, einen riesigen silbernen Pokal mit einem Deckel und irgendwelchen Medaillen drauf. Übrigens, er ist jetzt im Depot unseres Museums aufgetaucht... Was ich noch bekommen habe? Teller, Kerzenständer, zwei Abendmahlskelche. Ich habe sie ins Museum gebracht, damals arbeitete dort Frau Popowa, ja, die dann später Leiterin der »archäologischen Expedition« wurde. Jelena Storoschenko hat sie abgelöst. Aus den silbernen Tellern fertigte mein Vater Blinker zum Angeln an... Was soll man machen, damals haben wir vieles nicht verstanden. Gehen wir? Ich muß noch in den Stadtsowjet einer Sitzung der Kommission für die Umbenennung der Straßen, dann muß ich in eine Abteilung des Exekutivkommitees wegen der Zuweisung des Grundstückes, auf dem das Häuschen von Wobser steht, nein, sie haben es noch niemandem zugewiesen, und wegen der Auswahl eines Platzes für den Puschkin-Platz. Was umbenannt werden soll? Die Schdanowstraße und die Museumsstraße. Soll ich dich zur Universität mitnehmen?

Es ist inzwischen spät in der Nacht. Meine Schiffsuhr von der »Emden« schlägt zur vollen Stunde. Vierundzwanzig Uhr. Im Haus ist alles verstummt. Der Vorschlag, der Museumsstraße ihren alten Namen Besselstraße zurückzugeben, wurde angenommen. Außer daß er einer der größten Astronomen der Welt war, dessen Name in einem Atemzug mit Giordano Bruno, Galilei und Nikolaus Kopernikus genannt wurde, und daß er eine Vielzahl von Entdeckungen machte, von denen viele auch heute noch gültig sind, war er nämlich auch noch Ehrenmitglied der Petersburger Akademie der Wissenschaften und half den russischen Astronomen beim Bau des Bulkowski-Observatoriums. Mit der ehemaligen Brahmsstraße klappte es dagegen nicht. Drei Stimmen waren dafür und sieben dagegen. »Schon wieder ein Deutscher!« argumentierte man... Schade, daß Brahms nicht Ehrenmitglied der Petersburger Philharmonie war!

Nun wird es aber Zeit, schlafen zu gehen. Bandik schnarcht bereits leise hinter meinem Rücken, Gabka arbeitet noch in einem Sessel rum. In einer Ecke sitzt die Puppe Katja in einem schönen Kleid aus purpurrotem Samt. Meine Enkelin hat sie dagelassen. Das Puppenkleid ist das einzige, was von dem prächtigen Tischtuch übriggeblieben ist, das die Zunft der Königsberger Waffenschmiede einst dem Dom geschenkt hatte. Aus diesem Tuch hatte meine Mutter meiner zukünftigen Frau ein Hochzeitskleid genäht. Meine Frau zog es auch später noch an, wenn wir eingeladen waren oder ins Konzert gingen, aber sie sagte immer: »Es ist so schwer, so eng, als hätte ich ein Panzerhemd an.« Und so zerschnitt sie es eines Tages und nähte zuerst für unsere eine, dann für unsere zweite Tochter ein Kleid. Jetzt trägt die Puppe Katja das »Waffenschmiedtuch« auf. Auf der Anrichte liegt ein Geschenkpaket – kürzlich haben wir meinen Geburtstag gefeiert –, in dem ganz zeitgemäße Geschenke waren: ein Päckchen Tee, ein Stück Seife und eine Rolle Toilettenpapier. Auf dem Tisch liegt eine Zeitung mit dem Bericht über die Ereignisse in Baku. Vielleicht verfolgt genau jetzt, in diesem Moment, irgend jemand irgend jemanden, wirft ihn aus dem vierten Stock, fesselt ihn, übergießt ihn mit Benzin und zündet ihn an… Lieber Gott, laß das, was vor sich geht, vorübergehen und vergib uns unsere Schuld…

11. Hier ruht in Frieden…

Brauerei »Ponarth« – dort müssen Sie suchen! Nach Aussagen eines polnischen Chauffeurs haben er und fünf weitere polnische Hilfsarbeiter Anfang Februar im Hof des ausgebrannten Königsberger Schlosses Kisten mit den Wand- und Deckenverkleidungen des Bernsteinzimmers und anderen Kostbarkeiten auf sechs Lastwagen verladen. Schwer bewacht fuhren die Lastwagen Richtung Elbing los, gelangten aber nicht an ihren Bestimmungsort. Unterwegs wurden sie von Jagdbombern der sowjetischen Luftwafe beschossen. Ein Lastwagen wurde beschädigt. Seine Ladung wurde auf die anderen Lastwagen umgeladen und diese kehrten nach Königsberg in den Stadtteil Ponarth zurück. Die Kisten wurden in den Kellern der Brauerei »Ponarth« verstaut. Eine gute Bekannte von mir aus Kiel, die bis 1945 bei der Königsberger Bernsteinmanufaktur als Chef-Sekretärin gearbeitet hat, bestätigt diese Version. Außerdem berichtete sie, daß die Eingänge zum Eiskeller der Brauerei, in dem die Schätze versteckt worden waren, von den Deutschen zugemauert wurden…

Ruth Drescher, DDR

Der Tag war klar und sonnig, der Himmel über dem Frischen Haff blau, die vereinzelten Wolken schwer und weiß. Tiefe Schatten glitten über die Schloßmauern, die Erde, die riesigen alten Bäume und die Trümmerhaufen. Einst war dieses Schloß am hohen Ufer des Frischen Haffs, das wir heute Kaliningrader Haff nennen, eine der schrecklichsten »Kampfburgen« des Deutschen

Ordens im Baltikum. Prußen und Litauer hatten unzählige Male versucht, sie zu zerstören. Für die Ordensritter war es deshalb besonders ehrenvoll, hier Dienst zu tun, und fast alle Komture von Balga wurden später Ordensmeister.

Owsjanow und ich waren zum alten Schloß Balga gefahren, um die Stellen auszusuchen, an denen eine Suchgruppe der Rigaer Expedition arbeiten sollte. Wir schlenderten durch den alten Park mit seinen knorrigen Bäumen, betrachteten die mächtigen Schloßmauern, die engen Schießscharten und die aus riesigen Steinen gefügten Stützmauern des Schloßgrabens. Jahrhunderte waren über diese erhabenen, den Blick auf sich ziehenden Mauern und den vor nicht allzu langer Zeit teilweise eingestürzten Aussichtsturm, den sogenannten »Falkenturm« weggezogen. »Wir kommen aus dem ›Falkennest‹«, sagten stolz die Ordensritter, die hier gedient haben, und es war unnötig hinzuzufügen: aus dem Schloß Balga…

Hier unter dieser schattigen Eiche standen wir vor vielen Jahren schon einmal und machten eine Zigarettenpause: der lächelnde, jede Bewegung Ljudkas genau verfolgende Fedja Rybin, der strenge Leutnant Sascha Lobow, Ljudka mit einem Schneeglöckchenstrauß in der Hand und ich, Totengräber und Trommler, unglaublich froh, daß ich weder Erde schaufeln noch trommeln mußte und mit so prächtigen Leuten zusammensein konnte. Das Fromborker Kapitelarchiv hatten wir bereits gefunden, jetzt sollten wir noch nach einem alten Archiv aus Königsberg suchen. Zunächst waren wir in Heiligenbeil gewesen, dann sind wir hierher nach Balga gefahren und standen nun vor den Mauern dieses gewaltigen Schlosses mit seinem tiefen Schloßgraben. Es war sehr warm. Man konnte kaum atmen. Der ganze Innenhof, der Graben, der Park und das Schloß waren mit Leichen übersät. Die bei Heiligenbeil und auf dieser kleinen Halbinsel eingekesselten Deutschen, hauptsächlich SS-Leute, Angehörige der Gestapo, Volksgendarmerie und die »Lauscher« von der Spionageschule der Abwehr, die aus der Armee des Generals Wlassow angeworben wurden, insgesamt mehrere zehntausend Mann, hatten bis zur letzten Patrone gekämpft.

Es war ein schrecklicher Ort, dieses finstere Schloß, in dem wir leider nicht fanden, was wir suchten. In Balga gab es kein Archiv. Aber mein Vater beschloß, daß wir uns Zeit lassen und morgen früh wieder herumkriechen und suchen sollen: jemand hatte ihm von irgendwelchen Verliesen erzählt. Wir rauchten zu Ende und waren schon auf dem Weg zum Lagerfeuer, über dem unser lustiger Chauffeur Schweinefleisch briet, als Fedja plötzlich warnend die Hand erhob: »Ruhe!« Er horchte und lief dann schnell zu einer kleinen Kirche, die in der Tiefe des Parks zu sehen war. Aus ihrer weitgeöffneten Tür traten drei Leute heraus. Ein kleiner, breitschultriger Mann in schwarzem Talar, eine junge Frau in einer grünen Joppe und einer Rotkreuzbinde um den Arm, und ein großer, junger Deutscher in einer Militärjacke mit silbernen Schulterstücken, engen Reithosen und lehmverschmierten Stiefeln. Der Mann in dem Talar war bärtig, langhaarig und rotgesichtig, das Mädchen hatte Haare, die gelb waren wie der Sand der Kurischen Nehrung, der junge Deutsche hatte ein grobes Gesicht mit blonden Stoppeln, auf seiner Stirn glühten purpurrote Schrammen.

»Wer ist da?« fragte Fedja auf deutsch. »Schnell antworten! Leutnant, durchsuchen Sie die Leute nach Waffen!« Leutnant Lobow wurde wütend und knurrte: »Rybin, wer ist hier der Ranghöhere?« Er ging aber trotzdem zu den Deutschen und tastete sie ab. Die Männer schwiegen finster und wachsam, aber das Mädchen zeigte auf die Binde mit dem roten Kreuz und erklärte, daß sie hier die Gefallenen begrüben. Sie lebten hier, sprachen für die Gefallenen ein letztes Gebet und beerdigten sie. Sie winkte mit der Hand: »Kommt mit.« Fedja bedeutete ihnen mit dem Lauf seiner Maschinenpistole: »Voraus, wir gehen hinterher!« Wir gingen alle einen schlammigen, ausgetretenen Pfad durch niedriges Gestrüpp entlang. Weit mußten wir nicht gehen. Nach einigen Minuten standen wir am Rand einer breiten, tiefen Grube, die bis zur Hälfte mit Leichen gefüllt war. Überall lagen Stricke herum. Das Mädchen, das bemerkt hatte, daß wir auf die Stricke sahen, erklärte uns, daß sie damit die Gefallenen hierher ziehen. »Irgendwie gefällt mir der Soldat nicht«, sagte Fedja leise zum Leutnant, dann rief er: »Du bist Offizier, ja?« Die beiden Männer schwiegen, der junge Soldat sah Fedja düster an. »Nein, Herr Korporal, er ist ... hmm, Dummkopf!« sagte schnell das Mädchen und deutete mit dem Finger auf die Stirn. »Das mein Bruder, verstehen Sie? Er krank... hmm, hier Kopf, krank im Kopf!« Fedja dachte nach. Die Deutschen atmeten schnell und geräuschvoll. Über das Gesicht des »Dummkopfes« liefen große Schweißperlen. »Zum Teufel mit ihnen«, sagte Ljudka, »laß sie in Ruhe! Gehen wir zum Lagerfeuer zurück.« Und wir gingen zurück. Die Deutschen zögerten etwas, hoben dann die Seile auf und folgten uns.

Über dem Schloßturm kreisten zwei Falken. Es war Frühling und sie besserten ihr Nest aus. Der Pfarrer sagte irgendwas über die Falken, ach ja, daß man sagt, daß wenn sie ihr Nest bauen, mit der Zeit alles wieder so wird, wie es einmal war. Als wir am Abend um das Lagerfeuer saßen, sagte Fedja: »Ich glaube, in der Gruppe von Saschka Lobow gibt es einen Karabiner mit Zielfernrohr« und rief: »Lobow, habt ihr ein Scharfschützengewehr?« Er schob seine Schüssel mit Grütze weg, ging zum »Dodge« rüber, besprach irgend etwas mit dem Leutnant und ging zum Schloß. Wenig später krachten Schüsse. Dann kam Fedja zurück und sagte: »Ich habe sie alle erledigt. Damit hier nicht wieder ein teutonisches Nest entsteht!«

Wen »alle«? Die Vögel? Oder die drei? Ich wollte ihn damals danach fragen, aber ich fragte ihn nicht, auch später nicht. Warum nicht? Ich hatte Angst, daß er nicken würde: »Ja, alle! Und jetzt gib Ruhe!« Wie schrecklich das alles damals war. Selbst der Rauch des Feuers konnte an diesem Abend den Leichengeruch nicht mildern, es schien, als stecke dieser ekelerregende Geruch sogar in der Grütze, dem Brot, dem Tee...

Jetzt müssen wir aber nach Kaliningrad zurück. Wir haben heute noch eine Sitzung im Kulturfonds. Wenn die Suchgruppe aus Riga hier mit ihren Arbeiten beginnt, fahren wir noch einmal her. Ob es hier wirklich unterirdische Gänge, Galerien und Räume gibt? Was in ihnen wohl vergraben ist? Der Oberst sitzt schon im Wagen und wartet auf mich. Schweigend fahren wir nach Kaliningrad zurück. Bäume huschen vorüber. Nach einer Stunde Fahrt erreichen wir ein ausgedehntes, mit Buschwerk bewachsenes Feld, auf dem sich während des Krieges das Stalag Nr. 8 A befand.

»Sogar die Betonpfeiler sind umgestürzt«, sagt Awenir Petrowitsch. Wir steigen aus dem Auto aus. »Die Hügel da, das sind die Gräber!«

In der Erinnerung sehe ich, wie sie uns ältere Schüler im Herbst 1945 hergebracht haben. Auf Lastwagen wurden wir zusammen mit Soldaten, Offizieren und Zivilisten, darunter auch Deutsche, angekarrt. Es war ein warmer, schwüler Tag. Die Erdschicht über den riesigen Gräbern war dünn und die Erde bewegte sich. Die Verwesungsgase rumorten in den Leichen und plötzlich streckte sich eine Hand von ganz allein aus der Erde hervor, dann kam ein Arm, dann ein Kopf hervor, und die Toten starrten die Lebenden mit aus dem Schädel quellenden Ochsenaugen an.

Wir wurden aus einem bestimmten Grunde hergebracht: damit wir sähen, wieviele der Unsrigen umgekommen waren. Es gab viele rote Fahnen, eine kleine Tribüne und Reden: »Wir werden euch niemals vergessen! Wir werden euch goldene Denkmäler setzen!…« Nicht einmal ein Denkmal aus Beton wurde unseren gefallenen Soldaten errichtet! Wieviele umgekommen sind? 541 Einzelgräber und 14 Massengräber, jedes mit 5 000 Leichen… »Niemand und nichts wird vergessen werden!…« Sie haben es versprochen! Sie haben es vergessen! So ist das eben…

»Es gab hier auch Gefangene anderer Nationen«, sagt Owsjanow, »Belgier, Polen und Franzosen. Sie wurden alle exhumiert und unter Ehrenbezeugungen und Trommelwirbeln in der Heimat bestattet. Man fand sie in den Einzelgräbern anhand einer Karte, die der Pfarrer der Kirche in Klein-Dexen angelegt hatte. Er beerdigte einen Gestorbenen, setzte eine Nummer auf dessen Grab und vermerkte das auf seiner geheimen Karte. Und die Franzosen maßen noch die Skelette aus, wenn ihre Toten zusammen mit unseren Jungs in einer Grube lagen: sie hatten außer den Namen auch die Maße der Verstorbenen.

Die Belgier kamen mehrmals her. Die Franzosen auch. Gewöhnlich wurde das weite Feld mit den Gräbern, auf denen noch lange die kleinen Betonpfosten mit den Zahlen ›4 800 Russen‹, ›5 200 Russen‹ zu sehen waren, vor Ankunft der ausländischen

Kommissionen in Ordnung gebracht. Die ›Gäste‹ fuhren ab – und alle vergaßen die russischen Soldaten wieder, die hier in den Frühlingstagen des Jahres 1945 gefoltert und erschossen wurden. Jetzt hat sich allerdings etwas bewegt, man hat die Straße ausgebessert und einen Parkplatz angelegt... Vielleicht beehrt uns bald wieder jemand aus Frankreich, Belgien oder Holland mit seinem Besuch? Ja, auch solche ›Schätze‹ birgt die mit Eisen und Blei gefütterte baltische Erde! In Balga gefallene, in eine Grube geworfene Deutsche... Hier getötete, vergessene Russen...«

Kurz vor Kaliningrad machten wir noch schnell einen Abstecher zum »Fuchsberg«, zur ehemaligen Beobachtungsstelle des Stabes der 3. weißrussischen Front. Von dort hatte man einen wunderbaren Blick auf Königsberg. Als der Frontkommandierende A. M. Wassilewski fragte: »Was habt ihr euch dabei gedacht, die Beobachtungsstelle hier einzurichten? Der Berg ist von der Stadt aus ausgezeichnet zu sehen! Jeder Schwachkopf in Königsberg weiß doch, daß das hier ein hervorragender Platz für eine Beobachtungsstelle ist!« bekam er vom Kommandanten der 43. Armee, A. P. Beloborodow, dessen Leute die Beobachtungsstelle errichtet hatten, zu hören: »Genau deshalb haben wir sie hier eingerichtet.« Die deutsche Aufklärung bemerkte sehr schnell die verdächtigen Bewegungen am Fuchsberg. Man berichtete Otto Lasch, daß die Russen auf dem Fuchsberg offenbar eine Beobachtungsstelle bauen. Lasch winkte ab: »Das sind doch keine Vollidioten! Beschießen? Nein, die Munition reicht so schon nicht!«

Awenir Petrowitsch und ich fuhren dorthin, um auf Königsberg zu schauen. Ja, auf Königsberg, die ganze riesige Stadt mit allen ihren Straßen, Häuserblöcken, Plätzen, Kathedralen, Kirchen und Schlössern. En miniature! Das Stadtmodell, das 36 Quadratmeter einnahm, wurde kurz vor dem Sturm auf Königsberg nach der Idee und unter der Leitung des uns schon bekannten Arseni Wladimirowitsch Maximow, damals Offizier der Ingenieurverwaltung der 1. Baltischen Front, gebaut. In einem kleinen Haus am Rand der schon von der Roten Armee eingenommenen Stadt Wehlau wurde zehn Tage lang rund um die Uhr gearbeitet. Hundert Mann malten und klebten kleine Häuschen, die Forts des inneren und äußeren Verteidigungsrings, Straßen, Gassen, Parks, Bäche und Seen. Und die Verteidigungsanlagen, die aus der Luft und vom Boden aus von den Kundschaftern entdeckt worden waren, die in das sich versteckende, angespannt und ängstlich auf den Beginn des Angriffs wartende Königsberg geschickt wurden. Als das Modell aus Sperrholz und Pappe fertig war, kamen Tag und Nacht Hunderte von Offizieren, die Kommandeure der Divisionen, Regimenter, Bataillone und Sturmgruppen, um sich Königsberg anzuschauen und sich die Lage seiner Straßen und Plätze einzuprägen. Es kamen Piloten, Artilleristen und Panzerfahrer. Sie kamen um »ihr« Stadtviertel kennenzulernen, um sich die Bewegung ihrer Kampfgruppen und Truppen zu veranschaulichen, um sich während des Kampfes im Straßenlabyrinth der alten Stadt nicht zu verirren. Meist gab der heisere, erschöpfte Oberleutnant Maximow, der vor Müdigkeit rote Augen hatte, die Erklärungen ab. Er hatte diese Stadt gebaut, damit die ihm aufmerksam zuhörenden Soldaten Königsberg im Sturm nehmen könnten, damit sie es praktisch zerstörten, vernichteten, denn anders wäre es kaum möglich gewesen, mit dieser mächtigen Verteidigungsanlage fertig zu werden… Später, als Maximow bereits wieder »Zivilist« war, hat er sich als Architekt der Stadt darum bemüht, irgend etwas wieder aufzubauen, und sich oft an diese hektischen, fieberhaften Tage vor dem Sturm auf Königsberg erinnert. Es ist alles so kompliziert, nicht wahr? Erbauen, um zu vernichten, vernichten, um zu erbauen.

»Also, fangen wir an? Wir haben uns heute versammelt, um verschiedene Angelegenheiten zu besprechen, die die Suche nach historischen Kunstschätzen betreffen, und um über einige Momente und Richtungen der Tätigkeit des Kulturfonds nachzudenken.« Die Stimmen verstummen, man hört nur noch das Rascheln der Papiere und das Quietschen der Stühle. Anscheinend sind alle Aktivisten des Kulturfonds da, die wir brauchen: die »sehr geehrte« Jelena Storoschenko, Olga Feodosjewna Krupina, unser jugendlicher, gutaussehender Awenir Petrowitsch Owsjanow mit seiner militärischen Haltung, der jetzt nicht mehr »Oberst«, sondern »Reservist« ist, dann Wassili Mitrofanowitsch

Tarabrin, neben ihm sitzt Inna Iwanowna Mirontschuk, die uns versprochen hat, heute etwas Wichtiges über ein weiteres Zimmer mit Schätzen zu berichten, diesmal über ein »gepanzertes«. Der Oberst hat heute spürbar gute Laune. Er, der gewöhnlich streng aussieht, lächelt die ganze Zeit, als ob auch er uns etwas mitteilen wolle, was uns alle erfreuen würde. Hat der Rigaer oder der Kaliningrader Suchtrupp etwas gefunden? Meine Stellvertreterin Nina Petrowna, eine getreue Helferin des Kulturfonds, klappert mit den Tassen: irgend jemand hat ein Päckchen Tee aufgetrieben. Der Maler Igor Schelepow, ein kräftiger Mann mit einem üppigen Bart, hilft ihr.

»Also zunächst zur Version ›Ponarth‹. Wir haben neue Informationen erhalten. Sie erinnern sich, daß Erich Koch bei seiner Vernehmung in Polen Hinweise auf das Gebiet Ponarth als Aufbewahrungsort des Bernsteinzimmers gegeben hatte. Allerdings sprach er nicht von einer Brauerei, sondern von einer polnischen römisch-katholischen Kirche, unter oder neben der in einem Bunker Schätze aus Bernstein aufbewahrt würden. Damals verfügten wir bereits über den Funkspruch des SS-Obersturmführers Otto Ringel:

Bernsteinzimmer von Wachen übernommen und in das bekannte BSCH eingelagert.

Obere Gebäudeteile durch Sprengung zerstört. Eigene Verluste durch Feindberührung.

Begebe mich an vereinbarten Ort.

Erwarte weitere Weisungen.

gez. Otto Ringel SS-OStuf.

Wie sich später rausgestellt hat, stimmte die Entzifferung des Funkspruchs nicht, und auch ›Otto Ringel‹ ist ein Deckname. Für die Fahndungskommission war aber ›BSCH‹ identisch mit ›Brauerei Schönbusch‹, und so haben sie die Umgebung der Brauerei umgegraben und durchsucht. Einziger Erfolg war, daß man auf eine Quelle stieß, die auch heute noch das halbe Kaliningrader Gebiet mit Mineralwasser versorgt.

Jetzt ist aus der BRD ein interessantes Dokument eingetroffen

– ein Brief von J. H. Schifferdecker, des Großneffen von Johann Schifferdecker, dem Gründer der Brauerei ›Ponarth‹ in Königsberg. Der Großneffe des ›Bierkönigs‹ schreibt, daß sich im Eiskeller der Brauerei wahrscheinlich nicht nur das Bernsteinzimmer und andere Kostbarkeiten befänden, sondern auch die Wertsachen, Dokumente und das Archiv der Brauerei, die, wie er weiß, dort versteckt wurden. Wir haben beschlossen, heute zur ehemaligen Brauerei ›Ponarth‹ zu fahren, um dort mit der Direktion des Brauereikombinats über entsprechende Sucharbeiten zu sprechen. Doch jetzt zum ›Panzerzimmer‹. Inna Iwanowna, bitte!«

»Nach der Schließung und Verwüstung vieler russischer, weißrussischer und ukrainischer Klöster, Kathedralen und Kirchen in den dreißiger Jahren wurden ihre unermäßlichen Schätze beschlagnahmt und fortgeschafft«, erzählt Inna Inwanowna. »Viele der beschlagnahmten Gegenstände wanderten nach Moskau, Leningard, Kiew und Minsk und wurden dort in staatlichen Schatzkammern eingelagert. Sehr viel wurde aber auch in anderen Städten in speziellen, oft geheimen Depots gelagert. Auch im Museum in Mogiljow befand sich so ein besonders gesichertes Zimmer, das ›Panzerzimmer‹ genannt wurde. Was darin aufbewahrt wurde? Als ich als Mitarbeiterin der archäologischen Expedition Storoschenko einige sehr unklare, verschwommene Informationen erhalten hatte, schickte mich meine Chefin Jelena Jewgenjewna auf eine Dienstreise nach Moskau. Erinnern Sie sich?«

»Selbstverständlich«, lächelte die Storoschenko. »Wir setzten soviele Hoffnungen auf Ihre Reise und erwarteten sehnlichst Ihre Rückkehr!«

»Also, was war nun hinter den gepanzerten Türen des Safe-Zimmers des Museums in der Leninstraße versteckt?«

»Einen Moment. Ich lese vor. Also: ›Eine Sammlung weißrussischer Bücher und Urkunden, 175 Bände, deren Wert auf drei Millionen Rubel geschätzt wird. Eine Münzsammlung, bestehend aus 18 000 sehr seltenen Stücken im Wert von anderthalb Millionen, dann eine Waffensammlung aus dem 10.–14. Jahrhundert und Rüstungen – fast dreihundert an der Zahl, deren Wert auf eine

Million geschätzt wurde, eine Sammlung kunstvoller Porzellane aus dem 13.–19. Jahrhundert, 1 200 Bände einer alten historischen Bibliothek…‹.«

»Sie sprachen von Kirchenschätzen…«

»Ja, natürlich, das waren die bedeutendsten Schätze dieses Zimmers, also: Ikonen, Ikonenbeschläge und andere kirchliche Gegenstände und liturgische Geräte, die kunstvolle Arbeit von Meistern des 14. bis 18. Jahrhunderts, fast zweitausend, hören Sie? Zweitausend Gegenstände! Eine Ikonensammlung aus dem dreizehnten Jahrhundert, 150 Stück, das Kreuz der ›Jefrosinja Polozkaja‹, eine Arbeit byzantinischer Meister, Gold mit Edelsteinen besetzt, das auf sechs Millionen Rubel geschätzt wird. Ferner der goldene Schlüssel der Stadt Mogiljow, Bilder von Borowikowski: die ›Heilige Katharina‹, ›Iossif Obrutschnik‹, ›Maria‹ und ›Christus‹, Stiche des Künstlers Lewizki und vieles andere…«

»Und wo ist das alles?«

»Alles hätte gerettet werden können! Die Deutschen waren noch weit weg! Aber es wurde nicht evakuiert. Es war wie mit den Kiewer Kunstschätzen: irgend etwas und irgendwer störte, bremste, verhinderte den Abtransport der Kostbarkeiten in eine sichere Zone. Alles ist sehr merkwürdig und undurchsichtig.«

»Und was war das für ein Zimmer, das Panzerzimmer?«

»Also, das Historische Museum von Mogiljow befand sich im Gebäude der ehemaligen Bauernbank, die dieses ›Panzerzimmer‹ auch einbauen ließ. Seit 1933 war das Gebietskomitee der Partei in diesem Gebäude untergebracht, aber das Zimmer diente nach wie vor als Schatzkammer, die übrigens immer voller wurde, da ja damals viele Klöster und Kirchen geschlossen wurden. Sie denken jetzt sicher ›und dann?‹…«

»Genau: Und dann?«

»Bevor ich auf diese Frage antworte, erzähle ich noch etwas, das ich herausgefunden habe: 1938 begann die Restaurierung von Mogiljow, da man es zur Hauptstadt der Weißrussischen SSR machen wollte. Aus den Museen in Minsk wurden die wertvollsten Exponate nach Mogiljow gebracht und in einem besonderen

Aufbewahrungsraum des Historischen Museums, das selbst über nicht minder wertvolle Exponate verfügte, untergebracht.«

»Und dann?« fragte Olga Feodosjewna. »Und…?«

»Als der Krieg begann und die Deutschen in Weißrußland einmarschierten, wurde die Evakuierung der Archive der Partei, des Gebietskomitees und der Staatsbehörden ruhig und ohne Panik eingeleitet und erfolgreich durchgeführt. Alles war schon vorher bereitgestellt worden: Autos, Kisten und Begleitschutz. Nur die Schätze des ›Panzerzimmers‹ blieben, wo sie waren, obwohl sich dieses Zimmer, wie ich schon sagte, im Gebäude des Gebietskomitees befand. Sie brachten alles weg, Stöße von Papier, Protokolle, Meldungen, Berichte, aber die Schätze überließen sie den Deutschen, die am 26. Juli in die Stadt einmarschierten. Noch keine Stunde nach der Einnahme der Stadt hielten schon Lastwagen einer ›Sonderkompanie‹ neben dem Gebäude des Gebietskomitees. Es ist nicht ausgeschlossen, daß dies die Leute des Baron von Künsberg waren, die zweite Kompanie des Bataillons ›Ribbentrop‹. Die brachten alles weg! Vielleicht nach Linz!?«

»Und dann?« wiederholt Owsjanow. »Und die Leute? Der Museumsdirektor? Die Museumsangestellten? Die Mitarbeiter des Gebietskomitees, des KGB?…«

»Alles ist sehr undurchsichtig. Ich habe mit vielen gesprochen. Der Museumsdirektor. I. A. Migulin machte widersprüchliche Aussagen. Angeblich will er sich sehr um die Evakuierung gekümmert haben, doch der Direktor des Parteiarchivs I. I. Gawrilow hat ausgesagt, daß die Evakuierung des ›Panzerzimmers‹ nicht möglich gewesen wäre, da es kurz vor der Ankunft der Deutschen bereits leer war!«

»Was heißt leer? Also doch evakuiert?«

»Ja, der Safe war leer! Aber wie Gawrilow berichete, sind die Schätze nicht fortgebracht worden, das heißt, sie befanden sich noch in Mogiljow. Was noch? Natürlich haben sich mit dieser Frage viele beschäftigt: die Akademie der Wissenschaften der Weißrussischen SSR, der KGB…«

»Haben Sie diesen Migulin persönlich gesprochen? Was sagte er?«

»Er sagte, daß man ihn gewaltsam aus Mogiljow fortgebracht habe. Aber wer genau und warum – das erklärte er nicht. Er verwickelte sich in Widersprüche. In früheren Aussagen hatte er behauptet, daß er nach Mittelasien evakuiert worden sei, zu mir sagte er jedoch, daß er ins Gorki-Gebiet gekommen sei. Er übergab mir dann noch eine Bescheinigung: ›Die von den Deutschen ausgewählten Schätze wurden einer speziellen Kommission, die aus einem Vertreter der Stadtverwaltung und der deutschen Kommandantur bestand, zur Registrierung vorgelegt.‹ Während der Arbeit der Kommission erschien ein deutscher Kommandant, löste die Kommission auf und sagte: ›Das gehört alles Deutschland!‹ Danach wurden die Sachen verpackt und nach Deutschland geschickt...«

»Es müßte doch möglich gewesen sein, diesen Kommandanten ausfindig zu machen!«

»Selbstverständlich, wenn er noch am Leben war. Ich fragte Migulin noch, wo denn die Schätze, die dem Museum gehört haben, die Bilder, Skulpturen und Ikonen geblieben sind. Es war doch eins der reichsten Museen des Landes. ›Wohin haben Sie als Museumsdirektor alles evakuiert?‹ Und wissen Sie, was er antwortete? ›Nach der Bekanntmachung des Befehls Stalins vom 3. Juni 1942, daß nichts dem Feind überlassen werden darf, wurde das Museum mit all seinen Schätzen von Komsomolzen in Brand gesteckt!‹«

»Entschuldigen Sie, daß ich dauernd Fragen stelle, aber sind nicht irgendwo Gegenstände aus dem ›Panzerzimmer‹ wieder aufgetaucht?«

»Ja, in den USA. Das wertvollste Stück des ›Panzerzimmers‹, das Kreuz der Jefrosinja Polozkaja, ist in der Sammlung des Millionärs Morgan aufgetaucht. Und wissen Sie, woher es kam? Aus Tscheljabinsk! Angeblich hat jemand, der aus unserem Land ausgereist ist, das Kreuz mitgenommen und Morgan verkauft. Es gibt hier überhaupt noch eine Menge Unklarheiten und Rätsel.«

»Man muß sich auf die Suche machen! Man muß alles und überall suchen«, sage ich und schaue auf die Uhr. Ich habe noch eine Verabredung mit dem Schriftsteller Wassili Sachartschenko, der regelmäßig zu Sommerbeginn in Kaliningrad auftaucht, um nach Polen weiterzufahren, wo er auf der Suche nach dem ›Bernsteintroß‹ ist. Bisher hat er sich ausgeschwiegen, wie weit er damit ist, aber heute will er mir im Tausch gegen Informationen über die ›Schacht-‹ und ›Überseeversion‹ Georg Steins darüber berichten. Wahrscheinlich stellen sich die Anwesenden die Frage, was uns das ›Panzerzimmer‹ angeht, stimmts? Erstens kann es sein, daß es nach Königsberg transportiert wurde, um über Pillau weiter in eine deutsche Hafenstadt gebracht zu werden. Und zweitens suchen wir ja nicht nur Bernstein. ›Man muß alles suchen, man muß überall suchen!‹ Dieser Satz findet sich immer wieder im Georg-Stein-Archiv. Und so müssen wir auch handeln. Hier, sehen Sie: 50 Seiten deutscher Text, ein Verzeichnis der Gemälde, die von Mitarbeitern des Einsatzstabs Reichsleiter Rosenberg nach Riga transportiert wurden, alles Gemälde bedeutender Meister Europas und der ganzen Welt. Wo ist das alles? Hier ist eine Akte über die Bilder, die von den Deutschen aus dem Nowgoroder Museum abtransportiert wurden: Kandinski, Kustodijew, Lentulow, Somow und viele andere. Hier ist ein Verzeichnis der Kunstschätze aus dem Museum von Grodno...«

Wo ist das alles? Wer wird das alles suchen? Natürlich suchen Leute wie wir oder die Rigaer danach, aber warum weigert sich der Staat nach den verschollenen Kunstschätzen zu suchen? Warum lehnt es das Ministerium für Kultur der UdSSR ab, sich darum zu kümmern? Warum gibt es bei uns kein spezielles, die Suche koordinierendes staatliches Zentrum, das sich ständig damit beschäftigt? Erinnern Sie sich, was Stein schrieb? ›Es wird noch eine Vielzahl russischer Kirchenschätze in Europa aufbewahrt‹ Er starb, und jetzt kümmert sich niemand mehr um ihre Suche.

»Awenir Petrowitsch, warum lächeln Sie heute die ganze Zeit so verdächtig?«

»Ich bin Reservist, frei wie ein Vogel, warum sollte ich da nicht lächeln? Aber Sie haben noch gar nichts von dem ›Vermächtnis‹ Georg Steins berichtet.«

»Sofort. Sein Sohn Gebhardt hat uns verschiedene wichtige Dokumente geschickt.«

»Was ist mit Stein passiert?« fragt Inna Iwanowna. Ist er wirklich dafür, daß er die Rückgabe der Kirchenschätze des Klosters Petschory an die russisch-orthodoxe Kirche veranlaßt hat, ermordet worden?…«

»Diese Frage habe ich auch Gebhardt Stein mehrmals gestellt. Zusammen mit dem ›Vermächtnis‹ kam seine Antwort über die letzten Tage Georg Steins. Ich werde nur das Wesentliche vorlesen: ›Der Mißerfolg mit den Kirchenschätzen erschütterte meinen Vater sehr. Er wollte ja keinen Profit machen, sondern nur eine Entschädigung für seine Bemühungen bekommen… Er zog sich ganz zurück, begann zu trinken und studierte intensiv die rituellen Selbstmorde der Prußen… Dann schreckte er auf, nahm sich zusammen und versuchte, etwas in unserem Betrieb zu richten, wandte sich wieder der Suche nach den Bernsteinschätzen zu, fuhr herum, telephonierte, schrieb nächtelang, verschickte Anfragen und sprach von einem ›Vermächtnis‹, das, wenn er den Bernstein nicht fände, anderen bei der Suche helfen würde. Ihn quälte, daß er sich nicht mehr ganz genau daran erinnern konnte, in welchem Dorf die Truppe, in der er diente, die Autos mit dem Bernstein entdeckt hatte. Er wiederholte ohne Ende. ›Heiligenkreuz, Heiligenkreuz, dort muß es gewesen sein!‹

Uns ging es immer schlechter. Zu allem Überfluß hat mein Vater dann noch unbedacht irgend etwas unterschrieben. Unsere Mutter war schon lange krank, sie verlor zusehends die Hoffnung, daß wir je wieder aus dieser verfahrenen Lage herauskommen würden… Die Ankündigung neuer Steuerprüfungen machte uns immer mehr Angst.

Unser Vater entfernte sich immer mehr von der Familie und flüchtete sich in seine Nachforschungen. Die familiären Verhältnisse wurden immer schlimmer, es verging kein Tag ohne Zank und Streit, dazu kamen die Steuerbescheide der Steuerbehörde. Am 3. August 1983 nahm sich unsere Mutter das Leben… Im Frühling dieses Jahres waren die Schulden auf 200 000 Mark angewachsen.… Das bedeutete unser Ende. Da die öffentliche

Versteigerung unseres Hauses bevorstand, fuhr unser Vater zu seinen Freunden in die Schweiz und nach Bayern... Ende August sollte er in eine psychiatrische Klinik eingewiesen werden. Wenige Tage vorher nahm er sich in einem Wald bei Starnberg das Leben...«

Das ist das traurige Ende Georg Steins. Es herrscht bedrücktes Schweigen. Vor den Fenstern heult der Wind.

»Hier ist die Arbeit von Georg Stein ›Verzeichnis der mutmaßlichen Aufbewahrungsorte der von den Nazis geraubten Kunstschätze‹«, fahre ich nach einer Weile fort. »Es ist eine sorgfältig recherchierte wissenschaftliche Abhandlung, wahrscheinlich kommt auf diesen zwanzig Seiten Text und Karten alles vor, was in den Tausenden von Dokumenten des Archivs enthalten ist. Nach der beigefügten Kopie eines Briefes zu urteilen, waren diese Dokumente für ein Museum bestimmt, offenbar ein Moskauer Museum. Ob man uns den vollständigen Text geschickt hat? Diese Arbeit hat Stein offensichtlich auch nicht erst in seinen letzten Jahren angefertigt. Er schreibt: ›Dieser Arbeit liegen hauptsächlich folgende Dokumente zugrunde: die erhaltenen Pläne für die Evakuierung von Kulturschätzen und Kunstwerken im Falle einer drohenden Einnahme Ostpreußens durch den Feind. Diese Pläne wurden unter Berücksichtigung der Erfahrungen, die während der Okkupation eines Teils des preußischen Territoriums durch die Russen im Jahre 1914 gemacht wurden, in den zwanziger Jahren ausgearbeitet und 1938 überarbeitet. In diesen Plänen war die Auslagerung der Kulturschätze auf Gutshöfe, Staatsgüter, Pfarrhäuser, Kirchen, Kapellen und Schlösser vorgesehen. Als mögliche ›Aufbewahrungsorte‹ wurden etwa 90 bewohnte Orte und Objekte im ganzen westlichen Ostpreußen bestimmt.‹«

»Wird das Gut von Erich Koch in diesem Dokument erwähnt?« fragt Owsjanow und schaut auf die Uhr. Er klopft mit dem Finger auf das Glas. Ich verstehe, was er meint. Wir müssen in einer halben Stunde in der ehemaligen Brauerei »Ponarth« sein.

»Eben mit dem Gut von Koch beginnt die Liste der wichtigsten und, wie er es nennt, ›ganz sicher aussichsreichsten‹ Orte, an denen man suchen muß. Hier: Karte Nr. 1288 von Königsberg.

Der Text: ›Die Grunderwerbungen des Erich Koch 1938 bis 1944‹:

1938	1 000 ha	Gut Gr. Friedrichsberg, von Frau Douglas
1942	900 ha	Gut Trankwitz
1943	1 000 ha	Domänenkammer – Gut Waldgarten
1944	800 ha	Gut Charlottenburg, von Bülow
1944	800 ha	Gut Metgethen, von Weller
1944	700 ha	Realgemeinde Moditten

Gesamt: per 1. 10. 1944 5 200 ha.

Stein hat die Besitzungen Kochs auf der Karte rot und gelb umrandet.

»Und was bedeuten die braunen Kreise?«

»Orte, an denen man suchen muß…«

»Und die Punkte in den Kreisen?«

»Alle roten Punkte innerhalb eines braunen Kreises bezeichnen Orte, die man besonders gründlich durchsuchen muß«, heißt es bei Georg Stein. – Zum Beispiel: »Kreis 1, Punkte 1 und 2: unmittelbar am Phillipsteich Nordufer gelegene Bauten, die ›Betonkästen‹ ähneln (›Bunker‹) und mit Gras bewachsen sind. Wahrscheinlich gibt es auch unter Wasser welche. Kreis 2, Punkte 3, 4, 5 und 6: kleine sumpfige Buchten, die als Verstecke, besonders für Metallbehälter, gedient haben könnten. Hier muß man Metallsonden einsetzen. Blauer Kreuzpunkt: Ausflugslokal ›Landgraben-Halle‹, ab 1942 Kaserne für Kochs ›Ukrainischen Wachdienst‹.«

»Hier ist noch ein gelber Punkt auf der Karte eingetragen: ›Wohnsitz Dr. Robert Stein, Juditten, Waldstraße 25 (mein Elternhaus)‹. Stein führt dazu aus: ›Im Haus meines Vaters, des letzten freigewählten Landesvorsitzenden der Deutschen Volkspartei für die Provinzen Ost- und Westpreußen, liefen von 1933, als er aus allen politischen Ämtern entfernt wurde und sich in den Schuldienst als Mittelschullehrer zurückzog, bis zum letzten Kriegsjahr 1945 viele vertrauliche Mitteilungen zusammen. Als persönlicher Freund von Prof. Dr. Lohmeier und Dr. Goerdeler, dem letzten demokratisch gewählten Senatspräsidenten und Bürgermeister meiner Vaterstadt, gehörte er, Dr. Robert Stein, zu jenen durch preußische, unbestechliche Denkart geprägten Kräften, deren Freunde immer da waren. So wurde mein Elternhaus zu einem Sammelbecken vertraulicher Nachrichten, die auch für die Vorgänge um das Bernsteinzimmer und den Kunstraub bedeutsam waren. (...) Die Lage meines Elternhauses im Vorort Juditten bot geradezu einen ›Logenplatz‹ zur Beobachtung der Vorhaben des Gauleiters im Bereich seiner Latifundien Gr. Friedrichsberg, Waldgarten und Charlottenburg.«

»Einen Moment. Wir haben in diesem Haus gearbeitet«, sagt Jelena Jewgenjewna. »Wir erhielten Informationen von Georg Stein, daß sein Vater im Schornstein, der vier Züge hatte, ein Bündel mit detaillierten Informationen über den Aufbewahrungsort der von den Nazis geraubten Schätze versteckt hatte. Das geschah einige Tage vor seiner Verhaftung. Wir suchten dieses Haus auf. Es stellte sich heraus, daß dort nicht nur eine, sondern vier Familien wohnten. Und daß einer der neuen Öfen wieder qualmte, der Rauchabzug war verstopft. Man putzte ihn aus und ... der Luftabzug funktionierte wieder! Nicht ausgeschlossen, daß ausgerechnet in diesem Rauchabzug, der zu Zeiten Robert Steins nicht benutzt wurde, die Rolle mit den Dokumenten versteckt war...«

»Wir müssen los!« sagt der Oberst. »Sonst verspäten wir uns.«

»Ich bin gleich fertig. Nur noch eine Mitteilung aus dem ›Vermächtnis‹: Außerdem muß man im Auge behalten, daß in diesem Gebiet nicht nur das Bernsteinzimmer, sondern auch viele andere Kostbarkeiten versteckt sein können. Koch war nämlich Reichskommissar der Ukraine und mit dem Reichskommissar von Weißrußland Kube und dem des Baltikums Lohse eng befreundet. Lohse lag 1944 sehr lange im Elisabethkrankenhaus in Königsberg und ›erholte‹ sich danach auf dem Gut von Koch. Außerdem hatte Koch die ›Hinterlassenschaft‹ des Einsatzstabs Reichsleiter Rosenberg in Ostpreußen geerbt! Hier ist die entsprechende Akte«:

Telephonnotiz: RR.E.St. Ratibor mit RR.E. Stab Berlin 19. 10. 1944, 17.00

Alle E.St. RR. haben Ostland/Ostpreußen verlassen. Alle Bestände Insterburg verladen. Restl. Bestände Königsberg werden durch R.K. Gauleiter Koch abgewickelt.
gez. Lommatsch/Behr

»Awenir, was bedeutet Ihr geheimnisvolles Lächeln?«
»Später, später«, winkt der Oberst ab und klopfte wieder auf sein Uhrenglas: »Wir müssen jetzt schleunigst fahren, man erwartet uns dort.«

»Wenn Sie über die alte Eisenbrücke, die über die Bahngleise führt, gehen, sehen Sie sofort einen sehr hohen Schornstein. Das ist die Brauerei ›Ponarth‹«, schreibt der Großneffe des Gründers der Brauerei J. H. Schifferdecker in seinem Brief. »Wie oft habe ich als Junge mit Stolz diesen Schornstein betrachtet!« Der Oberst und ich fahren zuerst über das Kopfsteinpflaster unter dem Eisenbahnviadukt durch, an dessen Steinmauern noch eine Aufschrift zu sehen ist, die an die Erstürmung Königsbergs erinnert: »Hier gingen die Gardisten des Oberst Tolstikow als erste durch!« Dann fahren wir über die Brücke, von der Schifferdecker schreibt, und sehen den bis in den Himmel ragenden Schornstein.
Man erwartet uns schon. In dem kleinen, stickigen Büro des Oberingenieurs Waleri Leontjewitsch Jewdokimow ist auf einem Tisch eine Karte des Territoriums des Kaliningrader Brauereikombinats, wie die ehemalige Brauerei »Ponarth« jetzt heißt, ausgebreitet. Wir machen uns miteinander bekannt. Der Oberingenieur weiß, was uns interessiert. Er zeigt uns auf der Karte, wo die alten und wo die neuen Gebäude sind: »Hier ist der Hubertusteich, von dem im Winter über einen speziellen abschüssigen Kanal riesige zurechtgesägte Eisblöcke in den Eiskeller der Brauerei transportiert werden. Klug ausgedacht, nicht wahr? Hier wurde ein ausgezeichnetes Bier mit dem besonderen Wasser, das es auf dem Brauereigebiet gab, gebraut. Nein, dieses Bier wird jetzt nicht mehr hergestellt, wir brauen hier überhaupt kein Bier mehr, weil doch der Alkoholismus im Land bekämpft werden soll. Hier, probieren Sie, das sind unsere Getränke: ›Zitrusgetränk‹, ›Baikal‹, ›Limonade‹… Was das ist? Das sind die riesigen Brun-

nenanlagen der Brauerei ›Ponarth‹, sie wurden aus irgendeinem Grund vor zehn Jahren zugeschüttet. Hier, die gepunkte Linie auf der Karte bezeichnet den Ort, an dem der alte Eiskeller vermutet wird, vielleicht ist dort ja tatsächlich was. Darüber wurde eine neue Halle errichtet. Als die Pfähle eingerammt wurden, ging es nach zehn Metern nicht mehr weiter. Möglicherweise war man auf die Decke des Eiskellers gestoßen… Was man sonst noch weiß? Wissen Sie, es wird alles mögliche erzählt. So hat man auch erzählt, daß kurz nach dem Krieg eine Gruppe von Arbeitern verschwand. Sie stiegen in einen Brunnen hinab, fanden dort einen Gang, gingen hinein und kehrten nicht wieder zurück. Grausig, nicht wahr? Später soll noch ein junger Mann verschwunden sein, aber ob das stimmt? Vielleicht ist das nur Geschwätz. Aber daß sich unter dem Kombinat weitläufige unterirdische Räume befinden, daran besteht kein Zweifel. Vor kurzem fing ein Abfallhaufen Feuer und wurde dann einfach in einen der Brunnen geschoben. Der Rauch stieg an mehreren Stellen des Kombinats auf, fünfzig, sechzig Meter von dem Brunnen entfernt! Das ist eigentlich schon alles, was ich Ihnen berichten kann. Gehen wir, ich zeige Ihnen das Kombinat.!«

Riesige rote Backsteinhallen, Ziegeldächer. An der Wand eines Gebäudes sind Ringe angebracht. Dort war das Lager für das in Flaschen abgefüllte Bier. An den Ringen wurden die Pferde angebunden, als man das Bier noch mit Pferdewagen ausfuhr.

»Was ist das für ein Emblem?«

»Ach, das ist mir noch gar nicht aufgefallen.«

An der Mauer ist ein großes Relief zu sehen: sechs Räder, ein Schwert in der Mitte und das Gerstensymbol. Rechts stehen zwei gotische Buchstaben: »J. S.« auf der linken Seite steht die Zahl 1939. Ach ja, in diesem Jahr feierte die Brauerei ihr hundertjähriges Bestehen! 1839 hatte Johann Philipp Schifferdecker in Königsberg in der Tuchmachergasse eine Brauerei von untergärigem Bier eingerichtet und hat so das »Bayerische Bier« in Ostpreußen eingeführt. 1849 wurde die Brauerei nach Ponarth verlegt.

»Bitte hier entlang! Vorsichtig, zehn Stufen hinunter, zwanzig hinauf.« Kurz darauf befinden wir uns in einer geräumigen, verdunkelten Halle, in der sich auf unvorstellbar großen Zahnrädern langsam ein gigantischer Stahlzylinder dreht, der mit Gerste gefüllt ist. Es kracht und quietscht und riecht nach Bier. Aber man sagte uns doch, hier würde nur noch Limonade hergestellt?

»Schauen Sie mal«, ruft Jewdokimow, »die Herstellerfirma: ›Freund-Patent, Berlin-Charlottenburg, 1897‹. Das Rad dreht sich schon hundert Jahre! Ohne auch nur einmal repariert zu werden! Und es wird sich noch weitere hundert Jahre drehen! Bier? Wir wenden und trocknen die Gerste hier im Kombinat und schicken sie dann an andere Fabriken. Hier an der Wand ist das Firmenzeichen: ›Das köstliche Ponarther Märzenbier Spezial‹.«

Wir steigen in einen feuchten unterirdischen Raum hinab. Stählerne Säulen auf verzierten Fundamenten stützen die Decke des Gewölbes. Früher standen hier Hunderte von Bierfässern. Wo ist das alles nur hingekommen? Jewdokimow zeigt uns, daß es hier an unterschiedlichen Stellen unterschiedlich hallt. Hier hallt es ganz dumpf, und zehn Schritte weiter klingt es viel heller, als ob unter uns Räume wären.

Dann gehen wir vom Keller wieder ans Licht, in die Sonne. Jewdokimow versichert, daß der Eiskeller seit dem Krieg nicht mehr geöffnet wurde. Die Eingänge wurden gesprengt und dann zugeschüttet. Wenn der Stadtsowjet zustimmt, sei er bereit, uns jegliche Unterstützung zu gewähren.

»Was? Die Erlaubnis liegt schon vor? Die ›Suchgruppe‹ des Kulturfonds übernimmt die Arbeiten? Gut, dann bis zum nächsten Mal. Wann wollen Sie anfangen? Hier noch ein Andenken: Eine Flasche ›Ponarther‹. Sie lag vierzig Jahre in der Erde! Wie sie schmeckt, ist allerdings schwer zu sagen.«

Wir verabschieden uns: »Auf Wiedersehen, bis zum nächsten Mal, bis zum Interview bei den Schatzkisten in den Verliesen der Brauerei! Wer weiß?...«

Owsjanow und ich fahren ins Stadtzentrum zurück. Er lächelt immer noch. Ich schaue ihn an und warte. Was ist nur los?

»Wohin fahren Sie jetzt?« fragt er.

»Ach ja, beinahe hätte ich es ganz vergessen, zu Sachartschenko. Kommen Sie mit?«

»Nein, ich kann nicht mitfahren. Interessiert sich Wassili Sachartschenko für die Hauptversionen, die ›Schachtversion‹ und die ›Überseeversion?‹

Ich nicke. ›Ich bringe ihm meine Unterlagen, dafür gibt er mir seine Informationen. Eine Hand wäscht die andere.«

»Georg Stein hat doch von vier Hauptversionen gesprochen, nicht? Aber es gibt noch eine fünfte Version. Sie ist ebenfalls sehr wichtig!« sagt Awenir Petrowitsch. »Wo hat Olga die Wallenrodt-Bücher gefunden? In irgendeiner gottverlassenen Kirche. Dort liegen Berge von Büchern! Kann es nicht sein, daß auch andere Schätze, zum Beispiel der ›Königsberger Bernstein‹, von dem ein kleiner Teil im Keller der Göttinger Universität entdeckt wurde, irgendwo liegt und vergessen wurde? Die, die Bescheid wußten, sind inzwischen gestorben, aber die Kisten stehen noch irgendwo herum. Haben Sie kapiert?«

»Übrigens, der erste Aufseher über das Bernsteinzimmer, Anatoli Michailowitsch Kutschumow, erzählte mir, daß er sich erinnert, daß, als er in Königsberg bei der Suchkommission gearbeitet habe, ein gewisser Hauptmann Zirulin aus Darkehmen eine riesige Anzahl Bilder und antiker Skulpturen abtransportiert hat, die einem Haus- und Mühlenbesitzer in Darkehmen gehört hatten, das ist heute Uljanowskoje im Rajon Osjorsk. Alles wurde nach Königsberg gebracht und ist dann verschwunden. Der Hauptmann samt Kisten. Man muß suchen, suchen! Und nicht nur hier im ehemaligen Ostpreußen, da haben Sie ganz recht, Awenir Petrowitsch, sondern auch in Rußland. Ja, und noch etwas. Wie mir Kutschumow erzählt hat, wurden einige Dutzend wunderbarer Bronzeskulpturen aus dem Konzertsaal von Jekaterinenhof kurz vor der Ankunft der Deutschen von Rotarmisten im sogenannten ›Gärtchen‹ vergraben, irgendwo bei der Kagulski-Grotte, nicht weit von der Skulptur ›Die Idee‹. Dieses ›Begräbnis‹ leitete eine Mitarbeiterin des Museums von Turow, aber später konnte sie sich nicht mehr genau daran erinnern, wo die Skulpturen ruhen. Warum versucht denn keiner, sie zu finden? Fürchtet man etwa um den Rasen?«

»Ja, man muß weiter suchen!« Awenir Petrowitsch wühlt in

seiner Aktenmappe und zieht ein Kuvert aus festem Papier mit einem großen Siegel hervor. »Erinnern Sie sich, Jelena Jewgenjewna Storoschenko hat doch von einem äußerst wichtigen Dokument gesprochen, das sie zu finden hoffe? Sie hat dieses Dokument bereits.« Ich betrachte das Kuvert genau. Auf dem Siegellack ist deutlich der Abdruck zu sehen. Ein Adler, um den herum auf deutsch geschrieben steht: »Zollamt Tilsit * Ostpreußen«.

»Wo haben Sie das her?« »Der Stempel gehört mir, ich habe ihn gefunden. Öffnen Sie dieses Dokument erst am Abend, es enthält ein erstaunliches Geheimnis! Moment, halten Sie doch bitte beim Roßgärter Tor. Bis zum nächsten Mal, wir telephonieren, ja?«

... Kaum hat der Sommer begonnen, taucht auch schon der schroffe, unruhige, langbeinige Dichter Wassili Dmitrijewitsch Sachartschenko in Kaliningrad auf, der viele Jahre Chefredakteur der Zeitschrift »Technik und Jugend« war. Er steht schon am Hoteleingang und deutet auf die Uhr. »Was, ich bin drei Minuten zu spät? Ich komme sofort, stelle nur noch schnell das Auto auf dem Parkplatz ab! Guten Tag, wann fahren Sie weiter, morgen? Was, schon heute um halb zwei?« Wir gehen auf sein Zimmer: Rucksäcke und grüne Kisten, in denen ich Sauerstoffgeräte, Tauchermasken, Schnorchel und Schwimmflossen vermute, liegen rum, auf dem Tisch Aktendeckel, Papierstapel, Dokumente, ein Glas mit kaltgewordenem Tee, Fotoapparate und Filmdöschen. Von all dem geht ein Hauch von Reisen und Streifzügen, höchst interessanten, abenteuerlichen Expeditionen aus. Eigentlich unternimmt Wassili Dmitrijewitsch Sachartschenko auch eine solche Expedition: er sucht wie wir schon einige Jahre nach dem Bernsteinzimmer, aber auf eigene Faust, er hat da seine eigene Version.

»Also beginnen wir, die Zeit ist knapp. Haben Sie was mitgebracht? Was ist das? Ganz kurz, bitte.«

»Sie baten um die Dokumente der Schachtversion von Georg Stein. Ich habe hier etwas vorbereitet: Was?, Ja, die Überseeversion habe ich auch mitgebracht. Beide Versionen gehen übrigens scheinbar in einander über. Im Ganzen gesehen, ist die vierte Version die Fortsetzung der Schachtversion. Also, hier sind die

Dokumente aus dem Archiv von Georg Stein. Übrigens, fahren Sie vielleicht nach Sachsen, Wassili Dmitrijewitsch?«

»Schon möglich, nichts ist ausgeschlossen.«

»Also hier schreibt Stein zur Schachtversion: Die Evakuierung der Schätze wurde unter dem Decknamen ›Kaiser-Friedrich-Museum Posen‹ von Direktor Dr. Siegfried Rühle persönlich durchgeführt. Er schickte zwei Transporte mit Sachen aus Königsberg und einen aus Thorn (Toruń) auf den Weg. Der Inhalt des ersten Transportes war: eine große Münzsammlung und eine Briefmarkensammlung, die Dr. Rühle von der Oberpostdirektion in Königsberg übernommen hatte, dann eine Sammlung von Silberarbeiten der Gilden und der ›Albertina‹, die im April 1944 zunächst nach Posen geschickt worden war. Mit dem zweiten Transport wurde das Bernsteinzimmer fortgebracht. Die restlichen Transporte beinhalteten die historischen Archive verschiedener Städte. Im Januar 1945 ging der Rühle-Transport zunächst zum Bahnhof Paradies östlich von Frankfurt/Oder, wurde hier von den Lkws in Eisenbahnwaggons umgeladen und nach Buch bei Berlin gebracht. Dort war ein unterirdischer Bahnhof, wo schon die Sonderzüge von Hitler, Göring, Himmler und anderen Machthabern des untergegangenen Reiches bereitstanden. Von dort aus ging der Transport zuerst nach Weimar, wo die Fracht im Thüringischen Landesmuseum eingelagert wurde…« Zu diesem Vorgang findet sich bei Stein das Aussageprotokoll des polnischen Staatsbürgers Kairis, der Fahrer bei Dr. Siegfried Rühle vom Kaiser-Friedrich-Museum in Posen war. Er berichtet:

»Im Mai 1944 fuhr ich den Herrn Direktor Rühle von Posen nach Königsberg/Pr. Von dem Direktor der dortigen Oberpostdirektion übernahm Herr Dr. Rühle eine große Münzsammlung, die später in einem Bunker der ›Warthe-Hohlblock-Stellung‹ eingelagert wurde. Rühle war ein guter Freund von Martin Bormann. Im Januar 1945 traf in Posen ein großer Lkw-Transport aus Königsberg/Pr. ein, der größere Kisten geladen hatte. Es wurde die Münzsammlung aus dem Bunker geholt und zugeladen. Der Transport ging zunächst bis zum Bahnhof der Ortschaft Paradies östlich von Frankfurt/Oder und wurde dort in Eisenbahnwaggons umgeladen. Auf der Fahrt nach Paradies hörte ich ein Gespräch zwischen Herrn Direktor Dr. Rühle und einem mitfahrenden Major D. Root aus Riga. Root war darüber besorgt, daß die ›Bernstein-Kapelle‹, die in den Kisten verpackt war, in ein Salzbergwerk kommen sollte, da wäre es zu feucht für die kostbaren geschnitzten Bernsteinplatten. Herr Direktor Rühle sagte dann, das Bergwerk wäre beheizt und trocken. Das müßte auch der Fahrer Ewald Menken aus Dortmund gehört haben.«

»Und weiter? Wo sind alle diese Transporte hingekommen?«

»Ich merke, daß Sie sehr gerne zu den Schächten in Sachsen fahren würden, nicht wahr? Also, weiter: Zwischen dem Präsidenten des Internationalen Roten Kreuzes in Genf, Dr. Karl Jakob Burchardt, und der SS-Leitung, vertreten durch Himmler und Kaltenbrunner, wurde vereinbart, daß das Internationale Rote Kreuz die Erlaubnis bekommt, Lebensmittel in die Gefangenenlager in Thüringen zu liefern. Etwa anderthalb Millionen Pakete wurden mit Lastwagen des IRK nach Weimar gebracht. Am 9. April 1945 ließ SS-Gruppenführer Dr. Kammler in Weimar-Buchenwald zwei Lastwagen des IRK entwenden, um auf ihnen in den Nächten vom 10./11. und 11./12. April die Kunstschätze, die vorher im Thüringischen Landesmuseum eingelagert waren, an einen unbekannten Ort zu bringen.«

»Hat man den Ort nicht herausbringen können?«

»Einen Moment noch. ›Dieser Transport sollte ins Salzbergwerk Alt-Aussee im Salzkammergut gebracht werden. Das gelang aber wegen des schnellen Vormarsches der amerikanischen Truppen auf Nürnberg nicht. Der Transport fuhr Richtung Norden zum Kali-Salzschacht Grasleben, der damals dem Salzdethfurth-Konzern gehörte. Die Fracht wurde, wie in der Akte über die Einlagerung nachzulesen ist, auf der 430 Meter Sohle Abbau 4 als Deponat Nr. 13 ›Kaiser-Friedrich-Museum Posen‹ eingelagert. Die historischen Archive der Städte Thorn, Elbing, Frauenburg und Danzig, die Rühle mit sich führte, wurden auch dort versteckt. Die Liste führt 60! Deponate auf, die aus allen Teilen des Reiches hergebracht wurden, darunter den berühmten Goldschatz des Priamos, den Heinrich Schliemann 1873 in Troja ausgegraben hatte.‹ Und hier berührt sich die ›Schachtversion‹ mit der ›Überseeversion‹. Stein schreibt darüber in seinem Archiv: der Transport ab Weimar und Gotha war gefunden. Nun ging es um die Akten für diese Einlagerungen in Grasleben. Zunächst wandte ich mich an das Haupt- und Staatsarchiv in Wolfenbüttel, welches für den südöstlichen Bereich Niedersachsens zuständig ist, dort gab es keine Unterlagen. In Celle, wohin viele Deponate aus der Grube Grasleben gebracht wurden, war von 1945 bis 1958 das Kunstgutlager im Schloß der Herzöge von Braunschweig-Lüneburg als Abwicklungsstelle für zunächst herrenlose Kunstschätze, auch dort gab es keine Akten. Dann traf ich aber einen ›Gewährsmann‹ in Berlin, der in Celle gearbeitet hatte, und dieser nette Mann hatte 1945 erfahren, daß ein Transport aus dem Bergwerk Grasleben schon sehr früh durch die Fronttruppe der Amis abgeholt und direkt nach Wiesbaden gebracht worden sei. Die Tinte auf der Kapitulationsurkunde des ›Tausendjährigen Reichs‹ war noch nicht trocken, da gingen Offiziere der 9. US Army am frühen Morgen des 10. Mai 1945 ins Bergwerk und holten dort nur den Transport aus Weimar und Gotha herauf, luden die 230 Kisten auf Lkws und brachten diese zunächst nach Wiesbaden und wenig später über den Großen Teich in die Staaten. Was dort damit geschah, wissen wir bis heute nicht. Aber etwas wissen wir noch: unmittelbar nachdem die IRK-Lkws aus der Schweiz Weimar und Gotha mit den Kunstschätzen verlassen hatten, wurde ein Sonder-Kurier mit den Begleitpapieren für diesen Transport ins Führer-Hauptquartier nach Berlin geschickt, der jedoch dort nie ankam. Es besteht die Vermutung, daß dieser Kurier in amerikanische Gefangenschaft bei der 9. US Army geraten ist, die also genau wußte, was in diesem Deponat Nr. 13 verpackt war. Es besteht die Möglichkeit, daß sich unser Objekt in den USA befindet, denn wie ich im Laufe der Jahre aus vielen Berichten weiß, haben auch die Amis in zum Teil großen Stil geplündert und verschleppt, so zum Beispiel das Gnadenbild der Madonna von Tichwin am Ladoga-See, das sich heute im Besitz des Patriarchats der orthodoxen Weltkirche in Chicago befindet.«

»Hm, ein bißchen weit weg gefahren, unser Bernsteinzimmer!

Und was ist mit den anderen Schächten? Ich habe zwar schon einen ganzen Ordner voller Dokumente mit der Aufschrift ›Schächte‹, zum Beispiel über den Schacht ›Dora‹, aber vielleicht gibt es bei Georg Stein etwas Neues, wenig Bekanntes.«

»Stein interessierte sich sehr für den Schacht ›Wittekind‹ des Kalibergwerks Volpriehausen im Solling in der BRD. Gerade dieser Schacht ist doch anscheinend mit dem Text des Funkspruchs jenes geheimnisvollen Ringels: ›im BSCHW eingelagert‹, in Verbindung zu bringen. Wie Stein herausfand, war die bergmännische Bezeichnung für das Bergwerk Volpriehausen offiziell ›BSchacht Wittekind‹. Darüber schrieb Stein in der ZEIT, vielmehr, er schrieb wahrscheinlich, darüber, da wir die Zeitung selber nicht haben, sondern nur Steins Manuskript. Von russischer Seite wurde dann der Funkspruch Ringels als ›im BIII b eingelagert‹ gelesen, und in der Fortlinie nördlich der Festung Königsberg gab es tatsächlich einen Bunker III b, wir haben dort aber nichts gefunden. In der DDR hat man an der Version ›BSCHW‹ gearbeitet, und aus dem Code einen Hinweis auf den ›Betrieb Schichau Werft‹ abgeleitet.«

»Wieso Schichau-Werft?«

»Auf der Schichau-Werft in Königsberg lag der Leichte Kreuzer ›Emden‹ mit Maschinenschaden. Trotzdem wurde das Schiff für Flüchtlingstransporte freigegeben und sollte zunächst über den Seekanal nach Pillau geschleppt werden. Kurz vor dem Auslaufen in der Nacht vom 23. auf den 24. Januar erschienen mehrere Lastwagen am Kai. Sie brachten die Sarkophage Hindenburgs und seiner Frau, sowie Fahnen und andere ›Heiligtümer‹ aus dem Tannenberg-Denkmal. Es wurde nun angenommen, daß in dieser Nacht auch das Bernsteinzimmer auf die ›Emden‹ verladen wurde. Stein hielt aber an der Lesung ›BSchacht Wittekind‹ fest.

In seinem Aufsatz schreibt er weiter, daß die Briten, die den entsprechenden Teil Deutschlands besetzt hatten, im Sommer 1945 die im ›Wittekind‹ versteckten Schätze an die Erdoberfläche geholt haben: eine Menge Bücher, Archive, Dokumente, zwei Kisten mit Bernstein aus Königsberg, Teile eines Porzellanservices, das Katharina der Zweiten gehörte. Ein Teil des Services befindet sich übrigens in Händen der örtlichen Bewohner (dieses Service stammt aus Katharinenhof und wurde zusammen mit dem Bernsteinzimmer aus der Stadt Puschkin abtransportiert). Man hat aus dem Schacht sehr viel rausgeholt, darunter auch ein halbes Dutzend riesiger Kisten mit unbekanntem Inhalt. Eines kann man sagen: es befanden sich dort die wertvollsten Kunstwerke! Nach den Erzählungen derer zu urteilen, die dort unten in 660 Metern Tiefe waren, sind diese Kisten nur ein kleiner Teil dessen, was noch unter der Erde war. Doch dann kam es in der Nacht vom 28. zum 29. September zu einer schrecklichen Explosion. Im Archiv, Akte ›Angelegenheit Nr. 20‹, zitiert Stein den Bericht eines Augenzeugen:

»Am Sonnabend, dem 29. September 1945, etwa um 2.10 Uhr in der Nacht, erfolgten mehrere äußerst heftige Detonationen kurz hintereinander. Ich glaubte zunächst, ein Teil der auf dem MUNA-Gelände Wittekind von den Feuerwerkern zwecks Sprengung zusammengetragene Munition sei explodiert. Als ich jedoch aus meinem Wohngebäude, der Gastwirtschaft Bömer in Volpriehausen heraustrat, sah ich, daß ein ungeheures Flammenmeer sich über der Schachtanlage Wittekind austobte. Nachdem das Feuer etwas nachgelassen hatte, begab ich mich auf eine Anhöhe und sah, daß eine etwa 35 m hohe Flamme aus dem Schacht Wittekind schlug. Die Flamme war hell leuchtend und vollkommen rußfrei. Das Schachtgerüst war bereits vollkommen ausgeglüht.

Am 29. September abends wurde mir die verantwortliche Leitung der gesamten Brandbekämpfung von dem zuständigen Leiter des Bergamtes Goslar, Herrn Bergrat Dr. F. und den Britischen Offizieren übertragen. Dann erfolgte am Sonntag, dem 30. September, gegen 6.10 Uhr, eine weit heftigere Explosion wie am Vortage, die sich wie folgt auswirkte: Das ausgeglühte Schachtgerüst war fortgeflogen, der Schachtgerüstkopf mit den Seilscheiben, Achsen und Lagern war über das Fördermaschinengebäude weggeschleudert worden und befand sich auf dem Abhang der Salzhalde. Brocken der Schachtauskleidung wurden bis zu 0,5 Kilometer weit weggeschleudert. Um den Schaden auf der Anlage Hildasglück festzustellen, begab ich mich zur örtlichen

Burbachleitung (Herr Behmann) und forderte dessen Fahrzeug zur Fahrt dorthin an. Wir wurden jedoch nach kurzer Fahrt von Herrn Hauptmann B. angehalten, der Zugang zum Werk wurde uns untersagt (Hauptmann B. war der frühere MUNA Chef).

Herr Behmann und ich begaben uns daraufhin an eine solche Stelle im Gelände, von wo aus wir das Schachtgerüst Hildasglück sehen mußten; aber dasselbe war bereits verschwunden und man sah an dieser Stelle nur noch eine auflodernde Flamme. Während dieser Zeit erfolgte dann gegen 8.30 Uhr eine schlagartige Explosion, bei welcher die auf Hildasglück lagernde Munition in die Luft geflogen war. Eine Besichtigung der Schachtanlage konnte von mir gemeinschaftlich mit Herrn Bergrat Dr. F. erst am Montag, dem 1. Oktober, in den Morgenstunden vorgenommen werden. Infolge der Explosion von 40 Tonnen Munition war die gesammte Anlage restlos zerstört: die gesamte Hängebank und das Gerüst lagen auf dem Schachtmundloch, dieses war kraterförmig erweitert.«

»Sabotage?«

»Zweifelsohne.«

»Aber woher kam die Munition?«

»Seit Januar 1936 wurden die Schachtanlagen auch als Munitionslager benutzt. Der ›Große Krieg‹ wurde vorbereitet«

»Also, nach der vierten Version ist ein Teil der Schätze, die Schätze, die vor den Explosionen von den Amis aus dem Schacht rausgeholt wurden, nach Übersee verschifft worden? Für immer? Ist alles verschwunden, weggekommen, verloren?«

»Man hat sehr viel über den Ozean gebracht, nicht nur Gegenstände aus den Schächten. Vor kurzem wurde uns aus München ein Brief geschickt, der nach der Sendung ›Die Suche nach dem Bernsteinzimmer‹ an die Redaktion des Bayerischen Fernsehens kam. Hier ist er: ›Nach der Sendung rief am 21. d. M. ein Mann an, der seinen Namen nicht nannte und folgendes berichtete: Das Bernsteinzimmer, das in 26 Kisten verpackt wurde, von denen jede 4 Meter lang war, wurde am 22./23. März 1945 auf das Schiff ›Prinz Eugen‹ verladen. Am 20. April 1945 kam dieses Schiff in Kopenhagen an. Am 26. Mai des gleichen Jahres luden die Engländer alle Kisten auf das englische Schiff ›Cutter‹ um, und am 5. Januar 1946 wurden alle Kisten in Bremerhaven-Columbuskaje den Amerikanern übergeben. Die Kisten wurden zwischen dem 5. und dem 10. Januar auf ein amerikanisches Kriegsschiff geladen und in die USA gebracht.«

»Eine abscheuliche Version, diese ›Schachtversion‹, genau wie die ›Überseeversion‹! sagt Wassili Dmitrijewitsch etwas besorgt. Er steht auf, geht durchs Zimmer, nimmt etwas vom Tisch, setzt sich aufs Bett und umschlingt die Knie mit seinen langen Armen. ›Der Bernstein unter einer riesigen Erdschicht! Haben die Deutschen nach dem Krieg nicht versucht, dort zu graben?«

»Solche Pläne gab es, kurz vor dem Einmarsch unserer Truppen in Afghanistan. In einem der Dokumente schreibt Stein, daß alle Arbeiten wegen der Besetzung Afghanistans durch die sowjetischen Truppen aufgeschoben wurden. Ja, es sind ekelhafte Versionen, aber eben doch Versionen!«

»Sie haben alles zusammengerafft, abtransportiert und dann – in die Luft gejagt. Aber vielleicht wurde ja alles, was in diesen Schächten war, vorher rausgeholt!? Auch das aus den anderen Schächten.«

»Nein, verschiedenes wurde noch nach dem Krieg gefunden. Hier schreibt ein gewisser Hans Schneider an Stein: ›Meine Suche nach im Schacht ›Mariasglück‹ versteckten Schätzen erbrachten positive Resultate: die im Schacht versteckten Kostbarkeiten wurden von uns geborgen!‹ Georg Stein schreibt dazu folgendes:

›1. 1945 richeten die Amerikaner in München ein sogenanntes Kunstsammellager (›Art Collecting Point‹) ein, in Wiesbaden eine Nebenstelle. Die Briten sammelten herrenlose Kunstschätze in einem Sammellager in der Kaiserpfalz in Goslar. 2. Viele Schätze wurden ihren Besitzern in West und Ost zurückgegeben, vieles blieb aber als herrenloser Besitz in den Lagern zurück. 3. Mitte der fünfziger Jahre wurde das sogenannte ›Londoner Schuldenabkommen‹ unterzeichnet, das auch den Schadensersatz für den Verlust von Kulturgütern der westlichen Verbündeten regelte… So bekamen zum Beispiel laut Vertrag die Niederlande 450 Millionen DM, Frankreich etwa 600 Millionen. In einem geheimen Zusatzprotokoll zu diesem Abkommen wurde festgestellt, daß die Ansprüche der östlichen Staaten solange nicht erfüllt werden können, bis entsprechende Verträge mit allen Kriegsgegnern abgeschlossen sind. Nach der Ratifizierung des Londoner Schuldenabkommens wurden in Wiesbaden alle Schätze, die sich noch in den Lagern befanden, ausgestellt, aber auf der Ausstellung waren sehr wenig Spezialisten anwesend, und Vertreter des Ostblocks waren über diese Ausstellung überhaupt nicht informiert worden.«

»Hat die UdSSR also an der Suche nach ihren Kunstschätzen offiziell nicht teilgenommen, da sie bei der Ausarbeitung des ›Londoner Schuldenabkommens‹ nicht dabei war?«

»Unser Land hat keine ›entsprechenden Verträge‹ über die Suche und Rückgabe von Kunstschätzen unterschrieben. Warum? Vielleicht deswegen, weil wir schon recht viele Schätze in unser Land geschafft hatten, darunter auch deutsche, und weil wir zwar die Bilder der Dresdener Galerie zurückgaben, aber anderes nicht? Wie gefällt Ihnen das?«

»Mir gefällt das alles gar nicht. Zu viele Geheimnisse, darunter auch diplomatische... Mir gefällt weder die Schacht- noch die Überseeversion. Was ist mit diesen Kunstlagern eigentlich? Existieren sie noch?«

»Bei Stein steht Folgendes darüber: ›1952 wurden die Restbestände des amerikanischen Sammellagers einer deutschen Treuhandstelle übergeben und in Bayern von der Oberfinanzdirektion in München betreut. Alle anderen Restbestände befinden sich unter der Verwaltung des Bundesfinanzministeriums in Bonn.‹ Also berücksichtigen Sie auch das. Wohin fahren Sie denn jetzt?«

»Mir gefallen diese abscheulichen Versionen definitiv nicht«, wiederholt Wassili Dmitrijewitsch und springt wieder auf. »Was? Ach ja. Mir gefallen diese Versionen speziell deswegen nicht, weil ich, vielmehr wir, unsere Expeditionsgruppe, davon überzeugt sind, daß das Bernsteinzimmer auf keinem Schiff irgendwohin gefahren ist und auch nicht in irgendwelche Schächte versenkt wurde, sondern daß es sich nicht weit von hier befindet... und zwar auf dem Grund des Frischen Haffs! Es wurde von dem

Unterleutnant Dmitri Jefimowitsch Gruba, heute Major a. D., versenkt. Er war Kommandeur des 35. Zuges des 249. Bataillons der 50. Panzerarmee von Rotmistrow... Ja, so sieht die Sache aus, und Sie reden von ›Schächten‹, ›Ozeanen‹! Das Bernsteinzimmer wurde auf Schlitten von Königsberg nach Deutschland transportiert. Wie sich ein ehemaliger Panzersoldat sehr gut erinnert, stieß man acht Kilometer von dem Örtchen Tolkemit, heute heißt es Tolmicko, entfernt auf den Transport. Die Panzer von Dima Gruba fuhren am Ufer des Frischen Haffs entlang und die Panzersoldaten sahen, wie ein Troß von fünf, sechs Schlitten von je zwei Pferden gezogen übers Eis Richtung Frische Nehrung fuhren. Eine Schutzwache war auch dabei. ›Die wollen nach Danzig abhauen. Schau mal, wie die flitzen!‹ sagte unser junger Panzerkommandant und befahl: ›Aber jetzt Jungs, Feuer auf die Kerle!‹ Und wir schossen aus drei Panzern... Die Schlitten und die Pferde brachen ein, aber fast alle, die den Troß begleitet hatten, blieben unversehrt. Unter ihnen war auch ein Zivilist: Als er wieder zu Bewußtsein kam, sagte er in schlechtem Russisch zu Dmitri Gruba: ›Wißt ihr, was ihr da versenkt habt? Das Bernsteinzimmer aus eurem Katharinenhof!‹ Der junge Leutnant wußte natürlich nichts von diesem Zimmer, aber der Deutsche erklärte ihm alles und, um seine Erzählung zu unterstützen, schlug er vor, in das in der Nähe gelegene Städtchen Cadinen zu fahren, nach seinen Worten ein Besitz des preußischen Prinzen Ludwig Ferdinand, eines Enkels Kaiser Wilhelm des Zweiten. Dort auf dem Gut führte der Deutsche die Panzersoldaten in ein kleines Zimmer im Keller und sagte: ›Brecht hier durch‹. Die Jungs schlugen die dünne Wand ein und entdeckten ein Versteck, in dem zwei riesige Kisten standen...«

»Bernstein? Ein Teil des Bernsteinzimmers?«

»Die Soldaten brachen die Kisten auf. Darin waren prächtige Kristalleuchter mit Bronzeadlern sowie Spiegel und verschiedene Geräte aus Bronze und Kristall. ›Das ist alles, was vom Bernsteinzimmer übriggeblieben ist‹, sagte der Deutsche. ›Es wurde hier aufbewahrt. Die Paneele und die übrigen Bernsteinverzierungen wurden auf die Schlitten geladen. Warum auf Schlitten? Die Eisdecke ist dünn, ein Auto hätte da einbrechen können. Jetzt ist alles auf dem Grund des Haffs.‹«

»Das ist eigentlich alles. Der Major a. D. schrieb in dieser Sache an alle Instanzen. Übrigens auch an die Chefin eurer Kaliningrader archäologischen Expedition, Jelena Jewgenjewna Storoschenko. Wohin fahren Sie jetzt? Ich muß in das Gebietsexekutivkomitee, setzen Sie mich dort ab?«

»Ja, einverstanden.« Sachartschenko geht ins Nebenzimmer und spricht dort laut mit jemandem. Es geht um Autos, um irgendwelche Sachen, die noch nicht angekommen sind. Das heißt, daß sie alle nicht heute, sondern erst morgen früh nach Polen fahren. Übermorgen müssen sie schon in dem trüben Wasser des Haffs mit den Taucharbeiten beginnen. Es ist schwierig, dort zu arbeiten. Der Grund ist stark verschlammt. Übrigens soll dort noch ein »goldenes Flugzeug« liegen, das ist ihre Ersatzversion. Es sollte die Schätze der Staatsbank aus Königsberg herausbringen, wurde aber von unseren Jagdflugzeugen über dem Frischen Haff abgeschossen. »Fahren wir? Die Zeit drängt…«

Ja, die Zeit drängt! Wie spät ist es jetzt? In vierzig Minuten wollen wir uns auf dem Friedhof treffen, aber vorher fahre ich zum »Luisen-Fort«. Dorthin bewegten sich im April 1945 vom Städtchen Charlottenburg aus Bataillone und Regimenter der Division, in der mein Vater diente. Eigentlich war der Kampf um die Stadt schon zu Ende, nur hier und dort ertönten gelegentlich noch ungeordnete Schießereien, manchmal auch schwere Explosionen.

Ich wußte nicht, wohin unser Truppenteil marschierte, was hatte das auch für eine Bedeutung? »Vielleicht habe ich Glück«, dachte ich, »und wir werden mitkämpfen… Aber was ist das für ein Haltepunkt? Was ist das für ein Fort? Werden wir es einnehmen? Was, es wurde schon gestern eingenommen? Teufel noch mal, so ein Mist, alles ist schon erledigt! Die Kämpfe wurden hier schon eingestellt! Die Garnison hat sich ergeben.«

Über den roten, niedrigen Gebäuden des Forts stiegen schwarze, ekelerregend nach verbranntem Gummi und Fleisch riechende Rauchschwaden auf. An einer Mauer des Forts lagen die gefallenen Verteidiger. Einige Sanitäter des »Volkssturms«, zwei ältere, düster blickende Männer in langen Mänteln, blond und helläugig, trugen die Toten aus dem Innenhof des Forts und legten sie in Reihen nebeneinander. Ein hochgewachsener Korporal in einem Helm und einem schwarzen, bis obenhin zugeknöpften, glänzenden Mantel ging langsam die Reihen der Leichen entlang. Er blieb stehen, hockte sich hin und machte, mit dem Gummimantel raschelnd, irgend etwas mit ihnen. Zuerst begriff ich gar nicht, was er machte und wozu der schwere Sack, den er in der einen Hand hielt, diente. Und wozu hatte er in der anderen Hand ein Messer, das eigentlich eher wie ein Dolch aussah und auf dessen Klinge bekanntlich »Alles für Deutschland« eingraviert war?...

Es war warm und sonnig. Ich glaube, es war der erste richtige Frühlingstag. Mein Vater unterhielt sich mit dem Kommandanten des Bataillons, der offensichtlich den Sturm auf das Fort geleitet hatte, und schrieb, die Kartentasche auf die Motorhaube des »Willys« gelegt, etwas auf, wahrscheinlich die Namen derer, die sich im Kampf ausgezeichnet hatten. Fedja tuschelte mit Ljudka und schmiegte sich an ihre Schulter, der Chauffeur grinste spöttisch und traktierte die Autoreifen mit Fußtritten.

Plötzlich flog eine Ente, mit den Flügeln schlagend, über den Graben, der das Fort umgab, und ließ sich auf dem Wasser nieder. Der Korporal, dessen Tun ich mit Interesse verfolgte, erhob seinen eisernen Kopf und schaute auf die Ente, dann beugte er sich wieder über die Gefallenen. Ich ging näher und sah, daß der Korporal mit dem Dolch einem Toten den Mund öffnete. Der Korporal stieß den Dolch in die Erde, knöpfte dem Toten die Jacke auf und begann, dessen Körper abzutasten. Er schaute mürrisch lächelnd in meine Richtung und zog eine Schnur hervor, an der ein rundes Schildchen baumelte, das von einer dünnen Kerbe geteilt wurde, eine »Hundemarke«. Ein solches Schildchen hatte jeder deutsche Soldat. Darauf war sein Name und der Truppenteil, in dem er diente, eingraviert. Der Korporal zerschnitt mit dem Dolch die Schnur und brach das Schildchen in der Mitte durch. Die eine Hälfte steckte er in den schweren Sack aus Segeltuch, die andere in den offenen Mund der Leiche. Er schlug mit der Hand leicht gegen das Kinn und der tote Grenadier »fraß« das Schildchen, wie die Deutschen sagen. Mit diesem Schildchen kam er ins Grab.

Vier deutsche Pioniere und einer von uns gingen mit Minensuchgeräten über die kleine Brücke, die über den Graben führte, in die Tiefe des Forts. Leute vom Volkssturm schleppten noch einen Toten heran, einer trug dessen abgerissenes Bein unter dem Arm. Sie legten ihn in die Reihe und sprachen mit dem Korporal. Dieser hörte zu, nickte mit dem schweren Kopf und winkte mit der Hand, als wolle er sagen: »Geht, wohin ihr wollt!« Ein schnurrbärtiger Hauptfeldwebel, der eine Zigarre qualmte, näherte sich dem Korporal. Er hatte ein rotes Gesicht, die Mütze war ihm ins Genick gerutscht und an seinem verrutschten Gürtel hingen vier deutsche Feldflaschen, offenbar mit Schnaps gefüllt. Die Leute vom Volkssturm liefen an mir vorbei, hinter ihnen ein Bursche in einem Overall. Ich sah ihm ins Gesicht. Es war kein Junge, sondern ein Mädchen. Das bunte Tuch, das sie um ihren Hals geschlungen hatte, ihr verschmutztes, tränenverschmiertes Gesicht haben sich mir tief eingeprägt. Unsere Blicke trafen sich. Ihr Blick war verschwommen, kalt und leblos. Er ging durch mich, den Krieg, den Frühling, den Tod und das Leben hindurch…

Der Korporal und der Hauptfeldwebel stritten sich, danach versanken sie in Schweigen. Der Korporal streckte dem Hauptfeldwebel den Sack hin, aber dieser zuckte mit den Achseln: »Was soll ich damit?« Der Korporal schaute sich um, holte aus und warf den Sack ins Wasser. Dort liegt er wahrscheinlich heute noch. Ein Haufen Schilder mit deutschen Namen. Der Hauptfeldwebel hielt dem Korporal seine Feldflasche hin. Unser Chauffeur hupte, es war Zeit zu fahren. Ich ging zu dem Korporal. Er begriff sofort, was ich wollte. Nach kurzem Zögern steckte er den Dolch in die Scheide und gab ihn mir.

Dann fuhren wir den Ring entlang und hielten neben einer massiven Steinkirche. Fedja sagte, über die Schulter meines Vaters gebeugt: »Das ist Juditten, Genosse Oberst. Von hier aus ist es noch ein Kilometer bis zur Stadtgrenze.«

Aber jetzt ist es Zeit. Ich muß zum Friedhof. Ich fahre über den Siegesprospekt, die ehemalige Juditter Allee, zum »Alten Stadtfriedhof«, dem ehemaligen »Zweiten Kirchhof der Luisengemeinde«, parke das Auto und laufe schnell die kleine Allee entlang. Fedja, Ljudmila Petrowna und Wadim, Ljudmilas Sohn, sind schon da. Fedja kehrt irgendwelche Abfälle zusammen, Ludmila wäscht den Granitstein ab, Wadim sammelt das heruntergefallene Laub in einen Plastikeimer. Fedja nickt: »Grüß Dich, Gardist!« Ljudmila gibt mir einen Kuß auf die Wange, schaut mir aufmerksam ins Gesicht und fährt mit der Hand durch mein graues Haar. Irgend etwas schnürt mir schmerzlich und süß zugleich die Kehle zusammen... Wadim gibt mir die Hand, lächelt und verschwindet mit dem Eimer. Wir arbeiten schweigend, obwohl hier keine besondere Arbeit zu verrichten ist. Schon sind wir fertig. Schweigend blicken wir auf den Stein, unter dem unser Vater, meiner und Wadims, und meine Mutter liegen. Ljudka gebar ihren Sohn im Winter 1945 und verließ dann meinen Vater, um zu Fedja zu gehen. Im Frühling kam meine Mutter aus dem Ural zu uns, die ich hartnäckig gesucht hatte, indem ich Anfragen in alle Städte des Landes schickte.

»Wir wollen der Diener Gottes Nikolai und Tatjana gedenken«, sagte Fjodor und füllt die Gläser. »Für mich nicht, ich muß noch fahren... Obwohl, einverstanden, von hier bis zu mir nach Hause sind es 500 Meter, bis dahin schaffe ich es schon.« Fedja ist alt und dick geworden, er ist schon pensioniert. Auch Ljudmila hat die Zeit nicht verschont, ihre Figur hat sie aber behalten und ihr Gesicht zieht immer noch die Blicke auf sich. Fedja holt aus seiner dicken Aktentasche Wurst, Brot, Gurken, »Sakuski«, raus: »Garde, auf unseren Nikolai Alexandrowitsch und Tatjana Iljinitschna. Möge ihnen die Erde weich sein!«

»Nicht weich, Fedja, sondern leicht!« verbesserte ihn Ljudmila. Sie seufzt und dreht sich zu mir um: »Wie geht's bei euch?« Wieder schaut sie mir lange ins Gesicht. Mein Gott, war es wirklich alles so? Dieser Frühlingstag, erinnerst du dich, bei dem Fort, und die anderen Tage unserer Jugend?

»Was ist, Gardist? Noch einen?« Nein, mir reicht es. Ja, die Erde nimmt alle auf... Diesen rötlichen Granit kauften wir auf gemeinsame Kosten in einer kleinen Steinmetzwerkstatt hier auf dem

Friedhof. »Ist der neu?« fragte ich und zählte das Geld ab. »Nicht geklaut?« »Natürlich nicht!« antwortete der Steinmetz, fuhr mit seiner Hand über den sorgfältig polierten Stein und fügte hinzu: »Sozusagen neu. Sehen Sie das nicht?« Im frühen Winter, wenn das Wetter naß und eisig wird, ist der Stein mit zottigem Rauhreif bedeckt. Nur dort nicht, wo einst eine andere Aufschrift war. Dort treten schwarze, eckige Buchstaben in gotischer Schrift hervor: »Hier ruht in Frieden unser lieber Vater…«

12. Die fünfte Version

Was ist das für ein Winter! Es ist Februar, gewöhnlich die Zeit eisiger Schneestürme, und in meinem kleinen Garten fangen unter den Fenstern schon die Schneeglöckchen zu blühen an! Die Knospen des Apfelbaums sind aufgesprungen, zwei Elstern eilen geschäftig in der Krone des Birnbaums hin und her und bringen ihr Nest vom vergangenen Jahr in Ordnung. In der Natur tut sich irgend etwas Ungutes. Vielleicht wird nicht nur über der Antarktis, sondern auch über Europa die Ozonschicht immer dünner und unsichtbare kosmische Strahlen ergießen sich über uns und das Klima wird immer wärmer. Was geschieht mit uns Menschen? Im Süden und im Norden, in Transkaukasien, im Baltikum? Pogrome, Morde, Tausende von Flüchtlingen. Was wird uns alle morgen erwarten? Auf welchem Grat wandeln wir? Auf wen von uns wird der Todesengel mit seinem Finger zeigen und sagen: »Dieser gehört mir?«

Aber ich bin etwas vom Thema abgekommen... Entschuldigen Sie, habe ich »Todesengel« gesagt? »Dieser gehört mir«, sagte der Todesengel und zeigte auf Alfred Rohde. Und Rohde starb im zerstörten, verschneiten und niedergebrannten Königsberg. Er starb und nahm alles, was er über das Bernsteinzimmer und die Schätze aus der Ukraine, Weißrußland und dem Baltikum wußte, mit hinüber ins Jenseits. Auch Hans Posse hat, als er die eisige Kälte des Todes auf seinem Gesicht spürte, nicht den Mund aufgemacht, nicht geflüstert: »Schnell, ich sage euch, wo...« Oh, Hans Posse, dieser großartige Kunstkenner! Als Hitler ihm einmal voller Stolz seine persönlich gesammelten Gemälde der von ihm so geschätzten Münchner Schule zeigte, sagte Posse, daß dies alles nichts wert sei, daß es absolut nichts tauge, berichtet in seinen Memoiren Hitlers Architekt Albert Speer. Hitler, bei weitem nicht der große Kunstkenner, für den er sich hielt, raffte alles zusammen, nach Posses Meinung, längst nicht das Beste, was man haben könne, wenn man über solche Möglichkeiten verfüge und eine solche kolossale Idee verwirklichen wolle, wie das Führermuseum in Linz! Nachdem Posse mehrere Wochen in Wien Kunstwerke begutachtet hatte, schickte er Hilter eine Liste mit 270 ausgewählten Gemälden. Von diesen 270 Gemälden hatte Posse für das Museum in Linz nur 122 bestimmt, 57 schlug er für das Wiener Kunsthistorische Museum vor. Hitler war damit nicht einverstanden und wählte für Linz noch weitere zwanzig Gemälde aus. Er begründete dies damit, daß Wien schon genügend Kunstwerke habe. Ach Adolf, was sind zwanzig Bilder, wenn Posse, der aktivste Mitarbeiter der »Operation Linz«, in zweieinhalb Jahren rastloser Tätigkeit mehr als fünftausend seltenster und wertvollster, manchmal einfach unschätzbarer Kunstwerke für das Führermuseum zusammenbringen sollte?

Hans Posse starb, doch die »Operation Linz« weitete sich immer mehr aus. Der Einsatzstab Reichsleiter Rosenberg ließ seine Mitarbeiter nicht schlafen. Sie arbeiteten angestrengt Tag und Nacht, suchten, stöberten auf und raubten. Wie auch die übrigen großen Stäbe der verschiedenen deutschen Zivil-, Partei- und Militärbehörden. »Der Einsatzstab registrierte nicht nur die unermeßlichen Schätze der Kunstdepots in Paris, darunter ehemaligen Besitz der Familie Rothschild, sondern auch den Besitz der anderen Familien, die vor den Deutschen geflüchtet waren. So wurden zum Beispiel in den berühmten Schlössern an der Loire Suchaktionen nach zurückgelassenen Kunstwerken durchgeführt. Dadurch sicherte das Reich Schätze von Weltrang«, meldet den höheren staatlichen Instanzen ein gewisser Robert Scholz, Leiter des Sonderstabes »Bildende und Darstellende Kunst« in seinem Bericht über die Tätigkeit des Sonderstabes in der Zeit von Oktober 1940 bis Juli 1944. »Während der Durchführung der Aktion

›Bildende Kunst‹ wurden vom Einsatzstab in den westlichen Gebieten 203 Verstecke mit 21 903 verschiedenen Kunstgegenständen gefunden und registriert... Während des Zeitraums von März1941 bis Juli 1944 brachte der Sonderstab 29 große Transporte mit insgesamt 4 174 Kisten ins Reich.« Das waren nur die Transporte aus dem Westen! Und aus dem Osten? Auch von dort kamen Transporte mit »geretteten Kunstschätzen« ins Reich. »Im Verlauf der ›Befreiung‹ der Gebiete von den Russen wurden Hunderte von wertvollen russischen Ikonen, einige Hundert russischer Gemälde aus dem 18. und 19. Jahrhundert, Möbel, Alltagsgegenstände gesammelt, unzählige Sammlungen, die helfen, eine Vorstellung vom Kunstverständnis des sowjetischen Systems zu bekommen... all das wurde eingesammelt und in Schachtanlagen des Reiches verbracht. 25 Mappen mit besonders wertvollen Zeichnungen (ein kleines, geraubtes Geburtstagsgeschenk für den geliebten Führer – Anm. d. Autors) sowie drei sorgfältig zusammengestellte Kataloge und ein Teilbericht über die Arbeit dieser Einrichtung wurden dem Führer am 20. April 1943 überreicht. Der vollständige Bericht wird 10 Bände! umfassen. Weitere Berichte befinden sich in Arbeit...«

Am 7. Dezember 1942, dem Höhepunkt der »Operation Linz«, schließt der große »Schatzsucher« Posse, der unzählige Museen, Archive und Galerien in Ost und West ausgeplündert zurückgelassen hat, für immer den schmalen Mund, der viele Male nur das eine Wort wie eine Parole, einen Befehl, gerufen hatte: »Linz, Linz, Linz!« »All diese Schätze wurden in sechs Bergbauorte des Reichs geschafft. Dort wurden sie unter Beachtung aller notwendigen Maßnahmen für die Lagerung und einen möglicherweise langen Verbleib vorsichtigt ausgepackt und verstaut«, schreibt Robert Scholz in seinem Bericht. Geschützt vor Luftangriffen und natürlich vor Feuer. Sechs Bergbauorte des Reiches! Wo genau? Unter den wenigen, die das wußten, war auch Hans Posse. Er verriet die Verstecke nicht, und dennoch nahm er sein Geheimnis nicht mit in den Tod. Kurz vor seinem Tod übergab er in der Reichskanzlei SS-Obergruppenführer Doktor Hans Heinrich Lammers ein sehr wertvolles Dokument: Listen von Geheimverstecken und Bunkern, die sich in entlegenen Orten Deutschlands und den österreichischen Alpen befanden. Posse hinterließ aber noch ein weiteres Dokument, ein Notizbuch mit den wichtigsten Informationen über die geraubten und versteckten Schätze: »wieviel«, »wann«, und wieder das wichtigste: »wo«. Vor kurzem wurde bekannt, daß das dicke, mit kleiner Schrift vollgeschriebene Büchlein Posses in einem Archiv in Nürnberg aufbewahrt wird, daß aber, nach dem Vermächtnis des Verstorbenen, der Zeitpunkt einer Einsichtnahme noch nicht gekommen ist. Wird er jemals kommen? Werden die Listen der Kunstschätze und die Orte, wo sie versteckt sind, veröffentlicht werden? Tauchen in diesen Listen auch unsere vaterländischen Schätze auf, Gemälde, Skulpturen, Möbel und Kirchengerät, die aus Rußland, Weißrußland, der Ukraine und dem Baltikum weggeschafft wurden? Und werden wir das Unsrige bekommen? Erinnern Sie sich, wir haben doch das »Londoner Schuldenabkommen« nicht unterschrieben und zur Ausstellung der herrenlosen, »nicht abgeholten« Kunstschätze in Wiesbaden wurden keine Vertreter unseres Landes eingeladen. Wer wird uns bei der Suche nach den verlorenen Schätzen helfen?

Es ist Mitternacht. Dong… dong klingt es von ferne. Die Kirchenglocken der Kirche Nikola des Frommen, der ehemaligen Kirche Juditten, rufen die orthodoxen Christen zum Mitternachtsgottesdienst. Eine orthodoxe Kirche und deutsche Glocken… Der Wind kommt also von Südwesten, denn nur er trägt den Glockenklang zu mir. Nicht nur zu mir, sondern auch zu dem Haus in der Schillerstraße, in dem jetzt mitten in der Nacht der ehemalige Vorsitzende des Stadtsowjets, Wiktor Wassiljewitsch Denissow, von einer Ecke in die andere geht. Er ist ein schöpferischer Mensch, der der Stadt die Kirche Juditten und die ehemalige Kirche zur Heiligen Familie, die alten Stadtbefestigungsanlagen, darunter auch den Dohna-Turm, die letzte Bastion im brennenden Königsberg, in dem sich heute das größte Bernsteinmuseum der Welt befindet, erhalten hat, sowie die ehemalige Stadthalle und den Dom. Wie vom »Obersten Chef« versprochen, wurde der Dom von der Liste der besonders wertvollen, staatlich geschützten Architekturdenkmäler gestrichen. »Reiß endlich den Dom ab!« forderte der »Oberste Chef«. »Ich, habe es dir befohlen! Was, um deinen Kopf tut es dir nicht leid?«

»Ist der Dom abgerissen?« wurde Denissow vom stellvertretenden Vorsitzenden des Sowjetministeriums der UdSSR befragt. Er blätterte in einem Tischkalender und zeigte auf ein Blatt: »Hier habe ich aufgeschrieben, wann Leonid Iljitsch die Anweisung gab. Ziegel? Zement? Wenn du den Dom abreißt, bekommst du alles, was du brauchst. Kant? Das gibt's doch nicht! Leonid Iljitsch gibt eine Anweisung und du kommst mit Kant daher!« Denissow ließ den Dom nicht abreißen. Und nicht nur das, er führte auch Restaurationsarbeiten in großem Stil durch, mit dem Wiederaufbau des Turmes hatte man schon begonnen. Denissow war seiner Zeit voraus, er war eine Persönlichkeit, er übertraf alle, die unser Gebiet leiteten. Der »Oberste Chef« mußte zwar gehen, aber der nächste »Oberste Chef« schickte dann den widerspenstigen Bürgermeister von Kaliningrad in Pension. Denissow schaffte es trotzdem, das Gebäude der ehemaligen Kirche zur Heiligen Familie wiederaufzubauen. Nach unglaublichen Bemühungen brachte er es sogar fertig, daß eine neue Orgel gebaut wurde. Er schaffte es, für die Kinder der Stadt einen Pionierpalast zu bauen, für das in Königsberg geplante Bernsteinzimmer, das allerdings nur ein Fünftel so groß wie das Original werden sollte, Bernstein zu bekommen, und für die zwei Familien, die im Häuschen des Försters Wobser wohnten, Wohnungen in der Stadt zu finden. Ihm ist es zu verdanken, daß die ehemalige Stadthalle wieder ein Dach bekam. Trotzdem wurde die riesige Gemäldegalerie mit zehn Sälen ohne ihn eröffnet. Der neue Bürgermeister sagte, einen symbolischen Schlüssel hoch über den Kopf haltend: »Wir haben dieses prächtige Gebäude erbaut, wir eröffnen es heute...« Ich wartete die ganze Zeit darauf, daß er sagt, wer diese phantastische Aktion ins Leben gerufen hatte, wer sich mit über- und untergeordneten Behörden herumgeschlagen, wer Geld beschafft und sich mit der Bank rumgestritten hatte, wer zahlreiche Inspektionen abgewimmelt und die Revisoren überlistet und hinters Licht geführt hatte. Denissow hatte vor ihnen verborgen, daß hier eine Gemäldegalerie entstand, und keine Lagerräume und Geschäfte, das war nur der »Deckmantel« der Aktion. Aber der neue Bürgermeister erwähnte Denissow nicht, er überreichte der Stadt dieses wunderbare Geschenk in seinem eigenen Namen. Das ist doch traurig, oder?

Aber was verbirgt sich jetzt in dem Kuvert mit dem Siegel des Tilsiter Zollamts? Obwohl, einen Moment noch. Hier sind noch einige Dokumente aus dem Archiv Georg Steins und fünf Briefe. Leider keiner von Walter Müller. Sein letzter Brief war nervös und gereizt. Ich hatte ihm eine Einladung geschickt und er hat sie auch erhalten, aber irgendwelche Stellen hatten die Dokumente nicht weitergeleitet, und er konnte kein Visum für die Reise nach Kaliningrad beantragen. »Ich bin verzweifelt, nachts schlafe ich nicht mehr. In meinem Kopf hat nur noch ein Gedanke Platz: wie kann ich in meine Heimatstadt kommen, in das Haus, in dem ich geboren wurde und gelebt habe. Wissen Sie, ich habe beschlossen, wenn ich kein Visum bekomme, werde ich mich heimlich in Königsberg einschleichen. Ich passiere alle Grenzen, überwinde alle Kontrollstreifen und klingle an Ihrer Tür…«

Die Schiffsuhr schlägt melodisch. Mein Dackel Bandik, Enkel und Mann seiner Großmutter Gabka zugleich, schläft neben mir auf dem Diwan. Zwischen ihnen, den geschmeidigen, warmen, zusammengeringelten Tieren, schlafen sechs kräftige, schöne Welpen. An meinem »Philips« leuchtet das grüne »magische Auge« mal hell auf, mal verlöscht es wieder. Es ist ein sehr altes Radiogerät, das schon seit damals, der ostpreußischen Zeit, im Hause ist. Die leise Schlagermusik verstummt und durch das leichte Rauschen ist ein Bericht über den Aufenthalt von Helmut Kohl und Hans-Dietrich Genscher in Moskau zu hören… Kohl sagt: »Dies war ein sehr guter Tag für Deutschland.« Gorbatschow erwidert: »Es ist allein Sache des deutschen Volkes zu entscheiden, welcher Art ein vereintes Deutschland sein wird.« Bundeskanzler Kohl versichert, daß es keine Revision der Nachkriegsgrenzen geben wird. Das versichert Kohl, aber was wird der verkünden, der einmal sein Nachfolger sein wird? Heute kamen 300 Flüchtlinge aus Aserbaidschan nach Königsberg, liebe Leute, wohin wollt ihr? Müßten nicht auch wir eilig den Koffer packen und in anderen Ländern Zuflucht suchen?...

Also, was gibt es noch? Eine Information des Gebietsexekutivkomitees darüber, daß die Regierung der RSFSR einen Beschluß über die Errichtung eines Kantdenkmals in Kaliningrad gefaßt hat. Es wird vermutlich eine Kopie des von Christian Rauch geschaffenen Denkmals sein, das früher in Königsberg stand. Eine Information von Awenir Petrowitsch Owsjanow über Grabungen bei den Ruinen von Lochstädt, die zur Zeit von einer Expedition der Zeitschrift »Der Spiegel« durchgeführt werden. Es ist eine seltsame, geheimnisvolle Expedition, die da unverhofft ankam. Sechs Männer, die von höchsten Stellen in Moskau solche Vollmachten erhielten, daß sie sich für die Ausgrabungen Pioniere und das beste technische Gerät aus einem Truppenteil der Armee aussuchen konnten. Diese Leute vom »Spiegel« gaben keinerlei Erklärungen ab, gaben keine Interviews und verboten das Fotografieren und Filmen. Als es dem Korrespondenten des Zentralen Fernsehens Stas Tschekalin trotzdem gelang, die riesigen, von einem Bagger ausgehobenen Gruben, die Fundamente des Schlosses und die Schatzsucher vom »Spiegel« zu filmen und er sich danach eiligst nach Moskau aufmachte, wurde sein ganzes Filmmaterial auf dem Flughafen konfisziert! Nur mit Owsjanow unterhielten sich die Jungs vom »Spiegel«. Sie zeigten ihm einen Plan von Lochstädt, aber... es war ein »falscher« Plan, er war spiegelverkehrt, offensichtlich um unseren Oberst der Reserve in die Irre zu führen. »Das sind bloß Spione«, berichtet Awenir Petrowitsch überzeugt. »Ich glaube, das sind Leute von Baron Eduard Alexandrowitsch Falz-Stein. Erinnern Sie sich, als er im Herbst hier war, hat er sich doch auch für Schloß Lochstädt interessiert.« Ja, ich erinnere mich. Er war hier und interessierte sich für unsere Arbeit mit dem Archiv Georg Steins und dafür, welche Arbeiten bereits in Lochstädt durchgeführt wurden. Moment mal, kürzlich erschien doch in der Presse eine Mitteilung, daß ein Bürger, der seinen Namen nicht nannte, eine Million Dollar als Preis für den, der das Bernsteinzimmer fände, aussetzen würde. Vielleicht war er das?

Also, die Angelegenheit geht ihrem Ende zu. Ich öffne die Briefe mit dem SS-Dolch, den ich von dem finsteren, riesigen Korporal im langen Mantel beim »Luisenfort« erhalten hatte. Sie kommen in seltsamen Schüben, die Briefe, wochenlang kein einziger, dann wieder ein paar auf einmal:

»Entschuldigen Sie, daß ich Sie belästige, aber sind Sie bei Ihrer Suche zufällig auf eine Mitteilung über ein ausgestopftes Quagga-Pferd gestoßen? Solche Pferde gab es noch im letzten Jahrhundert in Afrika. Das letzte frei lebende Tier wurde 1878 abgeschossen, 1883 ist das letzte Quagga-Pferd im Zoo gestorben. Das einzige ausgestopfte Exemplar der Welt befand sich in der Biologischen Fakultät der Königsberger Universität. Ihr Franz Schneider, meine Adresse…«

»Ich war zehn Jahre, als unser Papa in Königsberg im Herbst des schrecklichen Hungerjahres 1945 starb. Wir begruben ihn auf einer kleinen Wiese in der Ziethenstraße in Amalienau. Am nächsten Morgen sahen wir, daß das Grab aufgerissen und die Leiche unseres Vaters weg war. Ich lege fünf Mark bei. Bitte, stellen Sie in der Kirche Juditten eine Kerze zum Andenken an unseren lieben Vater auf… Luise Dommelkein, Köln.«

»Nach langer und sorgfältiger Überlegung halte ich es für nötig, Ihnen folgendes mitzuteilen: Ich erkläre mit voller Bestimmtheit und Verantwortung, daß ich weiß, wo sich das Bernsteinzimmer (oder wenigstens ein bedeutender Teil desselben) und andere russische Kunstschätze befinden: im Tessin in der Schweiz. Es ist Privatbesitz. Die genaue Adressse kann ich Ihnen nach einem Treffen und Verhandlungen mitteilen. Das Treffen kann in West- oder Ost-Berlin stattfinden. Hochachtungsvoll J. Schneider, Köln«

»Ich teile Ihnen mit, daß ich Informationen über den Verbleib des Bernsteinzimmers besitze. Ich erhielt die Information vom Sohn des letzten Kommandanten von Königsberg, der für den Abtransport des Bernsteinzimmers verantwortlich war. Wenn das Bernsteinzimmer noch nicht gefunden wurde, teilen Sie es mir bitte mit. Estland, Tartu.«

Also so was! Anscheinend nimmt diese Geschichte, dieses »Geheimnis des Jahrhunderts«, kein Ende! Was steht in dem Brief, den ich von Owsjanow erhalten habe? Ich öffne den Brief und ziehe ein kleines, dicht beschriebenes Blatt heraus:

Protokoll.

Königsberg, 12. Juni 1945.

Vom Vertreter der Front der Politischen Führung, Gardehauptmann Tschernyschow, und dem Mitglied der Brigade des Komitees für Politische Bildung, Oberst Brjussow, wurde folgendes Protokoll verfaßt:

1. Es wurden die Räumlichkeiten in der Langen Reihe Nr. 4 besichtigt, in denen sich eine Bernsteinsammlung und das Geologische Museum befand.

2. Beide Sammlungen befanden sich in durchaus gutem Zustand. Offensichtlich hatten die Deutschen mit dem Verpacken schon begonnen, es aber gleich wieder unterbrochen. Die überwiegende Mehrzahl aller Musterstücke war mit Etiketten über ihre Herkunft versehen.

3. Die Verpackung aller dieser Kostbarkeiten und ihr Transport an einen sicheren Aufbewahrungsort ist als wünschenswert zu betrachten. Die Sammlung der Bernsteinmuster aus aller Welt, eine der besten Sammlungen ihrer Art, wird zweifellos nach Moskau geschickt werden.

4. Die hervorragend systematisierte und recht umfangreiche geologische Sammlung verdient zweifellos großes Interesse, aber die Frage ihrer Verlagerung kann erst nach einer Nachprüfung in Moskau entschieden werden, da es ohne Spezialisten nicht möglich ist, zu sagen, ob dort nicht schon eine vergleichbare Sammlung vorhanden ist.

5. Die Verpackung beider Sammlungen kann innerhalb von 8–10 Tagen von zehn Arbeitern durchgeführt werden.

Oberst Brjussow.

Da haben wir es! Die größte Bernsteinkollektion der Welt war in Königsberg geblieben! Oberst Brjussow hat sie gesehen! Bernsteinmuster aus der ganzen Welt!... Aber wo sind sie geblieben, die 400–500 Kisten Bernstein und Mineralien (soviel ist es nämlich, was zehn Männer in 8–10 Tagen einpacken können)? Im Juni 1945 war noch alles hier in unserer Stadt. Wo sind die 60 Kisten »mit feinstem Porzellan aus China, Berlin und Meißen, einer Holzskulptur aus dem 13.–14. Jahrhundert, einer Marmorskulptur von Wilde, mit Medaillen, Gemälden und wertvollen Bronzearbeiten«, die von Brjussow und seinem Kommando im Schloß gesichert wurden? Und wo sind die Marmorfiguren aus dem Darkehmener Gebiet, die sich zusammen mit dem Hauptmann Zirulin scheinbar in Luft aufgelöst haben? Wo ist das alles hingekommen? Wurde es geraubt? Oder liegt alles wie die Bücher der Wallenrodtschen Bibliothek in ungeöffneten Kisten in einem verstaubten Lager rum? Georg Stein schrieb von vier Hauptversionen. Jetzt wissen wir, daß es noch eine weitere sehr wichtige fünfte Version gibt.

Aber was war das? Ich fahre zusammen und schaue aus dem Fenster in die schwarze Nacht: es hat an der Tür geklingelt. Aber warum habe nur ich das gehört? Meine wachsamen Hunde, die gewöhnlich beim Klang der Klingel wild zu bellen anfangen, schlafen, als wenn nichts gewesen wäre? Auch das noch. Steht vielleicht Walter Müller, nachdem er alle Schranken, Grenzen und Kontrollstreifen überwunden hat, vor der Tür?

Irmgard von zur Muhlen
Als Gast in
Königsberg
Bilder und Begegnungen
aus dem heutigen Kaliningrad
Rautenberg

Willi Scharloff
Königsberg
DAMALS UND HEUTE